DirectX 11
3Dプログラミング

Windows Vista/7/8(8.1)対応　[改訂版]

CONTENTS

本書について……………………………………… 6

第1部　基本編

プロローグ ………………………………………… 10

1章　「DirectX 11」について
- [1] DirectXの誕生 ……………………… 14
- [2] 新しい出発 …………………………… 19
- [3] そして未来へ ………………………… 20

2章　「DirectX SDK」の、インストールとビルド方法
- [1] 「DirectX 11」開発に必要な環境 … 22
- [2] 「DirectX SDK」のダウンロードとインストール ………………………… 23
- [3] 「DirectX Sample Browser」で動作確認する ………………………… 29
- [4] 「Visual Studio 2010」でのビルド方法 …………………………… 29

第2部　実践編

1章　「Direct3D 11」の基礎知識
- [1] 特徴 …………………………………… 36
- [2] 構成 …………………………………… 38
- [3] リソース ……………………………… 44
- [4] APIのレイヤー構成 ………………… 48
- [5] ヘルパー・ライブラリ ……………… 49
- [6] 開発環境 ……………………………… 50
- [7] 実行環境 ……………………………… 50

2章　基本的なプログラム
- [1] プロジェクトの作成 ………………… 54
- [2] DirectXのエラー表示機能 ………… 58
- [3] アプリケーションの基本構造 ……… 60
- [4] 使用する「機能レベル」の決定 …… 61
- [5] デバイスとスワップ・チェインの作成 62
- [6] バック・バッファの設定 …………… 72
- [7] 深度/ステンシル・バッファの設定 … 77
- [8] 画面の描画 …………………………… 82
- [9] デバイスの消失 ……………………… 84
- [10] 終了処理 ……………………………… 85
- [11] サンプル・プログラム ……………… 86

3章　DXGI
- [1] DXGIについて ……………………… 88
- [2] グラフィックス環境の調査 ………… 92
- [3] ウインドウ・サイズ変更時の処理 … 98
- [4] ウインドウ・サイズの変更 ………… 99
- [5] 無駄な画面描画の抑制 ……………… 100
- [6] 画面モードの切り替え ……………… 101
- [7] トーンカーブによる階調補正 ……… 104

4章　3Dグラフィックスの数学
- [1] ベクトルの変換操作〜行列と同次座標〜 ……………… 110
- [2] 左手座標系と右手座標系 …………… 118
- [3] 三角形ポリゴンと向き ……………… 118
- [4] 3Dグラフィックスの座標系と座標変換 ………………… 119
- [5] 照明(光源と反射) …………………… 123
- [6] 16ビット浮動小数点数 ……………… 125
- [7] クオータニオン ……………………… 126
- [8] 平面 …………………………………… 127
- [9] 色 ……………………………………… 128
- [10] その他の「定数」「マクロ」「関数」 … 128

5章　3Dグラフィックスの基本的な描画手順
- [1] 描画手順の概要 ……………………… 132
- [2] ステート・オブジェクト …………… 134
- [3] 描画パイプラインで行なう処理 …… 135

6章　描画データの用意
- [1] プリミティブの種類 ………………… 140
- [2] 頂点バッファとインデックス・バッファの用意 143

7章　シェーダ・ステージ
- [1] シェーダ・ステージの概要 ………… 152
- [2] シェーダで実行するコード ………… 153
- [3] HLSLコードのコンパイル ………… 156
- [4] シェーダ・オブジェクト …………… 162

CONTENTS

    [5]　定数バッファ……………………163
    [6]　シェーダ・コンパイラ「fxc.exe」…170

8章　入力アセンブラ
    [1]　入力アセンブラの概要…………174
    [2]　「頂点バッファ」と「入力スロット」…175
    [3]　入力レイアウト・オブジェクト……177
    [4]　プリミティブの種類……………181

9章　ラスタライザ
    [1]　ラスタライザの概要……………184
    [2]　ラスタライザ・ステート・
    　　　オブジェクト………………………185
    [3]　ビューポート……………………189
    [4]　シザー矩形………………………189

10章　出力マージャー
    [1]　出力マージャーの概要…………192
    [2]　描画ターゲット…………………192
    [3]　ブレンド・ステート……………193
    [4]　深度/ステンシル・ステート……198

11章　基本的な3D描画
    [1]　描画手順…………………………204
    [2]　定数バッファへの書き込み……204
    [3]　描画パイプラインを構成………206
    [4]　描画………………………………207
    [5]　サンプル・プログラム…………209

12章　HLSLの文法
    [1]　HLSLの基本的な文法…………212
    [2]　HLSLの組み込み関数…………227

13章　シェーダ関数
    [1]　シェーダ関数の概要……………234
    [2]　頂点シェーダ関数………………235
    [3]　ジオメトリ・シェーダ関数……235
    [4]　ピクセル・シェーダ関数………238
    [5]　システム生成値…………………239
    [6]　サンプル・プログラム…………240

14章　テクスチャの作成
    [1]　テクスチャ………………………244
    [2]　画像ファイルから「シェーダ・
    　　　リソース・ビュー」を作る……244
    [3]　画像ファイルからテクスチャ・
    　　　リソースを作る……………………251
    [4]　描画ターゲットになるテクスチャ・
    　　　リソースを作る……………………260
    [5]　CPUから書き込むテクスチャ・
    　　　リソースを作る……………………263
    [6]　テクスチャを画像ファイルに
    　　　保存する……………………………266

15章　テクスチャ描画
    [1]　テクスチャの定義………………270
    [2]　サンプラを使わないテクスチャ
    　　　読み込み……………………………270
    [3]　サンプラを使ったテクスチャ
    　　　読み込み……………………………271
    [4]　サンプル・プログラム…………280

16章　3Dデータの読み込み
    [1]　3Dデータの形式について……284
    [2]　Wavefront OBJファイル形式……285
    [3]　Wavefront OBJファイル読み込み関数…287
    [4]　XNA Collisionライブラリ………289
    [5]　描画用データの作成……………293
    [6]　サンプル・プログラム…………296

17章　複数インスタンスの同時描画
    [1]　「複数インスタンス」とは………298
    [2]　インスタンス描画メソッド……298
    [3]　各インスタンスの描画設定……300
    [4]　サンプル・プログラム…………302

18章　キューブ・テクスチャ
    [1]　キューブ・テクスチャの概要…304
    [2]　キューブ・テクスチャへの描画…304
    [3]　「キューブ・テクスチャ」
    　　　へのアクセス………………………310
    [4]　サンプル・プログラム…………312

CONTENTS

19章　ストリーム出力
- [1] ストリーム出力の概要 …………… 314
- [2] バッファ・リソースの作成 ………… 315
- [3] ジオメトリ・シェーダの作成 …… 316
- [4] ストリーム出力を使った描画
パイプラインの実行 …………… 318
- [5] サンプル・プログラム …………… 319

20章　影の描画
- [1] 「影」について ……………………… 322
- [2] 「シャドウ・ボリューム」を使った影 … 323
- [3] 「シャドウ・マッピング」
による「影」 …………………… 327

21章　コンピュート・シェーダ
- [1] 「コンピュート・シェーダ」について … 332
- [2] 「コンピュート・シェーダ」のコード … 333
- [3] デバイスの作成 …………………… 335
- [4] シェーダの作成 …………………… 337
- [5] リソースの作成 …………………… 339
- [6] 「シェーダ・リソース・ビュー」の作成 …………………………… 340
- [7] 「アンオーダード・アクセス・ビュー」の作成 …………………… 341
- [8] 「コンピュート・シェーダ」を使った演算 …………………… 341

22章　PIX for Windows
- [1] PIXの基本的な使い方 …………… 346
- [2] レンダリングの確認 ……………… 349
- [3] 描画するメッシュの確認 ………… 350
- [4] シェーダの動作確認 ……………… 351

[附録] [1] Direct3D 11対応グラフィックス・カード …………………………… 356
[2] サンプルファイルのダウンロードについて …………………… 357

索引 ……………………………………… 359

● Windows、Windows Vista、Visual Studio、DirectX、Direct3Dは、米国およびその他の国における米国Microsoft Corporationの商標または登録商標です。
● その他、各製品名は、一般に各社の登録商標または商標ですが、®およびTMは省略しています。

本書について

　「DirectX 11」は、「DirectX 10」の次の世代のDirectXという意味です。「DirectX 10」と比べて、「Direct3D 10」などの機能に追加修正がなされていて、「Direct3D 11」となっています。そのため、「Direct3D 11」のことを一般に、「DirectX 11」と呼びます。特にパソコンやグラフィックス・カードの解説や宣伝などでは、「DirectX 11」の呼称が一般的に使われます。

　マイクロソフトは、「DirectX Documentation」の「Technical Articles」→「DirectX Frequently Asked Questions」→「Will DirectX 10 be available for Windows XP?」で、「DirectX 10」という呼称について、次のように言及しています。

　『「DirectX 10」という名前は、「DirectX SDK」で送り出されている多くのテクノロジが、このバージョン番号によってカバーされないという点で、紛らわしい（misleading）です。それで、DirectXランタイムのバージョン番号に言及することは全体としてその意味の多くを失いました。「Windows Vista」上の「DirectX Diagnostic Tool」（DXdiag.exe）は、「DirectX 10」をリポートします。しかし、これは本当にただ「Direct3D 10」を示すだけです。』

　「DirectX」とは、Windowsのマルチメディア・アプリケーション向けの機能セットです。「DirectX」には、「Direct3D」の他に「Direct2D」「DirectWrite」「XACT」「XAudio2」「DirectSound」「XInput」「DirectInput」などが含まれています。Direct3DはDirectXの中心的な機能ですし、グラフィックス・カードがサポートしている機能はDirect3Dに決まっているので、「DirectX 11対応のグラフィックス・カード」と呼んでも誤解はないでしょう（詳細は**p.10**を参照）。

　ただし、「DirectX 8」までは、「Direct3D 8」「DirectSound 8」など、DirectXのバージョンに対応したバージョンの各機能が存在しましたが、「DirectX 9」では「バージョン9」が提供されたのは「Direct3D 9」だけで、それ以外は「DirectSound 8」などのままでした。

　また、DirectXを使ったアプリケーションを開発するための「DirectX SDK」の呼称も、「DirectX 9」までは「DirectX 9 SDK」などと呼ばれていましたが、「Direct3D 10」以降の開発環境は単に「DirectX SDK」と呼ばれていて、バージョン番号の代わりに「June 2010」など、SDKがリリースされた日付で区別されます。

　「Direct3D」は、Windowsの3Dグラフィックス機能です。リアルタイムでの3Dグラフィックス処理に向いており、ゲームなどによく使われているほか、Vistaの「Aero」などでも使われています。

　「Direct3D 11」はDirect3Dの最新バージョンです。「シェーダ・モデル5.0」をサポートしており、ユーザーがコードを書くことで自由に機能をデザインできる「プログラマブル・シェーダ」が6ステージ搭載されるなど、グラフィックス描画に留まらず汎用的な並列計算用途にも対応できる、高機能かつ使いやすい機能になっています。

本書について

　本書では、「Visual Studio 2010」を使って、Direct3D の最新バージョンである「Direct3D 11」を使ったプログラムを作る上で必要になる、「Direct3D 11」の基本的な知識とプログラミング方法を、簡単なレベルから順に解説しています。

*

　「Direct3D 11」は、「Windows Vista」以降の OS でサポートされます。「Windows XP」などではサポートされません。

　「Direct3D 11」のすべての機能を使うには、「Direct3D 11」対応のグラフィックス環境（GPU）が必要です。
　2015 年 4 月現在の「Direct3D 11」対応 GPU は、巻末にまとめてあります。

*

　なお、「Direct3D 10」とは異なり、「Direct3D 11」はアプリケーション側で適切な「機能レベル」を選択することで、「Direct3D 9」「10」「10.1」のグラフィックス環境（GPU）でも動作します。

[改訂内容について]

※本書は、2010 年に発売した「DirectX11 3D プログラミング」に加筆修正して「Windows 8」に対応させたものです。
　具体的には、
・「Windows 8」でのプログラム動作確認
・「Windows 8」での開発環境
・「Windows 8」でのビルド方法
・「Windows 8」と「7 ／ Vista」の開発方法の違い
などを紹介しています。
　詳細は、第 1 部 2 章「DirectX SDK の、インストールとビルド方法」を参照してください。

第1部
準備編

プロローグ

「DirectX」とは Windows 環境にビデオやサウンドなどのマルチメディア機能を提供するためにマイクロソフト社が開発したいくつかの技術とそれらをアプリケーションから利用するためのライブラリ集です。

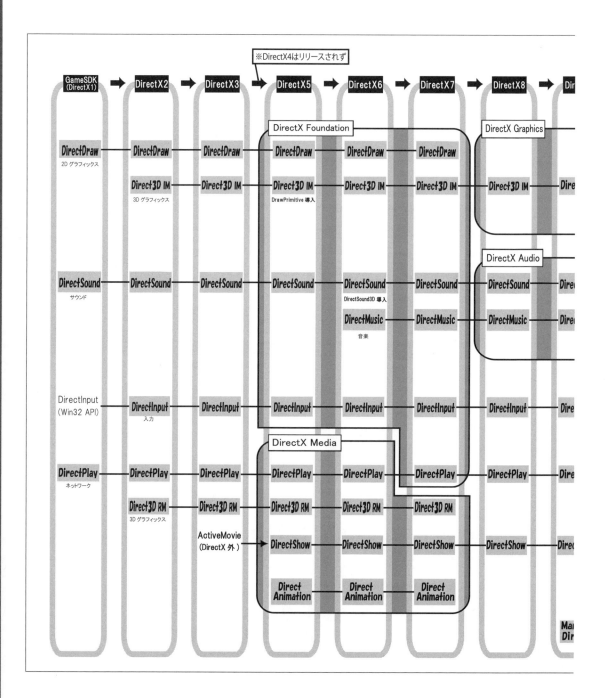

「DirectX 9」までは、DirectX の世代ごとにバージョン付けされていましたが、「DirectX 9」以降では、DirectX の更新と各機能の更新が同期しなくなったため、現在では DirectX のバージョンは意味を失っています。また、「DirectX 9」で更新された機能が「Direct3D 9」だけであったため、「Direct3D」を「DirectX」と呼ぶことも多くなりました。したがって、単に「DirectX 11」と言った場合、一般に「Direct3D 11」を意味します。

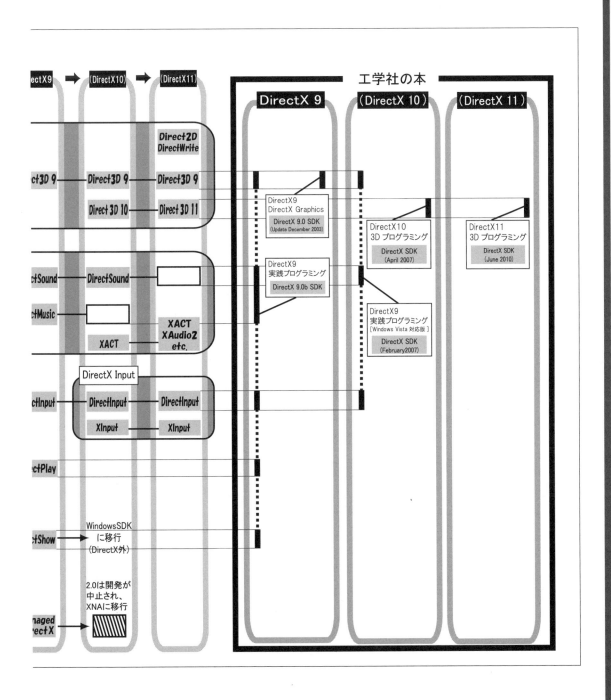

1章

「DirectX 11」について

Windows 7 の発売に伴って、DirectX 11 が使用可能になりました。
ここでは、DirectX の過去、現在、そして未来を占ってみましょう。

■大川善邦

DirectX11

1章 「DirectX 11」について

1 DirectX の誕生

　メインフレーム・メーカーとして市場を独占していた IBM が、インテル製のチップを採用して、パソコン（いわゆる、「IBM PC」）を発売したときに、パソコンの歴史はスタートしました。IBM が、OS としてマイクロソフトの「MS-DOS」を採用したので、マイクロソフトの歴史も同時にスタートしました。

■ 外部バス

　「IBM PC」では、画面制御の回路はマザーボード上にはなく、外部バスに別ボードとして、挿入する仕様になっていました。
　IBM のエンジニアが、なぜこのような回路設計を採用したのか、今となっては明らかではありません。

■ 業界の標準

　(a)「コンピュータ・メーカーとして絶対の信用をもつ IBM が作ったハードウエアである」ということ、さらに、(b)「技術資料を全公開したという透明性」、この2要素が結びついて、「IBM PC」はパソコン業界の事実上の標準になりました。
　たとえば、我が国の NEC は、「PC9800 シリーズ」というパソコンを製造販売していましたが、製造中止に追い込まれました。

初期の IBM PC

■ 混乱

　技術資料が全公開されたので、多くのメーカーが「IBM PC」の市場に参入しました。
　たとえば、画面を制御するグラフィック・ボードに関しても、多くのメーカーが PC 用のボードを製造販売することになります。

■ Mac

　「IBM PC」以外のパソコン・メーカーとして、Apple が「Mac」を販売していました。
　「Mac」は画面制御に優れていたので、グラフィック関連のユーザーは、Mac を使いました。
　マイクロソフトのゲイツ氏は、MS-DOS のときと同様に、またしても、Mac の技術をコピー

します。
　こうして生まれたのが、「Windows」です。
　マイクロソフトを揶揄して、"マネクロソフト"など呼ぶ人もいます。
　確かにそれは事実ですが、しかし、新しい技術を生むことはなくても、技術を吸収して、普及する力を持っていることは否定できません。

初期の Macintosh

■ DirectX の誕生

　Mac のハードウエアは非公開です。Apple だけが製造します。
　これに対して、「IBM PC」のハードウエアは、"オープン"、すなわち多くのメーカーが勝手に作ります。
　たとえば、パソコンの画面制御に限っても、数十のメーカーがそれぞれ異なる仕様のグラフィック・ボードを製造販売します。
　各メーカーが勝手に製造したボードを束ねて、1 つの OS を制作することは、簡単な作業ではありません。
　この問題を解決するために、「DirectX」が考案されました。

マイクロソフト内の DirectX のサイト

■ 主従関係の逆転

　Windows 誕生の状況を述べました。

1章 「DirectX 11」について

　私が言いたいところは、最初に、「ハードウエア」（ここでは、IBMのPC）があり、次に、それを束ねる「ソフトウエア」（マイクロソフトのWindows）が生まれた、というところです。
　ここでは、「主」はハードウエアであり、ソフトウエアは「従」です。
　ところが、時間の経過とともに、主従の地位が逆転します。
　Windowsが圧倒的な市場を占めると、Windowsにつながらないボードを開発しても、商売になりません。
　ソフトウエアがハードウエアを支配する時代になります。
　これは、特に珍しい現象ではありません。
　江戸時代に、問屋が農民を支配した事実があります。
　商人（ソフトウエア）が農民（ハードウエア）を支配します。

■ グラフィック・ボード

　パソコンの機能が向上し、かつ価格が低下するに従って、ワークステーションが、市場から姿を消します。
　ワークステーションのなかで、とくにシリコングラフィックス社（SGI）は、画像処理に特化した技術を有していました。
　これらの技術者が、職を求めて、パソコン分野へ流れ込みます。
　こういった人の流れに従って、パソコンのグラフィック・ボードの技術は進歩しました。
　特に、PCゲームの分野において、ポリゴンを処理する専用回路が採用されることになりました。

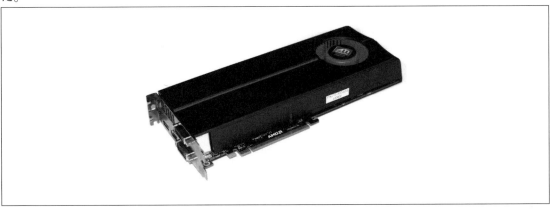

ATI Radeon HD（AMD）

■ ゲーム

　ゲームと言うと、若い人がゲームに夢中になって廃人のような状態になったとか、悪いイメージがあります。
　しかし、一方で、老人が苦悩から注意をそらすためにゲームをするとか、そういった生きるためのツールとして役立つというような使用例もあります。
　自動車事故があるから、自動車は悪だと決め付けることはできません。
　本来、ツールは、使い方によって、良くもなり、悪くもなるものです。

■ 開発競争

　PCゲームのビジネス展開によって、処理回路（GPU: Graphics Processing Unit）の開発競争が激化して、多くのメーカーが、戦場から脱落しました。
　GPUのメーカーとして、事実上、ATIとNVIDIAの2社が生き残りました。

1 DirectX の誕生

■ Windows Vista

マイクロソフトが Windows を開発する際に、DirectX を開発したことについて述べました。
DirectX は、特にパソコン・ゲームの分野において使用する SDK として、発展してきました。
DirectX のバージョンは、「DirectX 9」までに至りました。
ここで、マイクロソフトは、DirectX を Windows の基幹技術として取り上げることを決定します。
私は、マイクロソフトのこの決定は誤りであると考えますが、同情的に考えると、Windows に取り込むハードウエアが尽きてしまったとも言えます。

Windows Vista

■ オーバーラン

ソフトウエアがハードウエアを支配することについて述べました。
しかし、ハードウエアがなくなると、ソフトウエアの進歩も消えます。
新しいソフトウエアがなければ、新しい OS を発売する理由もありません。
こういったことで、「Windows Vista」において、マイクロソフトは、OS に取り込む必要がないハードウエアを取り込みました。その結果は、失敗だったと言っていいでしょう。

■ GPGPU

「Windows Vista」に GPU を取り込む際に、当然、マイクロソフトは、GPU の機能を精査します。
これまでハードウエア・メーカーが勝手に作っていた回路に対して、ソフトウエア技術者の目が入ります。
ハードウエア・メーカーは、当然、ゲームの処理に特化した回路を設計します。ゲームのプログラムに不要な回路は排除して、コストダウンを目指します。
しかし、ソフトウエアの立場から見ると、必要な回路が組み込まれていないことに気付きます。
こういった経過を辿って、これまでゲーム一本で直進してきた GPU に、大きな転機が訪れます。
これを、"汎用の GPU"、あるいは「GPGPU」(General Purpose GPU) と言います。

■ 転機

「Windows Vista」の開発に伴って、「DirectX 10」が開発されます。
そして、「DirectX 10」は、Windows の基盤技術に取り込まれます。
「Windows Vista」は不評で、マイクロソフトは、急遽、「Windows 7」を発売します。

1章 「DirectX 11」について

これに伴って、「DirectX 11」が開発されました。
「DirectX 9」から「DirectX 10」への転換は、大きな転換です。
「GPGPU」という概念が取り込まれました。
「DirectX 10」から「DirectX 11」への転換は、小さな転換です。
変更点は多くありません。
ある意味では、「DirectX」は、終着駅に到着したとも言えます。

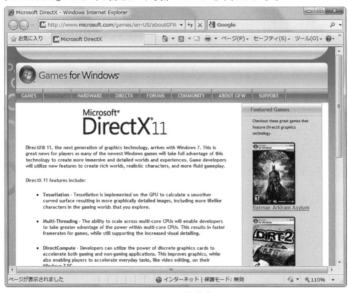

DirectX11 は終着点？

■ プログラミング・スタイル

　マイクロソフトは、ある日突然、DirectX のプログラミング・スタイルを、全面的に変更しました。
　何が起こったのか調べたところ、SGI が提唱する OpenGL のプログラミング・スタイルを、そっくりそのまま、DirectX にコピーしたのです。これにはびっくりしました。

2 新しい出発

　この世には、生があり、死があります。
　Windows や DirectX も、この掟を免れることはできません。
　しかし、目を、「個」から「全」に向ければ、進歩の流れは停止することはありません。常に、進歩します。
　わたくしの考えを述べれば、ひとつの流れは、

●分散コンピューティング

であり、もうひとつの流れは、

●3次元技術

であると考えます。

② 新しい出発

■ 分散コンピューティング

　Apple が開発した iPhone や iPad は、誰しも予測しなかったような勢いで、普及しています。
　20 世紀をパソコンの時代と定義すれば、21 世紀は、「分散コンピューティング」(Distributed Computing) の時代と言えます。
　人は、コンピュータを身に着けて動く時代になりました。
　Windows の重さから判断すると、マイクロソフトが、この分散コンピューティングの分野へ参入するのは、とても難しい。おそらく、不可能だと思います。
　Windows は、おそらく、規模を縮小して、開発システムとして、すなわち、プロ用のツールとして生き残るものと予想されます。

■ 3D ビジョン

　アバターが封切られて、一気に、3D の世界が身近なものになりました。
　パナソニックは、この 4 月に、3D のテレビ受像機を発売しました。
　たとえば、ゴルフやボクシングの中継を、3D で立体的に見ることができます。
　富士フィルムは、3D カメラを発売します。写真を、3D で見ることができます。
　また、3D のプロジェクタも発売されています。

　チャップリンの無声映画がトーキーに変り、白黒映画がカラーに変わったように、2 次元の画面が 3D 次元に切り替わるのでしょうか。
　この点は、いまのところ、明らかではありません。

■ NVIDIA

　いまから、およそ 1 年前 (2009 年 4 月) に、NVIDIA は、「3D Vision」という製品を発売しました。
　モニタ、メガネ、ケーブルなどがセットになっていて、値段は、およそ 6 万円程度です。
　このセットを購入して、パソコンに接続すると、たとえば、ゲームを 3D の状況において、プレイすることが可能になります。
　私も、実際にプレイしました。
　感想は、イマイチというところですが、技術に磨きをかければ、画像の品質を上げることができると考えています。

■ Y の秘密

　CD-ROM が開発されたとき、誰しも、このメディアが普及するとは考えていませんでした。
　しかし、実は、エロティックな画像を配布する手段として採用されたことによって、表には出てこない裏の世界において普及し、結果として、CD-ROM は一般的なメディアに昇格したという事実があります。
　その繰り返しを推奨するのではありませんが、そういう歴史が繰り返される可能性は、充分にあります。

■ 歴史は繰り返すのか

　NVIDIA が「3D ビジョン」を発売したことを述べました。
　この技術は、まさに DirectX の根幹技術です。
　なぜ、DirectX の根幹を成す 3D ビジョンの技術が、マイクロソフトではなくて、NVIDIA から生まれたのか。ここが最重要のポイントです。

1章 「DirectX 11」について

3 そして未来へ

「3D ビジョン」の開発は、超ヘビー級のコンピュータを要求します。
「分散コンピューティング」のマシンとは、逆の極に位置するマシンです。

「DirectX 11」は、新味に欠けます。
新しいテクノロジーはありません。ゼロです。

しかし、もし、「3D ビジョン」が普及することになれば、この開発システムとして

> DirectX が息を吹き返す

可能性は、充分にあります。
　Windows が、もう一度、舞台に立つ可能性があります。

Windows に DirectX を組み込んだポリシーが、間違いだったと論じました。
この"誤り"が、実は"正解"だった…というような逆転劇が起こるかもしれません。

次世代の「DirectX」は、おそらく、「3D ビジョン」を搭載したものになるでしょう。
そういう意味で、開発者の皆さんは、「DirectX」を勉強してください。

2章

「DirectX SDK」の、インストールとビルド方法

「DirectX 11」を使ったプログラムを開発するには、「DirectX SDK」の最新版が必要になります。

ここでは、「DirectX SDK」をインストールして開発環境を整え、「SDK」に含まれる「サンプル・プログラム」をビルドする方法までを説明します。

■大澤文孝

DirectX 11

2章　「DirectX SDK」の、インストールとビルド方法

1　「DirectX 11」開発に必要な環境

「DirectX 11」を使った開発をするには、「DirectX 11」が動作するパソコンが必要です。

■「Windows 7」以降は、標準サポート

「Windows 7」や「Windows 8」「Windows Server 2008 R2」や「Windows Server 2012」の場合は、「DirectX 11」が標準で搭載されています。

「Windows Vista」の場合は、「SP2」を適用していると、「Windows Update」の「「Windows Vista」用のプラットフォーム更新プログラム（KB971644）」で、「DirectX 11」がサポートされます。

それよりも前の OS では、「DirectX 11」は動作しません。

ただし、対応する OS であっても、「DirectX 11」が動作するには「ビデオ・カード」の対応が必要です。

現在、どのバージョンの DirectX がインストールされているかは、OS に付属している「dxdiag.exe」を実行すると、調べることができます。

図1　dxdiag.exe で DirectX のバージョンを調べる

■開発環境と SDK

DirectX を使った開発には、「Visual Studio」などの開発環境と SDK が必要です。

● DirectX のバージョンと対応する SDK

DirectX には、いくつかのバージョンがあり、どのバージョンを利用するのかによって、利用する SDK が異なります。

[1]「DirectX 9」以上の開発をしたい場合

「Visual Studio」＋「DirectX SDK June 2010」という組み合わせで開発します。
この組み合わせでは、「DirectX 9」「DirectX 10」「DirectX 11」の開発ができます。

[2]「DirectX 11」以上の開発をしたい場合

「Windows SDK」の最新版を使います。「Windows SDK」の最新版は、「Visual Studio 2012」

②「DirectX SDK」のダウンロードとインストール

以降をインストールすると、自動的にインストールされます。
　そのため、「Visual Studio 2012」や「Visual Studio 2013」をインストールすれば、別途 DirectX SDK をインストールすることなく、DirectX の開発ができます。
　ただし、この方法で開発できるのは、「DirectX 11」だけです。「DirectX 9」「DirectX 10」のプログラムは、修正して「DirectX 11」に対応するように書き直さないと、ビルドできません。

　「DirectX SDK June 2010」は、2010年に提供された古いバージョンであることもあり、今後は、[2] の方法で開発することが推奨されます。
　しかしながら、[2] の方法では、「DirectX 9」や「DirectX 10」の開発ができません。
　そこで、本書では、どちらも開発できるように、「Visual Studio 2010」と「DirectX SDK June 2010」の組み合わせで説明します。
　ただし、本書では、DirectX 11 の機能を主に使っているので、ほとんどのプログラムは、「DirectX SDK June 2010」を使わずに、「Visual Studio 2012」や「Visual Studio 2013」の環境でも、ビルドできるはずです。

● 「Windows 8.1」の場合の注意
　本書では、「Visual Studio 2010」＋「DirectX SDK June 2010」の組み合わせを使いますが、「Windows 8.1」の場合、「デバッグ環境」で実行すると、次のメッセージが表示されて実行できないことが知られています。

```
D3D11CreateDevice: Flags (0x2) were specified which require the D3D11 SDK
Layers for Windows 8.1, but they are not present on the system.
These flags must be removed, or the Windows 8.1 SDK must be installed.
```

　この場合は、
① 「Windows SDK」の最新版をインストールする
② 開発に「Visual Studio 2013」を使う
のどちらの方法をとってください。
　「Windows SDK」は、下記 URL からダウンロードできます。

https://msdn.microsoft.com/ja-jp/windows/desktop/bg162891.aspx

②「DirectX SDK」のダウンロードとインストール

　「DirectX SDK」はマイクロソフト社の「ダウンロードセンター」からダウンロードできます。「英語版ダウンロードセンター」からしかダウンロードできないので注意してください。

　「DirectX SDK」をダウンロードして、「Visual Studio 2010」で開発できるようにするまでの流れは、次の通りです。

【手順】「DirectX SDK」をインストールする
[1] DirectX SDK の検索
　「英語版ダウンロードセンター」（http://www.microsoft.com/downloads/en/）で、「DirectX SDK」を検索します。
　「日本語版」のダウンロードセンターでは「DirectX SDK」が見つからないので、「英語版」

2章 「DirectX SDK」の、インストールとビルド方法

から検索してください（図2）。

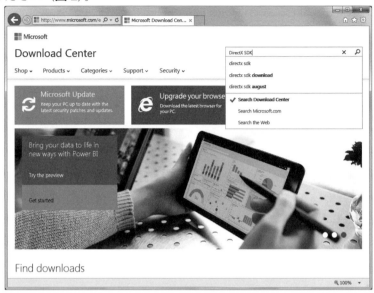

図2 「DirectX SDK」の検索

[2]「DirectX SDK」をダウンロードする

検索結果が表示されるので、「DirectX SDK」をダウンロードします。

「DirectX SDK」は、しばしばバージョンアップされており、ファイル名に「公開された年月」が付いているのが慣例です。

最新版は2010年7月に公開されたもので、「DirectX Software Development Kit」です。これを、ダウンロードします（図3）。

「Visual Studio 2010」での開発を正式にサポートしたのは、この「June 2010」以降となります。それより前のバージョンでは、「Visual Studio 2010」はサポートされません。

逆に、「June 2010」では、「Visual Studio 2005」はサポートされなくなったため、「Visual Studio 2005」を使って開発する場合には、古いバージョンの「DirectX SDK - (February 2010)」を使ってください。

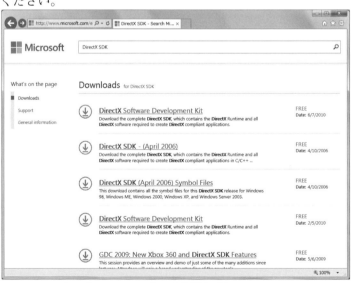

図3 「DirectX SDK」の最新版をダウンロードする

2 「DirectX SDK」のダウンロードとインストール

[3] インストーラを実行する

　手順[2]でダウンロードしたファイル「DXSDK_Jun10.exe」をダブル・クリックして実行します。

　インストーラが起動するので、[次へ]ボタンをクリックします(図4)。

図4　インストーラを実行する

[4] 使用許諾契約への同意

　使用許諾契約が表示されるので[同意します]を選び、[次へ]ボタンをクリックします(図5)。

図5　使用許諾契約に同意する

2章 「DirectX SDK」の、インストールとビルド方法

[5]「Customer Experience Improvement」に参加するかどうかを決める

機能向上を向上するために実施されている統計情報の提出に参加するかどうかを尋ねられます。[Information]ボタンをクリックすると、具体的に何が行なわれるのかの説明が表示されます。

参加する場合は、[Yes]にチェックを付けて、[次へ]ボタンをクリックしてください（図6）。

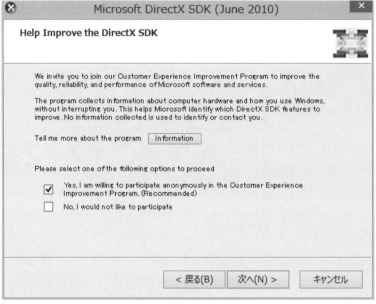

図6 「Customer Experience Improvement」への参加

[6] インストール先の設定

インストール先を決めます。

多くの場合はデフォルトの場所でかまいません。[次へ]ボタンをクリックして、次の画面に進んでください（図7）。

図7 インストール先の設定

[7] インストールするコンポーネントの選択

どのようなコンポーネントをインストールするのかを選択します。

デフォルトでは「DirectX Symbol Files」以外のすべてがインストールされるように構成され

2 「DirectX SDK」のダウンロードとインストール

ています。

「DirectX Symbol Files」は、デバイス・ドライバの開発などカーネルに関わるプログラムを開発するときに使うもので、普段は必要ありません。そのまま［次へ］ボタンをクリックしてください（図8）。

図8　インストールするコンポーネントの選択

なお、もし、「.NET Framework」がインストールされていないときは、この画面のあと、「.NET Frameworkのダウンロードとインストール」が始まります。

[8] インストールの開始

インストールがはじまるので、しばらく待ちます（図9）。

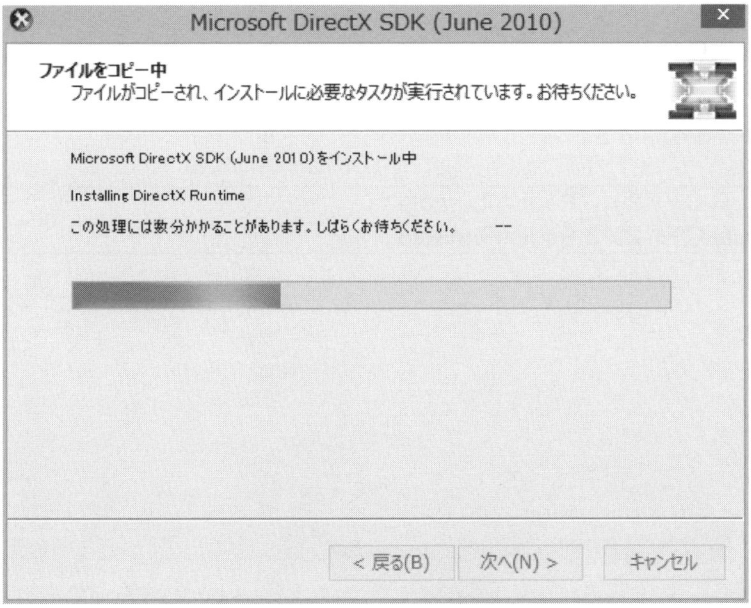

図9　インストールの開始

2章 「DirectX SDK」の、インストールとビルド方法

[9] インストールの完了
　インストールが完了したら、［完了］ボタンをクリックして、インストーラを終了します（図10）。

図10　インストール完了

■「DirectX SDK」がインストールできないときは

　環境によっては、上記の手順でインストールしたときに、「S1023」というエラーが表示され、インストールできないことがあります。
　これは、『「DirectX SDK」が書き換えようとしているファイル』と『Visual C++ がもつファイル』の競合によって起こります。
　インストールできないときには、コントロール・パネルから、

・Microsoft Visual C++ 2010 Redistributable
・Microsoft Visual C++ 2013 Redistributable

という「再配布パッケージ」をアンインストールしてから、「DirectX SDK」のインストールを試みてください。

4 「Visual Studio 2010」でのビルド方法

3 「DirectX Sample Browser」で動作確認する

　「DirectX SDK」には、収録されているサンプル・プログラムを実行したりプロジェクト・ファイルをコピーしたりするための「DirectX Sample Browser」というツールが付属しています。

　「DirectX SDK」のインストールが終わったら、まずは、正しくインストールされたかを確認するため、いくつかのサンプルを実行してみましょう。

　「DirectX SDK」をインストールすると、[スタート]メニューに[Microsoft DirectX SDK (June 2010)]という項目が追加されます。

　ここから[DirectX Sample Browser]を起動すると、サンプル・プログラムの一覧が表示されます。

　[32-bit Executable]や[64-bit Executable]のボタンをクリックすると、実際に実行できます(図11)。

図11　「DirectX Sample Browser」でサンプルを確認し実行する

4 「Visual Studio 2010」でのビルド方法

　「Visual Studio 2010」を使って、「DirectX SDK」を使ったプログラムをビルドするには、「インクルード・ディレクトリ」や「ライブラリ・ディレクトリ」を指定する必要があります。

　ここでは「DirectX SDK」に付属のサンプルを例にとって、「Visual Studio 2010」でビルドする方法を説明します。

　なお、「DirectX SDK」をインストールすると、「Microsoft DirectX SDK ReadMe」に、開発に関する注意事項が記載されたドキュメントがあります。開発前に、ひととおり目を通しておくことを推奨します。

【手順】「DirectX SDK」に付属のサンプルをビルドする
[1]　ソース・コードをハードディスクにインストールする
　先の「DirectX Sample Browser」(前掲の図11)において、[Install Project]をクリックします。すると、コピー先のフォルダを尋ねられます。

2章 「DirectX SDK」の、インストールとビルド方法

　適当なフォルダを選択すると、その場所に、サンプル・プログラムのソース・コード一式がコピーされます（図12）。

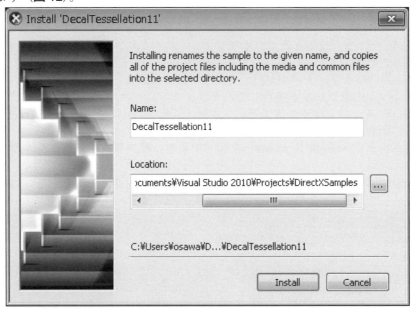

図12　「サンプル・プログラム」の「ソース・コード」をインストールする

[2] プロジェクト・ファイルを開く

　「Visual Studio 2010」を起動して、［ファイル］メニューから［開く］―［プロジェクト/ソリューション］を選択し、①でコピーしたプロジェクト・ファイルを開きます。

　サンプルには、「Visual Studio 2008用」と「Visual Studio 2010用」の、それぞれのプロジェクト・ファイルが付いているので、「Visual Studio 2010用」のものを開きます（図13）。

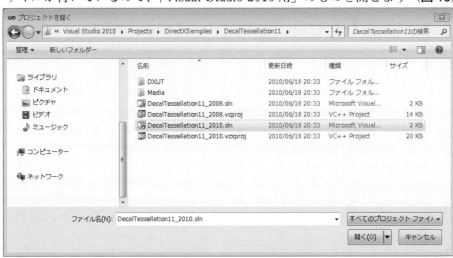

図13　プロジェクト・ファイルを開く

[3]「インクルード・ディレクトリ」と「ライブラリ・ディレクトリ」の設定

　「DirectX SDK」の「インクルード・ディレクトリ」と「ライブラリ・ディレクトリ」を設定します。これは、「プロパティ・ページ」から設定します。

4 「Visual Studio 2010」でのビルド方法

「プロパティ・ページ」を開くには、[表示]メニューの[プロパティ・ページ]を開きます。

図14に示すように、「DirectX SDK」のサンプルに含まれているプロジェクト・ファイルの場合には、

・インクルード・ディレクトリ
　　$(DXSDK_DIR) Include
・ライブラリ・ディレクトリ
　　$(DXSDK_DIR) Lib\x86

が設定されています。「$(DXSDK_DIR)」は、「DirectX SDKがインストールされたディレクトリ」を示します。

このディレクトリを設定しないと、ライブラリが見つからず、正しくビルドできません。

サンプル・プログラムでは、このように「インクルード・ディレクトリ」と「ライブラリ・ディレクトリ」があらかじめ設定されているため、そのままビルドできます。

しかし、自作のプログラムをビルドする場面では、プロジェクトごとに手作業で設定しないとビルドに失敗するので、注意してください。

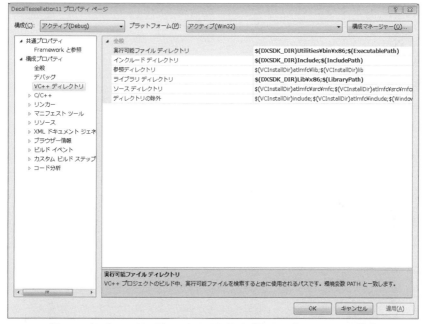

図14　インクルード・ディレクトリとライブラリ・ディレクトリの設定

[4] デバッグして実行

[デバッグ]メニューから[デバッグ開始]をクリックしてデバッグ実行します。
初回実行の際には、まだビルドしていないので、ビルドするか尋ねられます。
[はい]ボタンをクリックしてビルドしてから実行します（図15）。

2章 「DirectX SDK」の、インストールとビルド方法

図15 ビルドして実行する

[5] 実行された

サンプルがビルドされ、実行されます（**図16**）。

図16 「サンプル・プロジェクト」の実行例

*

DirectXを使った開発で注意したいのは、**手順[3]**に示した「インクルード・ディレクトリ」と「ライブラリ・ディレクトリ」の設定です。もしビルドできないときは、この設定を疑ってみてください。

第2部
実践編

1章

「Direct3D 11」の基礎知識

この章では、「Direct3D 11」の仕組みなど、「Direct3D 11」を使ったアプリケーションの作成に必要な基礎的な知識について解説します。

DirectX11

1章 「Direct3D 11」の基礎知識

1 特徴

■ Direct3D

「Direct3D」は、Windowsの一般的なアプリケーション向けグラフィックス機能では不可能な、高速で高品質なグラフィックス表示を行なう機能です。主に3D（3次元）画像をリアルタイムで表示することを目的としていますが、2D（2次元）画像を扱うこともできます。

Direct3Dを使うことで、個々のパソコンに搭載されているグラフィックス関連ハードウェアの違いをあまり意識せずに、それぞれの実行環境がもっているハードウェアの性能を生かしたアプリケーションを作ることができます。

■ Direct3D 11

「Direct3D 11」は、「Windows Vista」「Windows 7」でサポートされる「Direct3D」の最新バージョンです（2010年5月時点）。「機能の拡張」「パフォーマンスの改善」「GPUメモリの完全な仮想化」「GPGPU向けの機能」など、より柔軟で高度な機能がシンプルなAPIセットで提供されています。

「Direct3D 11」は、「Direct3D 9」までのDirect3Dとはハード・レベルからソフト・レベルまで根本的に変更されていますが、「Direct3D 10」を拡張した構造になっているので、「Direct3D 10」からの移行は容易です。

＊

「Direct3D 11」の主な特徴は、次の通りです。

● コンピュート・シェーダ

OSや一般のアプリケーション・プログラムなどを実行する汎用プロセッサである「CPU」に対して、グラフィックス処理に特化した専用プロセッサを一般に「GPU」と言いますが、「Direct3D 11」でサポートされた「コンピュート・シェーダ」（Compute Shader）を使うことで、グラフィックス処理以外にも、データを並列処理する汎用的なプロセッサとしてGPUを活用できます。

「コンピュート・シェーダ」は、Direct3Dデバイスを通じてグラフィックス系シェーダとリソースを共有できますが、他のシェーダとは直接接続されていません。

● テッセレーション

「テッセレーション」（Tessellation）は、詳細度が低いプリミティブを分割して、より詳細なプリミティブを生成し出力する機能です。

「Direct3D 11」のグラフィックス・パイプラインには、テッセレーションを行なう新しい1つのステージと2つのシェーダが組み込まれており、リアルタイムでテッセレーションを実行できます。

● マルチスレッド・レンダリング

「Direct3D 11」ではマルチスレッドへの対応が強化され、「Direct3D 10」の「デバイス」（ID3D10Deviceインターフェイス）の機能は、「デバイス」（ID3D11Deviceインターフェイス）と「デバイス・コンテキスト」（ID3D11DeviceContextインターフェイス）に分離されました。

「デバイス・コンテキスト」には、「イミディエイト・コンテキスト」（Immediate Context）と「ディファード・コンテキスト」（Deferred Context）があります。

「イミディエイト・コンテキスト」は、デバイスに直接レンダリングするデバイス・コンテキストで、デバイスに1つ存在します。シングル・スレッドのアプリは「イミディエイト・コンテキスト」だけを使います。

「ディファード・コンテキスト」は、メインのレンダリング・スレッド以外のワーカー・スレッドで使うデバイス・コンテキストです。

なお、「デバイス」（ID3D11Device インターフェイス）のメソッドはフリー・スレッド化されていますが、「デバイス・コンテキスト」（ID3D11DeviceContext インターフェイス）のメソッドはフリー・スレッド化されていません。

本書では、「ディファード・コンテキスト」は扱いません。

● 動的シェーダ・リンク

一般的なレンダリングでは、各種マテリアルをいろいろ組み合わせながらレンダリングを行なっていきます。そのため、レンダリングごとに機能の違うシェーダが必要になります。

そのようなシェーダの作成方針として、①「すべての機能を備えたシェーダを作る方法」と、②「必要な組み合わせのシェーダだけを作る方法」がありますが、①の方法ではシェーダのパフォーマンスが犠牲になり、②の方法では、組み合わせが少し増えただけで膨大な量のシェーダを管理する必要が出てきてしまいます。

「Direct3D 11」で導入された「動的シェーダ・リンク」を使うと、シェーダをパイプラインに割り当てる際に、シェーダ・コードをドライバで最適化できるようになります。

● WARP（Windows Advanced Rasterizer）

「WARP」は、実際のアプリで利用できる、高速なマルチコア・スケーリング・ラスタライザです。「Direct3D 10.1」レベルの機能をサポートしており、アプリでは、必要なハードウェア・デバイスを取得できなかった場合、「WARP」デバイスを選択できます。

似たような機能に、Direct3D のすべての機能をソフトで正確に実装した「リファレンス・ラスタライザ」がありますが、こちらは実行速度が遅く、開発向けにしか使えない制限があります。

● 「Direct3D 9/10/10.1」レベルのハードをサポート

「Direct3D 10」を使ったアプリを実行するには、「Direct3D 10」をサポートするグラフィックス・ハードが必須でした。しかし、「Direct3D 11」では、6段階の「機能レベル」（Feature Level）が定義されており、「Direct3D 9/10/10.1」のデバイスでも、対応する「機能レベル」に応じた「Direct3D 11」の機能を使ったアプリが実行できます。

● シェーダ・モデル 5.0

「Direct3D 11」では、「Direct3D 10」と同様に「統合型シェーダ（Unified-Shader）アーキテクチャ」が採用されており、「コンピュート・シェーダ」を含むすべてのシェーダを同一の「HLSL」（High Level Shading Language：高水準シェーディング言語）で記述できます。

「Direct3D 11」のシェーダ・モデルは、「シェーダ・モデル 5.0」（SM5.0）です。また、「シェーダ・モデル 4.0」の機能も拡張されています。

● リソース

「Direct3D 11」では、「読み取り / 書き込みバッファ（テクスチャ）」「構造化バッファ」「バイト・アドレス・バッファ」「アンオーダード・アクセス・バッファ（テクスチャ）」などの新しいリソース・タイプが定義されています。

また、4GB よりも大きなリソースがサポートされました（ただし、リソース・インデックスは依然として 32 ビットです）。

● 「Direct3D 10」の特徴を継承

「Direct3D 11」は、「Direct3D 10」を拡張した設計になっています。そのため、「Direct3D 10」の「デバイスの消失処理が不要」「CAPS ビットの廃止」「固定機能の廃止」「ジオメトリ・シェーダ」といった特徴を継承しています。

「Direct3D 10」の具体的な特徴については、「DirectX10 3D プログラミング」（工学社）を参照してください。

1章 「Direct3D 11」の基礎知識

■ Direct3D の画面モード

Direct3D（DXGI）は、グラフィックス表示の方法として、次の２つの画面モードをサポートしています。

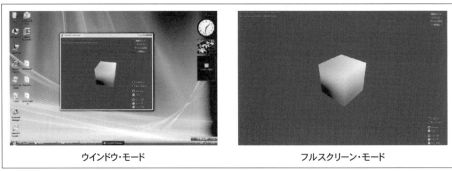

図 1-1　画面モード

① ウインドウ・モード

　通常のアプリケーションと同じように動作するモード。
　Direct3D の描画領域は、アプリケーションのクライアント領域内に限定され、他のアプリケーションと画面上で共存する。

② フルスクリーン・モード

　グラフィック・アダプタを占有して、その全画面を描画領域にするモード。
　他のアプリケーションやデスクトップなどは表示されない。

　２つのモードは仕組みが大きく異なりますが、その違いの多くを Direct3D と DXGI が吸収してくれるので、アプリケーション側では、違いをほとんど意識せずにプログラミングできます。

構成

　「Direct3D 11」を使ったグラフィックス処理において、データが処理されていく流れについて解説します。

■ 「Direct3D 11」と「DXGI」

　「Direct3D 11」は、グラフィックスに関する基礎的な機能を提供する「DXGI」の上に構築されています。

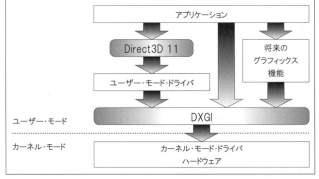

図 1-2　「Direct3D 11」と「DXGI」の関係

「DXGI」の仕事は、「Direct3D 11」などのグラフィックス機能やアプリケーションからの指示を受けて、カーネル・モード・ドライバやハードウェアとやり取りすることです。

■「DXGI」の機能

一般に、「Direct3D 11」を使う場合、「DXGI」に関しては「Direct3D 11」経由で扱うため、アプリケーション側で直接操作することはあまりありません。しかし、たとえばガンマ制御や出力に使うディスプレイを選択するなどのコントロールが必要な場合は、「DXGI」を使うことになります。

● スワップ・チェイン

「DXGI」の重要な機能として、「スワップ・チェイン」があります。
「Direct3D 11」では、画面の表示と描画に「フロント・バッファ」と「バック・バッファ」を使います。「フロント・バッファ」はディスプレイ上に表示されている画面データをもっているバッファです。
「フロント・バッファ」に直接書き込むと、描画途中の状態までディスプレイに表示されてしまいます。そこで、いったん「バック・バッファ」に書き込み、描画が終わったところでディスプレイに表示されるバッファの内容を一度に更新します。
また、この更新作業中はバック・バッファにも描画できません。それによる描画パフォーマンスの低下を防ぐために、3つ以上のバッファを用意することもできます。

このような「フロント・バッファ」や「バック・バッファ」を含む複数のバッファの集まりと、その切り替えの仕組みを「スワップ・チェイン」といいます。そして、「Direct3D 11」においては、このスワップ・チェインは「DXGI」の機能として提供されています。

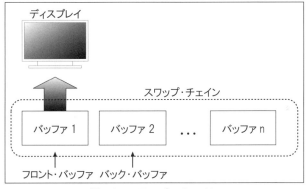

図1-3　スワップ・チェイン

基本的な処理は「Direct3D 11」のAPIを呼び出すことで、Direct3D側で行なってくれるため、アプリケーションでDXGIを直接使うことは少ないかもしれません。しかし、たとえばガンマ制御や出力に使うディスプレイを選択するなどのコントロールが必要な場合は、DXGIを使うことになります。

「DXGI」の具体的な機能については、**3章**で解説します。

■「Direct3D 11」のパイプライン構成

「Direct3D 11」のグラフィックス・パイプライン構成は、**図1-4**のようになります（「コンピュート・シェーダ」はグラフィックス・パイプラインに直接接続されていないので、図では省略しています）。
パイプラインは、「入力アセンブラ」や「頂点シェーダ」などの複数の「ステージ」から構成されています。

アプリケーションは、パイプラインの各ステージに「ステート設定」を行ない、各ステージの動作を

1章 「Direct3D 11」の基礎知識

決めます。また、「頂点バッファ」「テクスチャ・バッファ」などとして描画に使うデータを用意します。

描画メソッドを実行して描画を開始すると、データは基本的に「入力アセンブラ」から「出力マージャー」に向かって流れていき、最終的に「描画ターゲット」に画像が描画されます。

「DXGI」で提供されるスワップ・チェインの「バック・バッファ」を「描画ターゲット」として設定することで、ディスプレイの表示を更新できます。また、「描画可能なテクスチャ」を描画ターゲットに設定することで、テクスチャに描画することもできます。

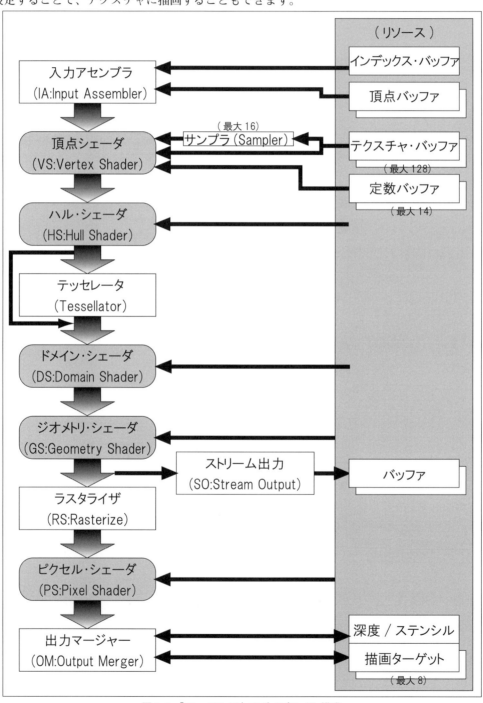

図1-4 「Direct3D 11」のパイプライン構成

図1-4の左側の四角と矢印がパイプラインの各ステージとステージ間のデータの流れを示しています。

「角が丸い灰色の四角」は、ユーザーが動作をプログラミングする「プログラマブル・シェーダ」です。この5ステージの動作は、ユーザーがプログラミングします。

「白い四角」は、固定機能のステージです。ステート設定で動作を設定します。

図1-4の右の四角が、GPUが扱う主な「リソース」です。左右の矢印は、パイプライン・ステージとリソース間でデータの流れる一般的な方向を示しています。

「Direct3D 11」では「ストリーム出力」ステージが設けられており、パイプラインからリソースのバッファにデータを書き込むことができます。

なお、「Direct3D 11」のメソッド名などでは、ステージ名として「頂点シェーダ=VS」のような略称が用いられています。

● パイプライン内を流れるデータ

描画パイプライン中を流れるデータには、「パイプラインによって解釈される値」(システム値)と「パイプラインは関知しない値」があります。

たとえば、「SV_POSITION」という属性(セマンティック名)をもつデータは、パイプラインによって「頂点座標」として扱われ、ラスタライザはこの値を元にラスタライズ処理を行ないます。

それに対して、ユーザーが定義した属性(セマンティック名)をもつデータは、ユーザーによって記述されるシェーダ・コードによってのみ利用されます。逆に言うと、ユーザーはシェーダが必要とする任意のデータをパイプラインに流すことができます。

また、パイプラインの中を流れるデータには、「ユーザーによって提供される値」と「入力アセンブラなどによって生成される値」(システム生成値)とがあります。

頂点座標などの「ユーザーによって提供される値」は、頂点バッファからIAを通じてパイプラインに与えたり、シェーダ・コードで生成したりします。

これに対して、「頂点ID」「プリミティブID」「インスタンスID」などのシステム生成値は、入力アセンブラによって生成されてパイプラインに提供されます。

● プリミティブ

Direct3Dでグラフィックスを描画するには、パイプラインに3Dオブジェクトの「プリミティブ」を設定します。プリミティブは、Direct3Dで描画する図形の最小単位です。Direct3Dでは、「球体」や「立方体」のような単純な物体から、「自動車」のような複雑な物体まで、描画する物体の形状はすべてプリミティブの集合として表現されます。

「Direct3D 11」でサポートされている「プリミティブ」には、次の9種類あります。

プリミティブの種類

点			
線リスト	隣接付き線リスト	線ストリップ	隣接付き線ストリップ
三角形リスト	隣接付き三角形リスト	三角形ストリップ	隣接付き三角形ストリップ

「~リスト」とは、独立したプリミティブ(線や三角形)の集合です。

「~ストリップ」とは、プリミティブの連続した集合で、頂点を複数のプリミティブで共有します。

「隣接付き~」とは、描画するプリミティブと接しているプリミティブについての情報をもつことを意味します。

なお、テッセレータを使う場合は、プリミティブ・タイプとして、「1~32個のコントロール・ポイントからなるパッチ・リスト」を指定します。

1章 「Direct3D 11」の基礎知識

● 「頂点バッファ」（Vertex Buffer）と「インデックス・バッファ」（Index Buffer）

　各プリミティブの情報は、「頂点バッファ」と「インデックス・バッファ」に格納してパイプラインに渡します。

　「頂点バッファ」には、プリミティブの各頂点の「座標」や「マテリアル情報」（色など）を格納します。頂点バッファは、同時に最大16（または32）使えます。

　「インデックス・バッファ」には、「頂点バッファ」のデータをプリミティブで使う順番を格納します。頂点バッファ内に格納されている順番でよければ、インデックス・バッファを使わないことも可能です。同時に使えるインデックス・バッファは1つだけです。

● 入力アセンブラ（IA：Input Assembler）

　パイプラインの最初のステージです。リソースからデータを読み込み、パイプラインにデータを提供する働きをします。それと同時に、「プリミティブID」「インスタンスID」「頂点ID」などの「システム生成値」を生成してパイプラインに提供します。

　「入力アセンブラ」ステージには、「頂点バッファ」「インデックス・バッファ」「入力レイアウト・オブジェクト」「プリミティブ・タイプ」などを設定します。

● 頂点シェーダ（VS：Vertex Shader）

　シェーダ入力として頂点データを1つ受け取り、座標変換などを施した後、シェーダ出力として頂点データを1つ出力します。

● ハル・シェーダ（HS：Hull Shader）

　「Direct3D 11」で新たに加わった、テッセレータ機能を構成するシェーダの1つです。

　シェーダ入力として1～32個の「コントロール・ポイント」を受け取り、シェーダ出力として「1～32個のコントロール・ポイント」「パッチ定数」「テッセレーション係数」を出力します。出力データは、「テッセレータ」ステージと「ハル・シェーダ」に渡されます。

● テッセレータ（Tessellator）

　「Direct3D 11」で新たに加わった、テッセレータ機能を構成するステージです。

　入力として「クワッド・パッチ」「三角形パッチ」「線」を受け取り、多数のより詳細な「三角形」「線」「点」を出力します。

● ドメイン・シェーダ（DS：Domain Shader）

　「Direct3D 11」で新たに加わった、テッセレータ機能を構成するシェーダの1つです。

　シェーダ入力として「ハル・シェーダ」と「テッセレータ」の出力を受け取り、シェーダ出力としてパッチ内の各頂点座標を出力します。

● ジオメトリ・シェーダ（GS：Geometory Shader）

　シェーダ入力としてプリミティブ・データを1つ受け取り、プリミティブの変形や新しいプリミティブの生成などを行なった後、シェーダ出力として0または1つ以上のプリミティブ・データを出力します。つまり、プリミティブを減らしたり増やしたりできます。

● ストリーム出力（SO：Stream Output）

　ジオメトリ・シェーダ（または頂点シェーダ）からの出力を、リソース内のバッファに書き出すステージです。バッファに書き出されたデータは、CPUで読み込んで利用したり、パイプラインへの入力として利用できます。

● ラスタライザ（RS:Rasterize）

　見えないプリミティブを削除し（カリング）、頂点値をプリミティブ全体に補完して、プリミティブをピクセル・データに分解します。

ラスタライザ・ステージに入力される頂点データの座標（x,y,z,w）は、すべて同じクリップ空間内の座標と見なされます。

● ピクセル・シェーダ（PS：Pixel Shader）
シェーダへの入力としてピクセル・データを1つ受け取り、テクスチャ処理やライティングなどを行なった後、シェーダからの出力としてピクセル・データを1つ出力します。

● 出力マージャー（OM：Output Marger）
ピクセル・シェーダから出力されたピクセル・データや、深度/ステンシル・バッファの値を使って、最終的に描画される色を決定します。このとき、深度/ステンシル・テストを実行して、実際に描画するかどうかを最終決定します。

●「テクスチャ」（Texture）と「サンプラ」（Sampler）
リソースには、「テクスチャ・リソース」と「バッファ・リソース」があります。

「バッファ・リソース」は、バッファ成分の一次元配列です。バッファ・リソースは、構造化されず、フィルタ処理の対象とならず、サブ・リソースを持つことができず、マルチ・サンプルされることもありません。本質的には単なる大きなメモリとも言えます。「頂点バッファ」や「インデックス・バッファ」が代表的なバッファ・リソースです。

「テクスチャ・リソース」は、画像データである「テクスチャ」を保持するための構造化されたコレクションです。テクスチャは、シェーダで読み込まれるときに「サンプラ」によってフィルタ処理できます。また、1つ以上のミップマップ・レベルをもつことができます。

● 定数バッファ（Constant）
「Direct3D 11」では、シェーダで使う定数値を設定するのに「定数バッファ」を使います。これは概念的には頂点バッファとまったく同じように扱えます。各シェーダ・ステージには「D3D11_COMMON SHADER_CONSTANT_BUFFER_API_SLOT_COUNT」(14)の定数バッファを割り当てることができ、各定数バッファには、最大4096の定数を設定できます。

● 描画ターゲット
「Direct3D 11」では、最大8つの描画ターゲットを設定できます。また、ジオメトリ・シェーダを使って、プリミティブを描画する描画ターゲットを指定できます。この機能を使うことで、キューブ・テクスチャの6つの面を1パスで描画できます。

● 深度/ステンシル・バッファ
「深度バッファ」（Zバッファ）は、3Dグラフィックスにおいて隠面処理（手前の物体で隠れている面を描画しない処理）を行なう手段の1つです。深度バッファを使わない方法（Zソート法など）もありますが、3Dグラフィックスの描画では、基本的に深度バッファを使います。
「ステンシル・バッファ」は、描画ターゲットに対して型抜きのような処理を行なうための手段です。ステンシル・バッファの値を基準に、描画ターゲットの中で処理を行なう部分と行なわない部分を区別できます。
「深度バッファ」と「ステンシル・バッファ」は、「深度/ステンシル・バッファ」という1つのリソースとしてまとめて扱われます。「深度/ステンシル・バッファ」の使用はオプションです。2Dグラフィックスの描画など、前後関係を判定する必要がない場合には、深度/ステンシル・バッファを使わないことも可能です。

1章 「Direct3D 11」の基礎知識

3 リソース

「リソース」とは、大ざっぱに言うとDirect3Dの描画パイプラインからアクセスできるメモリ上のデータ群です。「Direct3D 11」のプログラミングでは、GPUに何かさせるためにデータを渡す目的や、GPUの処理結果を受け取る目的ために、リソースを使います。

リソースを使うには、リソースの「構造」「フォーマット」「ビュー」「タイプ」「使用法」といった概念を理解する必要があります。

■ エレメント

リソースは、パイプラインによって読み書きできるリソースの最小単位である「エレメント」が集まったものです。「エレメント」は、1〜4個の「コンポーネント」から構成されています。

エレメントの例として、各8ビット「赤(R)」「緑(G)」「青(B)」「α(A)」値(コンポーネント)のパックである「R8G8B8A8」などがあります。つまり、パイプラインからこのリソースのデータにアクセスする場合、「RGBA」値を同時に扱うことになり、「Rだけ」を読み書きするようなことはできません。

1つのリソースに含まれるエレメントの種類は、1種類とは限りません。たとえば、頂点バッファに含まれている頂点データは、「頂点座標」「テクスチャ座標」「色」など複数種類のエレメントから構成されていることが普通です。

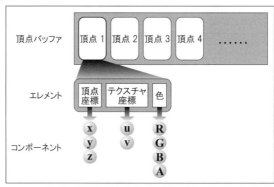

図1-5 「リソース」「エレメント」「コンポーネント」の関係

なお、「テクスチャ・リソース」の場合に限って、エレメント(テクスチャ・エレメント)のことを「テクセル」と呼びます。

■ フォーマット

リソースのエレメントのフォーマット(データ形式)は、「DXGI」で定義されています。

また、フォーマットの決定を、リソースがパイプラインに設定されるときまで延期できます(タイプなしフォーマット)。

具体的なフォーマットは、**3章**で解説します。

■ 「サブ・リソース」と「テクスチャ配列」

リソースは、1つ以上の「サブ・リソース」の集合です。「サブ・リソース」は、リソースに含まれる実際のデータです。

また、複数のテクスチャ・リソースの配列である「テクスチャ配列」がサポートされています。

● 「サブ・リソース」と「ミップマップ」

　テクスチャのサブ・リソースは、「ミップマップ」として機能します。「ミップマップ」とは、複数の解像度のテクスチャを持つことで、画質を改善する技術です。テクスチャを「大きく」表示するときは「高い解像度」のテクスチャを、「小さく」表示するときは「低い解像度」のテクスチャをというように使い分けます。

　ミップマップの段階を「ミップマップ・レベル」と言います。「ミップマップ・レベル」が1つ増えるごとに、縦と横の解像度が2分の1になります。1×1が最小です。

● テクスチャ配列

　「Direct3D 10」では、同種のテクスチャ・リソースが複数集まった「テクスチャ配列」をサポートしています。これによって、複数のテクスチャをまとめて扱うことができます。
　なお、「キューブ・テクスチャ」は、6つの要素をもつ2次元テクスチャ配列として用意できます。

　たとえば、3つのミップマップ・レベルをもつ2次元テクスチャを4つ含むテクスチャ配列は、次のようになります。

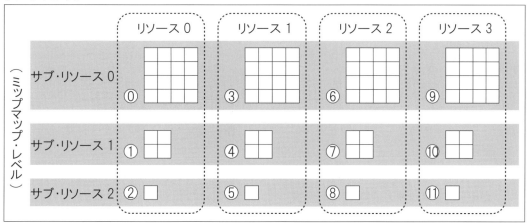

図1-6　3つのサブリソース（ミップマップ・レベル）をもつ2次元テクスチャを4つ含む「2Dテクスチャ配列」

　図中の①②③…は、テクスチャ配列のインデックス値です。この値は、

「リソースのミップマップ・レベル数」×「リソース番号」＋「サブ・リソース番号」

で計算でき、それを計算する「D3D11CalcSubresource関数」が用意されています。

D3D11CalcSubresource関数

```
inline UINT D3D11CalcSubresource(
    UINT MipSlice,
    UINT ArraySlice,
    UINT MipLevels);
```

MipSlice	ミップマップ番号。
ArraySlice	リソース番号。
MipLevels	リソースのミップマップ・レベル数。

1章 「Direct3D 11」の基礎知識

テクスチャ配列に含まれる各テクスチャ・リソースは、すべて「同じサイズ」「同じミップマップ・レベル数」「同じフォーマット」でなければなりません。

■ ビュー

「ビュー」は、パイプラインの各ステージに、テクスチャにアクセスする方法を提供します。たとえば、ステージからテクスチャの特定のサブ・リソースにアクセスするように設定できます。

リソースは複数のビューをもつことができます。そのため、パイプラインの複数のステージで同じリソースを使うことができます。ただし、同じサブ・リソースを同時に入力と出力に設定することはできません。

「ビュー」には、「描画ターゲット・ビュー」「深度/ステンシル・ビュー」「シェーダ・リソース・ビュー」などがあり、目的に応じて使い分けます。

ビューを扱う基本的なインターフェイスは「ID3D11View インターフェイス」です。また、「描画ターゲット・ビュー」を「ID3D11RenderTargetView インターフェイス」、「深度/ステンシル・ビュー」を「ID3D11DepthStencilView インターフェイス」、「シェーダ・リソース・ビュー」を「ID3D11ShaderResourceView インターフェイス」で扱います。これらのインターフェイスは「ID3D11View インターフェイス」を継承しています。

■ リソース・タイプ

「Direct3D 11」にはいろいろなリソースがありますが、それらはすべて「バッファ・リソース」と「テクスチャ・リソース」の2種類の基本的なリソース・タイプから派生しています。

リソースを扱う基本的なインターフェイスは「ID3D11Resource インターフェイス」です。

● バッファ・リソース

「バッファ・リソース」は、パイプラインに設定されているときに解釈される、構造化されていないリソースです。エレメントの単純な一次元配列であり、「フィルタ処理」「複数のサブ・リソース」「マルチ・サンプル」に対応していません。

「バッファ・リソース」には、「頂点バッファ」「インデックス・バッファ」「定数バッファ」が存在します。

「バッファ・リソース」は「ID3D11Buffer インターフェイス」で扱います。このインターフェイスは「ID3D11Resource インターフェイス」を継承しています。

● テクスチャ・リソース

「テクスチャ・リソース」は、構造化されたリソースです。「フィルタ処理」「複数のサブ・リソース」「マルチ・サンプル」に対応します。

「テクスチャ・リソース」には、「1次元テクスチャ」「1次元テクスチャ配列」「2次元テクスチャ」「2次元テクスチャ配列」「3次元テクスチャ（ボリューム・テクスチャ）」があります。

「テクスチャ・リソース」は「ID3D11Texture1D インターフェイス」「ID3D11Texture2D インターフェイス」「ID3D11Texture3D インターフェイス」で扱います。このインターフェイスは「ID3D11Resource インターフェイス」を継承しています。

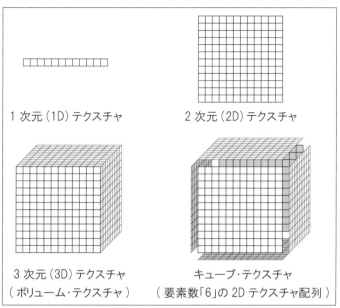

図1-7 テクスチャの種類（ミップマップ・レベル「0」のみ表示）

　構造化されたリソースのフォーマットには、「タイプなし」(Typeless) と「タイプあり」(Typed) のリソースがあります。

● タイプなし

　「タイプなし」の場合、エレメントの正確なフォーマットは、リソースがビューでパイプラインに設定されるときに決められます。そのため、同じリソースがパイプラインの複数の箇所から異なるフォーマットでアクセスされることもあります。たとえば、リソースがタイプなしフォーマット「DXGI_FORMAT_R32G32B32A32_TYPELESS」の場合、ビューからは「DXGI_FORMAT_R32G32B32A32_FLOAT」（浮動小数点数）や「DXGI_FORMAT_R32G32B32A32_UINT」（正の整数）などとしてアクセスできます。

● タイプあり

　「タイプあり」の場合、ビューはリソース自身のフォーマットと同じフォーマットでなければなりません。

■ メモリと使用法

　リソースは、パイプラインからアクセスできる、「ビデオ・メモリ」「システム・メモリ」などの内に作られます。「Windows Vista」や「Windows 7」の「WDDM」(Windows Vista Display Driver Model) は、このメモリを仮想化するので、アプリケーション側でリソースがどのようなメモリに作られているかを関知する必要はありません。

　リソースは、「CPU」と「GPU」という2つの異なったプロセッサからアクセスされるという特徴があります。
　そのため、システムがリソースの最適な管理を行なうには、アプリケーションがリソースをどのように使うつもりであるか（CPUとGPUからリソースにどのようにアクセスするつもりであるか）を知らなければなりません。
　そのために、アプリケーションはリソースを作るときに「使用法」を指定します。この「使用法」は、リソースの作成後には変更できません。

1章 「Direct3D 11」の基礎知識

使用法には、次の4種類があります。

リソースの使用法

使用法	D3D11_USAGE 型	ステージ		CPU		GPU	
		入力	出力	読み込み	書き込み	読み込み	書き込み
デフォルト	D3D11_USAGE_DEFAULT	○	○			○	○
動的	D3D11_USAGE_DYNAMIC	○			○	○	
蓄積	D3D11_USAGE_STAGING			○	○	○	○
不変	D3D11_USAGE_IMMUTABLE	○				○	

「デフォルト（Default）使用法」は、最も一般的な使用法です。GPUから読み書きでき、ステージの入出力に設定できます（ただし、同じサブ・リソースは、同時に入力と出力に設定できません）。

「動的（Dynamic）使用法」は、GPUで読み込めて、CPUで書き込める使用法です。CPUによって1フレームに何回も更新するようなリソースに最適です。

「蓄積（Staging）使用法」は、唯一CPUでデータを読み込める使用法です。そのため、GPUからCPUにデータをコピーするような場合に使います。

「不変（Immutable）使用法」は、GPUで読み込むだけの使い方です。CPU/GPUともに書き込めないので、リソース作成時に初期化が必須です。

CPUでデータを読むことができるのは「蓄積（Staging）使用法」のリソースだけです。

しかし、このリソースはステージの出力に設定できないので、ステージからの出力データをCPUで受け取るには、ほかのリソースから「蓄積（Staging）使用法」のリソースにデータをコピーする必要があります。

そのためには、「ID3D11DeviceContext::CopySubresourceRegion メソッド」「ID3D11DeviceContext::CopyResource メソッド」「ID3D11DeviceContext::CopyStructureCount メソッド」を使うことができます。その後、「蓄積（Staging）使用法」リソースのインターフェイスと「ID3D11DeviceContext::Map メソッド」を使うことで、メモリにアクセスできます。

使用法に限らず、リソースの使いやすさ（機能）とパフォーマンスは、トレードオフの関係にあります。できるだけ制限される使い方をしたほうが、パフォーマンス的に有利です。

4 APIのレイヤー構成

「Direct3D 11」のAPIは、複数のレイヤーで構成されています。「コア・レイヤー」以外はオプションです。プログラマーは、必要なレイヤーを選択することができます。

■ コア・レイヤー

デフォルトで存在しているレイヤーです。Direct3DのAPIとドライバの間にある薄いマッピングを提供しています。このレイヤーはパフォーマンスが最優先であるため、致命的な妥当性検査だけを行ないます。

■ デバッグ・レイヤー（オプション）

広範囲の追加パラメータと、一貫性妥当性検査を提供します。ただし、実行パフォーマンスが犠牲になります。

デバッグ・レイヤーをサポートするデバイスを作るには、DirectX SDKをインストールしていなけ

ればなりません。

■ リファレンス切り替えレイヤー（オプション）

　アプリケーションに、ハードウェア・デバイス（HAL）とリファレンス・デバイス（REF）の間を移行する機能を提供します。
　このデバイス切り替えを通して、「デバイス・ステート」「リソース」「オブジェクト」は維持されます。ただし、リソース・データは（特にマルチ・サンプルのリソースでは）正確に一致しないかもしれません。

■ DirectX と COM

　DirectX の機能は「COM」（コンポーネント・オブジェクト・モデル）を使って提供されています。
　「COM」は、オブジェクト指向プログラミング・モデルの1つです。COM についてすべてを理解するのは大変ですが、Direct3D を利用するだけであれば、COM についての詳しい知識は必要ありません。いくつかの決まりごとの他は、C++ のクラスを使うのと同じような感覚で扱うことができます。

　「Direct3D 10」の動作とは異なり、「Direct3D 11」における「ID3D11DeviceContext インターフェイス」の Set 系メソッドは、パイプラインに設定されたインターフェイスを保持します。
　なお、「Direct3D 10」と同様に、Get 系メソッドは、インターフェイスの参照カウンタを加算します。そのため、Get 系メソッドで取得したインターフェイスが不要になったら、アプリ側で Release メソッドを呼び、インターフェイスを開放する必要があります。

5　ヘルパー・ライブラリ

　DirectX SDK では、Direct3D 向けに「D3DX」と「DXUT」と呼ばれる2種類の補助的なライブラリ（ヘルパー・ライブラリ）が提供されています。

■ D3DX

　Direct3D では直接には提供されていない機能を提供する、補助的なライブラリです。DXUT と比較して、基本的な機能がサポートされています。
　「D3DX」では、Direct3D の機能を扱いやすくしてくれる機能や、グラフィックス処理でよく使われる機能を提供しています。D3DX を使うことで、よく使われる定型的なグラフィックス処理を簡単に実装できます。
　「D3DX」は、アプリケーションと動的にリンクされます。このとき呼び出される DLL は、アプリケーションの開発に使った「DirectX SDK」に付属するバージョンの DLL です。
　D3DX のソース・コードは提供されていないので、「D3DX」で提供されている処理の具体的な内容を追い掛けたり、変更したりすることはできません。

　本書では、「DirectX SDK (June 2010)」で提供されている「D3DX 11」を使います。

■ DXUT

　D3DX と同じく、Direct3D で直接提供されていない機能を提供する補助的なライブラリです。D3DX よりも応用的な機能がサポートされています。
　「DXUT」では、Direct3D を使ったアプリケーションで必要になる定型的な処理の実装を助けてくれる機能が提供されています。「DXUT」を使うことで、Direct3D を使ったアプリケーションで必要とな

1章 「Direct3D 11」の基礎知識

る定型的な処理を簡単に実装できます。

「DXUT」はアプリケーションとは静的にリンク（スタティック・リンク）されます。D3DXとは違い、SDK付属のサンプル・プログラム的な位置づけなので、ソース・コードも提供されています。そのため、処理の内容を追い掛けたり、必要に応じて変更したりできます。

「DirectX SDK（June 2010）」のDXUTには、①「Direct3D 9」と「Direct3D 10」に対応したバージョンと、②「Direct3D 9」と「Direct3D 11」に対応したバージョンがあります。

ただし、本書では、DXUTは扱いません。

*

「D3DX」や「DXUT」の機能は、SDKのバージョンによって異なっています。基本的には、新しいSDKほど機能が豊富ですが、一部の機能はバージョン間で互換性がない場合があります。

6 開発環境

本書では、開発環境として、「DirectX SDK（June 2010）」と「Visual Studio 2010 Express」（Visual C++ 2010 Express）を使っています。

「DirectX SDK」は、「DirectX デベロッパー・センター」からダウンロードできます。

```
http://msdn.microsoft.com/ja-jp/directx/default.aspx
```

「Visual Studio 2010 Express」（Visual C++ 2010 Express）は、以下のページからダウンロードできます。

```
http://www.microsoft.com/japan/msdn/vstudio/express/
```

「DirectX SDK」では、英語版のドキュメントが提供されています。日本語版ドキュメントは、「DirectX デベロッパー・センター」からダウンロードできます。本書の執筆時点（2010年6月）では、「August 2009」の日本語版ドキュメントが提供されています。

なお、同様の日本語ドキュメントは、オンライン上でも閲覧できます。

```
http://msdn.microsoft.com/ja-jp/library/aa139696%28v=MSDN.10%29.aspx
```

7 実行環境

「DirectX SDK」のライブラリは、実行時に適切なDLLを自動的にロードします。

「Direct3D 11」は、「Windows Vista」と「Windows 7」でのみサポートされます。「Windows XP」以前のOSではサポートされていません。

「Direct3D 11」のリファレンス・ラスタライザは「DirectX SDK」と同梱の形でのみ配布されており、再配布も禁止されています。

■ エンドユーザー・ランタイム

「Direct3D 11」のエンドユーザー・ランタイムには、①小さなブートストラップ用プログラムを使って、必要なファイルをWeb経由でインストールする「Webインストーラ」と、②ファイルをすべてダウンロードしてインストールする「フルダウンロード」があります。

また、DirectXのエンドユーザー・ランタイムには、アンインストールする方法は用意されていません。

7 実行環境

① DirectX エンドユーザー・ランタイム「Web インストーラ」

```
http://www.microsoft.com/downloads/details.aspx?displaylang=ja&FamilyID
=2da43d38-db71-4c1b-bc6a-9b6652cd92a3
```

② DirectX End-User Runtimes (June 2010)

```
http://www.microsoft.com/downloads/details.aspx?FamilyID=3b170b25-abab-
4bc3-ae91-50ceb6d8fa8d&displayLang=en
```

なお、本書で作成しているサンプル・プログラムは、「AMD Radeon HD 5400 シリーズ」と「NVIDIA GeForce 9300M GS」で動作確認しています。

2章

基本的なプログラム

この章では、「Direct3D 11」を使ったプログラムの基本的な構造について解説します。

DirectX11

2章　基本的なプログラム

1　プロジェクトの作成

はじめに、「Direct3D 11」を使ったプログラムのための Visual C++ プロジェクトを用意します。

■ 開発環境

「Visual C++ 2010」に、「DirectX SDK」のディレクトリを設定します。
※「DirectX SDK (June 2010)」は、「Visual Studio 2010」に対応していますが、「インクルード・パス」や「ライブラリ・パス」を自動的には設定しません。

「Visual C++ 2008」では、ディレクトリのグローバル設定を、[ツール]→[オプション]→[VC++ ディレクトリ]で設定できましたが、「Visual C++ 2010」ではこの機能が削除されており、「プロパティ・シート」(.props ファイル)を編集する形式に変更されています。
　(なお、プロジェクトごとの設定は、「プロジェクト」→「プロパティ」で可能です)。

　グローバル設定のプロパティ・シート (Microsoft.Cpp.Win32.user.props) は、以下の場所にあります(ディレクトリ名は、各自の環境に合わせて読み替えてください)。

```
C:\Users\(ユーザー名)\AppData\Local\Microsoft\MSBuild\v4.0\Microsoft.Cpp.Win32.user.props
```

　このファイルは XML 形式ファイルなので、テキスト・エディタで編集可能です。
「Visual C++ 2010 Express」のインストール直後は、次のような内容になっています。

```
<?xml version="1.0" encoding="utf-8"?>
<Project DefaultTargets="Build" ToolsVersion="4.0" xmlns="http://schemas.microsoft.com/developer/msbuild/2003">

</Project>
```

　ここに、「Debug|Win32」と「Release|Win32」の設定として、それぞれ「インクルード・パス」(IncludePath) と「ライブラリ・パス」(LibraryPath) を追加します。

　以下に、定義例を示します。
　(ディレクトリ名は、各自の DirectX SDK をインストールしたパスに合わせて読み替えてください)。
なお、複数のパスを追加したい場合は、「;」で区切って記述します。

```
<?xml version="1.0" encoding="utf-8"?>
<Project DefaultTargets="Build" ToolsVersion="4.0" xmlns="http://schemas.microsoft.com/developer/msbuild/2003">
  <PropertyGroup Condition="'$(Configuration)|$(Platform)'=='Debug|Win32'">
    <IncludePath>$(IncludePath);C:\Program Files\Microsoft DirectX SDK (June 2010)\Include</IncludePath>
    <LibraryPath>$(LibraryPath);C:\Program Files\Microsoft DirectX SDK (June 2010)\Lib\x86</LibraryPath>
  </PropertyGroup>
    <PropertyGroup Condition="'$(Configuration)|$(Platform)'=='Release|Win32'">
    <IncludePath>$(IncludePath);C:\Program Files\Microsoft DirectX SDK (June 2010)\Include</IncludePath>
```

```
    <LibraryPath>$(LibraryPath);C:\Program Files\Microsoft DirectX SDK (June
2010)\Lib\x86</LibraryPath>
  </PropertyGroup>
</Project>
```

■ 新規プロジェクトの作成

「Direct3D 11」を使うアプリケーションのプロジェクトは、普通、「Win32 プロジェクト」の「Windows アプリケーション」として作ります。

「新しいプロジェクト」ダイアログで、「プロジェクトの種類」から「Visual C++」（→「Win32」）を選び、「Win32 プロジェクト」を選びます。

図 2-1 「新しいプロジェクト」ダイアログ

この状態で「プロジェクト名」などを入力して「OK」ボタンを押すと、「Win32 アプリケーション・ウィザード」ダイアログが開きます。

「Win32 アプリケーション・ウィザード」ダイアログでは、「Windows アプリケーション」を選びます。このとき、「空のプロジェクト」を選んでおいたほうが便利かもしれません。

図 2-2 「Win32 アプリケーション・ウィザード」ダイアログ

2章 基本的なプログラム

■ ライブラリの追加

Direct3D の機能を呼び出すために、プロジェクトに Direct3D 関連のライブラリを追加します。

ライブラリを追加するには、①「プロジェクトのプロパティに登録する方法」と、②「コード中に『#pragma ディレクティブ』で追加する方法」があります。

① プロジェクトのプロパティに登録する方法

「プロジェクト」→「プロパティ」メニューなどを選んでプロジェクトの「プロパティ」ダイアログを開き、「構成プロパティ」→「リンカ」→「入力」の「追加の依存ファイル」に必要なライブラリを追加します。

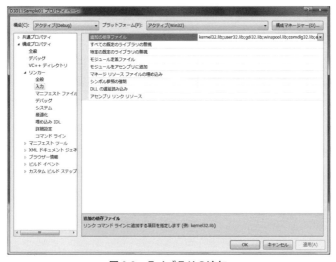

図2-3 ライブラリの追加

「Direct3D 11」を使う場合、一般的には、次のライブラリをリンクします。
リリース (Release) 版とデバッグ (Debug) 版では D3DX 用ライブラリが異なっています。

リンクするライブラリ

リリース版	デバッグ版	説　明
d3d11.lib	←	「Direct3D 11」用ライブラリ
d3dx11.lib	d3dx11d.lib	「D3DX 11」用ライブラリ
dxerr.lib	←	エラー処理ユーティリティ・ライブラリ

「dxerr.lib」は、DirectX のエラー処理ユーティリティ・ライブラリを使う場合に必要なライブラリです。使わない場合には必要ありません。

②「#pragma ディレクティブ」で追加する方法

プロジェクトのプロパティを開いて登録するのが面倒な場合は、ソース・コード中に「#pragma ディレクティブ」でライブラリを追加できます。

```
// Direct3D 11関連ライブラリのリンク
#pragma comment( lib, "d3d11.lib" )
#if defined(DEBUG) || defined(_DEBUG)
#pragma comment( lib, "d3dx11d.lib" )
#else
#pragma comment( lib, "d3dx11.lib" )
```

```
#endif
#pragma comment( lib, "dxerr.lib" )
```

本書では、この方法でライブラリを追加しています。

■ Unicode の使用

プロジェクトの文字セットとして「Unicode」を使うようにします。

文字セットとして Unicode を使うようにするには、プロジェクトの「プロパティ」ダイアログを開き、「構成プロパティ」→「全般」の「文字セット」で「Unicode 文字セットを使用する」が選択されていることを確認します。

図 2-4　Unicode 文字セットの指定

「Unicode 文字セット」を使う場合、「MBCS（マルチ・バイト・キャラクタ・セット）文字セット」を使ったプログラムとは、「文字の型」や「文字列リテラルの定義方法」が異なります。

文字セットの違いによる「文字型」「文字列」「WinMain 関数」の定義

MBCS 用	Unicode 用	MBCS/Unicode 共用
CHAR 型	WCHAR 型	TCHAR 型
LPSTR 型	LPWSTR 型	LPTSTR 型
LPCSTR 型	LPCWSTR 型	LPCTSTR 型
WinMain 関数	wWinMain 関数	_tWinMain 関数
" 文字列 "	L" 文字列 "	_TEXT(" 文字列 ")
" 文字列 "	L" 文字列 "	_T(" 文字列 ")

「MBCS/Unicode 共用」の方法を使うと、「MBCS（マルチ・バイト・キャラクタ・セット）文字セット」と「Unicode 文字セット」の両方に対応できるソース・コードを書くことができます。この方法を使うには、ヘッダ・ファイル「tchar.h」をインクルードします。

本書のサンプルでは、「Unicode 用」の定義を使っていくことにします。

DirectX の一部関数は、「ANSI 用」と「Unicode 用」の2種類が定義されている場合があります。その場合、「HogeHoge」という API では、それぞれ ANSI 版の「HogeHogeA」と Unicode 版の

2章　基本的なプログラム

「HogeHogeW」という2つのAPIが存在しており、マクロで使い分ける用に定義されています。
　本書ではUnicodeの使用を前提としているので、関数の定義などはUnicode用の「〜W」版を掲載しています。

■ ヘッダ・ファイルのインクルード

　プロジェクトが出来たら、C++のソース・ファイルをプロジェクトに登録して、プログラムを書いていきます。
　プログラムでは通常、以下のようなヘッダ・ファイルをインクルードします。

```
#define STRICT                      // 型チェックを厳密に行なう
#define WIN32_LEAN_AND_MEAN         // ヘッダーからあまり使われない関数を省く
#define WINVER          0x0600      // Windows Vista 以降対応アプリを指定(なくてもよい)
#define _WIN32_WINNT    0x0600      // 同上

#include <windows.h>
#include <d3dx11.h>                 // Direct3D & D3DX(内部で「d3d11.h」をインクルード)
#include <dxerr.h>                  // DirectX のエラー処理ユーティリティ・ライブラリ
```

　Direct3Dでは、基本的な3D機能である「Direct3D」の他に、拡張機能ライブラリである「D3DX」があります。D3DXは必須の機能ではありませんが、本書ではD3DXを標準的な機能として使います。
　「Direct3D 11」関連でインクルードするヘッダ・ファイルは、「Direct3D 11」が「d3d11.h」、「D3DX」が「d3dx11.h」です。両方とも明示的にインクルードしてもいいのですが、「d3dx11.h」の中で「d3d11.h」をインクルードしているので、「d3dx11.h」だけでも問題ありません。
　「dxerr.h」は、エラー処理ユーティリティ・ライブラリのヘッダ・ファイルです。このライブラリを使わない場合、インクルードする必要はありません。

■ マクロの定義

● 開放用マクロ

　使い終わったCOMインターフェイスは、「Releaseメソッド」を呼び出して、必ず開放しなければなりません。本書のサンプルでは、次のような開放と変数のNULLクリアを行なう「SAFE_RELEASEマクロ」を定義して利用します。

```
#define SAFE_RELEASE(x)  { if(x) { (x)->Release(); (x)=NULL; } }
```

2　DirectXのエラー表示機能

　「DirectX SDK」には、アプリケーションのデバッグ作業を簡易化する「エラー処理ユーティリティ・ライブラリ」として、3つの関数と3つのマクロが用意されています。
　この機能は「dxerr.h」と「dxerr.lib」を追加することで利用できます。

■ DirectX エラー処理関数

　エラー処理ユーティリティ・ライブラリには、次の3つの関数が用意されています。

2 DirectX のエラー表示機能

DXGetErrorDescription 関数

const WCHAR* WINAPI DXGetErrorDescription (HRESULT hr)	
hr	エラー・コード。「XACT」「XAUDIO2」「XAPO」「XINPUT」「DXGI」「D3D10」「D3DX10」「D3D9」「D3DX9」「DDRAW」「DSOUND」「DINPUT」「DSHOW」に対応。
戻り値	エラー・コードを示す文字列を返す。

DXGetErrorString 関数

const WCHAR* WINAPI DXGetErrorString (HRESULT hr);	
hr	エラー・コード。対応するエラー・コードは「DXGetErrorDescription 関数」と同じ。
戻り値	エラー・コードに関連付けられている名前を返す。

DXTrace 関数

HRESULT WINAPI DXTrace (
   const char*   strFile,
   DWORD   dwLine,
   HRESULT   hr,
   const WCHAR* strMsg,
   BOOL bPopMsgBox);	

strFile	ファイル名を示す文字列のポインタ。「__FILE__ マクロ」が使える。
dwline	行番号。「__LINE__ マクロ」が使える。
hr	エラー・コード。「DXGetErrorString 関数」で処理される。
strMsg	オプションとして表示する文字列のポインタ。
bPopMsgBox	メッセージ・ボックスを表示するか指定する。 「TRUE」で表示、「FALSE」で非表示。
戻り値	渡されたエラー・コードをそのまま返す。

「DXTrace 関数」は、「DXGetErrorString 関数」でエラー・コードを文字列に変換して、「strFile」「dwline」「strMsg」とともにデバッガに出力します。引数「bPopMsgBox」が「TRUE」の場合は、メッセージ・ボックスも表示します。

■ DirectX エラー処理マクロ

エラー処理ユーティリティ・ライブラリには、「DXTrace 関数」の扱いを簡単にする、次の3つのマクロが用意されています。

HRESULT DXTRACE_ERR(const WCHAR* str, HRESULT hr);	エラー情報をデバッガに渡す。
HRESULT DXTRACE_ERR_MSGBOX(const WCHAR* str, HRESULT hr);	メッセージ・ボックスにエラー情報を表示。
HRESULT DXTRACE_MSG(const WCHAR* str);	文字列をデバッガに渡す。

2章　基本的なプログラム

　「DXTRACE_ERRマクロ」と「DXTRACE_ERR_MSGBOXマクロ」は、「ファイル名」「行番号」「文字列str」「エラー名」を表示します。また、戻り値として、マクロに渡した「hr」が返ります。

　「DXTRACE_MSGマクロ」は、「ファイル名」「行番号」「文字列str」がデバッガに表示されます。また、戻り値として、成功した場合は「0以外」、失敗した場合は「0」が返ります。

　これらのマクロは、リリース版の実行ファイルに余計なコードが追加されないように定義されています。

＊

　これらの関数は、SDKドキュメントやヘッダ・ファイル（dxerr.h）内での記述では「Direct3D 11」に対応しているとは書かれていませんが、SDKの付属サンプル「DXUT」内では、「Direct3D 11」の戻り値に対しても、最終的に「DXTrace」を呼び出しているようなので、使うこと自体に問題はないと思います。

　本書のサンプル・プログラムでは、主に「DXTRACE_ERRマクロ」を使います。

■ 戻り値の、成功/エラー判定

　多くのDirectXのメソッドは、処理が成功したかどうかを「HRESULT型」の戻り値で返します。
　この値は、失敗した場合だけでなく、成功した場合にも、複数の値をとることがあります。そのため、「hr == S_OK」や「hr == E_FAIL」などのコードでは、処理の「成功/失敗」は正しく判定できません。
　「HRESULT型」の戻り値の「成功/失敗」を判定するには、次のように「FAILEDマクロ」や「SUCCEEDEDマクロ」を使います。

失敗判定

```
HRESULT hr = HRESULT値を返すDirectXのメソッド
if (FAILED(hr))
{
    // 失敗した場合
}
```

成功判定

```
HRESULT hr = HRESULT値を返すDirectXのメソッド
if (SUCCEEDED(hr))
{
    // 成功した場合
}
```

3　アプリケーションの基本構造

　「Direct3D 11」を使ったプリケーションも、基本的な構造はWin32 APIを使う一般のWindowsアプリケーションと変わりないので、「WinMain関数」「ウインドウの作成処理」「メッセージ・ループ」「ウインドウ・プロシージャ関数」などが必要です。

　Direct3Dの大まかな処理の流れは、次のようになります。

4 使用する「機能レベル」の決定

［1］デバイスとスワップ・チェインの作成。
［2］深度／ステンシル・バッファの作成（必要に応じて）。
［3］スワップ・チェインのバック・バッファを Direct3D の描画先に設定。
　　（必要に応じて、深度／ステンシル・ビューも設定）。
［4］アプリケーションを実行している間、必要な処理を行なう。
　　［4a］一定間隔で画面を描画し、スワップ・チェインで画面を更新。
　　［4b］ウインドウ・サイズの変更に応じて、バック・バッファをリサイズ。
［5］終了処理。

　本書のサンプル・プログラムでは、メッセージ・ループ内で処理すべきメッセージがないアイドル状態の場合に、Direct3D の描画処理を行なっています。

4 使用する「機能レベル」の決定

　「Direct3D 11」の機能は、「機能レベル」によって 6 段階に分けられています。
　「機能レベル」とは、GPU がサポートする機能セットの厳密な定義で、基本的には、上位の機能レベルは下位の機能レベルの機能を含んでいます。
　デバイスを作成する際に低い機能レベルを指定することで、「Direct3D 9」や「Direct3D 10」のハード上でも「Direct3D 11」を使うことができます。
　デバイスを作成する際には、必ず、アプリで要求する「機能レベル」を指定します。

各機能レベルの主な違いは、以下の通りです。
記号の意味は、「○」があり、「△」がオプション、「−」がなし（または、該当せず）です。

各機能レベルの主な違い

機能レベル	11_0	10_1	10_0	9_3	9_2	9_1
シェーダ・モデル	5.0	4.x	4.0	2.0	2.0	2.0
ジオメトリ・シェーダ	○	○	○	−	−	−
ストリーム出力	○	○	○	−	−	−
コンピュート・シェーダ	○	△	△	−	−	−
ハル・シェーダとドメイン・シェーダ	○	−	−	−	−	−
テクスチャ・リソース配列	○	○	○	−	−	−
キューブマップ・リソース配列	○	−	−	−	−	−
BC4/BC5 圧縮	○	○	○	−	−	−
BC6H/BC7 圧縮	○	−	−	−	−	−
アルファトゥカバレッジ	○	○	○	−	−	−
拡張フォーマット＊（BGRA など）	○	△	△	○	○	○
10 ビット XR ハイカラー・フォーマット	○	△	△	−	−	−
最大テクスチャ・サイズ	16384	8192	8192	4096	2048	2048
最大キューブマップ・サイズ	16384	8192	8192	4096	512	512
最大ボリューム範囲	2048	2048	2048	256	256	256
テクスチャの最大繰り返し回数	16384	8192	8192	8192	2048	128
最大異方性	16	16	16	16	16	2
最大プリミティブ・カウント	2^{32}	2^{32}	2^{32}	1048575	1048575	65535

2章 基本的なプログラム

同時レンダリング・ターゲット数	8	8	8	4	1	1
オクルージョン・クエリ	○	○	○	○	○	―
個別のアルファ・ブレンディング	○	○	○	○	○	―
ミラー・ワンス	○	○	○	○	○	―
頂点要素のオーバーラップ	○	○	○	○	○	―
独立した書き込みマスク	○	○	○	○	―	―
インスタンシング	○	○	○	○	―	―

　機能レベルは、「D3D_FEATURE_LEVEL 列挙型」の値を、要求する機能レベルの順に並べた配列として指定します。

　以下の例では、デバイスを作る際に、「Direct3D 11」→「Direct3D 10.1」→「Direct3D 10」の順に機能レベルを要求します。

```
// 機能レベルの配列
D3D_FEATURE_LEVEL g_pFeatureLevels[] = { D3D_FEATURE_LEVEL_11_0,
D3D_FEATURE_LEVEL_10_1, D3D_FEATURE_LEVEL_10_0 };
UINT                g_FeatureLevels   = 3;   // 配列の要素数
D3D_FEATURE_LEVEL g_FeatureLevelsSupported; // デバイス作成時に返される機能レベル
```

D3D_FEATURE_LEVEL 列挙型

D3D_FEATURE_LEVEL_9_1	「Direct3D 9.1」の GPU レベル。
D3D_FEATURE_LEVEL_9_2	「Direct3D 9.2」の GPU レベル。
D3D_FEATURE_LEVEL_9_3	「Direct3D 9.3」の GPU レベル。
D3D_FEATURE_LEVEL_10_0	「Direct3D 10」の GPU レベル。
D3D_FEATURE_LEVEL_10_1	「Direct3D 10.1」の GPU レベル。
D3D_FEATURE_LEVEL_11_0	「Direct3D 11」の GPU レベル。

5 デバイスとスワップ・チェインの作成

　「Direct3D 11」を使うには、「Direct3D 11」の「デバイス」「デバイス・コンテキスト」と、「DXGI」の「スワップ・チェイン」のインターフェイスを取得する必要があります。
　スワップ・チェインは「DXGI」で管理している機能ですが、「D3D11CreateDeviceAndSwapChain 関数」を使うことで、「デバイス」「デバイス・コンテキスト」「スワップ・チェイン」を同時に取得できます。

■ 使用するインターフェイス

　デバイスは「ID3D11Device インターフェイス」、デバイス・コンテキストは「ID3D11DeviceContext インターフェイス」、スワップ・チェインは「IDXGISwapChain インターフェイス」を使います。

　3D グラフィックスの描画先になる、スワップ・チェインのバック・バッファは、「2D テクスチャ」

として扱います。バック・バッファはスワップ・チェイン側で管理されているので、アプリケーション側では必要なときにスワップ・チェインから取得する形になります。

　バック・バッファや深度/ステンシル・バッファなどのテクスチャ・リソースを「Direct3D 11」のパイプラインに設定するには、「ビュー」を使います。「ビュー」は3種類あり、「ID3D11RenderTargetViewインターフェイス」は「描画ターゲット・ビュー」を提供するインターフェイスです。

```
// インターフェイス
ID3D11Device*           g_pD3DDevice = NULL;           // デバイス
ID3D11DeviceContext*    g_pImmediateContext = NULL;    // デバイス・コンテキスト
IDXGISwapChain*         g_pSwapChain = NULL;           // スワップ・チェイン

ID3D11RenderTargetView* g_pRenderTargetView = NULL;    // 描画ターゲット・ビュー
```

■ 作成するスワップ・チェインの設定

　「DXGI_SWAP_CHAIN_DESC構造体」を使って、どのような「スワップ・チェイン」を作るのか指定します。

　「DXGI_SWAP_CHAIN_DESC構造体」では、「バック・バッファの設定」「スワップ・チェインと関連づけるウインドウ」「マルチ・サンプルの設定」「画面モードの設定」を行ないます。この構造体の各メンバは、ゼロでデフォルト動作をするケースが多いので、すべてのメンバを指定しない場合は最初に「ZeroMemory関数」で初期化しておくと便利です。

　640×480のバック・バッファを1つもつスワップ・チェインを用意する例は、次のようになります。

```
// デバイスとスワップ・チェインの作成
DXGI_SWAP_CHAIN_DESC sd;
ZeroMemory(&sd, sizeof(sd));       // 構造体の値を初期化（必要な場合）
sd.BufferCount              = 1;                    // バック・バッファ数
sd.BufferDesc.Width         = 640;                  // バック・バッファの幅
sd.BufferDesc.Height        = 480;                  // バック・バッファの高さ
sd.BufferDesc.Format        = DXGI_FORMAT_R8G8B8A8_UNORM;  // フォーマット
sd.BufferDesc.RefreshRate.Numerator = 60;           // リフレッシュ・レート(分子)
sd.BufferDesc.RefreshRate.Denominator = 1;          // リフレッシュ・レート(分母)
sd.BufferDesc.ScanlineOrdering = DXGI_MODE_SCANLINE_ORDER_UNSPECIFIED;
sd.BufferDesc.Scaling       = DXGI_MODE_SCALING_UNSPECIFIED;
sd.BufferUsage = DXGI_USAGE_RENDER_TARGET_OUTPUT;   // バック・バッファの使用法
sd.OutputWindow = g_hWindow;       // 関連付けるウインドウ
sd.SampleDesc.Count = 1;           // マルチ・サンプルの数
sd.SampleDesc.Quality = 0;         // マルチ・サンプルのクオリティ
sd.Windowed = TRUE;                // ウインドウ・モード
sd.Flags = DXGI_SWAP_CHAIN_FLAG_ALLOW_MODE_SWITCH;  // モード自動切り替え
```

2章 基本的なプログラム

DXGI_SWAP_CHAIN_DESC 構造体

DXGI_MODE_DESC	BufferDesc;
DXGI_SAMPLE_DESC	SampleDesc;
DXGI_USAGE	BufferUsage;
UINT	BufferCount;
HWND	OutputWindow;
BOOL	Windowed;
DXGI_SWAP_EFFECT	SwapEffect;
UINT	Flags;

BufferDesc	ディスプレイ・モードを設定する「DXGI_MODE_DESC 構造体」。
SampleDesc	マルチ・サンプルのモードを設定する「DXGI_SAMPLE_DESC 構造体」。
BufferUsage	バック・バッファの使われ方を指定する「DXGI_USAGE フラグ」。バック・バッファは、シェーダ入力または描画ターゲットとして使うことができる。
BufferCount	スワップ・チェイン内のバック・バッファの数。
OutputWindow	出力先ウインドウのハンドル。
Windowed	画面モードの指定。ウインドウ・モードであれば「TRUE」。 フルスクリーン・モードであれば「FALSE」。
SwapEffect	スワップ効果を指定する「DXGI_SWAP_EFFECT フラグ」。
Flags	スワップ・チェインの機能を指定する「DXGI_SWAP_CHAIN_FLAG フラグ」。

● バック・バッファの設定

　バック・バッファの設定は、「DXGI_SWAP_CHAIN_DESC::BufferDesc メンバ」で指定します。このメンバは、「DXGI_MODE_DESC 構造体」になっています。

　「DXGI_MODE_DESC 構造体」では、バック・バッファの「幅（ドット単位）」「高さ（ドット単位）」「リフレッシュ・レート（Hz 単位）」「フォーマット」「スキャンライン描画モード」「スケーリング・モード」を設定します。

　リフレッシュ・レートは、「DXGI_MODE_DESC::RefreshRate メンバ」に Hz 単位で指定します。このメンバは「DXGI_RATIONAL 構造体」になっており、「Numerator/Denominator」という分数形式の設定を行ないます。なお、「0/0」（Numerator と Denominator が両方ともゼロ）という設定も有効で、この場合「0/1」と解釈されます。

　ディスプレイ・フォーマットは、「DXGI_MODE_DESC::Format メンバ」に「DXGI_FORMAT 列挙型」で指定します。DXGI でサポートされているフォーマットについては、**3章**で詳しく解説します。
　前の例で設定していた「DXGI_FORMAT_R8G8B8A8_UNORM」は、「赤（R）＝ 8 ビット」「緑（G）＝ 8 ビット」「青（B）＝ 8 ビット」「α（A）＝ 8 ビット」「UNORM ＝値の範囲は 0.0 ～ 1.0」のフォーマットを意味します。

　「スキャンライン描画モード」は、「DXGI_MODE_DESC::ScanlineOrdering メンバ」に、「DXGI_MODE_SCANLINE_ORDER 列挙型」で指定します。「プログレッシブ」か「インターレス」を選択でき、「インターレス」の場合「Upper Field First」と「Lower Field First」を選択できます。特別な理由がなければ、「0」（DXGI_MODE_SCANLINE_ORDER_UNSPECIFIED）を設定して問題ないと思います。

　「スケーリング・モード」は、「DXGI_MODE_DESC::Scaling メンバ」に、「DXGI_MODE_SCALING 列挙型」で指定します。
　バック・バッファとディスプレイ上の表示領域が同じサイズなら問題ありませんが、そうでなければ

5 デバイスとスワップ・チェインの作成

どのように合わせるのかをスケーリング・モードで指定する必要があります。
　具体的には、①拡大縮小せず中央に表示する「DXGI_MODE_SCALING_CENTERED」と、②バック・バッファを拡大縮小して表示領域のサイズに合わせる「DXGI_MODE_SCALING_STRETCHED」を指定できます。
　通常はバック・バッファのサイズをディスプレイ上の表示領域のサイズに合わせるので、「0」(DXGI_MODE_SCALING_UNSPECIFIED) で問題ないと思います。
　バック・バッファのサイズをウインドウに合わせる方法については、3章で解説します。

DXGI_MODE_DESC 構造体

UINT	Width;
UINT	Height;
DXGI_RATIONAL	RefreshRate;
DXGI_FORMAT	Format;
DXGI_MODE_SCANLINE_ORDER	ScanlineOrdering;
DXGI_MODE_SCALING	Scaling;

Width	バッファの幅。
Height	バッファの高さ。
RefreshRate	リフレッシュ・レート (Hz 単位)。 Numerator メンバ　　分子。 Denominator メンバ　　分母。
Format	ディスプレイ・フォーマット。
ScanlineOrdering	スキャンライン描画モード。
Scaling	スケーリング・モード。

DXGI_MODE_SCANLINE_ORDER 列挙型

DXGI_MODE_SCANLINE_ORDER_UNSPECIFIED	スキャンライン・オーダーの指定なし。
DXGI_MODE_SCANLINE_ORDER_PROGRESSIVE	プログレッシブ・モード。
DXGI_MODE_SCANLINE_ORDER_UPPER_FIELD_FIRST	インターレス・モード。 (upper field first)。
DXGI_MODE_SCANLINE_ORDER_LOWER_FIELD_FIRST	インターレス・モード。 (lower field first)。

DXGI_MODE_SCALING 列挙型

DXGI_MODE_SCALING_UNSPECIFIED	スケーリング・モードの指定なし。
DXGI_MODE_SCALING_CENTERED	拡大縮小せず中央に表示する。
DXGI_MODE_SCALING_STRETCHED	拡大縮小してディスプレイ・モードに合わせる。

● マルチ・サンプルの設定

　ディスプレイ上に表示される画面は、小さな画素の集合で出来ています。たとえば、640×480 の解像度をもつ画面の場合、横に 640 個、縦に 480 個、全体で 307200 個の画素が集まっています。それぞれの画素は非常に小さいものですが、一定の面積をもっており、点ではありません。
　Direct3D では、各画素の色を計算することで画面を作りますが、基本的な処理では、画素内のある一点の色だけを計算し、その色を画素の面全体の色とします。この場合、計算した点以外の場所の色は切り捨てられてしまうため、特に画像の境界部分などにジャギーが出るなど、画質が低下します。

2章 基本的なプログラム

　この問題を解決する方法の1つが、マルチ・サンプルによるアンチ・エイリアス処理です。この処理では、1つの画素の色を決めるのに、1つの点ではなく、画素内の複数の場所で色を計算し、それらの平均を画素の色にします。この結果、画素あたりの情報量が増え、画質が改善します。

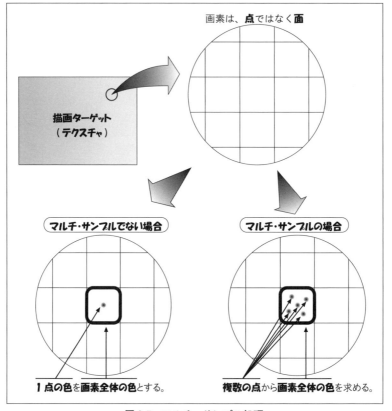

図2-5　マルチ・サンプル処理

　「Direct3D 11」では、「DXGI_SWAP_CHAIN_DESC::SampleDesc メンバ」にマルチ・サンプルの設定を行ないます。このメンバは「DXGI_SAMPLE_DESC 構造体」になっており、「DXGI_SAMPLE_DESC::Count メンバ」に各ピクセルのサンプル数を指定し、「DXGI_SAMPLE_DESC::Quality メンバ」にイメージのクオリティ・レベルを指定します。

　クオリティ・レベルには、0以上、「ID3D11Device::CheckMultisampleQualityLevels メソッド」が返す値未満の値を指定できます。値が大きいほど高クオリティで描画でき、小さいほどパフォーマンスがよくなります。

　また、アンチ・エイリアス処理を行なって描画する際の描画ターゲットと深度バッファのマルチ・サンプル数とクオリティ・レベルは、一致していなければなりません。

　なお、アンチ・エイリアス処理をしない場合は、「Count メンバ」に「1」、「Quality メンバ」に「0」を設定します。

DXGI_SAMPLE_DESC 構造体

UINT Count;	
UINT Quality;	
Count	各ピクセルのマルチ・サンプル数。
Quality	イメージのクオリティ・レベル。

● バック・バッファの使用法の設定

「DXGI_SWAP_CHAIN_DESC::BufferUsage メンバ」に、バック・バッファがどのように使われるかを、「DXGI_USAGE フラグ」で指定します。

Direct3D の描画先として使う場合は、「DXGI_USAGE_RENDER_TARGET_OUTPUT フラグ」を設定します。

DXGI_USAGE フラグ

DXGI_USAGE_SHADER_INPUT	シェーダへの入力として使う。
DXGI_USAGE_RENDER_TARGET_OUTPUT	描画ターゲットとして使う。
DXGI_USAGE_BACK_BUFFER	バック・バッファとして使う。
DXGI_USAGE_SHARED	共有する。
DXGI_USAGE_READ_ONLY	読み取り専用として使う。
DXGI_USAGE_UNORDERED_ACCESS	アンオーダード・アクセスに使う。

● スワップ・チェインと関連づけるウインドウ

「DXGI_SWAP_CHAIN_DESC::OutputWindow メンバ」に、スワップ・チェインと関連づけるウインドウ・ハンドルを設定します。

● 画面モードの指定

「DXGI_SWAP_CHAIN_DESC::Windowed メンバ」に、画面モードを指定します。「TRUE」でウインドウ・モード、「FALSE」でフルスクリーン・モードです。

● スワップ効果の指定

「DXGI_SWAP_CHAIN_DESC::SwapEffect メンバ」に、スワップ効果を「DXGI_SWAP_EFFECT 列挙型」で指定します。「スワップ効果」とは、画面を更新するために「IDXGISwapChain::Present メソッド」を呼び出した後、バック・バッファの内容がどうなるかを指定するものです。

通常、Direct3D を使うプリケーションでは、画面全体を新しく描画し直すことになるでしょう。そのため、バック・バッファの内容をフレーム間で維持する必要はありませんから、「0」（DXGI_SWAP_EFFECT_DISCARD）を指定して問題ないでしょう。

DXGI_SWAP_EFFECT 列挙型

DXGI_SWAP_EFFECT_DISCARD	「Present メソッド」を呼び出した後、古いバック・バッファの内容が維持されていると仮定できない。このフラグを指定すると、ディスプレイ・ドライバはスワップ効果にもっとも効率的なテクニックを使える。
DXGI_SWAP_EFFECT_SEQUENTIA	「Present メソッド」を呼び出し後、すべてのバック・バッファの内容は変化しない。このフラグは、マルチサンプリングとともには使えない。

● スワップ・チェイン効果の指定

「DXGI_SWAP_CHAIN_DESC::Flags メンバ」に、作成するスワップ・チェインのもつ機能を「DXGI_SWAP_CHAIN_FLAG 列挙型」で指定します。

「DXGI_SWAP_CHAIN_FLAG_ALLOW_MODE_SWITCH」を指定することで、画面モードがフルスクリーン・モードに切り替わったときに、ディスプレイ・モードをもっとも穏当なモードに自動的に切り替えることができます。

2章　基本的なプログラム

DXGI_SWAP_CHAIN_FLAG 列挙型

DXGI_SWAP_CHAIN_FLAG_NONPREROTATED	モニタの向きに応じて自動的にバック・バッファを回転させる処理を止める。フルスクリーン・モードでのみ有効。
DXGI_SWAP_CHAIN_FLAG_ALLOW_MODE_SWITCH	フルスクリーンに切り替わるとき、ディスプレイ・モード（解像度など）が、バック・バッファに近いサイズに自動的に切り替わる。
DXGI_SWAP_CHAIN_FLAG_GDI_COMPATIBLE	GDI を使ってスワップ・チェインにレンダリングできるようになる（バック・バッファで GetDC を呼び出せる）。

■ デバイスとスワップ・チェインの作成

「D3D11CreateDeviceAndSwapChain 関数」を使って、①デバイスの「ID3D11Device インターフェイス」、②デバイス・コンテキスト（イミディエイト・コンテキスト）の「ID3D11DeviceContext インターフェイス」、③スワップ・チェインの「IDXGISwapChain インターフェイス」を同時に作ります。

第1引数には、表示に使うディスプレイ・デバイス（ビデオ・カード）の「IDXGIAdapter インターフェイス」を渡します。これは「DXGI」のインターフェイスです。「NULL」を指定すると、最初に見つかった「IDXGIAdapter インターフェイス」が使われます。ビデオ・カードを選択する必要がある場合を除いて、「NULL」でいいでしょう。

第2引数には、作成する「Direct3D 11 デバイス」の種類を指定します。通常は、ハードウェア・デバイスを指定する「D3D_DRIVER_TYPE_HARDWARE」を渡します。

第3引数には、ほとんどの場合「NULL」を渡します。

第4引数には、使用する「Direct3D 11」の API レイヤーの組み合わせフラグを渡します。

第5引数には、作成を試みる機能レベルを優先順位の高い順に並べた、「D3D_FEATURE_LEVEL 列挙型」の配列を渡し、第6引数には、渡した配列の要素数を渡します。

第7引数には、使用している「DirectX SDK」のバージョンを渡します。「D3D11_SDK_VERSION」を渡します。

第8引数には、スワップ・チェインの設定として、すでに用意してある「DXGI_SWAP_CHAIN_DESC 構造体」を渡します。

第9引数と第10引数には、作成したスワップ・チェインの「IDXGISwapChain インターフェイス」とデバイスの「ID3D11Device インターフェイス」を受け取る変数のポインタを渡します。

第11引数には、成功した場合は、pFeatureLevels に指定した配列の最初の D3D_FEATURE_LEVEL 値が返されます。失敗した場合は、「0」が返されます。

第12引数には、作成したデバイス・コンテキスト（イミディエイト・コンテキスト）の「ID3D11DeviceContext インターフェイス」を受け取る変数のポインタを渡します。

// ハードウェア・デバイスを作成

⑤ デバイスとスワップ・チェインの作成

```
    HRESULT hr = D3D11CreateDeviceAndSwapChain(
        NULL,                        // 使用する「IDXGIAdapter インターフェイス」
        D3D_DRIVER_TYPE_HARDWARE,    // Direct3D 11 デバイスの種類
        NULL,                        // 通常、「NULL」
        0,                           // 使用する API レイヤーの指定
        g_pFeatureLevels,            // 機能レベルを指定する配列
        g_FeatureLevels,             // 機能レベルを指定する配列の要素数
        D3D11_SDK_VERSION,           // 使用している SDK のバージョン
        &sd,                         // スワップ・チェインの設定
        &g_pSwapChain,               // IDXGISwapChain インターフェイスの変数
        &g_pD3DDevice,               // ID3D11Device インターフェイスの変数
        &g_FeatureLevelsSupported,   // 機能レベルを取得する変数
        &g_pImmediateContext);       // ID3D11DeviceContext インターフェイスの変数
    if(FAILED(hr))
        // デバイスの作成に失敗
```

D3D11CreateDeviceAndSwapChain 関数

HRESULT WINAPI D3D11CreateDeviceAndSwapChain(	
IDXGIAdapter*	pAdapter,
D3D_DRIVER_TYPE	DriverType,
HMODULE	Software,
UINT	Flags,
CONST D3D_FEATURE_LEVEL*	pFeatureLevels,
UINT	FeatureLevels,
UINT	SDKVersion,
CONST DXGI_SWAP_CHAIN_DESC*	pSwapChainDesc,
IDXGISwapChain**	ppSwapChain,
ID3D11Device**	ppDevice,
D3D_FEATURE_LEVEL*	pFeatureLevel,
ID3D11DeviceContext**	ppImmediateContext);
pAdapter	表示に使うディスプレイ・デバイスの「IDXGIAdapter インターフェイス」を指定。「NULL」を指定すると、最初に見つかったデバイスが使われる。
DriverType	デバイスのドライバ・タイプを「D3D_DRIVER_TYPE 列挙型」で指定する。「pAdapter」に「NULL」以外を指定した場合、「D3D_DRIVER_TYPE_UNKNOWN」を指定する。
Software	ソフトウェア・ラスタライザが実装されている DLL のハンドルを指定。「DriverType」に「D3D_DRIVER_TYPE_SOFTWARE」を指定していない場合は「NULL」を指定する。
Flags	使用する Direct3D 11 の API レイヤーを、「D3D_CREATE_DEVICE_FLAG 列挙型」の組み合わせで指定する
pFeatureLevels	作成を試みる機能レベルを優先順位の高い順に並べた、「D3D_FEATURE_LEVEL 列挙型」の配列。「NULL」を指定すると、「{D3D_FEATURE_LEVEL_11_0, D3D_FEATURE_LEVEL_10_1, D3D_FEATURE_LEVEL_10_0, D3D_FEATURE_LEVEL_9_3, D3D_FEATURE_LEVEL_9_2, D3D_FEATURE_LEVEL_9_1};」を指定したことになる。
FeatureLevels	「pFeatureLevels」で指定した配列の要素数。

2章 基本的なプログラム

SDKVersion	SDK バージョンを指定。通常、「D3D_SDK_VERSION」を指定する。
pSwapChainDesc	作るスワップ・チェインの設定を記述した「DXGI_SWAP_CHAIN_DESC 構造体」を渡す。
ppSwapChain	作られたスワップ・チェインの「IDXGISwapChain インターフェイス」を受け取る変数のポインタを渡す。
ppDevice	作ったデバイスの「ID3D11Device インターフェイス」を受け取る変数のポインタを渡す。
pFeatureLevel	サポートされている機能レベルを受け取る変数のポインタを渡す。
ppImmediateContext	作ったデバイス・コンテキスト(イミディエイト・コンテキスト)の「ID3D11DeviceContext インターフェイス」を受け取る変数のポインタを渡す。

D3D_DRIVER_TYPE 列挙型

D3D_DRIVER_TYPE_HARDWARE	ハードウェア・ドライバ(HAL ドライバ)。
D3D_DRIVER_TYPE_REFERENCE	リファレンス・ラスタライザ(REF ドライバ)。
D3D_DRIVER_TYPE_NULL	NULL デバイス。描画能力のないリファレンス・ドライバ。
D3D_DRIVER_TYPE_WARP	高パフォーマンスのソフトウェア・ラスタライザ(WARP)。機能レベル「9_1」~「10_1」をサポートする。
D3D_DRIVER_TYPE_SOFTWARE	予約ずみ。
D3D_DRIVER_TYPE_UNKNOWN	種類不明。

D3D11_CREATE_DEVICE_FLAG 列挙型

D3D11_CREATE_DEVICE_SINGLETHREADED	シングル・スレッド対応のデバイスを指定。あえて「スレッド・セーフ・レイヤー」を無効にしたい場合に指定する。
D3D11_CREATE_DEVICE_DEBUG	デバッグ・レイヤーを使う。
D3D11_CREATE_DEVICE_SWITCH_TO_REF	リファレンス切り替えレイヤーを使う。
D3D11_CREATE_DEVICE_PREVENT_INTERNAL_THREADING_OPTIMIZATIONS	複数のスレッドが作られないようにする。一般的には使わない。
D3D11_CREATE_DEVICE_BGRA_SUPPORT	Direct2D と Direct3D リソースの相互運用性を実現する。

● デバッグ用デバイス

「D3D11CreateDeviceAndSwapChain 関数」の第 4 引数に、「D3D11_CREATE_DEVICE_FLAG 列挙型」の組み合わせで、使用する「Direct3D 11」の API レイヤーを指定できます。

たとえば、デバッグ版をビルドする際にはデバッグ・レイヤーを使いたい場合は、「D3D11_CREATE_DEVICE_DEBUG」を指定します。

```
#if defined(DEBUG) || defined(_DEBUG)
    UINT createDeviceFlags = D3D11_CREATE_DEVICE_DEBUG;
#else
    UINT createDeviceFlags = 0;
#endif
```

5 デバイスとスワップ・チェインの作成

```
// ハードウェア・デバイスを作成
HRESULT hr = D3D11CreateDeviceAndSwapChain(
        NULL, D3D_DRIVER_TYPE_HARDWARE, NULL, createDeviceFlags,
        g_pFeatureLevels, g_FeatureLevels, D3D11_SDK_VERSION, &sd,
        &g_pSwapChain, &g_pD3DDevice, &g_FeatureLevelsSupported,
        &g_pImmediateContext);
```

■「WARP」デバイスの作成

「Direct3D 11」では、ハードウェア・ドライバが使えない環境でも、高パフォーマンスのソフトウェア・ラスタライザの「WARP」(D3D_DRIVER_TYPE_WARP)を使うことができます。

なお、「WARP」デバイスがサポートしている機能レベルは、「D3D_FEATURE_LEVEL_9_1」～「D3D_FEATURE_LEVEL_10_1」です。

```
// WARP デバイスを作成
HRESULT hr = D3D11CreateDeviceAndSwapChain(
        NULL, D3D_DRIVER_TYPE_WARP, NULL, createDeviceFlags,
        g_pFeatureLevels, g_FeatureLevels, D3D11_SDK_VERSION, &sd,
        &g_pSwapChain, &g_pD3DDevice, &g_FeatureLevelsSupported,
        &g_pImmediateContext);
```

■ リファレンス・デバイスの作成

開発環境などでは、すべての機能が正確に実装されているリファレンス・デバイスを使いたい場合もあります。このような場合は、「D3D11CreateDeviceAndSwapChain 関数」の第 2 引数に「D3D_DRIVER_TYPE_REFERENCE」を渡します。

「ハードウェア・デバイス」→「WARP デバイス」→「リファレンス・デバイス」の順に作成を試みるコード例は、次のようになります。

なお、リファレンス・デバイスは「DirectX SDK」がインストールされている環境でしか使えません。

```
// ハードウェア・デバイスを作成
HRESULT hr = D3D11CreateDeviceAndSwapChain(
        NULL, D3D_DRIVER_TYPE_HARDWARE, NULL, createDeviceFlags,
        g_pFeatureLevels, g_FeatureLevels, D3D11_SDK_VERSION, &sd,
        &g_pSwapChain, &g_pD3DDevice, &g_FeatureLevelsSupported,
        &g_pImmediateContext);
if(FAILED(hr)) {
    // WARP デバイスを作成
    hr = D3D11CreateDeviceAndSwapChain(
        NULL, D3D_DRIVER_TYPE_WARP, NULL, createDeviceFlags,
        g_pFeatureLevels, g_FeatureLevels, D3D11_SDK_VERSION, &sd,
        &g_pSwapChain, &g_pD3DDevice, &g_FeatureLevelsSupported,
        &g_pImmediateContext);
    if(FAILED(hr)) {
        // リファレンス・デバイスを作成
        hr = D3D11CreateDeviceAndSwapChain(
            NULL, D3D_DRIVER_TYPE_REFERENCE, NULL, createDeviceFlags,
```

2章 基本的なプログラム

```
                g_pFeatureLevels, g_FeatureLevels, D3D11_SDK_VERSION, &sd,
                &g_pSwapChain, &g_pD3DDevice, &g_FeatureLevelsSupported,
                &g_pImmediateContext);
        if(FAILED(hr)) {
            return false;   // 失敗
        }
    }
}
```

6 バック・バッファの設定

「D3D11CreateDeviceAndSwapChain 関数」で「デバイス」「デバイス・コンテキスト」「スワップ・チェイン」を同時に用意できますが、スワップ・チェインのバック・バッファは Direct3D の描画ターゲットに設定されていません。そこで、スワップ・チェインからバック・バッファを取り出し、デバイスの描画ターゲットに設定する必要があります。

また、深度 / ステンシル・バッファを使う場合は、描画ターゲットの設定と同時に、深度 / ステンシル・バッファも設定します。

■ バック・バッファを描画ターゲットに設定

バッファを描画ターゲットにするには、まずバッファの「描画ターゲット・ビュー」を作成して、そのビューをデバイスの描画ターゲットとして設定します。描画ターゲット・ビューには、「ID3D11RenderTargetView インターフェイス」を使います。

● バック・バッファの取得

スワップ・チェインからバック・バッファを取得するには、「IDXGISwapChain::GetBuffer メソッド」を使います。

次のコードでは、「2D テクスチャ」（ID3D11Texture2D インターフェイス）として受け取っています（2D テクスチャであることが明らかなので）。

```
// スワップ・チェインから最初のバック・バッファを取得する
ID3D11Texture2D *pBackBuffer;   // バッファのアクセスに使うインターフェイス
hr = g_pSwapChain->GetBuffer(
        0,                      // バック・バッファの番号
        __uuidof(ID3D11Texture2D),  // バッファにアクセスするインターフェイス
        (LPVOID*)&pBackBuffer);     // バッファを受け取る変数
if(FAILED(hr))
    return false;   // 失敗
```

● 描画ターゲット・ビューの作成

テクスチャは、パイプラインから「ビュー」を通してアクセスします。描画ターゲットには「描画ターゲット・ビュー」を使います。

描画ターゲット・ビューは、「ID3D11Device::CreateRenderTargetView メソッド」で作成し、「ID3D11RenderTargetView インターフェイス」で扱います。

第 1 引数に、ビューでアクセスするリソース、第 2 引数に描画ターゲット・ビューの定義、第 3 引

6 バック・バッファの設定

数に描画ターゲット・ビューを受け取る変数のポインタを渡します。

描画ターゲット・ビューの定義は、「D3D11_RENDER_TARGET_VIEW_DESC 構造体」で行ないますが、デフォルト設定では「NULL」を渡せます。

以降、バック・バッファを直接使うことはないので、インターフェイスを解放しています。

```
// バック・バッファの描画ターゲット・ビューを作る
hr = g_pD3DDevice->CreateRenderTargetView(
        pBackBuffer,              // ビューでアクセスするリソース
        NULL,                     // 描画ターゲット・ビューの定義
        &g_pRenderTargetView);    // 描画ターゲット・ビューを受け取る変数
SAFE_RELEASE(pBackBuffer);    // 以降、バック・バッファは直接使わないので解放
if(FAILED(hr))
    return false;    // 失敗
```

● 描画ターゲット・ビューの設定

描画ターゲットは、「出力マージャー」(OM) ステージに、「ID3D11DeviceContext::OMSetRenderTargets メソッド」で設定します。

なお、描画ターゲットは、同時に 8 つ設定できますが、その場合も、深度 / ステンシル・バッファは 1 つだけです。

「ID3D11DeviceContext::OMSetRenderTargets メソッド」では、描画ターゲット・ビューと、深度 / ステンシル・ビューを、同時に指定します。

次のコードでは深度バッファを使わない、「NULL」を指定しています。

深度 / ステンシル・バッファは、次の節で解説します。

このメソッドは、渡されたインターフェイスの参照を保持します。これは、「Direct3D 10」での動作とは異なっています。

```
// 描画ターゲット・ビューを出力マージャーの描画ターゲットとして設定
g_pImmediateContext->OMSetRenderTargets(
        1,                         // 描画ターゲットの数
        &g_pRenderTargetView,      // 描画ターゲット・ビューの配列
        NULL);                     // 深度 / ステンシル・ビューを設定しない
```

IDXGISwapChain::GetBuffer メソッド

HRESULT IDXGISwapChain::GetBuffer(
   UINT   Buffer,
   REFIID riid,
   void** ppSurface);	

Buffer	アクセスするバッファ番号。
riid	バック・バッファを受け取るインターフェイスの種類。
ppSurface	インターフェイスを受け取る変数へのポインタ。

DirectX11

2章 基本的なプログラム

ID3D11Device::CreateRenderTargetView メソッド

HRESULT ID3D11Device::CreateRenderTargetView (
  ID3D11Resource*　　　　　　　　　　　　　　　pResource,
  const D3D11_RENDER_TARGET_VIEW_DESC*　pDesc,
  ID3D11RenderTargetView**　　　　　　　　　　　ppRTView);	

pResource	描画ターゲット・ビューでアクセスしたいリソース。
pDesc	描画ターゲット・ビューを定義する「D3D11_RENDER_TARGET_VIEW_DESC 構造体」のポインタ。「NULL」を渡すことで、リソースが作られたときのフォーマットを使い、すべてのリソースのミップマップ・レベル「0」にアクセスするビューを指定できる。
ppRTView	「ID3D11RenderTargetView インターフェイス」を受け取る変数へのポインタ。「NULL」を渡すことで、他の引数の妥当性チェックができる。

D3D11_RENDER_TARGET_VIEW_DESC 構造体

DXGI_FORMAT　　　　　　　　　　Format;
D3D11_RTV_DIMENSION　　　　　　ViewDimension;
union {
  D3D11_BUFFER_RTV　　　　　　　Buffer;
  D3D11_TEX1D_RTV　　　　　　　　Texture1D;
  D3D11_TEX1D_ARRAY_RTV　　　　Texture1DArray;
  D3D11_TEX2D_RTV　　　　　　　　Texture2D;
  D3D11_TEX2D_ARRAY_RTV　　　　Texture2DArray;
  D3D11_TEX2DMS_RTV　　　　　　Texture2DMS;
  D3D11_TEX2DMS_ARRAY_RTV　Texture2DMSArray;
  D3D11_TEX3D_RTV　　　　　　　　Texture3D;
};	

Format	リソース内のデータを解釈するフォーマット。「DXGI_FORMAT_UNKNOWN」を渡すと、リソースに設定されているフォーマットが使われる。
ViewDimension	リソースがアクセスされる方法。この値によって、以下の共用体メンバのうち、使われるメンバが決まる。
Buffer	バッファ・リソースとしてアクセスする場合の定義。 (ViewDimension = D3D11_RTV_DIMENSION_BUFFER)。
Texture1D	1D テクスチャとしてアクセスする場合の定義。 (ViewDimension = D3D11_RTV_DIMENSION_TEXTURE1D)。
Texture1DArray	1D テクスチャ配列としてアクセスする場合の定義。 (ViewDimension = D3D11_RTV_DIMENSION_TEXTURE1DARRAY)。
Texture2D	2D テクスチャとしてアクセスする場合の定義。 (ViewDimension = D3D11_RTV_DIMENSION_TEXTURE2D)。
Texture2DArray	2D テクスチャ配列としてアクセスする場合の定義。 (ViewDimension = D3D11_RTV_DIMENSION_TEXTURE2DARRAY)。
Texture2DMS	マルチ・サンプルな 2D テクスチャとしてアクセスする場合の定義。 (ViewDimension = D3D11_RTV_DIMENSION_TEXTURE2DMS)。 ただし、マルチ・サンプルな 2D テクスチャは、常に 1 つのサブリソースをもっているので、設定は必要ない。
Texture2DMSArray	マルチ・サンプルな 2D テクスチャ配列としてアクセスする場合の定義。 (ViewDimension = D3D11_RTV_DIMENSION_TEXTURE2DMSARRAY)。

6 バック・バッファの設定

| Texture3D | 3Dテクスチャとしてアクセスする場合の定義。
(ViewDimension = D3D11_RTV_DIMENSION_TEXTURE3D)。 |

D3D11_BUFFER_RTV 構造体

UINT ElementOffset; UINT ElementWidth;	
ElementOffset	最初にアクセスするエレメントまでのオフセット（バイト数）
ElementWidth	各エレメントのバイト幅。

D3D11_TEX1D_RTV 構造体
D3D11_TEX2D_RTV 構造体

UINT MipSlice;	
MipSlice	ミップ・スライスを使うミップマップ・レベル。

D3D11_TEX3D_RTV 構造体

UINT MipSlice; UINT FirstWSlice; UINT WSize;	
MipSlice	ミップ・スライスを使うミップマップ・レベル。
FirstWSlice	最初の深度レベル。
WSize	描画ターゲット・ビューで使う深度レベルの数。

D3D11_TEX1D_ARRAY_RTV 構造体
D3D11_TEX2D_ARRAY_RTV 構造体

UINT MipSlice; UINT FirstArraySlice; UINT ArraySize;	
MipSlice	ミップ・スライスを使うミップマップ・レベル。
FirstArraySlice	ビューで使う、テクスチャ配列内の最初のテクスチャ。
ArraySize	ビューで使う、テクスチャ配列内のテクスチャ数。

D3D11_TEX2DMS_SRV 構造体

UINT UnusedField_NothingToDefine;	
UnusedField_NothingToDefine	未使用。コンパイルを成功させるためのダミー。

D3D11_TEX2DMS_ARRAY_SRV 構造体

UINT FirstArraySlice; UINT ArraySize;	
FirstArraySlice	ビューで使う、テクスチャ配列内の最初のテクスチャ。
ArraySize	ビューで使う、テクスチャ配列内のテクスチャ数。

DirectX11

2章　基本的なプログラム

ID3D11DeviceContext::OMSetRenderTargets メソッド

void ID3D11DeviceContext::OMSetRenderTargets(　UINT　　　　　　　　　　　　NumViews, 　ID3D11RenderTargetView *const* ppRenderTargetViews, 　ID3D11DepthStencilView*　　　pDepthStencilView);	
NumViews	描画ターゲットを設定する番号。
ppRenderTargetViews	描画パイプラインに設定する描画ターゲット・ビュー（ID3D11RenderTargetView インターフェイス）の配列。 「NULL」を渡すと、描画ターゲットが設定されなくなる。
pDepthStencilView	描画パイプラインに設定する深度/ステンシル・ビュー（ID3D11DepthStencilView インターフェイス）のポインタ。 「NULL」を渡すと、深度/ステンシルが設定されなくなる。

■ ビューポートの設定

　描画ターゲットに描画するには、「ビューポート」の設定も必要です。ビューポートとは、描画ターゲットの描画領域に関する設定です。そのため、各描画ターゲットごとに設定します。

　ビューポートは、「ID3D11DeviceContext::RSSetViewports メソッド」で設定する、ラスタライザ（RS）ステージの設定です。設定は、「D3D11_VIEWPORT 構造体」で行ないます。「Direct3D 10」とは異なり、浮動小数点値を指定します。
　ジオメトリ・シェーダ（または頂点シェーダ）から出力される頂点の位置座標（3D）は、射影変換が施された射影座標系の値です（$-1 \leq x \leq 1, -1 \leq y \leq 1, 0 \leq z \leq 1$）。ラスタライザは、ビューポート変換を行ない、この 3D の射影座標から 2D のスクリーン座標（$0 \leq x \leq 1, 0 \leq y \leq 1$）を計算します。
　スクリーン座標は、左上が (0,0) で Y 軸が下向きの座標系です。(0,0) がバック・バッファの左上座標、(1,1) がバック・バッファの右下座標になります。

　ビューポート変換の計算式は、以下の通りです。

$$X = (Y+1) \times Viewport.Width \times 0.5 + Viewport.TopLeftX$$
$$Y = (1-Y) \times Viewport.Height \times 0.5 + Viewport.TopLeftY$$
$$Z = Viewport.MinDepth + Z \times (Viewport.MaxDepth - Viewport.MinDepth)$$

　ラスタライザは、描画ターゲットのビューポートの内側にプリミティブからピクセルを生成します。深度バッファの値は、ビューポートの深度値の範囲にスケーリングされます。

　たとえば、最初に「最小値= 0.0f、最大値= 0.5f」で描画し、次に「最小値= 0.5f、最大値= 1.0f」で描画すると、最初に描画した内容は後に描画した内容よりも手前に表示されることになります（深度バッファ有効時）。
　ビューポートの深度値は、通常は最小値に「0.0f」、最大値に「1.0f」を設定します。

　パイプラインに描画ターゲットが 1 つ設定されているとき、ビューポートを描画ターゲットの (0,0) - (640,480) の領域に設定するコード例は、次のようになります。

7 深度／ステンシル・バッファの設定

```
D3D11_VIEWPORT g_ViewPort[1];   // ビューポートの設定

    // ビューポートの設定
    g_ViewPort[0].TopLeftX = 0.0f;     // ビューポート領域の左上 X 座標。
    g_ViewPort[0].TopLeftY = 0.0f;     // ビューポート領域の左上 Y 座標。
    g_ViewPort[0].Width    = 640.0f;   // ビューポート領域の幅
    g_ViewPort[0].Height   = 480.0f;   // ビューポート領域の高さ
    g_ViewPort[0].MinDepth = 0.0f;     // ビューポート領域の深度値の最小値
    g_ViewPort[0].MaxDepth = 1.0f;     // ビューポート領域の深度値の最大値


    // ラスタライザにビューポートを設定
    g_pImmediateContext->RSSetViewports(1, g_ViewPort);
```

ID3D11DeviceContext::RSSetViewports メソッド

void ID3D11DeviceContext::RSSetViewports(　UINT　　　　　　　　　　　NumViewports, 　const D3D11_VIEWPORT*　pViewports);	
NumViewports	設定するビューポートの数。
pViewports	ビューポートを設定する「D3D11_VIEWPORT 構造体」の配列。

D3D11_VIEWPORT 構造体

FLOAT TopLeftX; FLOAT TopLeftY; FLOAT Width; FLOAT Height; FLOAT MinDepth; FLOAT MaxDepth;	
TopLeftX	ビューポートの左上 X 座標。「D3D11_VIEWPORT_BOUNDS_MIN」～「D3D11_VIEWPORT_BOUNDS_MAX」の範囲内。
TopLeftY	ビューポートの左上 Y 座標。「D3D11_VIEWPORT_BOUNDS_MIN」～「D3D11_VIEWPORT_BOUNDS_MAX」の範囲内。
Width	ビューポートの幅。値は、「0」以上。
Height	ビューポートの高さ。値は、「0」以上。
MinDepth	ビューポートの深度値の最小値。「0.0f」～「1.0f」の範囲内。
MaxDepth	ビューポートの深度値の最大値。「0.0f」～「1.0f」の範囲内。

7 深度／ステンシル・バッファの設定

　3D グラフィックス機能を扱うほとんどのアプリケーションでは、見えない部分を隠す「隠面処理」を行なうのに、「深度バッファ」（Z バッファ、デプス・バッファ）を使います。また、いろいろな効果の表現に「ステンシル・バッファ」を使う場合があります。

2章　基本的なプログラム

　Direct3D の深度バッファとステンシル・バッファは1つのリソースを共用するので、プログラムでは「深度/ステンシル・バッファ」として同時に扱います。また、深度/ステンシル・バッファは、バック・バッファや描画可能テクスチャなどの「描画ターゲット」と組み合わせて利用します。

　描画ターゲットはパイプラインに同時に8つまで設定できますが、設定できる深度/ステンシル・バッファは1つだけです。

■ 3D グラフィックスの隠面処理

　3D グラフィックスを正しく描画するには、手前にあるものが後ろにあるものを隠す処理（隠面処理）が必要です。

　この処理には、「Z ソート法」と「Z バッファ法」があります。

主な隠面処理法

Z ソート法	はじめに、描画する物体を視点からの距離でソートしておき、視点から遠いものから順番に描画することで、後ろのものを手前の物体で上書きしていく。
Z バッファ法	物体を描画したら、その物体までの距離をピクセル(テクセル)単位で「深度バッファ」（Z バッファ）に保存しておき、次に描画するときは、すでに描画されている物体の距離と、描画しようとしている物体の距離を比較し、手前にあれば実際に描画する。

　「Z ソート法」は、手軽な方法ですが、物体同士が交叉するような前後関係を簡単に決められない状態の物体があると、正しく描画できない欠点があります。また、ソートに時間がかかります。

　「Z バッファ法」は、ピクセル単位で距離を記録しておくための「深度バッファ」（Z バッファ）が必要ですが、前後判定をピクセル単位でできるので、Z ソート法のような欠点がありません。

　そのため、通常、3D グラフィックスの描画には「Z バッファ法」を使い、そのために、「深度バッファ」を作ります。

　もちろん、2D グラフィックスを描画する場合など、前後判定を GPU にさせる必要がない場合は、深度バッファを用意する必要はありません。

■ 半透明の物体

　「Z バッファ法」には、欠点が1つあります。それは、描画する物体の中に半透明のものがあると、Z バッファ法だけではうまく描画できないことです。この場合には、はじめに不透明の物体だけ描画しておき、半透明の物体は後から Z ソート法でソートしてから描画します。

　また、Z バッファ法は、できるだけ手前の物体から描画するようにすると、後ろの物体を描画するときに余計な書き込みが起こらないので、パフォーマンスが上がります。そのため、Z バッファ法を使う場合も、時間をかけずに大まかなソートをすることにはメリットがあります。

■ 深度/ステンシル・テクスチャの作成

　「Direct3D 11」の深度/ステンシル・バッファは、テクスチャ・リソースの一種です(深度/ステンシル・テクスチャ)。テクスチャ・リソースに関する一般的な説明は、**12章**を参照してください。

　このとき、深度/ステンシル・テクスチャのフォーマットとして、次のいずれかのフォーマットを使います。また、パイプラインへの設定方法として、「D3D11_BIND_DEPTH_STENCIL」を指定します。

深度/ステンシル・テクスチャのフォーマット

フォーマット	深度	ステンシル
DXGI_FORMAT_D16_UNORM	16 ビット符号なし整数	なし

DXGI_FORMAT_D24_UNORM_S8_UINT	24 ビット符号なし整数	8 ビット整数
DXGI_FORMAT_D32_FLOAT	32 ビット浮動小数点数	なし
DXGI_FORMAT_D32_FLOAT_S8X24_UINT	32 ビット浮動小数点数	8 ビット整数

*

　深度 / ステンシル・テクスチャとして、幅「width」、高さ「height」、フォーマット「DXGI_FORMAT_D32_FLOAT」のテクスチャを作るコードは、次のようになります。

```
ID3D11Texture2D* g_pDepthStencil;    // 深度 / ステンシル・テクスチャを受け取る変数

// 深度 / ステンシル・テクスチャの作成
D3D11_TEXTURE2D_DESC descDepth;
descDepth.Width         = width;    // 幅
descDepth.Height        = height;   // 高さ
descDepth.MipLevels     = 1;        // ミップマップ・レベル数
descDepth.ArraySize     = 1;        // 配列サイズ
descDepth.Format        = DXGI_FORMAT_D32_FLOAT;   // フォーマット(深度のみ)
descDepth.SampleDesc.Count   = 1;   // マルチサンプリングの設定
descDepth.SampleDesc.Quality = 0;   // マルチサンプリングの品質
descDepth.Usage         = D3D11_USAGE_DEFAULT;     // デフォルト使用法
descDepth.BindFlags     = D3D11_BIND_DEPTH_STENCIL; // 深度 / ステンシルとして使用
descDepth.CPUAccessFlags = 0;       // CPU からはアクセスしない
descDepth.MiscFlags     = 0;        // その他の設定なし
hr = g_pD3DDevice->CreateTexture2D(
        &descDepth,             // 作成する 2D テクスチャの設定
        NULL,                   //
        &g_pDepthStencil);      // 作成したテクスチャを受け取る変数
if (FAILED(hr))
    // 失敗
```

■ 深度 / ステンシル・ビューの作成

　深度 / ステンシル・テクスチャは、テクスチャ・リソースの一種なので、パイプラインに設定するには、他のテクスチャと同様、「ビュー」を使います。深度 / ステンシル・テクスチャの場合、使うビューは、「深度 / ステンシル・ビュー」(ID3D11DepthStencilView インターフェイス) です。
　「深度 / ステンシル・ビュー」を作るには、「ID3D11Device::CreateDepthStencilView メソッド」を使います。

```
ID3D11DepthStencilView*  g_pDepthStencilView;    // 深度 / ステンシル・ビュー

// 深度 / ステンシル・ビューの作成
D3D11_DEPTH_STENCIL_VIEW_DESC descDSV;
descDSV.Format          = descDepth.Format;            // ビューのフォーマット
descDSV.ViewDimension   = D3D11_DSV_DIMENSION_TEXTURE2D;
descDSV.Flags           = 0;
descDSV.Texture2D.MipSlice = 0;
hr = g_pD3DDevice->CreateDepthStencilView(
```

2章 基本的なプログラム

```
            g_pDepthStencil,        // 深度/ステンシル・ビューを作るテクスチャ
            &descDSV,               // 深度/ステンシル・ビューの設定
            &g_pDepthStencilView);  // 作成したビューを受け取る変数
if (FAILED(hr))
    // 失敗
```

ID3D11Device::CreateDepthStencilView メソッド

HRESULT ID3D11Device::CreateDepthStencilView(
   ID3D11Resource*   pResource,
   const D3D11_DEPTH_STENCIL_VIEW_DESC* pDesc,
   ID3D11DepthStencilView** ppDepthStencilView);	

pResource	深度/ステンシル・ビューでアクセスするリソース。
pDesc	作成する深度/ステンシル・ビューの設定。 「NULL」を指定するとリソースの作成時フォーマットでミップマップ・レベル「0」にアクセスするビューが作られる。
ppDepthStencilView	作成されたビューを受け取る変数のポインタ。 「NULL」を指定すると、他の引数の妥当性検査だけを行ない、パスすれば「S_FALSE」を返す。

D3D11_DEPTH_STENCIL_VIEW_DESC 構造体

```
DXGI_FORMAT          Format;
D3D11_DSV_DIMENSION  ViewDimension;
UINT                 Flags;
union {
    D3D11_TEX1D_DSV            Texture1D;
    D3D11_TEX1D_ARRAY_DSV      Texture1DArray;
    D3D11_TEX2D_DSV            Texture2D;
    D3D11_TEX2D_ARRAY_DSV      Texture2DArray;
    D3D11_TEX2DMS_DSV          Texture2DMS;
    D3D11_TEX2DMS_ARRAY_DSV    Texture2DMSArray;
};
```

Format	深度/ステンシル・ビューのフォーマット。次のいずれかの値。 DXGI_FORMAT_D16_UNORM DXGI_FORMAT_D24_UNORM_S8_UINT DXGI_FORMAT_D32_FLOAT DXGI_FORMAT_D32_FLOAT_S8X24_UINT DXGI_FORMAT_UNKNOWN　（親リソースのフォーマットが使われる）
ViewDimension	リソースの種類。 共用体メンバのうち、この値で使われるメンバが選択される。
Flags	テクスチャが読み取り専用でない場合は「0」。読み取り専用の場合は、「D3D11_DSV_FLAG 列挙型」の値。
Texture1D	深度/ステンシルに 1D テクスチャを使う場合の設定。 (ViewDimension = D3D11_DSV_DIMENSION_TEXTURE1D)

7 深度 / ステンシル・バッファの設定

Texture1DArray	深度 / ステンシルに 1D テクスチャ配列を使う場合の設定。 (ViewDimension = D3D11_DSV_DIMENSION_TEXTURE1DARRAY)
Texture2D	深度 / ステンシルに 2D テクスチャを使う場合の設定。 (ViewDimension = D3D11_DSV_DIMENSION_TEXTURE2D)
Texture2DArray	深度 / ステンシルに 2D テクスチャ配列を使う場合の設定。 (ViewDimension = D3D11_DSV_DIMENSION_TEXTURE2DARRAY)
Texture2DMS	深度 / ステンシルにマルチ・サンプルの 2D テクスチャを使う場合の設定。 (ViewDimension = D3D11_DSV_DIMENSION_TEXTURE2DMS)
Texture2DMSArray	深度 / ステンシルにマルチ・サンプルの 2D テクスチャ配列を使う場合の設定。 (ViewDimension = D3D11_DSV_DIMENSION_TEXTURE2DMSARRAY)

D3D11_DSV_DIMENSION 列挙型

D3D11_DSV_DIMENSION_UNKNOWN	リソースの種類は、深度 / ステンシル・ビューが作成されたときに決定される。
D3D11_DSV_DIMENSION_TEXTURE1D	1D テクスチャ。
D3D11_DSV_DIMENSION_TEXTURE1DARRAY	1D テクスチャ配列。
D3D11_DSV_DIMENSION_TEXTURE2D	2D テクスチャ。
D3D11_DSV_DIMENSION_TEXTURE2DARRAY	2D テクスチャ配列。
D3D11_DSV_DIMENSION_TEXTURE2DMS	マルチ・サンプルの 2D テクスチャ。
D3D11_DSV_DIMENSION_TEXTURE2DMSARRAY	マルチ・サンプルの 2D テクスチャ配列。

D3D11_DSV_FLAG 列挙型

D3D11_DSV_READ_ONLY_DEPTH	深度値が読み取り専用。
D3D11_DSV_READ_ONLY_STENCIL	ステンシル値が読み取り専用。

■ 深度 / ステンシル・ビューの使用

　深度 / ステンシル・ビューは、描画ターゲット・ビューと同様に、パイプラインの「出力マージャー」ステージに設定します。
　設定は、描画ターゲット・ビューの設定に使う「ID3D11DeviceContext::OMSetRenderTartets メソッド」の第 3 引数で行ないます。

```
g_pImmediateContext->OMSetRenderTargets(
        1,                      // 設定する描画ターゲット・ビューの数
        &g_pRenderTargetView,   // 設定する描画ターゲット・ビューの配列
        g_pDepthStencilView);   // 設定する深度 / ステンシル・ビュー
```

2章 基本的なプログラム

8 画面の描画

画面の描画前に、必要に応じて描画先のクリア処理をします。

■ 描画先のクリア

画面に描画する場合、最初に描画ターゲット全体を、ある一定の色や値でクリアしておきたい場合があります。

このような場合、描画ターゲットを、「ID3D11DeviceContext::ClearRenderTargetView メソッド」でクリアできます。

第1引数にクリアする描画ターゲット・ビューを渡し、第2引数にクリアする色を渡します。

■ 深度／ステンシル値のクリア

深度バッファを使った3D描画の前には、通常、深度バッファを初期値でクリアします。

深度バッファをクリアする値は、描画範囲でもっとも遠くを意味する「1.0f」を指定するのが一般的です。

クリアには、「ID3D11DeviceContext::ClearDepthStencilView メソッド」を使います。

第1引数に、クリアするm深度／ステンシル・ビューを渡し、第2引数にクリアするバッファを指示するフラグの組み合わせを渡します。

深度バッファをクリアするときは「D3D11_CLEAR_DEPTH」を渡し、ステンシル・バッファをクリアするときは「D3D11_CLEAR_STENCIL」を渡します。

なお、次のコードでは「D3D11_CLEAR_DEPTH」だけを指定して、深度バッファだけをクリアしています。

第3引数には深度バッファをクリアする値を渡し、第4引数にはステンシル・バッファをクリアする値を渡します。

なお、深度バッファをクリアする値は、「0.0f」〜「1.0f」の範囲に制限されます。

＊

クリア処理は、「ビュー」（「描画ターゲット・ビュー」と「深度／ステンシル・ビュー」）を対象として行なわれます。出力マージャーに描画ターゲットとして登録したバッファがクリアされるわけではありません。

クリア処理は、必ず実行する必要がある処理ではありません。描画ターゲット全体を再描画する場合など、描画を開始する際のバッファの状態が問題にならないなら、パフォーマンス的にも実行するべきではありません。

＊

実際の描画処理は、5章以降で解説します。

■ 描画した画面の表示

スワップ・チェインのバック・バッファに描画処理を行なった後、描画結果を画面に表示するには、「IDXGISwapChain::Present メソッド」を使います。第1引数に画面を更新するタイミングを指定し、第2引数に「0」を指定します。

更新するタイミングに「0」を指定すると、直ぐに画面が更新されます。「1」〜「4」の値を指定すると、指定した値だけ垂直回帰を待ってから同期処理を行ないます。

また、「IDXGISwapChain::Present メソッド」の戻り値を使うことで、無駄な描画処理を省くことが

8 画面の描画

できます。これについては、3章で解説します。

```
    // 描画ターゲットのクリア
    float ClearColor[4] = { 0.0f, 0.125f, 0.3f, 1.0f }; // クリアする値(RGBA)
    g_pImmediateContext->ClearRenderTargetView(
                    g_pRenderTargetView,  // クリアする描画ターゲット
                    ClearColor);          // クリアする値

    // 深度/ステンシル値のクリア
    g_pImmediateContext->ClearDepthStencilView(
            g_pDepthStencilView,  // クリアする深度/ステンシル・ビュー
            D3D11_CLEAR_DEPTH,    // 深度値だけをクリアする
            1.0f,                 // 深度バッファをクリアする値
            0);                   // ステンシル・バッファをクリアする値(この場合、無関係)

    // 描画(省略)

    // バック・バッファの表示
    HRESULT hr;
    hr = g_pSwapChain->Present(0,  // 画面を直ぐに更新する
                               0); // 画面を実際に更新する
```

ID3D11DeviceContext::ClearRenderTargetView メソッド

void ID3D11DeviceContext::ClearRenderTargetView(　ID3D11RenderTargetView*　pRenderTargetView, 　const FLOAT　　　　　　　ColorRGBA[4]);	
pRenderTargetView	クリアする描画ターゲットのビュー。
ColorRGBA	描画ターゲットをクリアする色。

ID3D11DeviceContext::ClearDepthStencilView メソッド

void ID3D11Device::ClearDepthStencilView(　ID3D11DepthStencilView*　pDepthStencilView, 　UINT　　　　　　　　　　　ClearFlags, 　FLOAT　　　　　　　　　　Depth, 　UINT8　　　　　　　　　　Stencil);	
pDepthStencilView	クリアする深度/ステンシル・ビュー。
ClearFlags	クリアするバッファの種類。 次の「D3D11_CLEAR_FLAG 列挙型」の組み合わせ。 　・**D3D11_CLEAR_DEPTH**　　深度バッファをクリアする。 　・**D3D11_CLEAR_STENCIL**　ステンシル・バッファをクリアする。
Depth	深度バッファをクリアする値。「0」〜「1」の範囲にクランプされる。
Stencil	ステンシル・バッファをクリアする値。

2章　基本的なプログラム

IDXGISwapChain::Present メソッド

HRESULT IDXGISwapChain::Present（ 　　UINT SyncInterval, 　　UINT Flags）;	
SyncInterval	画面を更新するタイミング。垂直回帰との同期処理を設定する。 なお、表示先のウインドウが複数のディスプレイ（IDXGIOutput）にまたがっている場合、最も大きい領域が表示されているディスプレイと同期する。 「0」の場合。同期処理を行なわず、直ぐに表示する。 「1」～「4」の場合。次の「1」～「4」垂直回帰後に同期処理する。
Flags	「0」または「DXGI_PRESENT_TEST」。「DXGI_PRESENT_TEST」を指定すると、画面の更新を行なわず、表示領域が存在するかチェックだけする。

9　デバイスの消失

「Direct3D 11」ではデバイスの消失はほとんどありそうにない事態です。しかし、いくつかの例外的な状況では、「Direct3D 11」でもデバイスが消失します。

たとえば、GPUがハングアップするなどして長時間応答しなくなった場合、OSのタイムアウト処理が働いてGPUがリセットされます。この場合でもOSの再起動などは不要ですが、アプリケーション側で作った「Direct3D 11」のデバイスやオブジェクトなどはすべて破棄して新しく作り直す必要があります。

デバイスが消失しているかどうかは、「ID3D11Device::GetDeviceRemovedReason メソッド」で調べることができます。

戻り値が「S_OK」以外の場合、何らかの理由でデバイスが消失しています。

「DXGI_ERROR_DEVICE_HUNG」「DXGI_ERROR_DEVICE_RESET」の場合、「Direct3D 11」のデバイスやオブジェクトを再生成することで回復できるかもしれません。

「DXGI_ERROR_DEVICE_REMOVED」「DXGI_ERROR_DRIVER_INTERNAL_ERROR」の場合、アプリケーション側ではどうしようもないでしょう。

```
        // デバイスの消失処理
        hr = g_pD3DDevice->GetDeviceRemovedReason();
        switch (hr) {
        case S_OK:
            break;              // 正常

        case DXGI_ERROR_DEVICE_HUNG:
        case DXGI_ERROR_DEVICE_RESET:
            CleanupDirect3D();    // Direct3Dの解放（アプリケーション定義）
            hr = InitDirect3D();  // Direct3Dの初期化（アプリケーション定義）
            if (FAILED(hr))
                return false;  // 失敗。アプリケーションを終了
            break;

        case DXGI_ERROR_DEVICE_REMOVED:
        case DXGI_ERROR_DRIVER_INTERNAL_ERROR:
        case DXGI_ERROR_INVALID_CALL:
```

```
    default:
        return false;    // どうしようもないので、アプリケーションを終了。
    };
```

ID3D11Device::GetDeviceRemovedReason メソッド

HRESULT ID3D11Device::GetDeviceRemovedReason(void);
引数なし。

戻り値

S_OK	デバイスは消失していない。
DXGI_ERROR_DEVICE_REMOVED	グラフィックス・アダプタ(ビデオ・カード)のプラグ&プレイが停止された。アダプタが利用不能になった可能性が高い。
DXGI_ERROR_DEVICE_HUNG	デバイスがコマンドの実行に不当な時間を要したか、ハードウェアが、クラッシュ/ハングしている。
DXGI_ERROR_DEVICE_RESET	
DXGI_ERROR_DRIVER_INTERNAL_ERROR	ドライバが未定義のオペレーションをした。
DXGI_ERROR_INVALID_CALL	アプリが、無効なパラメータを提供した。

10 終了処理

アプリケーションを終了する場合など、「Direct3D 11」の使用を終了する場合は、確保しているインターフェイスを「Release メソッド」ですべて解放します。

その前に、「ID3D11DeviceContext::ClearState メソッド」でパイプラインのすべてのステート設定を、何も設定されていない初期状態にクリアしておきます。

```
// デバイス・ステートのクリア
if(g_pImmediateContext)
    g_pImmediateContext->ClearState();

// 取得したインターフェイスの開放
SAFE_RELEASE(g_pRenderTargetView);
SAFE_RELEASE(g_pSwapChain);
SAFE_RELEASE(g_pImmediateContext);
SAFE_RELEASE(g_pD3DDevice);
```

ID3D11DeviceContext::ClearState メソッド

void ID3D11DeviceContext::ClearState(void);
引数なし。

11 サンプル・プログラム

以上の処理を、「D3D11Sample01」サンプルとしてまとめました。

描画ターゲットをクリアしているだけで何も表示していないため、単色に塗りつぶされた画面が表示されます。

［ESC］キーでサンプルを終了します。

図 2-6 「D3D11Sample01」サンプル

3章

DXGI

この章では、「Windows Vista」以降において基礎的なグラフィックス機能を提供する「DXGI」について解説します。

DirectX11

3章 DXGI

1 DXGIについて

　1章で解説したように、「DXGI」は「Windows Vista」以降における基本的なグラフィックス機能を提供するパートです。「Direct3D 11」は「DXGI」の上に構築されています。

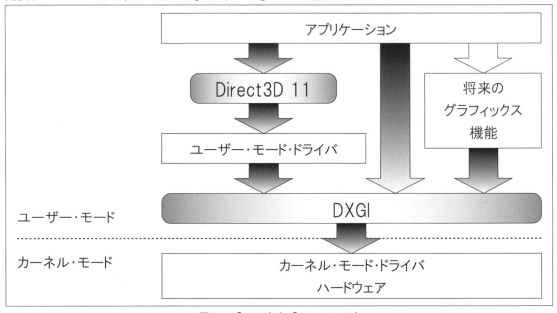

図3-1 「DXGI」と「Direct3D 11」

　「DXGI」は「Direct3D 11」とは独立した機能であり、「Direct3D 11」がサポートされていないグラフィックス環境でも使えます。
　「DXGI」では、グラフィックス機能のハードウェアと関連のあるいろいろな機能が提供されていますが、ここでは「Direct3D 11」を使ったアプリケーションの作成で主に使われる機能とインターフェイスについて解説します。

＊

　「Direct3D 11」を使ったプログラムでは、3Dグラフィックスに関連する場面では「Direct3D 11」が「DXGI」を操作するため、アプリ側で「DXGI」を直接使う必要性はあまりありませんが、次のような場面では、「DXGI」を直接操作する必要があります。

・グラフィックス・カードの選択。
・ウインドウ・サイズ変更時の対応（バック・バッファのサイズ変更）。
・ウインドウ・サイズの変更（ディスプレイ・モードの変更）。
・無駄な画面描画の抑制。
・画面モードの切り替え（「フルスクリーン・モード」と「ウインドウ・モード」）。
・トーンカーブによる階調補正（画面のガンマ補正）。

■ DXGIの機能とインターフェイス

　「DXGI」の機能は、アプリケーションとグラフィックス機能のハードウェアとの間でやり取りをすることです。そのため、「DXGI」の機能やインターフェイスは、グラフィックス機能のハードウェアを反映したものになります。

1 DXGI について

たとえば、次のような構成のマシンがあるとします。

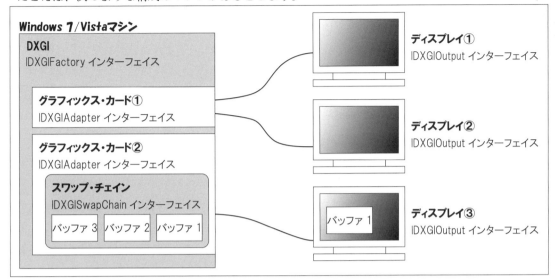

図 3-2　グラフィックス・ハードウェアと DXGI のインターフェイス

この Windows 7/Vista マシンには、グラフィックス・カードが 2 枚装着されています。

そのうち、「グラフィックス・カード①」には 2 台のディスプレイがつながり、「グラフィックス・カード②」には 1 台のディスプレイがつながっています。

また、「グラフィックス・カード②」には、"スワップ・チェイン"が 1 つ作られており、「ディスプレイ③」に画面が表示されています。

● IDXGIFactory インターフェイス

「DXGI」を使うための各種インターフェイスを取得するためのインターフェイスです。「DXGI」の機能を使う場合は、まず「CreateDXGIFactory 関数」で、このインターフェイスを取得します。

● IDXGIAdapter インターフェイス

「DXGI」では、グラフィックス・カード（ビデオ・サブ・システム）関連の機能は「IDXGIAdapter インターフェイス」で扱いますが、これは必ずしも独立したカードではなく、チップ・セットに内蔵されたグラフィックス機能の場合もあります。

● IDXGIOutput インターフェイス

グラフィックス・カードにつながるディスプレイ関連の機能は「IDXGIOutput インターフェイス」で扱います。「IDXGIOutput インターフェイス」を使うことで、(a) 対応した「ディスプレイ・モード」（解像度やリフレッシュ・レートなど）の取得や (b)「ガンマ設定」などができます。

● IDXGISwapChain インターフェイス

画面を表示するスワップ・チェインの機能は、「IDXGISwapChain インターフェイス」で扱います。このインターフェイスは、「D3D11CreateDeviceAndSwapChain 関数」で「Direct3D 11」の「ID3D11Device インターフェイス」を取得するときに、同時に取得できます。

上記 3 つのインターフェイスは、場合によっては使いませんが、このインターフェイスは、画面の表示に必須のインターフェイスです。

■ フォーマット

「Direct3D 11」で使われるリソースのフォーマットは、「DXGI」の「DXGI_FORMAT 列挙型」で定

義されているフォーマットと同一です。

　フォーマットには、「タイプあり」と「タイプなし」があり、「タイプなし」のフォーマットは、パイプラインに設定するときに具体的なタイプを決定します。

　フォーマットの名前は、次のような形式になっています。

「DXGI_FORMAT_」＋「エレメントの種類」＋「_」＋「タイプ」

　たとえば、「DXGI_FORMAT_R32G32B32A32_FLOAT」は、

R32G32B32A32	各32ビットの4コンポーネント（エレメントの大きさ＝128ビット）
FLOAT	浮動小数点数タイプ

を意味します。

　エレメントを構成するコンポーネント名の種類には、「R」「G」「B」「A」「X」「D」「S」などがあります。一般的には、「R＝赤」「G＝緑」「B＝青」「A＝α」「X＝未使用」「D＝深度」「S＝ステンシル」を意味します。

　なお、「Direct3D 9」には、「U」「V」「W」「Q」「L」「P」など、目的に応じて違うコンポーネント名が存在しましたが、「DXGI」では、「R」「G」「B」「A」に統一されています。どう使うかはシェーダ側の問題です。

　タイプ名には、次のものがあります。「タイプなし」（TYPELESS）の場合、パイプラインに設定する際に、エレメントの種類が同じフォーマットの中からアクセスする具体的なタイプを選択します。

主なタイプ名

タイプ	定　義
TYPELESS	タイプなし
FLOAT	浮動小数点数タイプ
UINT	符号なし整数タイプ
SINT	整数タイプ
UNORM	符号なし整数タイプ （値の範囲が「0.0」～「1.0」に正規化される）
SNORM	整数タイプ （値の範囲が「-1.0」～「1.0」に正規化される）
UNORM_SRGB	sRGB（ガンマ 2.2）の非線形カラー・フォーマット
SHAREDEXP	シェーダ出力用のHDR（高ダイナミック・レンジ）フォーマット

　「DXGI_FORMAT列挙型」で定義されている具体的なフォーマットの一覧は、「DirectX SDK」の付属ドキュメントを参照してください。

■ フォーマットでサポートされている機能

　各リソースのフォーマットにおいて、現在の「Direct3D 11 デバイス」でどのような機能がサポートされているのかは、「ID3D11Device::CheckFormatSupport メソッド」で調べることができます。
　このメソッドは、**第1引数に調べたいフォーマットを渡すと、第2引数にサポートされている機能**

1 DXGI について

を「D3D11_FORMAT_SUPPORT 列挙型」の組み合わせで返します。

たとえば、「DXGI_FORMAT_R32G32B32A32_UINT」フォーマットが「描画ターゲット」（D3D11_FORMAT_SUPPORT_RENDER_TARGET）として使えるかどうかを調べるコード例は、次のようになります。

```
UINT FormatSupport;
g_pD3DDevice->CheckFormatSupport(DXGI_FORMAT_R32G32B32A32_UINT,
&FormatSupport);
if (FormatSupport & D3D11_FORMAT_SUPPORT_RENDER_TARGET)
    // 描画ターゲットとして使える。
```

ID3D11Device::CheckFormatSupport メソッド

HRESULT ID3D11Device::CheckFormatSupport(DXGI_FORMAT Format, UINT* pFormatSupport);	
Format	サポート状況を調べるフォーマット。
pFormatSupport	サポートされている機能を受け取る変数のポインタ。

D3D11_FORMAT_SUPPORT 列挙型

D3D11_FORMAT_SUPPORT_BUFFER	バッファ・リソースでサポート。
D3D11_FORMAT_SUPPORT_IA_VERTEX_BUFFER	頂点バッファでサポート。
D3D11_FORMAT_SUPPORT_IA_INDEX_BUFFER	インデックス・バッファでサポート。
D3D11_FORMAT_SUPPORT_SO_BUFFER	ストリーミング出力バッファでサポート。
D3D11_FORMAT_SUPPORT_TEXTURE1D	1次元テクスチャ・リソースでサポート。
D3D11_FORMAT_SUPPORT_TEXTURE2D	2次元テクスチャ・リソースでサポート。
D3D11_FORMAT_SUPPORT_TEXTURE3D	3次元テクスチャ・リソースでサポート。
D3D11_FORMAT_SUPPORT_TEXTURECUBE	キューブ・テクスチャ・リソースでサポート。
D3D11_FORMAT_SUPPORT_SHADER_LOAD	HLSL の Load 関数でサポート。
D3D11_FORMAT_SUPPORT_SHADER_SAMPLE	HLSL の Sample 関数でサポート。
D3D11_FORMAT_SUPPORT_SHADER_SAMPLE_COMPARISON	HLSL の SampleCmp 関数、SampleCmpLevelZero 関数のサポート。
D3D11_FORMAT_SUPPORT_SHADER_SAMPLE_MONO_TEXT	予約。
D3D11_FORMAT_SUPPORT_MIP	ミップマップのサポート。
D3D11_FORMAT_SUPPORT_MIP_AUTOGEN	ミップマップ自動生成のサポート。
D3D11_FORMAT_SUPPORT_RENDER_TARGET	描画ターゲットのサポート。
D3D11_FORMAT_SUPPORT_BLENDABLE	ブレンド操作のサポート。
D3D11_FORMAT_SUPPORT_DEPTH_STENCIL	深度／ステンシルのサポート。
D3D11_FORMAT_SUPPORT_CPU_LOCKABLE	CPU ロックのサポート。
D3D11_FORMAT_SUPPORT_MULTISAMPLE_RESOLVE	マルチサンプリングのサポート。
D3D11_FORMAT_SUPPORT_DISPLAY	スクリーン上への表示のサポート。
D3D11_FORMAT_SUPPORT_CAST_WITHIN_BIT_LAYOUT	他のフォーマットへのキャスト不可。
D3D11_FORMAT_SUPPORT_MULTISAMPLE_RENDERTARGET	マルチサンプル描画ターゲットへの使用可能。

3章 DXGI

D3D11_FORMAT_SUPPORT_MULTISAMPLE_LOAD	マルチサンプル・テクスチャへの使用と、HLSLのLoad関数での読み込み。
D3D11_FORMAT_SUPPORT_SHADER_GATHER	HLSLのgather関数で使用可能。
D3D11_FORMAT_SUPPORT_BACK_BUFFER_CAST	バック・バッファのときにキャスト可能。
D3D11_FORMAT_SUPPORT_TYPED_UNORDERED_ACCESS_VIEW	アンオーダード・アクセス・ビューに使用可能。
D3D11_FORMAT_SUPPORT_SHADER_GATHER_COMPARISON	比較関数と共に、HLSLのgather関数で使用可能。

2 グラフィックス環境の調査

「DXGI」を使うことで、マシンのグラフィックス環境を調べることができます。

たとえば、「Direct3D 11」に対応したグラフィックス・カードを選択したり、接続されているディスプレイで対応している解像度やフォーマットなどを調べることができます。

■ IDXGIFactoryインターフェイスの取得

DXGIの各機能を使うには、まず「IDXGIFactoryインターフェイス」を取得します。
「IDXGIFactoryインターフェイス」は、「CreateDXGIFactory関数」で取得できます。
取得した「IDXGIFactoryインターフェイス」は、必要がなくなれば解放する必要があります。

なお、「CreateDXGIFactory関数」を使う場合には、「DXGI」のライブラリ「**dxgi.lib**」をリンクする必要があります。

```
// 必要なライブラリをリンクする
#pragma comment( lib, "dxgi.lib" )
```

```
    // IDXGIFactoryインターフェイスの取得
    IDXGIFactory* pFactory = NULL;
    HRESULT hr = CreateDXGIFactory(__uuidof(IDXGIFactory), (void**)(&pFactory));
    if (FAILED(hr))
        return false;   // 失敗
```

CreateDXGIFactory関数

HRESULT WINAPI CreateDXGIFactory(　REFIID riid, 　void** ppFactory);	
riid	取得するインターフェイスのGUID。
ppFactory	インターフェイスを受け取る変数のポインタ。

■ グラフィックス・カードの列挙

DXGIの「IDXGIFactoryインターフェイス」が取得できたら、使用可能なグラフィックス・カードの「IDXGIAdapterインターフェイス」を列挙できます。

「IDXGIAdapterインターフェイス」を列挙することで、グラフィックス・カードに関する情報や接

続されているディスプレイの列挙などが可能です。

● 「IDXGIAdapter インターフェイス」の列挙
　「IDXGIAdapter インターフェイス」を列挙するには、「IDXGIFactory::EnumAdapters メソッド」に「0」から始まるインデックス値を渡します。
　すべての「IDXGIAdapter インターフェイス」を列挙するには、「IDXGIFactory::EnumAdapters メソッド」が「DXGI_ERROR_NOT_FOUND」を返すまで繰り返します。

```
// IDXGIAdapter(グラフィックス・カード)の列挙
UINT iAdapter = 0;
IDXGIAdapter* pAdapter;
while(pFactory->EnumAdapters(iAdapter, &pAdapter) != DXGI_ERROR_NOT_FOUND)
{
    // IDXGIAdapter を使った処理(略)

    // 列挙された IDXGIAdapter の解放
    pAdapter->Release();
    ++iAdapter;
}
```

● グラフィックス・カードの情報
　「IDXGIAdapter::GetDesc メソッド」でグラフィックス・カードの情報を取得できます。情報は「DXGI_ADAPTER_DESC 構造体」で取得できます。

```
// IDXGIAdapter の情報
DXGI_ADAPTER_DESC descAdapter;
hr = pAdapter->GetDesc(&descAdapter);
if (FAILED(hr))
    // 取得に失敗
```

DXGI_ADAPTER_DESC 構造体

```
WCHAR   Description[128];
UINT    VendorId;
UINT    DeviceId;
UINT    SubSysId;
UINT    Revision;
SIZE_T  DedicatedVideoMemory;
SIZE_T  DedicatedSystemMemory;
SIZE_T  SharedSystemMemory;
LUID    AdapterLuid;
```

Description	アダプタの解説。
VendorId	ハードウェア・ベンダーの「PCI ID」。
DeviceId	ハードウェア・デバイスの「PCI ID」。
SubSysId	サブ・システムの「PCI ID」。
Revision	アダプタのリビジョン番号の「PCI ID」
DedicatedVideoMemory	CPUと共有されていないビデオ・メモリのバイト数。
DedicatedSystemMemory	GPUと共有されていないシステム・メモリのバイト数。

3章 DXGI

SharedSystemMemory	共有されているシステム・メモリのバイト数(最大値)。
AdapterLuid	アダプタを識別するユニーク値。

■ ディスプレイの列挙

　グラフィックス・カードの「IDXGIAdapter インターフェイス」が取得できたら、グラフィックス・カードに接続されているディスプレイの「IDXGIOutput インターフェイス」を列挙できます。

　「IDXGIOutput インターフェイス」を列挙することで、ディスプレイに関する情報の取得やガンマ設定などが可能です。ガンマ設定は、章の後半で解説します。

　「IDXGIOutput インターフェイス」を列挙するには、「IDXGIAdapter::EnumOutputs メソッド」に「0」から始まるインデックス値を渡します。

　すべての「IDXGIOutput インターフェイス」を列挙するには、「IDXGIAdapter::EnumOutputs メソッド」が「DXGI_ERROR_NOT_FOUND」を返すまで繰り返します。

```
// IDXGIOutput(ディスプレイ)の列挙
UINT iOutput = 0;
IDXGIOutput* pOutput;
while(pAdapter->EnumOutputs(iOutput, &pOutput) != DXGI_ERROR_NOT_FOUND)
{
    // IDXGIOutput を使った処理(略)

    // 列挙された IDXGIOutput の解放
    pOutput->Release();
    ++iOutput;
}
```

● ディスプレイの情報

　「IDXGIOutput::GetDesc メソッド」でディスプレイの情報を取得できます。情報は「DXGI_OUTPUT_DESC 構造体」で取得できます。

```
// IDXGIOutput の情報
DXGI_OUTPUT_DESC descOutput;
hr = pOutput->GetDesc(&descOutput);
if (FAILED(hr))
    // 取得に失敗
```

DXGI_OUTPUT_DESC 構造体

WCHAR	DeviceName[32];
RECT	DesktopCoordinates;
BOOL	AttachedToDesktop;
DXGI_MODE_ROTATION	Rotation;
HMONITOR	Monitor;

DeviceName	出力デバイス名。
DesktopCoordinates	デスクトップ座標における、出力の範囲。
AttachedToDesktop	出力がデスクトップに関連づけられているかどうか。
Rotation	出力の回転角を示す「DXGI_MODE_ROTATION 列挙型」。

② グラフィックス環境の調査

| Monitor | ディスプレイ・モニターのハンドル。 |

● ディスプレイ・モードの列挙

「IDXGIOutput::GetDisplayModeList メソッド」で、あるフォーマットでサポートされているディスプレイ・モードを取得できます。

第1引数にフォーマット、第2引数にスキャンラインとスケーリングの選択、第3引数に第4引数で渡した配列の大きさ、第4引数にディスプレイ・モードを受け取る配列を渡します。

サポートされているディスプレイ・モードは複数ある可能性があるので、はじめに、第4引数に「NULL」を渡して、サポートされているディスプレイ・モードの数を取得し、必要な配列を確保します。

＊

ディスプレイ（IDXGIOutput インターフェイス）でサポートされている「DXGI_FORMAT_R8G8B8A8_UNORM」フォーマットで、プログレッシブかつスケーリングしないディスプレイ・モードを取得するコードは、次のようになります。

「IDXGIOutput::GetDisplayModeList メソッド」の第2引数（コードでは「flags 変数」）に「DXGI_ENUM_MODES_INTERLACED フラグ」を設定すると、インターレース・モードのディスプレイ・モードも同時に取得できます。

また「DXGI_ENUM_MODES_SCALING フラグ」を設定すると、スケーリング（拡大縮小）されるディスプレイ・モードも同時に取得できます。

この2つのフラグは、同時に指定できます。

```
HRESULT hr;
DXGI_FORMAT format = DXGI_FORMAT_R8G8B8A8_UNORM;  // サポートを調べるフォーマット
UINT flags         = 0;                           // プログレッシブ＆スケーリングしないモード

// フォーマットとスキャンライン設定でサポートされているディスプレイ・モード数
UINT num = 0;
hr = pOutput->GetDisplayModeList(format, flags, &num, 0);
if (FAILED(hr))
    return;  // 失敗

// サポートされているディスプレイ・モードを取得
DXGI_MODE_DESC* pDescs = new DXGI_MODE_DESC[num];
hr = pOutput->GetDisplayModeList(format, flags, &num, pDescs);
if (FAILED(hr))
    return;  // 失敗
```

IDXGIOutput::GetDisplayModeList メソッド

HRESULT IDXGIOutput::GetDisplayModeList(
     DXGI_FORMAT   EnumFormat,
     UINT   Flags,
     UINT*   pNumModes,
     DXGI_MODE_DESC* pDesc);	

EnumFormat	調べるディスプレイ・モードのフォーマット。
Flags	調べるモードを設定する以下のフラグの組み合わせ。 　　DXGI_ENUM_MODES_INTERLACED　　インターレース・モードを含む。 　　DXGI_ENUM_MODES_SCALING　　　　スケーリングが有効なモードを含む。

3章 DXGI

pNumModes	「pDesc」で渡した配列のサイズが設定された変数のポインタ。
pDesc	ディスプレイ・モードを取得する「DXGI_MODE_DESC 構造体」の配列ポインタ。「NULL」を指定すると、必要な配列のサイズが「pNumModes」で渡した変数に返される。

DXGI_MODE_DESC 構造体

```
UINT                       Width;
UINT                       Height;
DXGI_RATIONAL              RefreshRate;
DXGI_FORMAT                Format;
DXGI_MODE_SCANLINE_ORDER   ScanlineOrdering;
DXGI_MODE_SCALING          Scaling;
```

Width	解像度の幅。
Height	解像度の高さ。
RefreshRate	リフレッシュ・レート。
Format	ディスプレイのフォーマット。
ScanlineOrdering	スキャンライン描画モード。
Scaling	スケーリング・モード。

■ サンプル・プログラム

グラフィックス環境を調べるプログラムを、「D3D11Sample02」サンプルにまとめました。
このサンプルは、Win32 のコンソール・アプリケーションです。
実行すると画面に、

① グラフィックス・カードとディスプレイの情報。
② ディスプレイでサポートされているフォーマットのディスプレイ・モード（プログレッシブ＆スケーリング無効）。
③ 実行環境の Direct3D 11 デバイスでサポートされている各フォーマットの機能。

を表示します。

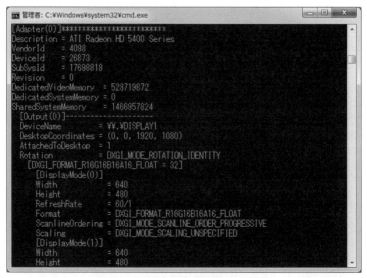

図 3-3 「D3D11Sample02」サンプル

2 グラフィックス環境の調査

　出力例（一部省略）を以下に紹介します。「AMD Radeon HD 5400 シリーズ」でサポートされているフォーマットの機能が分かります。

「D3D11Sample02」サンプルの出力例

```
[Adapter(0)]************************
Description = ATI Radeon HD 5400 Series
VendorId      = 4098
DeviceId      = 26873
SubSysId      = 17698818
Revision      = 0
DedicatedVideoMemory  = 528719872
DedicatedSystemMemory = 0
SharedSystemMemory    = 1466957824
 [Output(0)]--------------------
  DeviceName           = ￥￥.￥DISPLAY1
  DesktopCoordinates   = (0, 0, 1920, 1080)
  AttachedToDesktop    = 1
  Rotation             = DXGI_MODE_ROTATION_IDENTITY
   [DXGI_FORMAT_R16G16B16A16_FLOAT = 32]
     [DisplayMode(0)]
      Width            = 640
      Height           = 480
      RefreshRate      = 60/1
      Format           = DXGI_FORMAT_R16G16B16A16_FLOAT
      ScanlineOrdering = DXGI_MODE_SCANLINE_ORDER_PROGRESSIVE
      Scaling          = DXGI_MODE_SCALING_UNSPECIFIED
     [DisplayMode(1)]
      Width            = 640
      Height           = 480
      RefreshRate      = 60000/1001
      Format           = DXGI_FORMAT_R16G16B16A16_FLOAT
      ScanlineOrdering = DXGI_MODE_SCANLINE_ORDER_PROGRESSIVE
      Scaling          = DXGI_MODE_SCALING_UNSPECIFIED

          ……中略……

   [DXGI_FORMAT_R10G10B10A2_UNORM = 32]
     [DisplayMode(0)]
      Width            = 640
      Height           = 480
      RefreshRate      = 60/1
      Format           = DXGI_FORMAT_R10G10B10A2_UNORM
      ScanlineOrdering = DXGI_MODE_SCANLINE_ORDER_PROGRESSIVE
      Scaling          = DXGI_MODE_SCALING_UNSPECIFIED

          ……中略……

[D3D_DRIVER_TYPE_HARDWARE]
[D3D_FEATURE_LEVEL_11_0]
[DXGI_FORMAT_R32G32B32A32_TYPELESS]
```

3章　DXGI

```
    [- - -] [1 2 3 C] [- - -] [M -] - - - C - - C[- -] - - - -
[DXGI_FORMAT_R32G32B32A32_FLOAT]
    [B V - S] [1 2 3 C] [L S - -] [M A] R B - C M - C[R L] G - V -
[DXGI_FORMAT_R32G32B32A32_UINT]
    [B V - S] [1 2 3 C] [L - - -] [M -] R - - C - - C[R L] - - V -
[DXGI_FORMAT_R32G32B32A32_SINT]
    [B V - S] [1 2 3 C] [L - - -] [M -] R - - C - - C[R L] - - V -
[DXGI_FORMAT_R32G32B32_TYPELESS]
    [- - -] [1 2 3 C] [- - -] [M -] - - - C - - C[- -] - - - -
[DXGI_FORMAT_R32G32B32_FLOAT]
    [B V - S] [1 2 3 C] [L - - -] [M -] - - - C M - C[- L] - - - -
[DXGI_FORMAT_R32G32B32_UINT]
    [B V - S] [1 2 3 C] [L - - -] [M -] - - - C - - C[- L] - - - -
```

……以下、略……

3　ウインドウ・サイズ変更時の処理

　一般に、ウインドウのサイズが変更されたら、3Dグラフィックスを描画するスワップ・チェインのバック・バッファのサイズもウインドウ・サイズに合わせて変更します。
（ウインドウに合わせて拡大縮小したり、固定サイズで表示するような場合は必要ありません）。

■ 描画ターゲットの解除

　バック・バッファが描画ターゲットになっている場合、バック・バッファのサイズを変更する前に、スワップ・チェインのバック・バッファを「Direct3D 11」の描画パイプラインから外す必要があります。また、バック・バッファの描画ターゲット・ビューも作り直す必要があります。

　描画ターゲットの解除には、設定と同じ「ID3D11DeviceContext::OMSetRenderTargetsメソッド」を使って、**第2引数**の描画ターゲットとして「NULL」を渡します。

```
// 描画ターゲットを解除する
g_pD3DDevice->OMSetRenderTargets(0, NULL, NULL);  // 描画ターゲットの解除
SAFE_RELEASE(g_pRenderTargetView);                // 描画ターゲット・ビューの解放
```

■ バック・バッファのサイズ変更

　バック・バッファのサイズを変更するには、「IDXGISwapChain::ResizeBuffersメソッド」を使います。**第1引数**に「バッファ数」を渡し、**第2引数**に「幅」、**第3引数**に「高さ」、**第4引数**に「フォーマット」、**第5引数**に「機能を指定するフラグ」を渡します。

＊

　なお、このメソッドを実行する場合は、変更するスワップ・チェインから取得していたバック・バッファの参照などがすべて破棄されている必要があります。

```
// バッファの変更
g_pSwapChain->ResizeBuffers(1, 0, 0, DXGI_FORMAT_R8G8B8A8_UNORM, 0);
```

4 ウインドウ・サイズの変更

　この後、2章の「5　バック・バッファの設定」で解説したのと同じ処理を行なって、再びバック・バッファを描画ターゲットとして設定します（必要な場合）。

　なお、このウインドウ・サイズの変更処理は、「ウインドウ・モード」と「フルスクリーン・モード」の切り替え処理にも対応できます。

＊

　注意点として、バック・バッファのサイズ変更は、スワップ・チェインを表示しているウインドウのサイズや、表示先のディスプレイ・モード（解像度や色数）を変更しません。それらを変更したい場合は、次に解説する「IDXGISwapChain::ResizeTarget メソッド」を使います。

IDXGISwapChain::ResizeBuffers メソッド

```
HRESULT IDXGISwapChain::ResizeBuffers(
    UINT            BufferCount,
    UINT            Width,
    UINT            Height,
    DXGI_FORMAT     NewFormat,
    UINT            SwapChainFlags);
```

BufferCount	スワップ・チェイン内のバッファ数。スワップ・チェイン作成時とは違う数を指定できる。
Width	新しいバック・バッファの幅。「0」は、スワップ・チェインと関連づけられているウインドウのクライアント領域の幅。
Height	新しいバック・バッファの高さ。「0」は、スワップ・チェインと関連づけられているウインドウのクライアント領域の高さ。
NewFormat	新しいバック・バッファのフォーマット。
SwapChainFlags	スワップ・チェインの機能を指定する「DXGI_SWAP_CHAIN_FLAG 列挙型」の値。

■ サンプル・プログラム

　この処理のサンプルは、「6　画面モードの切り替え」のサンプルに含まれています。

4 ウインドウ・サイズの変更

　前節では、ユーザーの操作などによってウインドウの大きさが変更されたときのアプリケーション側での対応について解説しました。

　場合によっては、アプリケーション側の都合で出力先の大きさを変更したい場合があります。これは、「ウインドウ・モード」であれば、ウインドウの大きさの変更処理であり、「フルスクリーン・モード」であれば、出力先ディスプレイの解像度を変更する処理です。

　この処理は、「IDXGISwapChain::ResizeTarget メソッド」で行ないます。
　このメソッドは、「ウインドウ・モード」でも「フルスクリーン・モード」でも動作します。また、「SetWindowPos 関数」のような Win32 API を別途使う必要もありません。
　「IDXGISwapChain::ResizeTarget メソッド」を実行すると、結果として「WM_SIZE メッセージ」も発生します。そのため、前節のように「WM_SIZE メッセージ」でバック・バッファ変更処理を実装している場合は、「IDXGISwapChain::ResizeTarget メソッド」を実行した後にバック・バッファを

3章 DXGI

変更する必要はありません（二度実行することになり、無駄です）。

ディスプレイ・モードを「800 × 600」「DXGI_FORMAT_R8G8B8A8_UNORM」「60Hz」に設定するコード例を次に示します。

なお、使っているグラフィックス・カードで対応しているディスプレイ・モードは、「**2　グラフィックス環境の調査**」で解説した「IDXGIOutput::GetDisplayModeList メソッド」で調べることができます。

任意のディスプレイ・モードに設定するコード

```
// ディスプレイ・モードの変更
DXGI_MODE_DESC desc;
desc.Width  = 800;
desc.Height = 600;
desc.RefreshRate.Numerator   = 60;
desc.RefreshRate.Denominator = 1;
desc.Format = DXGI_FORMAT_R8G8B8A8_UNORM;
desc.ScanlineOrdering = DXGI_MODE_SCANLINE_ORDER_UNSPECIFIED;
desc.Scaling = DXGI_MODE_SCALING_UNSPECIFIED;
hr = g_pSwapChain->ResizeTarget(&desc);
if (FAILED(hr))
    return;  // 変更に失敗
```

IDXGISwapChain::ResizeTarget メソッド

HRESULT IDXGISwapChain::ResizeTarget(　const DXGI_MODE_DESC* pNewTargetParameters);	
pNewTargetParameters	新しい「幅」「高さ」「フォーマット」「リフレッシュ・レート」を「DXGI_MODE_DESC 構造体」で指定する。ウインドウ・モードでは、フォーマットに「DXGI_FORMAT_UNKNOWN」を指定することで都合のよいフォーマットを選択させることができる（フルスクリーン・モードでは不可）。

■ サンプル・プログラム

この処理のサンプルは、「**6　画面モードの切り替え**」のサンプルに含まれています。

5　無駄な画面描画の抑制

2章で解説したように、「Direct3D 11」などでスワップ・チェインのバック・バッファを描画した後に、「IDXGISwapChain::Present メソッド」で画面を更新します。「IDXGISwapChain::Present メソッド」の基本的な使い方は、2章を参照してください。

このとき、「IDXGISwapChain::Present メソッド」は、描画処理を最適化するためのヒントを返してくれます。この情報を利用して、描画する必要がない場合に描画処理を停止するスタンバイ処理を実装できます。

■ スタンバイ処理

画面の表示に使った「IDXGISwapChain::Present メソッド」は、スワップ・チェインの描画先ウインドウ

が最小化されるなどして、表示される部分が存在しない状態になると「DXGI_STATUS_OCCLUDED」を返します（表示される場合は「S_OK」）。

このような状態では、画面の描画処理を行なうことは CPU や GPU の能力や電力の無駄遣いになるので、アプリケーションは描画処理をしないスタンバイ状態に移行するのが得策です。

「IDXGISwapChain::Present メソッド」は、**第2引数**に「DXGI_PRESENT_TEST」を渡すことで、画面の更新処理を行なわずに表示状態の確認だけを行なわせることができます。

そこで、次のようなコードで、スタンバイ処理を行なうことができます。

スタンバイ状態を管理するグローバル変数
```
bool g_bStandbyMode = false;
```

アイドル時に実行する描画処理
```
    HRESULT hr;
    // スタンバイ・モード
    if (g_bStandbyMode) {
        hr = g_pSwapChain->Present(0, DXGI_PRESENT_TEST);
        if (hr == DXGI_STATUS_OCCLUDED) {
            // 描画する必要がない（表示領域がない）
            return;
        }
        g_bStandbyMode = false; // スタンバイ・モードを解除する
    }

    // 画面の更新
    hr = 画面の描画処理のコード
    if (hr == DXGI_STATUS_OCCLUDED)
        g_bStandbyMode = true;   // スタンバイ・モードに入る
```

■ サンプル・プログラム

この処理のサンプルは、次の「6　画面モードの切り替え」のサンプルに含まれています。

6　画面モードの切り替え

画面モードには、「ウインドウ・モード」と「フルスクリーン・モード」があります。この画面モードは「DXGI」で管理しており、「Direct3D 11」は直接無関係です。そのため、画面モードの切り替え処理は、「Direct3D 11」ではなく「DXGI」を操作します。

■ 自動的に画面モードを切り替える

「DirectX SDK」のドキュメントでは、"［Alt］＋［Enter］キーの組み合わせで画面モードが切り替わることをユーザーが期待しているので、対応するのが望ましい"としています。

この機能を簡単にサポートするため、「DXGI」には［Alt］＋［Enter］キーに反応して画面モードを自動的に切り替えてくれる機能が搭載されています。

画面モードの切り替え時には「WM_SIZE メッセージ」が送出されるので、**2章**で解説したウインドウ・サイズの変更に対応してバック・バッファを作り直す通常の対応をしておく以外に、アプリケーショ

ン側で画面モードの切り替えを意識した特別な処理は必要ありません。

［Alt］＋［Enter］キーによる画面モード自動切り替え機能を設定するには、「IDXGIFactory::MakeWindowAssociation メソッド」を使います。
第1引数に機能を設定するウインドウのハンドル、**第2引数**に細かな機能設定のフラグを渡します。

画面モード切り替え機能の設定

```
// IDXGIFactory インターフェイスの取得
IDXGIFactory* pFactory = NULL;
HRESULT hr = CreateDXGIFactory(__uuidof(IDXGIFactory), (void**)(&pFactory));
if (FAILED(hr))
    return false;   // 失敗

// 画面モード切り替え機能を設定する
hr = pFactory->MakeWindowAssociation(
            hWnd, // 画面モード切り替え機能を設定するウインドウ・ハンドル
            0);
if(FAILED(hr))
    return false;   // 失敗
```

IDXGIFactory::MakeWindowAssociation メソッド

HRESULT IDXGIFactory::MakeWindowAssociation(　HWND　WindowHandle, 　UINT　Flags);	
WindowHandle	機能を設定するウインドウのハンドル。Flagsが「0」の場合だけ「NULL」を設定できる。
Flags	設定する機能を指定する、以下のフラグの組み合わせ。 ・DXGI_MWA_NO_WINDOW_CHANGES 　DXGIがアプリのメッセージ・キューを監視しない。これにより、DXGIはモードの変更に応答することができなくなる。 ・DXGI_MWA_NO_ALT_ENTER 　［Alt］＋［Enter］キーで画面モードを切り替えない。 ・DXGI_MWA_NO_PRINT_SCREEN 　［Print Screen］キーによる画面キャプチャを阻止する。

■ アプリケーション側で画面モードを切り替える

「DXGI」による画面切り替えではなく、アプリケーション側の指示で画面モードを切り替えるには、「IDXGISwapChain::SetFullscreenState メソッド」を使います。
スワップ・チェインを作成するときに、「DXGI_SWAP_CHAIN_FLAG_ALLOW_MODE_SWITCH」を指定した場合、バック・バッファにもっともよく適合するディスプレイ・モードに自動的に切り替わります。

フルスクリーン・モードに変更
```
g_pSwapChain->SetFullscreenState(TRUE, NULL);
```

6 画面モードの切り替え

ウインドウ・モードに変更

```
g_pSwapChain->SetFullscreenState(FALSE, NULL);
```

また、「IDXGISwapChain::GetFullscreenState メソッド」で、現在の画面モードを取得できます。

```
BOOL fullscreen;
g_pSwapChain->GetFullscreenState(&fullscreen, NULL);
if (fullscreen)
    フルスクリーン・モード
else
    ウインドウ・モード
```

IDXGISwapChain::SetFullscreenState メソッド

HRESULT IDXGISwapChain::SetFullscreenState（ 　　BOOL　　　　　Fullscreen, 　　IDXGIOutput* pTarget）;	
Fullscreen	変更する画面モード。 「TRUE」でフルスクリーン・モード。「FALSE」でウインドウ・モード
pTarget	現在、フルスクリーン・モードの場合は、スワップ・チェインを含む「IDXGIOutput インターフェイス」。「NULL」を指定した場合、スワップ・チェインのデバイスと出力ウインドウの配置を元に選択される。 現在、ウインドウ・モードの場合は、この引数は無視される。

IDXGISwapChain::GetFullscreenState メソッド

HRESULT IDXGISwapChain::GetFullscreenState（ 　　BOOL*　　　　pFullscreen, 　　IDXGIOutput** ppTarget）;	
pFullscreen	画面モードを受け取る変数のポインタ。 「TRUE」でフルスクリーン・モード。「FALSE」でウインドウ・モード。
ppTarget	出力先の「IDXGIOutput インターフェイス」を受け取る変数のポインタ。 （フルスクリーン・モードの場合のみ。ウインドウ・モードの場合「NULL」が返される）。

■ 終了処理

スワップ・チェインをフルスクリーン・モードに設定した状態でアプリケーションの終了処理（スワップ・チェインの解放）などを行なうと、例外が発生します。そのため、スワップ・チェインを解放する前に、画面モードをウインドウ・モードに設定しておきます。

```
        // スワップ・チェインをウインドウ・モードにする
        if (g_pSwapChain)
            g_pSwapChain->SetFullscreenState(FALSE, NULL);

        // 取得したインターフェイスの開放
        SAFE_RELEASE(g_pSwapChain);
```

DirectX11

3章 DXGI

■ サンプル・プログラム

2章の「D3D11Sample01」サンプルに、「画面モードの切り替え処理」と「3 無駄な画面描画の抑制」で解説した「スタンバイ処理」を実装したプログラムを「D3D11Sample03」サンプルにまとめました。

画面を単色でクリアしているだけなので分かりにくいですが、ウインドウのサイズ変更に合わせてバック・バッファの解像度が変更されています。また、[F6]キーでディスプレイ・モードを「800×600」「DXGI_FORMAT_R8G8B8A8_UNORM」「60Hz」に設定します。

[Alt]+[Enter]キー、または、[F5]キーを押すと、画面モードがウインドウ・モードとフルスクリーン・モードの間で切り替わります。[Alt]+[Enter]キーは「DXGI」の機能を使い、[F5]キーは「IDXGISwapChain::SetFullscreenStateメソッド」を使います。

また、サンプル・プログラムが最小化などして、表示領域（クライアント領域）が完全にふさがった状態になると、アプリケーションの動作をスタンバイ・モードに移行し、描画を停止します。このときに、描画ターゲットをクリアする色を変更して、画面モード切り替えが発生したことを分かるようにしています。

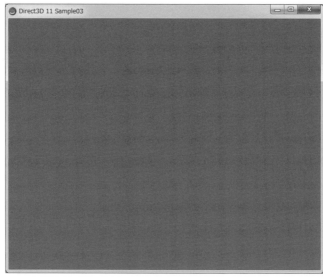

図3-4 「D3D11Sample03」サンプル

7 トーンカーブによる階調補正

「DXGI」には、トーンカーブによる階調補正の機能があります。

■ トーンカーブ

「トーンカーブ」とは、画像の階調を補正する機能で、「バック・バッファ上の値」と「ディスプレイに出力される値」の関係を定義します。

通常は、1対1で対応しており、グラフにすると斜め45度の直線になります。この線を変形させることで、画像の「明るさ」「コントラスト」「ホワイト・バランス」などを調整できます。

7 トーンカーブによる階調補正

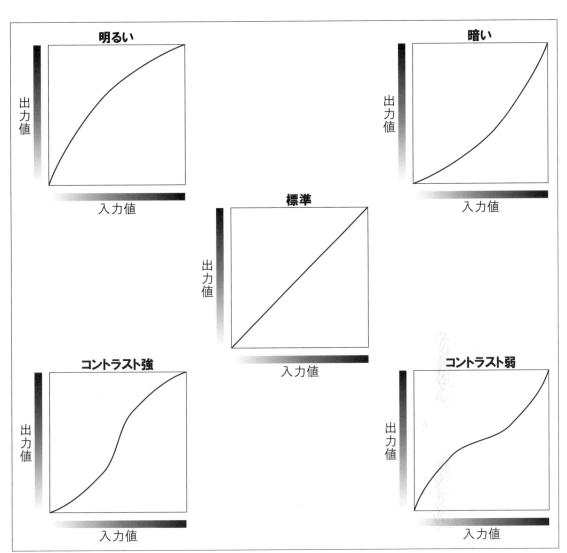

図3-5 いろいろなトーンカーブ

■ ガンマ補正

「DXGI」ではトーンカーブの設定機能を「ガンマ・コントロール」と呼んでいます。

「ガンマ補正」は「トーンカーブ」を制御する方法の1つですが、「DXGI」の機能自体はガンマ補正に限定された機能ではありません。

ガンマ補正では、次のような式を使ってトーンカーブを計算します。

$$L_1 = L_0^{\frac{g_0}{g_1}}$$

L_0 …入力値(0.0〜1.0)

L_1 …出力値(0.0〜1.0)

g_0 …入力元のガンマ値

g_1 …出力先のガンマ値

入出力が1対1で対応している場合のガンマ値は「1.0」なので、図3-5のような目的の場合は、一般に次のようになります。

$$L_1 = L_0^{\frac{1.0}{g_1}}$$

■ スワップ・チェインの「IDXGIOutputインターフェイス」

トーンカーブは、ディスプレイの「IDXGIOutputインターフェイス」で設定します。

「Direct3D 11」を使った一般的なアプリケーションでは、デバイス作成時には、スワップ・チェインだけを作っていると思われます。

そこで、まず、スワップ・チェインの「IDXGISwapChainインターフェイス」から、スワップ・チェインを表示しているディスプレイの「IDXGIOutputインターフェイス」を取得します。

「IDXGIOutputインターフェイス」の取得には、「IDXGISwapChain::GetContainingOutputメソッド」を使います。なお、「Get系」のメソッドで取得したインターフェイスは参照カウンタが加算されているので、使い終わったらアプリケーション側で解放する必要があります。

```
IDXGIOutput* pOutput;
g_pSwapChain->GetContainingOutput(&pOutput);
```

IDXGISwapChain::GetContainingOutput メソッド

HRESULT IDXGISwapChain::GetContainingOutput (　IDXGIOutput** ppOutput);	
ppOutput	「IDXGIOutputインターフェイス」を受け取る変数のポインタ。

■ トーンカーブの定義

トーンカーブは、「制御点」を設定することで定義します。制御点は、入力値と出力値の対応関係を定義した配列です。

「IDXGIOutput::GetGammaControlCapabilitiesメソッド」で制御点の数と、各制御点の入力値を取得できます。

なお、トーンカーブ(ガンマ補正)関連の機能を実行するには、アプリケーションがディスプレイの所有権を獲得している必要があり、そのためのメソッドとして「IDXGIOutputインターフェイス」には「IDXGIOutput::TakeOwnershipメソッド」があります。

しかし、このメソッドは画面モードが「フルスクリーン・モード」に移行する際に「DXGI」によって呼ばれるメソッドなので、アプリケーションから直接呼び出してはいけません。つまり、トーンカーブ(ガンマ補正)機能は、「フルスクリーン・モード」のみで使えます。

```
DXGI_GAMMA_CONTROL_CAPABILITIES gammacap;
hr = pOutput->GetGammaControlCapabilities(&gammacap);
if (FAILED(hr))
    return; // 失敗
```

IDXGIOutput::GetGammaControlCapabilities メソッド

HRESULT IDXGIOutput::GetGammaControlCapabilities (　DXGI_GAMMA_CONTROL_CAPABILITIES* pGammaCaps);

[7] トーンカーブによる階調補正

pGammaCaps	トーンカーブ設定用定義を取得する変数のポインタ。

DXGI_GAMMA_CONTROL_CAPABILITIES 構造体

BOOL ScaleAndOffsetSupported; float MaxConvertedValue; float MinConvertedValue; UINT NumGammaControlPoints; float ControlPointPositions[1025];	
ScaleAndOffsetSupported	「TRUE」の場合、スケールとオフセットがサポートされている。
MaxConvertedValue	制御点の範囲の最大値。
MinConvertedValue	制御点の範囲の最小値。
NumGammaControlPoints	制御点の数。
ControlPointPositions	制御点の入力値を示す配列。 「NumGammaControlPoints」の数だけ有効(最大 1025)。

■ トーンカーブの変更

トーンカーブの設定は、「IDXGIOutput::SetGammaControl メソッド」を使います。

*

ガンマ値「2.2」にトーンカーブを設定するには、次のようになります。

```
float gamma = 1.0f / 2.2f;    // ガンマ 2.2

// トーンカーブを設定
DXGI_GAMMA_CONTROL gammacontrol;
gammacontrol.Scale.Red    = 1.0f;
gammacontrol.Scale.Green  = 1.0f;
gammacontrol.Scale.Blue   = 1.0f;
gammacontrol.Offset.Red   = 0.0f;
gammacontrol.Offset.Green = 0.0f;
gammacontrol.Offset.Blue  = 0.0f;
for (UINT i = 0; i < gammacap.NumGammaControlPoints; ++i) {
    float L0 = gammacap.ControlPointPositions[i];
    float L1 = pow(L0, gamma);       // ガンマカーブを計算
    gammacontrol.GammaCurve[i].Red   = L1;
    gammacontrol.GammaCurve[i].Green = L1;
    gammacontrol.GammaCurve[i].Blue  = L1;
}
hr = pOutput->SetGammaControl(&gammacontrol);
if (FAILED(hr))
    return; // 失敗
```

IDXGIOutput::SetGammaControl メソッド

HRESULT IDXGIOutput::SetGammaControl(const DXGI_GAMMA_CONTROL* pArray);	
pArray	トーンカーブの設定値。

3章 DXGI

DXGI_GAMMA_CONTROL 構造体

DXGI_RGB Scale; DXGI_RGB Offset; DXGI_RGB GammaCurve[1025];	
Scale	スケール値。
Offset	オフセット値。
GammaCurve	トーンカーブの設定値。

DXGI_RGB 構造体

float Red; float Green; float Blue;	
Red	赤。値の範囲は、「0.0」〜「1.0」。
Green	緑。値の範囲は、「0.0」〜「1.0」。
Blue	青。値の範囲は、「0.0」〜「1.0」。

■ サンプル・プログラム

トーンカーブの設定処理を加えたプログラムを、「D3D11Sample04」サンプルにまとめました。

このサンプルでは、トーンカーブの変更状況が分かりやすいように、11章で解説する「D3D11Sample05」に、トーンカーブの機能を追加しています。

[F5]キーでフルスクリーンに切り替えて、[1]〜[3]キーを押すことでガンマ値を「0.5」「1.0」「2.0」に変更できます。

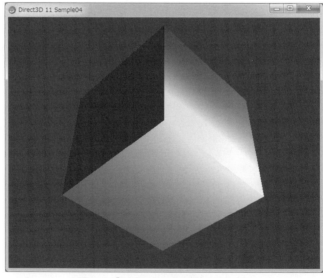

図3-6 「D3D11Sample04」サンプル

4章

3D グラフィックスの数学

Direct3D を使いこなすには、3D グラフィックスに関する知識が必要です。この章では、3D グラフィックスの基本的な知識と、「DirectX SDK」で提供されている 3D 演算用の構造体や関数などを紹介します。3D グラフィックスの本格的な（より正確な）知識については、専門書を参照してください。

DirectX11

4章 3Dグラフィックスの数学

1 ベクトルの変換操作　～行列と同次座標～

　Direct3Dでは「3D空間上の点の位置」や「カメラや法線の方向」などを表わすのに、「3次元ベクトル」を使い、テクスチャ座標などを表わすのに「2次元ベクトル」も使います。
　また、3Dグラフィックスの操作では、ベクトルを回転したり移動したりして、ある座標系から他の座標系に変換する操作をよく行ないます。このようなベクトルの変換操作は、「行列」を使って行なうと簡単です。

　ベクトルの操作に関しては、本書の内容を理解する上では、ベクトルの「加算（減算）」「スカラー倍」「長さ」「正規化」「内積（スカラー積、ドット積（dot product））」「外積（ベクトル積、クロス積（cross product））」程度を理解していれば充分です。本書の内容を超えるので、ベクトルに関する数学的な解説は省略します。それらについては、数学の参考書を参照してください。

■ 同次座標

　3次元ベクトルを変換する場合、3×3行列だけでは、「回転」や「拡大縮小」はできても、「移動」ができません。
　3×3行列を使った場合の一般的な変換操作は「$\mathbf{V}' = \mathbf{V} \times \mathbf{M} + \mathbf{T}$」の形になり、3×3行列「$\mathbf{M}$」の他に、ベクトル「$\mathbf{T}$」が必要になります。

　ベクトルの変換処理を1つの変換行列で解決するには、4×4行列が必要です。しかし、3次元ベクトルと4×4行列を掛け合わせることはできません。そこで、「同次座標」を導入します。同次座標は、「3次元ベクトル」に「w座標」を加えた、「4次元ベクトル」です。

「3次元ベクトル」を「4次元ベクトル」に拡張する際の「w値」は、ベクトルが、
　①「位置ベクトル」の場合…「1」
　②「方向（法線）ベクトル」の場合…「0」

になります。逆に、「同次座標ベクトル」から「3次元ベクトル」に変換するには、「同次座標ベクトル」の「x, y, z成分」を「w成分」で割ります。
　なお、「w」が「0」の場合、(x, y, z)方向の無限遠にある点を意味します。

位置ベクトル(x, y, z)	→	同次座標ベクトル$(x, y, z, 1)$
方向ベクトル(x, y, z)	→	同次座標ベクトル$(x, y, z, 0)$
同次座標ベクトル(x, y, z, w)	→	位置ベクトル$(x/w, y/w, z/w)$ ただし、$w \neq 0$

■ XNA Math ライブラリ

　「Direct3D 10」では、「D3DX 10」の機能として、「ベクトル」や「行列」の演算機能が提供されていましたが、「Direct3D 11」の「D3DX 11」では、それらの演算機能が提供されなくなりました。そのため、演算機能は、「XNA Math ライブラリ」を使うか、「D3DX 10」の演算関数を使います。
　「XNA Math ライブラリ」は、WindowsとXbox 360の両方に対応したクロス・プラットフォーム算術ソリューションです。本書では、「ベクトル」や「行列」の演算に、「XNA Math ライブラリ」を使います。

● 実行環境のチェック

　「XNA Math ライブラリ」を使うには、「xnamath.h」をインクルードします。

1 ベクトルの変換操作 〜行列と同次座標〜

「XNA Math」を使う場合は、アプリの最初のところで、実行環境が「XNA Math」の使える環境かどうかを「XMVerifyCPUSupport関数」で確認します。この関数は、その現在の環境で「XNA Math ライブラリ」がサポートされていれば「TRUE」を返し、サポートされていなければ「FALSE」を返します。

```
#include <xnamath.h>

    if (XMVerifyCPUSupport() == TRUE)
        「XNA Math ライブラリ」が使える環境
    else
        「XNA Math ライブラリ」が使えない環境
```

■「XNA Math」の型

「XNA Math」の演算では、ベクトルには「**XMVECTOR型**」を使い、行列には「**XMMATRIX構造体**」を使います。

●「XMVECTOR型」の初期化

「浮動小数点数」「符号なし整数」「整数」「バイト」型の値から「XMVECTOR型」を作るには、以下の構造体を使います。

「XMVECTOR型」の作成に使う構造体

XMVECTORF32	XMVECTOR型のインスタンスに、浮動小数点値を読み込む、非透過的なポータブル型。
XMVECTORI32	XMVECTOR型のインスタンスに、整数値を読み込む、非透過的なポータブル型。
XMVECTORU32	XMVECTOR型のインスタンスに、UINT値を読み込む、非透過的なポータブル型。
XMVECTORU8	XMVECTOR型のインスタンスに、BYTE値を読み込む、非透過的なポータブル型。

これらは、次のように使います。

```
XMVECTOR data;                ← ベクトルの基本型
XMVECTORF32 floatingVector = { 0.f, 0.f, 0.1f, 1.0f };  ← 浮動小数点数の配列
data = floatingVector;        ← ベクトルを浮動小数点数の配列で初期化する
```

C++言語を使っている場合、「XMVECTOR型」は機能が拡張され、以下の演算子が定義されます。

「XMVECTOR型」の機能拡張

+	加算演算子	/	除算演算子
-	減算と否定の演算子	/=	除算代入演算子
*	乗算演算子	+=	浮動小数点値を各成分に加算
*=	乗算代入演算子	-=	浮動小数点値を各成分から減算

●「XMMATRIX構造体」の初期化

C++言語を使っている場合、「XMMATRIX構造体」は機能が拡張され、以下のコンストラクタで初期化できます。

16要素のFLOAT配列	16個のスカラーFLOAT値	4つのXMVECTOR

4章 3Dグラフィックスの数学

これらは、次のように使います。

```
FLOAT el[16];
    …el を初期化
XMMATRIX mat(el);
```

```
XMMATRIX mat(1.0f, 0.0f, 0.0f, ……, 1.0f);
```

```
XMVECTOR rows[4];
    …rows を初期化
XMMATRIX mat(rows[0], rows[1], rows[2], rows[3]);
```

また、以下の演算子が定義されます。

「XMMATRIX 構造体」の機能拡張

(UINT Row, UINT Column)	「Row」(行)と「Column」(列)で指定する行列要素にアクセス。
*	行列乗算。
*=	行列乗算。
=	代入。

● その他の「ベクトル」「行列」の構造体

「XNA Math」の演算では「SIMD 命令」を使うため、「XMVECTOR 型」や「XMMATRIX 構造体」は 16 ビットにアライメントされていると想定されています。

「XMVECTOR 型」や「XMMATRIX 構造体」は、「スタック割り当て」では、自動的にこのように想定されますが、「ヒープ割り当て」や「これらの型へのキャスト」では、アライメント要件が満たされることを確認する必要があります。

そのため、多くの場合、クラスまたは構造体メンバでは、「XMVECTOR 型」「XMMATRIX 構造体」の使用を避けたほうが簡単です。その場合、クラスまたは構造体メンバでは、「XMFLOAT3」「XMFLOAT4」「XMFLOAT4X3」「XMFLOAT4X4」などのデータ型を使います。

*

以下に、「DXGI」の「DXGI_FORMAT 列挙型」と対応関係のある「XNA Math」のベクトル構造体を示します。16 ビットにアライメントされている構造体には、名前の末尾に「A」が付きます。

「XNA Math」のベクトル構造体と、「DXGI_FORMAT 列挙型」との関係

XNA Math	DXGI_FORMAT	XNA Math	DXGI_FORMAT
XMBYTE4	DXGI_FORMAT_x8x8x8x8_SINT	XMSHORTN2	DXGI_FORMAT_R16G16_SNORM
XMBYTEN4	DXGI_FORMAT_x8x8x8x8_SNORM	XMSHORT4	DXGI_FORMAT_R16G16B16A16_SINT
XMCOLOR	DXGI_FORMAT_B8G8R8A8_UNORM	XMSHORTN4	DXGI_FORMAT_R16G16B16A16_SNORM
XMFLOAT2	DXGI_FORMAT_R32G32_FLOAT	XMU555	DXGI_FORMAT_B5G5R5A1_UNORM
XMFLOAT2A	DXGI_FORMAT_R32G32_FLOAT	XMU565	DXGI_FORMAT_B5G6R5_UNORM
XMFLOAT3	DXGI_FORMAT_R32G32B32_FLOAT	XMUBYTE4	DXGI_FORMAT_x8x8x8x8_UINT
XMFLOAT3A	DXGI_FORMAT_R32G32B32_FLOAT	XMUBYTEN4	DXGI_FORMAT_x8x8x8x8_UNORM
XMFLOAT3PK	DXGI_FORMAT_R11G11B10_FLOAT	XMUDEC4	DXGI_FORMAT_R10G10B10A2_UINT
XMFLOAT3SE	DXGI_FORMAT_R9G9B9E5_SHAREDEXP	XMUDECN4	DXGI_FORMAT_R10G10B10A2_UNORM
XMFLOAT4	DXGI_FORMAT_R32G32B32A32_FLOAT	XMUSHORT2	DXGI_FORMAT_R16G16_UINT

1 ベクトルの変換操作 ～行列と同次座標～

XMFLOAT4A	DXGI_FORMAT_R32G32B32A32_FLOAT	XMUSHORTN2	DXGI_FORMAT_R16G16_UNORM
XMHALF2	DXGI_FORMAT_R16G16_FLOAT	XMUSHORT4	DXGI_FORMAT_R16G16B16A16_UINT
XMHALF4	DXGI_FORMAT_R16G16B16A16_FLOAT	XMUSHORTN4	DXGI_FORMAT_R16G16B16A16_UNORM
XMSHORT2	DXGI_FORMAT_R16G16_SINT		

以下に、「XNA Math」の行列構造体を示します。

「XNA Math」の行列構造体

XMFLOAT4X3	XMFLOAT4X3A	XMFLOAT4X4	XMFLOAT4X4A

● 「XMVECTOR 型」「XMMATRIX 構造体」の値

「XMVECTOR 型」の各成分を「取得」(Get) や「設定」(Set) するには、以下の関数を使います。インデックス値で参照する場合の値は、「0=x」「1=y」「2=z」「3=w」です。各成分の値を、①値（関数の引数または戻り値）として受け渡す方法と、②変数へのポインタを渡す方法とがあります。

「XMVECTOR 型」の成分を取得 / 設定する関数

関数名 (取得)	関数名 (設定)	データ型	参照元	受け渡し方法
XMVectorGetByIndex	XMVectorSetByIndex	浮動小数点型	インデックス	値
XMVectorGetByIndexPtr	XMVectorSetByIndexPtr	浮動小数点型	インデックス	ポインタ
XMVectorGetIntByIndex	XMVectorSetIntByIndex	整数型	インデックス	値
XMVectorGetIntByIndexPtr	XMVectorSetIntByIndexPtr	整数型	インデックス	ポインタ
XMVectorGetIntW	XMVectorSetIntW	整数型	w 成分	値
XMVectorGetIntWPtr	XMVectorSetIntWPtr	整数型	w 成分	ポインタ
XMVectorGetIntX	XMVectorSetIntX	整数型	x 成分	値
XMVectorGetIntXPtr	XMVectorSetIntXPtr	整数型	x 成分	ポインタ
XMVectorGetIntY	XMVectorSetIntY	整数型	y 成分	値
XMVectorGetIntYPtr	XMVectorSetIntYPtr	整数型	y 成分	ポインタ
XMVectorGetIntZ	XMVectorSetIntZ	整数型	z 成分	値
XMVectorGetIntZPtr	XMVectorSetIntZPtr	整数型	z 成分	ポインタ
XMVectorGetW	XMVectorSetW	浮動小数点型	w 成分	値
XMVectorGetWPtr	XMVectorSetWPtr	浮動小数点型	w 成分	ポインタ
XMVectorGetX	XMVectorSetX	浮動小数点型	x 成分	値
XMVectorGetXPtr	XMVectorSetXPtr	浮動小数点型	x 成分	ポインタ
XMVectorGetY	XMVectorSetY	浮動小数点型	y 成分	値
XMVectorGetYPtr	XMVectorSetYPtr	浮動小数点型	y 成分	ポインタ
XMVectorGetZ	XMVectorSetZ	浮動小数点型	z 成分	値
XMVectorGetZPtr	XMVectorSetZPtr	浮動小数点型	z 成分	ポインタ

「XMVECTOR 型」の値を他のデータ型に格納したり (Store)、他のデータ型の値を「XMVECTOR 型」に読み込む (Load) には、以下の関数を使います。

4章 3Dグラフィックスの数学

「XMVECTOR型」データの取得/設定関数

関数名(取得)	関数名(設定)	データ型	関数名(取得)	関数名(設定)	データ型
XMStoreByte4	XMLoadByte4	XMBYTE4	XMStoreByteN4	XMLoadByteN4	XMBYTEN4
XMStoreColor	XMLoadColor	XMCOLOR	XMStoreDec4	XMLoadDec4	XMDEC4
XMStoreDecN4	XMLoadDecN4	XMDECN4	XMStoreDHen3	XMLoadDHen3	XMDHEN3
XMStoreDHenN3	XMLoadDHenN3	XMDHENN3	XMStoreFloat	XMLoadFloat	FLOAT
XMStoreFloat2	XMLoadFloat2	XMFLOAT2	XMStoreFloat2A	XMLoadFloat2A	XMFLOAT2A
XMStoreFloat3	XMLoadFloat3	XMFLOAT3	XMStoreFloat3A	XMLoadFloat3A	XMFLOAT3A
XMStoreFloat3PK	XMLoadFloat3PK	XMFLOAT3PK	XMStoreFloat3SE	XMLoadFloat3SE	XMFLOAT3SE
XMStoreFloat4	XMLoadFloat4	XMFLOAT4	XMStoreFloat4A	XMLoadFloat4A	XMFLOAT4A
XMStoreFloat4NC	XMLoadFloat4NC	XMFLOAT4(非キャッシュ)	XMStoreHalf2	XMLoadHalf2	XMHALF2
XMStoreHalf4	XMLoadHalf4	XMHALF4	XMStoreHenD3	XMLoadHenD3	XMHEND3
XMStoreHenDN3	XMLoadHenDN3	XMHENDN3	XMStoreIco4	XMLoadIco4	XMICO4
XMStoreIcoN4	XMLoadIcoN4	XMICON4	XMStoreInt	XMLoadInt	UINT
XMStoreInt2	XMLoadInt2	2要素のUINT配列	XMStoreInt2A	XMLoadInt2A	2要素のUINT配列(16バイト・アライメント)
XMStoreInt3	XMLoadInt3	3要素のUINT配列	XMStoreInt3A	XMLoadInt3A	3要素のUINT配列(16バイト・アライメント)
XMStoreInt4	XMLoadInt4	4要素のUINT配列	XMStoreInt4A	XMLoadInt4A	4要素のUINT配列(16バイト・アライメント)
XMStoreInt4NC	XMLoadInt4NC	4要素のUINT配列(非キャッシュ)	XMStorePacked4	XMLoadPacked4	XMPACKED4
XMStoreShort2	XMLoadShort2	XMSHORT2	XMStoreShort4	XMLoadShort4	XMSHORT4
XMStoreShortN2	XMLoadShortN2	XMSHORTN2	XMStoreShortN4	XMLoadShortN4	XMSHORTN4
XMStoreU555	XMLoadU555	XMU555	XMStoreU565	XMLoadU565	XMU565
XMStoreUByte4	XMLoadUByte4	XMUBYTE4	XMStoreUByteN4	XMLoadUByteN4	XMUBYTEN4
XMStoreUDec4	XMLoadUDec4	XMUDEC4	XMStoreUDecN4	XMLoadUDecN4	XMUDECN4
XMStoreUDHen3	XMLoadUDHen3	XMUDHEN3	XMStoreUDHenN3	XMLoadUDHenN3	XMUDHENN3
XMStoreUHenD3	XMLoadUHenD3	XMUHEND3	XMStoreUHenDN3	XMLoadUHenDN3	XMUHENDN3
XMStoreUIco4	XMLoadUIco4	XMUICO4	XMStoreUIcoN4	XMLoadUIcoN4	XMUICON4
XMStoreUNibble4	XMLoadUNibble4	XMUNIBBLE4	XMStoreUShort2	XMLoadUShort2	XMUSHORT2
XMStoreUShort4	XMLoadUShort4	XMUSHORT4	XMStoreUShortN2	XMLoadUShortN2	XMUSHORTN2
XMStoreUShortN4	XMLoadUShortN4	XMUSHORTN4	XMStoreXDec4	XMLoadXDec4	XMXDEC4
XMStoreXDecN4	XMLoadXDecN4	XMXDECN4	XMStoreXIco4	XMLoadXIco4	XMXICO4
XMStoreXIcoN4	XMLoadXIcoN4	XMXICON4			

「XMMATRIX構造体」の値を他のデータ型に格納したり(Store)、他のデータ型の値を「XMMATRIX構造体」に読み込む(Load)には、以下の関数を使います。

1 ベクトルの変換操作　～行列と同次座標～

「XMMATRIX 型」データの取得/設定関数

関数名(取得)	関数名(設定)	データ型	関数名(取得)	関数名(設定)	データ型
XMStoreFloat3x3	XMLoadFloat3x3	XMFLOAT3X3	XMStoreFloat3x3NC	XMLoadFloat3x3NC	XMFLOAT3X3 (非キャッシュ)
XMStoreFloat4x3	XMLoadFloat4x3	XMFLOAT4X3	XMStoreFloat4x3A	XMLoadFloat4x3A	XMFLOAT4X3A
XMStoreFloat4x3NC	XMLoadFloat4x3NC	XMFLOAT4X3 (非キャッシュ)	XMStoreFloat4x4	XMLoadFloat4x4	XMFLOAT4X4
XMStoreFloat4x4A	XMLoadFloat4x4A	XMFLOAT4X4A	XMStoreFloat4x4NC	XMLoadFloat4x4NC	XMFLOAT4X4 (非キャッシュ)

■ ベクトルと行列の演算

「ベクトル」(XMVECTOR 型)を「行列」(XMMATRIX 構造体)で変換するには、次の関数を使います。

ベクトルと行列の演算関数

2D ベクトル	3D ベクトル	4D ベクトル	機　能
XMVector2Transform	XMVector3Transform	XMVector4Transform	ベクトルを変換。
XMVector2TransformCoord	XMVector3TransformCoord		ベクトルを変換し、その結果を「w = 1」に射影。
XMVector2TransformCoordStream	XMVector3TransformCoordStream		ベクトルのストリームを変換し、その結果のw座標が「1.0」に等しくなるように射影。
XMVector2TransformNormal	XMVector3TransformNormal		ベクトル法線を変換。
XMVector2TransformNormalStream	XMVector3TransformNormalStream		法線ベクトルのストリームを変換。
XMVector2TransformStream	XMVector3TransformStream	XMVector4TransformStream	ベクトルのストリームを変換。
XMVector2TransformStreamNC	XMVector3TransformStreamNC		ベクトルのストリームをキャッシュ以外のメモリまたは書き込み結合メモリに変換。
	XMVector3Unproject		スクリーン空間からオブジェクト空間にベクトルを射影。
	XMVector3UnprojectStream		ベクトルのストリームを、スクリーン空間からオブジェクト空間に変換。

「行列」(XMMATRIX 構造体)の一般的な演算関数を、以下に示します。

「行列」の一般的な演算関数

XMMatrixDeterminant	行列の行列式を計算。
XMMatrixIdentity	単位行列を作成。
XMMatrixInverse	逆行列を計算。
XMMatrixIsIdentity	行列が単位行列かどうかをテスト。
XMMatrixIsInfinite	行列のいずれかの要素が正または負の無限大かどうかをテスト。

DirectX11

4章 3Dグラフィックスの数学

XMMatrixIsNaN	行列のいずれかの要素が NaN かどうかをテスト。
XMMatrixMultiply	2つの行列の積を計算。
XMMatrixMultiplyTranspose	2つの行列の積の転置行列を計算。
XMMatrixSet	FLOAT 値で行列を作成。
XMMatrixTranspose	転置行列を計算。

「ベクトル」(XMVECTOR 型)の一般的な演算関数を、以下に示します。

「ベクトル」の一般的な演算関数①

XMVectorBaryCentric	重心座標。
XMVectorBaryCentricV	重心座標。
XMVectorCatmullRom	Catmull-Rom 補間。
XMVectorCatmullRomV	Catmull-Rom 補間。
XMVectorHermite	エルミート・スプライン補間。
XMVectorHermiteV	エルミート・スプライン補間。
XMVectorInBounds	特定ベクトルの要素が、設定境界内であるかどうかを検証。
XMVectorInBoundsR	特定ベクトルの要素が、特定境界内であるかどうかを検証し、比較値を設定。
XMVectorLerp	2つのベクトル間の線形補間。
XMVectorLerpV	2つのベクトル間の線形補間。

「ベクトル」の一般的な演算関数②

2D ベクトル	3D ベクトル	4D ベクトル
正規化された2つのベクトル間のラジアン角を計算。		
XMVector2AngleBetweenNormals	XMVector3AngleBetweenNormals	XMVector4AngleBetweenNormals
正規化された2つのベクトル間のラジアン角を予測。		
XMVector2AngleBetweenNormalsEst	XMVector3AngleBetweenNormalsEst	XMVector4AngleBetweenNormalsEst
2つのベクトル間のラジアン角を計算。		
XMVector2AngleBetweenVectors	XMVector3AngleBetweenVectors	XMVector4AngleBetweenVectors
ベクトルの長さを指定された範囲にクランプ。		
XMVector2ClampLength	XMVector3ClampLength	XMVector4ClampLength
ベクトルの長さを指定された範囲にクランプ(クランプ範囲をベクトルで指定)。		
XMVector2ClampLengthV	XMVector3ClampLengthV	XMVector4ClampLengthV
基準法線ベクトルを使用し、この法線に平行な要素と垂直な要素にベクトルを分割。		
	XMVector3ComponentsFromNormal	
外積を計算。		
XMVector2Cross	XMVector3Cross	XMVector4Cross
内積を計算。		
XMVector2Dot	XMVector3Dot	XMVector4Dot

1 ベクトルの変換操作 ～行列と同次座標～

ベクトルの要素が設定境界内であるかどうかを検証。

| XMVector2InBounds | XMVector3InBounds | XMVector4InBounds |

ベクトルの要素が設定境界内であるかどうかを検証し、比較値を返す。

| XMVector2InBoundsR | XMVector3InBoundsR | XMVector4InBoundsR |

2つの線の交点を探す。

| XMVector2IntersectLine | | |

ベクトルの長さを計算。

| XMVector2Length | XMVector3Length | XMVector4Length |

ベクトルの長さを予測。

| XMVector2LengthEst | XMVector3LengthEst | XMVector4LengthEst |

ベクトルの長さの2乗を計算。

| XMVector2LengthSq | XMVector3LengthSq | XMVector4LengthSq |

線と点の間の最小距離を計算。

| XMVector2LinePointDistance | XMVector3LinePointDistance | |

ベクトルを正規化。

| XMVector2Normalize | XMVector3Normalize | XMVector4Normalize |

ベクトルの正規化バージョンを予測。

| XMVector2NormalizeEst | XMVector3NormalizeEst | XMVector4NormalizeEst |

ベクトルに垂直なベクトルを計算。

| XMVector2Orthogonal | XMVector3Orthogonal | XMVector4Orthogonal |

ベクトルの長さの逆数を計算。

| XMVector2ReciprocalLength | XMVector3ReciprocalLength | XMVector4ReciprocalLength |

ベクトルの長さの逆数を予測。

| XMVector2ReciprocalLengthEst | XMVector3ReciprocalLengthEst | XMVector4ReciprocalLengthEst |

法線ベクトルによって入射ベクトルを反射。

| XMVector2Reflect | XMVector3Reflect | XMVector4Reflect |

法線ベクトルによって入射ベクトルを屈折。

| XMVector2Refract | XMVector3Refract | XMVector4Refract |

法線ベクトルによって入射ベクトルを屈折（屈折率をベクトルで指定）。

| XMVector2RefractV | XMVector3RefractV | XMVector4RefractV |

関数の詳しい説明や、その他の関数などは、SDKドキュメントを参照してください。

4章 3Dグラフィックスの数学

2 左手座標系と右手座標系

3次元空間の表現には、座標軸の向きによって「左手座標系」と「右手座標系」があります。これは、「親指を x 軸」「人差し指を y 軸」「中指を z 軸」と見立てたときに、指が指す方向を正の向きとした座標系です。

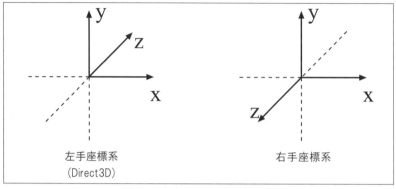

図 4-1　左手座標系と右手座標系

Direct3D では伝統的に「左手座標系」が使われてきましたが、OpenGL は「右手座標系」を採用しています。本書では、「左手座標系」だけを使っていきます。

3 三角形ポリゴンと向き

Direct3D で扱う最も基本的なプリミティブは、「三角形ポリゴン」です。

三角形ポリゴンには、「表」と「裏」があります。ポリゴンの3つの頂点がデータ上で、「①→②→③」の順番に並んでいるとすると、ポリゴンを見たときに、頂点が時計回りに並んでいる面を「表」とするのが一般的です（ラスタライザの設定で選択できます）。

通常、ポリゴンの法線ベクトルは、「表」の方向を向いています。

視点から見えないポリゴンを描画前に除外する「カリング処理」では、「裏」を向いているポリゴンが除外されるので、ポリゴンの「表」と「裏」は重要な概念です。

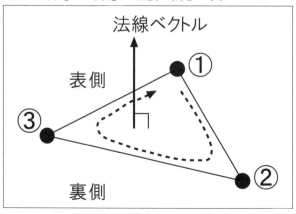

図 4-2　三角形の法線ベクトルと面の向き

4 3Dグラフィックスの座標系と座標変換

　Direct3Dの頂点シェーダを使う場合、最終的にスクリーン座標が計算できればよいので、3Dデータなどにどのような座標系を使うかは、頂点シェーダの設計次第ということになります。

　一般的には、3Dオブジェクトの頂点は「モデル座標系」における座標値をもっていて、これを、「ワールド座標系」→「ビュー座標系」→「射影座標系」→「スクリーン座標系」へと変換していきます。

　以下に、それぞれの座標系について解説します。

① モデル座標系

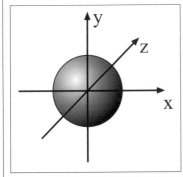

　「木」や「人」「ボール」など、3Dオブジェクトの座標系です。この座標系は一般に「モデル空間」と呼ばれ、個々の3Dオブジェクトごとに独立した「モデル座標系」をもちます。
　この座標系は、普通、3Dオブジェクトの中心に原点を設定します。

図4-3　オブジェクトとモデル座標系の関係

② ワールド座標系

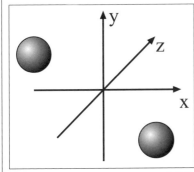

　3Dオブジェクトを配置するシーンの座標系です。原点の場所にはあまり意味がありません。この座標系は一般に「ワールド空間」と呼ばれ、ワールド空間に配置された各頂点は「ワールド座標系」を使って宣言されます。
　モデル座標系で定義されている3Dオブジェクトに対して、回転や移動などの変換処理を行なって、ワールド座標に3Dオブジェクトを配置します。
　Direct3Dでは、モデル座標からワールド座標への変換を「ワールド変換」と言い、そのための変換行列を「ワールド変換行列」と言います。

図4-4　オブジェクトとワールド座標系の関係

4章　3Dグラフィックスの数学

③ ビュー座標系

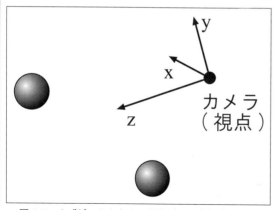

ワールド座標系を、カメラの中心にある視点の位置と方向に合わせて再定義した座標系です。原点はカメラの位置にあります。この座標系は一般に「カメラ空間」あるいは「ビュー座標系」と呼ばれます。

Direct3Dでは、ワールド座標からビュー座標への変換を「ビュー変換」と言い、そのための変換行列を「ビュー変換行列」と言います。

図 4-5　オブジェクトとカメラとビュー座標系の関係

④ 射影座標系

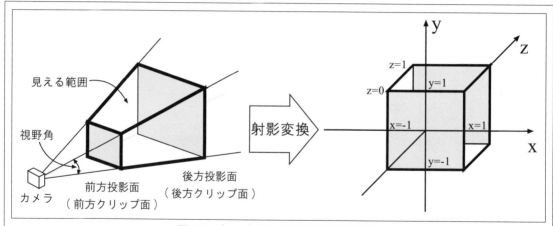

図 4-6　ビュー座標系から射影座標系の関係

　普通、遠くのものよりも近くのもののほうが大きく見えます。射影座標系は、このように、視点からの距離を基準にスケーリングした座標系です。この座標系は一般に「射影空間」または「遠近補正後同次空間」と呼ばれます。

　カメラ空間の中で、カメラから見えるすべてのものを含んだ空間を「視錐台」(ビュー・ボリューム)と言います。射影空間は、この視錐台の前方投影面(前方クリップ面)から後方投影面(後方クリップ面)の間の空間が、「$x=-1 \sim +1$」「$y=-1 \sim +1$」「$z=0 \sim 1$」の領域に収まるように変換された空間です。空間を前方投影面から後方投影面の間に限定するのは、主に深度バッファの精度上の理由からです。前方投影面と後方投影面の選び方によっては、深度バッファを使った陰面処理における前後判定に影響が出ます。そのため、前方投影面はできるだけ遠くに、後方投影面はできるだけ近くに配置します。

　Direct3Dでは、ビュー座標から透視座標への変換を「射影変換」と言い、そのための変換行列を「射影変換行列」と言います。

　射影変換には、遠くの物が小さく見える「パースペクティブ(透視)射影」や、製図などでよく使われる「正射影」(距離で大きさが変わらない)があります。

⑤ スクリーン座標系

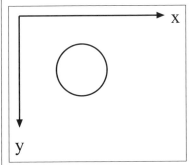

図4-7 画面とスクリーン座標系の関係

画面（スクリーン）の座標系です。原点は画面左上、X座標は右方向、Y座標は下方向を向いています。この座標系は一般に「スクリーン空間」と言います。

Direct3Dでは、射影座標からスクリーン座標への変換を「ビューポート変換」と言い、そのための変換行列を「ビューポート変換行列」と言います。この変換行列は、ラスタライザのビューポート設定によって自動的に決定されます。

スクリーン座標系の左上（0,0）は射影座標系の（-1,1,z）で、右下（w,h）は射影座標系の（1,-1,z）です。つまり、射影変換の際には、ビューポートのアスペクト比（w/h）を考慮する必要があります。

■ 変換行列について

以上の「モデル座標系」から「スクリーン座標系」への変換行列をまとめて考えます。

① 「**World**」　　ローカル空間からワールド空間への「ワールド変換行列」。
② 「**View**」　　ワールド空間からカメラ空間への「ビュー変換行列」。
③ 「**Project**」　カメラ空間から射影空間への「射影変換行列」。
④ 「**Viewport**」射影空間からスクリーン空間への「ビューポート変換行列」。

とした場合、ローカル空間のベクトル「**V**」をスクリーン空間に変換したベクトル「**V′**」は、次のように計算できます。

$$V' = V \times World \times View \times Project \times Viewport$$

このうち、ビューポート行列「**Viewport**」は、デバイスに行なうビューポート設定によって決定される変換行列です。その計算はDirect3D側で行なわれるので、Direct3Dの頂点シェーダでは、「モデル座標系」→「射影座標系」への変換まで、つまり、

$$V'' = V \times World \times View \times Project$$

を行なうことになります。
また、頂点シェーダに渡す変換行列は、一般に、

$$World \times View \times Project$$

を計算した行列になります。

■ 「XNA Mathライブラリ」の変換行列

「XNA Mathライブラリ」には、座標変換に使う変換行列を作る関数が用意されています。
以下に、それらの関数の名前を、主な使用目的別に分類して紹介します。
各関数の引数や詳しい使い方は、SDKドキュメントを参照してください。

4章　3Dグラフィックスの数学

① 主に、ワールド変換行列（ローカル空間からワールド空間）を作る関数

XMMatrixRotationX	x軸を回転軸にした行列を作成。
XMMatrixRotationY	y軸を回転軸にした行列を作成。
XMMatrixRotationZ	z軸を回転軸にした行列を作成。
XMMatrixRotationAxis	任意の軸を回転軸にした行列を作成。
XMMatrixRotationNormal	任意の法線ベクトルを回転軸にした行列を作成。
XMMatrixRotationQuaternion	クオータニオンから回転行列を作成。
XMMatrixRotationRollPitchYaw	指定された「ピッチ」「ヨー」「ロール」（オイラー角）に基づいて回転行列を作成。
XMMatrixRotationRollPitchYawFromVector	オイラー角（「ピッチ」「ヨー」「ロール」）を含むベクトルに基づいて回転行列を作成。
XMMatrixReflect	平面に対してベクトルを反転する行列を作る。
XMMatrixScaling	「x軸」「y軸」「z軸」に沿って拡大縮小する行列を作成。
XMMatrixScalingFromVector	3Dベクトルから拡大縮小行列を作成。
XMMatrixShadow	ジオメトリを平面に射影する変換行列を作成。
XMMatrixTranslation	指定されたオフセットから平行移動行列を作成。
XMMatrixTranslationFromVector	ベクトルから平行移動行列を作成。
XMMatrixAffineTransformation	アフィン変換行列を作成。
XMMatrixAffineTransformation2D	2Dアフィン変換行列をxy平面に作成。
XMMatrixTransformation	変換行列を作成。
XMMatrixTransformation2D	2D変換行列をxy平面に作成。
XMMatrixDecompose	一般的な3D変換行列を、「スカラー成分」「回転成分」「平行移動成分」に分割。

② 主に、ビュー変換行列（ワールド空間からカメラ空間）を作る関数

XMMatrixLookAtLH	「カメラの位置」「上方向」「焦点」を使って、ビュー行列(左手座標系)を作成。
XMMatrixLookAtRH	「カメラの位置」「上方向」「焦点」を使って、ビュー行列(右手座標系)を作成。
XMMatrixLookToLH	「カメラの位置」「上方向」「カメラの向き」を使って、ビュー行列(左手座標系)を作成。
XMMatrixLookToRH	「カメラの位置」「上方向」「カメラの向き」を使って、ビュー行列(右手座標系)を作成。

③ 主に、射影変換行列（カメラ空間から射影空間）を作る関数

XMMatrixOrthographicLH	正射影行列(左手座標系)を作成。
XMMatrixOrthographicRH	正射影行列(右手座標系)を作成。
XMMatrixOrthographicOffCenterLH	カスタム正射影行列(左手座標系)を作成。
XMMatrixOrthographicOffCenterRH	カスタム正射影行列(右手座標系)を作成。
XMMatrixPerspectiveFovLH	視野に基づいて、透視射影行列(左手座標系)を作成。
XMMatrixPerspectiveFovRH	視野に基づいて、透視射影行列(右手座標系)を作成。
XMMatrixPerspectiveLH	透視射影行列(左手座標系)を作成。
XMMatrixPerspectiveRH	透視射影行列(右手座標系)を作成。
XMMatrixPerspectiveOffCenterLH	カスタム・バージョンの透視射影行列(左手座標系)を作成。
XMMatrixPerspectiveOffCenterRH	カスタム・バージョンの透視射影行列(右手座標系)を作成。

5 照明（光源と反射）

3Dグラフィックスの画質は、形とその色で決まります。

「色」とはつまり、「光の反射」ですが、「DirectX 9」までの固定機能パイプラインでは、物体を直接照らす光源だけを考慮しており、

① 「環境光」（アンビエント光）　　　すべての方向から同じ強さで照らしている。
② 「拡散反射光」（ディフューズ光）　「光の向き」と「表面の法線ベクトル」の角度で強さが決まる。
③ 「鏡面反射光」（スペキュラ光）　　「光の向き」と「法線ベクトル」と「視線の向き」との角度で強さが決まる。

の要素で基本的な色を決めています。また、光の強さが光源からの距離や向きで変わったり、物体の表面にテクスチャ・マッピングで複雑な模様が描けます。

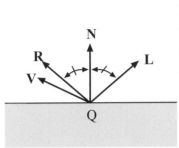

N: 点Qにおける法線ベクトル
V: 視点へ向かう単位ベクトル
L: 光源へ向かう単位ベクトル
R: ベクトルLに対する反射ベクトル

ディフューズ光の強さ：$\mathbf{N} \cdot \mathbf{L}$
スペキュラ光の強さ　：$(\mathbf{R} \cdot \mathbf{V})^m$　（m: スペキュラ係数）

図 4-8　固定機能の照明モデル

しかし、現実における物体と光の相互作用は、上の要素で計算されるものよりもはるかに複雑なことが知られています。上の計算は、あくまでも簡単（高速）にもっともらしく計算できる近似の1方式にすぎません。このことが、形を精密にするだけではフォトリアルな画像を作れない原因の1つになっています。

そのため、固定機能パイプラインを使った描画では、単純な照明モデルの欠点を補うために、1つのポリゴンをいろいろな設定で複数回描画して合成する「マルチパス・ブレンディング」や、それを1パスで行なう「マルチ・テクスチャ」などのテクニックが使われており、影陰や周囲の映り込みなどのある画像が作れるようになっています。

それでも、より高い品質の画像を得るには、やはり、より現実に近い効果がある照明モデルを導入する必要があります。しかし、リアルタイムで計算できる完璧なモデルは存在しません。そのため、ある物体の表面をリアルに表現できる反射モデルを、反射の仕方が異なる物体ごとに用意します。そのために使われるのが、「頂点シェーダ」「ジオメトリ・シェーダ」「ハル・シェーダ」「ドメイン・シェーダ」「ピクセル・シェーダ」などのプログラマブル・シェーダです。

つまり、プログラマブル・シェーダを使って今までよりもリアルな画像を目指すには、これまでよりリアルな照明モデルを考えればいいのですが、照明モデルに関して物理的に正確な考察をするのは、本書で扱う内容を大きく超える問題なので、詳しくは3Dグラフィックスの専門書を参照してください。

ここでは、固定機能パイプラインの照明モデルよりも、少しリアルな照明モデルについて紹介します。

4章　3Dグラフィックスの数学

■ 光源

「Direct3D 9」までの固定機能では、次のような光源（ライト）が定義されていました。

固定機能のライティング

環境光	すべての方向から同じ強さで照らす光。
平行光源	位置に関わらず、同じ方向と強さで照らす光。
点光源	空間内の1点から全方向に等しく照らす光。光の強さは、距離の二乗で減衰する。
スポット・ライト	点光源の方向制限版。方向によっても減衰する。

また、固定機能では、ライティングを行なうのは頂点処理（T&L）の機能でした。

プログラマブル・パイプラインでは、光源の種類は頂点シェーダのプログラム次第です。点光源が欲しければ点光源のコードを書き、平行光源が欲しければ平行光源のコードを書きます。面倒なように思えますが、もともと固定機能パイプラインの機能自体が単純なので、同じコードを書くのは簡単です。もちろん、固定機能にないタイプの光源も作れます。

また、ライティングを頂点単位で行なわなければならない理由はないので、ピクセル・シェーダを使って「ピクセル単位のライティング」も可能です。

頂点単位のライティングは、頂点以外の場所を頂点のライティング結果を補完して計算します。そのため処理は軽くなりますが、正確さを欠きます。ピクセル単位のライティングは正確なライティングが可能ですが、正確なライティング計算は単純な補間処理よりも重い処理なので、1フレームで描画できるポリゴン数、または1フレームの描画にかかる時間に影響します。

■ 反射

光源の種類はともかく、結果として物体の表面には、ある方向と強さをもつ光が当たります。このとき、どのような反射が起こって、視点からはどのように見えるのか考えます。

固定機能パイプラインでは、物体表面での反射を、

① 「環境光」（アンビエント光）　　　すべての方向から同じ強さで照らしている。
② 「拡散反射光」（ディフューズ光）　「光の向き」と「表面の法線ベクトル」の角度で強さが決まる。
③ 「鏡面反射光」（スペキュラ光）　　「光の向き」と「法線ベクトル」と「視線の向き」との角度で強さが決まる。

として定義していました。それぞれの光には個別の色と強さがあり、物体はそれぞれの光に対応した色（マテリアル値）をもっているので、それぞれの光について物体の色を求めて、それを合計したものが視点から見える色です。

これは計算量を考えるとなかなか良い近似で、多くの人が3D画像として正しく認識できますが、物体の表面はのっぺりとしていて「いかにもCG」といった見栄えになります。そのため、複雑な反射の模様が描かれた絵（テクスチャ）を用意しておき、物体の表面に貼り付けて、リアルな反射を模倣したりします。

■ 表面下散乱光

物体に当たった光は、①一部が表面で反射し、②残りの一部が内部で反射を繰り返して表面のどこかから外に出ていき、③残りは物体に吸収されたりします。

また、物体の表面も完全に一様（平ら）ということはなくて、程度の差はあっても凸凹しており、ある小さな面における法線ベクトルは、ある範囲に分布していると考えられます。

プログラマブル・シェーダによって、このような複雑な反射を、物体ごとに最も適切な方法を選択し

て実現できるようになります。

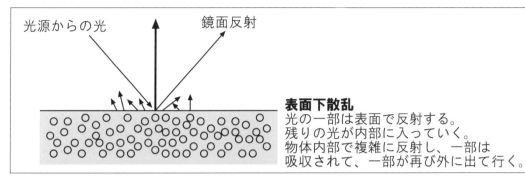

図 4-9　表面化散乱

■ 屈折、相互反射、影

　従来の固定機能パイプラインで本質的に考慮されていなかった機能として、「屈折」と「相互反射」があります。また、光源の方向を向いていない場所の「陰」は考慮されていますが、他の物体によって光が遮られる「影」はサポートされていません。
　しかし、「屈折」は、水面の表現など透明な物体の表現に重要なので、テクスチャ座標を視線ベクトルと法線ベクトルを元に計算する方法などで実現されてきました。また、「影」についても、影が描かれたテクスチャやステンシル・バッファを使った表現などが使われています。
　プログラマブル・シェーダを使っても苦手な処理であるのに変わりはありませんが、状況や物体に応じた表現がしやすくなっています。

6　16 ビット浮動小数点数

　3D グラフィックスの計算では、ベクトルや行列などの演算が行なわれます。また、その計算では主に浮動小数点数型が用いられます。

■ 16 ビットの浮動小数点数型

　C++ 言語でサポートされている標準的な浮動小数点型には、32 ビットの「float 型」と 64 ビットの「double 型」が存在します。「Direct3D 11」では、座標の値などに「float 型」(FLOAT 型) を主に使います。
　しかし、色の表現などで 32 ビットの「float 型」を使うと、RGBA の 4 色で 128 ビットも消費してしまいますし、そもそも「float 型」ほどの精度や範囲が必ずしも必要なわけではありません。

　そこで「Direct3D 11」のテクスチャ・リソースのフォーマットなどでは、よりメモリ・サイズの小さな「16 ビットの浮動小数点型」も使われています。
　「16 ビットの浮動小数点型」は、「XNA Math ライブラリ」で「HALF 型」として定義されています。
また、「16 ビットの浮動小数点型」の構造体として、以下の構造体が定義されています。

「16 ビットの浮動小数点型」の構造体

XMHALF2	「16 ビットの浮動小数点型」の 2D ベクトル。
XMHALF4	「16 ビットの浮動小数点型」の 4D ベクトル。

■ 32ビット浮動小数点数との変換操作

「FLOAT 型」と「HALF 型」の変数を個別に変換するには、次の関数を使います。

「FLOAT 型」と「HALF 型」の変換

XMConvertFloatToHalf	「FLOAT 型」から「HALF 型」に変換。
XMConvertFloatToHalfStream	「FLOAT 型」のストリームから「HALF 型」のストリームに変換。
XMConvertHalfToFloat	「HALF 型」から「FLOAT 型」に変換。
XMConvertHalfToFloatStream	「HALF 型」のストリームから「FLOAT 型」のストリームに変換。

7 クオータニオン

3D グラフィックスでは、クオータニオン（四元数）がいろいろな場面で使われることがあります。

たとえば、任意の軸を中心とした回転を1つのクオータニオンで表現でき、連続した回転をそれぞれのクオータニオンの積として計算できます。また、クオータニオンの球形線形補完でベクトルの線形補完では得られないなめらかな補完が可能です。クオータニオンの具体的な解説については、専門の解説書などを参照してください。

「XNA Math ライブラリ」では、「XMVECTOR 型」でクオータニオンを表わすことができます
なお、クオータニオンから行列への変換関数は、行列用の関数として定義されています。

■ クオータニオンの演算関数

クオータニオンの演算関数には、以下のものがあります。

クオータニオンの演算関数

XMQuaternionBaryCentric	重心座標のポイントを返す。
XMQuaternionBaryCentricV	重心座標のポイントを返す。
XMQuaternionConjugate	クオータニオンの共役を計算。
XMQuaternionDot	クオータニオンの内積を計算。
XMQuaternionEqual	クオータニオンが等しいかどうかをテスト。
XMQuaternionExp	単一クオータニオンの指数を計算。
XMQuaternionIdentity	正規化されたクオータニオンを返す。
XMQuaternionInverse	クオータニオンの逆行列を計算。
XMQuaternionIsIdentity	正規化されたクオータニオンかどうかをテスト。
XMQuaternionIsInfinite	いずれかの要素が正または負の無限大かどうかをテスト。
XMQuaternionIsNaN	いずれかの要素が NaN かどうかをテスト。
XMQuaternionLength	クオータニオンの大きさを計算。
XMQuaternionLengthSq	クオータニオンの大きさの2乗を計算。
XMQuaternionLn	正規化されたクオータニオンの自然対数を計算。
XMQuaternionMultiply	クオータニオンの積を計算。
XMQuaternionNormalize	クオータニオンを正規化。
XMQuaternionNormalizeEst	クオータニオンの正規化バージョンを予測。
XMQuaternionNotEqual	クオータニオンが等しくないかどうかをテスト。

XMQuaternionReciprocalLength	クオータニオンの大きさの逆数を計算。
XMQuaternionRotationAxis	軸を中心に回転した回転クオータニオンを計算。
XMQuaternionRotationMatrix	回転行列から回転クオータニオンを計算。
XMQuaternionRotationNormal	法線ベクトルを中心に回転した回転クオータニオンを計算。
XMQuaternionRotationRollPitchYaw	「ピッチ」「ヨー」「ロール」（オイラー角）に基づいて回転クオータニオンを計算。
XMQuaternionRotationRollPitchYawFromVector	オイラー角（「ピッチ」「ヨー」「ロール」）を含むベクトルに基づいて回転クオータニオンを計算。
XMQuaternionSlerp	球状線形補間を使って、2つの正規化されたクオータニオン間を補間。
XMQuaternionSlerpV	球状線形補間を使って、2つの正規化されたクオータニオン間を補間。
XMQuaternionSquad	球状平方補間を使って、4つの単位クオータニオン間を補間。
XMQuaternionSquadSetup	球状平方補間のセットアップ・コントロール・ポイントのアドレスを提供。
XMQuaternionSquadV	球状平方補間を使って、4つの単位クオータニオン間を補間。
XMQuaternionToAxisAngle	クオータニオンの回転の軸と角度を計算。

クオータニオンと 3D ベクトルの演算関数には、以下のものがあります。

クオータニオンと 3D ベクトルの演算関数

XMVector3InverseRotate	クオータニオンの逆行列を使って 3D ベクトルを回転。
XMVector3Rotate	クオータニオンを使って 3D ベクトルを回転。

8 平面

3D グラフィックスの操作を行なう際に、平面を基準に考えることがあります。

平面は、以下のような式で表現されます。

$$ax + by + cz + dw = 0$$

「XNA Math ライブラリ」では、平面を表わす係数の「a, b, c, d」を「XMVECTOR 型」で扱います。

■ 平面の演算関数

平面の演算関数には、以下のものがあります。

平面の演算関数

XMPlaneDot	入力平面と 4D ベクトルの間の内積を計算。
XMPlaneDotCoord	入力平面と 3D ベクトルの間の内積を計算。
XMPlaneDotNormal	平面の法線ベクトルと 3D ベクトルの間の内積を計算。
XMPlaneEqual	2つの平面が等しいかどうかを調べる。

4章　3Dグラフィックスの数学

XMPlaneFromPointNormal	平面上の1点と法線ベクトルから平面の式を計算。
XMPlaneFromPoints	平面上の3点から平面の式を計算。
XMPlaneIntersectLine	平面と直線の交点を計算。
XMPlaneIntersectPlane	2つの平面の交点を計算。
XMPlaneIsInfinite	平面の係数が正または負の無限かどうかをテスト。
XMPlaneIsNaN	平面の係数が NaN かどうかをテスト。
XMPlaneNearEqual	2つの平面がほぼ等しいかどうかを調べる。
XMPlaneNormalize	平面の係数を正規化。
XMPlaneNormalizeEst	平面の係数を予測。
XMPlaneNotEqual	2つの平面が等しくないかどうかを調べる。
XMPlaneTransform	行列で平面を変換。
XMPlaneTransformStream	行列で平面のストリームを変換。

9　色

「XNA Math ライブラリ」では、「XMVECTOR 型」で色に関する計算ができます。

■ 色の演算関数

色の演算関数には、次のようなものがあります。

色の演算関数

XMColorAdjustContrast	コントラストを調節。
XMColorAdjustSaturation	彩度値を調節。
XMColorEqual	2つの色の等価性をテスト。
XMColorGreater	色①のすべての成分が、色②の対応する成分より大きいかどうかをテスト。
XMColorGreaterOrEqual	色①のすべての成分が、色②の対応する成分以上かどうかをテスト。
XMColorIsInfinite	いずれかの成分が正または負の無限大かどうかをテスト。
XMColorIsNaN	いずれかの成分が数値になっていない(NaN)かどうかをテスト。
XMColorLess	色①のすべての成分が、色②の対応する成分より小さいかどうかをテスト。
XMColorLessOrEqual	色①のすべての成分が、色②の対応する成分以下かどうかをテスト。
XMColorModulate	対応する成分を乗算して、2つの色をブレンド。
XMColorNegative	色の負の RGB カラー値を求める。
XMColorNotEqual	2つの色が等しくないかどうかをテスト。

10　その他の「定数」「マクロ」「関数」

「XNA Math ライブラリ」で定義されている、主な「定数」「マクロ」「関数」を紹介します。

● 定数

3D-CG を扱う際に円周率（π）は必須の値です。
「XNA Math ライブラリ」では、π に関する以下の定数が定義されています。

10 その他の「定数」「マクロ」「関数」

πに関する定数

XM_PI	「π」の最適な表現。
XM_2PI	「2×π」の最適な表現。
XM_1DIVPI	「1/π」の最適な表現。
XM_1DIV2PI	「2/π」の最適な表現。
XM_PIDIV2	「π/2」の最適な表現。
XM_PIDIV4	「π/4」の最適な表現。

● マクロ

「XNA Math ライブラリ」では、以下のマクロが定義されています。

大小を比較するマクロ

XMMax	2つの数値(またはオブジェクト)の大きいほうを返す。
XMMin	2つの数値(またはオブジェクト)の小さいほうを返す。

● 関数

角度を扱う際、人が扱いやすいのは、1周「360」の60分法(「度」「degree」「°」)ですが、コンピュータの計算では一般に1周「2π」の弧度法(「ラジアン」「radian」「rad」)を使います。

「度」と「ラジアン」を変換するには、次の関数を使います。

「ラジアン」と「度」の変換関数

XMConvertToDegrees	「ラジアン」単位を「度」単位に変換。
XMConvertToRadians	「度」単位を「ラジアン」単位に変換。

5章

3Dグラフィックスの基本的な描画手順

この章からは、単純な立方体の描画を題材に、「Direct3D 11」を使った3Dグラフィックスの基本的な描画手順について解説します。この章では、描画手順の概要について解説します。各ステージの詳細な使い方については、6章以降で解説していきます。

DirectX11

5章 3D グラフィックスの基本的な描画手順

1 描画手順の概要

「Direct3D 11」の描画は、パイプラインに次のような設定を行なってから、描画コマンドを実行します。

①準備	描画ターゲット(スワップ・チェイン)の準備(2章)。 深度/ステンシル・バッファの作成(2章) 頂点バッファなどの作成(6章)。 シェーダ・オブジェクトの作成(7章)。 定数バッファの作成(7章)。 入力レイアウト・オブジェクトの作成(8章)。 ラスタライザ・ステート・オブジェクトの作成(9章)。 ブレンド・ステート・オブジェクトの作成(10章)。 その他のオブジェクトの作成。
②設定	定数バッファへの書き込み(11章)。 入力アセンブラ・ステージの設定(8,11章)。 各シェーダ・ステージの設定(7,12章)。 ラスタライザ・ステージの設定(9,12章)。 出力マージャー・ステージの設定(10,11章)。 ビューポートの設定(2章)。 描画ターゲットの設定(2章)。 深度/ステンシル・バッファの設定(2章) その他のオブジェクトの設定。
③描画	「Draw メソッド」などの呼び出し(11章)。

　設定系の操作は、「Draw 系メソッド」の実行前に行なわれる限り、どのような順序で行なってもかまいません。

　パイプラインの各ステージを設定する「ID3D11DeviceContext インターフェイス」のメソッドには、図 5-1 のようなものがあります。

　なお、この図ではスペースの関係上、シェーダ関連のメソッドを1つにまとめて表示しています。たとえば、「{VS|HS|DS|GS|PS}SetShader」 は、「VSSetShader」「HSSetShader」「DSSetShader」「GSSetShader」「PSSetShader」の3つのメソッドをまとめた表示です。

　また、この図に載っているのは「Set 系」(設定) のメソッドだけですが、対応する「Get 系」(取得) のメソッドも存在します。

1 描画手順の概要

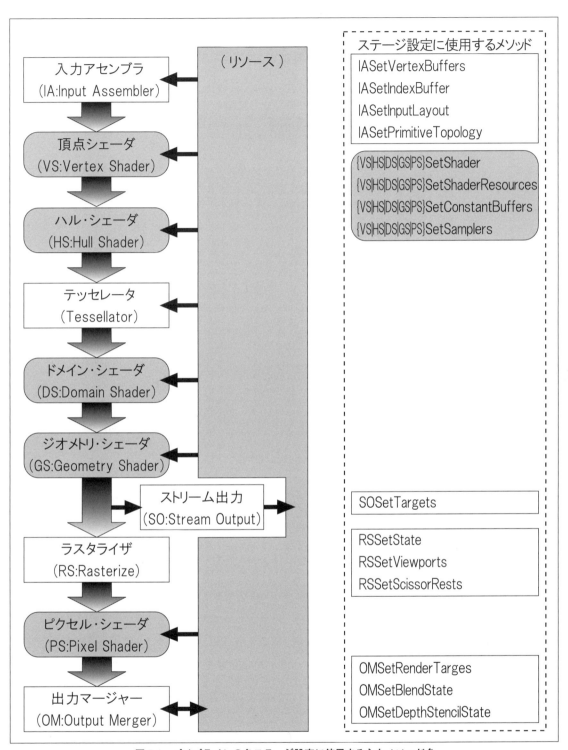

図5-1 パイプラインの各ステージ設定に使用する主なメソッド名

5章　3Dグラフィックスの基本的な描画手順

② ステート・オブジェクト

「Direct3D 11」では、ステート設定を「ステート・オブジェクト」としていくつかの種類にグループ化しています。これによってステート設定の API 呼び出しに掛かる時間を削減できるほか、ステート・オブジェクトの作成時にステートの妥当性検査を実施でき、妥当性検査ずみのオブジェクトをキャッシュしておけるメリットがあります。

ステート・オブジェクトには、次のようなグループが存在します。
それぞれのタイプのステート・オブジェクトは、最高 4096 個まで作ることができます。

■ 入力レイアウト・オブジェクト

入力アセンブラ・ステージが、頂点バッファのデータをどのように読み取るのかを指示します。「ID3D11InputLayout インターフェイス」で扱います。
入力レイアウト・オブジェクトを作るには、「D3D11_INPUT_ELEMENT_DESC 構造体」と「ID3D11Device::CreateInputLayout メソッド」を使い、ステージに設定するには「ID3D11DeviceContext::IASetInputLayout メソッド」を使います。

■ ラスタライザ・ステート・オブジェクト

ラスタライザ・ステージを初期化します。「フィル (fill) モード」「カル (cull) モード」「クリッピング」「マルチ・サンプル」などの設定を行ないます。「ID3D11RasterizerState インターフェイス」で扱います。
ラスタライザ・ステート・オブジェクトを作るには、「D3D11_RASTERIZER_DESC 構造体」と「ID3D11Device::CreateRasterizerState メソッド」を使い、ステージに設定するには「ID3D11DeviceContext::RSSetState メソッド」を使います。

■ 深度 / ステンシル・ステート・オブジェクト

出力マージャー・ステージの「深度テスト」と「ステンシル・テスト」を初期化します。「ID3D11DepthStencilState インターフェイス」で扱います。
深度 / ステンシル・ステート・オブジェクトを作るには、「D3D11_DEPTH_STENCIL_DESC 構造体」と「ID3D11Device::CreateDepthStencilState メソッド」を使い、ステージに設定するには「ID3D11DeviceContext::OMSetDepthStencilState メソッド」を使います。

■ ブレンド・ステート・オブジェクト

出力マージャー・ステージのブレンディング部分を初期化します。「ID3D11BlendState インターフェイス」で扱います。
ブレンド・ステート・オブジェクトを作るには、「D3D11_BLEND_DESC 構造体」と「ID3D11Device::CreateBlendState メソッド」を使い、ステージに設定するには「ID3D11DeviceContext::OMSetBlendState メソッド」を使います。

■ サンプラ・ステート・オブジェクト

テクスチャのフィルタ処理を行なうサンプラ・オブジェクトを初期化します。サンプラ・オブジェクトは、シェーダ・ステージで使われます。「ID3D11SamplerState インターフェイス」で扱います。
サンプラ・ステート・オブジェクトを作るには、「D3D11_SAMPLER_DESC 構造

体」と「ID3D11Device::CreateSamplerState メソッド」を使い、ステージに設定するには「ID3D11DeviceContext::VSSetSamplers メソッド」「ID3D11DeviceContext::GSSetSamplers メソッド」「ID3D11DeviceContext::PSSetSamplers メソッド」を使います。

＊

なお、テッセレータ・ステージには、設定するステートは存在しません。

③ 描画パイプラインで行なう処理

　この章から12章までは、「Direct3D 11」を使った描画処理を解説する例として、1つの立方体をピクセル単位のライティング処理を行なって描画するサンプルを作っていきます。

　ただし、「テッセレータ」関連の機能（「ハル・シェーダ」「テッセレータ」「ドメイン・シェーダ」）は、扱わないことにします。テッセレータ機能を使う場合は、頂点シェーダとジオメトリ・シェーダの間にテッセレータ関連の処理が入ります。

　「Direct3D 11」の描画パイプラインには、ステート設定で動作を決めるステージと、シェーダ・コードで動作を記述するプログラマブル・シェーダのステージがあります。

　このサンプルの描画パイプラインでの処理の流れを、**図 5-2** に示します。なお、ジオメトリ・シェーダの内部の流れは「頂点 1」だけを図示しています。「頂点 2」「頂点 3」についても同様の処理を行ないます。

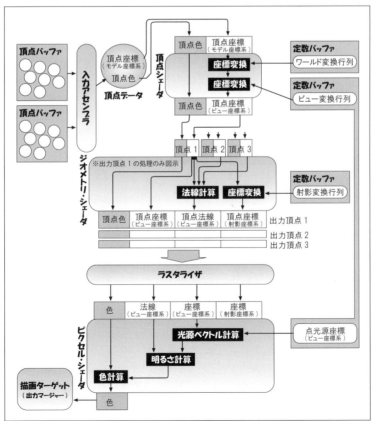

図 5-2　描画パイプラインとシェーダにおけるデータ処理の流れ

5章　3Dグラフィックスの基本的な描画手順

■「頂点データ」「定数バッファ」の設定

　描画を始める前に、アプリケーション側で「入力アセンブラ」に2つの「頂点バッファ」と1つの「インデックス・バッファ」（図では省略）を設定し、各シェーダに「定数バッファ」を設定します。
　「頂点バッファ」には立方体の8つの「頂点座標」と「頂点色」がそれぞれ格納されており、「定数バッファ」には座標変換のための「変換行列」と「点光源の座標」が格納されています。

　「頂点バッファ」を2つ使うのは、複数の頂点バッファを使える入力アセンブラの機能を解説する都合上からです。それ以上の意味はありません。

　「定数バッファ」は、更新頻度別に3つ使っています。
　「ワールド変換行列」は、物体を描画するたびに設定する、変更頻度の高い（1シーンの描画内で頻繁に変更する）データです。
　「ビュー変換行列」「点光源座標」は、変更頻度の低い（1シーンの描画で1回以下しか変更しない）データです（なお、このサンプルでは視点や光源を移動しないので、まったく変更しません）。
　「射影変換行列」は、描画ターゲットのサイズが変更された場合にのみ変更する、基本的に変更しないデータです。

■ 入力アセンブラの処理

　描画を開始すると、「入力アセンブラ」は、頂点バッファなどから描画するプリミティブを構成し、「頂点シェーダ」に「頂点データ」を渡します。

■ 頂点シェーダの処理

　「頂点シェーダ」では、定数バッファから「ワールド変換行列」と「ビュー変換行列」を取得して、頂点座標を「モデル座標系」から「ビュー座標系」に変換して出力します。色はそのまま出力します。
　頂点座標を、ラスタライザに必要な「射影座標系」ではなく、「ビュー座標系」に変換するのは、ピクセル・シェーダのライティング処理でビュー座標系の頂点座標を使うためです。

■ ジオメトリ・シェーダの処理

　頂点シェーダから出力された頂点データは、プリミティブ単位で「ジオメトリ・シェーダ」に渡されます。ここでは「三角形リスト」を描画しているので、ジオメトリ・シェーダには1つの三角形を構成する3つの頂点データが入力として渡されます。
　「ジオメトリ・シェーダ」では、三角形の「法線ベクトル」を計算し、それを3つの頂点の法線ベクトルとします。また、頂点座標をラスタライザに渡すために、頂点座標を「射影座標系」に変換します。頂点シェーダで計算したビュー座標系の頂点座標もそのまま出力し、ピクセル・シェーダに渡します。

　ジオメトリ・シェーダからは、0または1つ以上のプリミティブを出力できますが、ここでは1つの三角形を出力します。つまり、プリミティブの削除や新たなプリミティブの生成は行なっていません。

● 頂点の法線ベクトルについて

　立方体では、1つの頂点が3つの面で共有されています。しかし、立方体においては辺や頂点で面の向きが不連続に変化しており、各面の頂点がもつべき法線ベクトル（頂点における面の向き）は、それぞれまったく違ったものになります。そのため、1つの頂点データを3つの面の描画に単純に使い回すことができません。
　この問題を解決するために、ここでは、プリミティブ（三角形）単位で頂点データを処理できる「ジオメトリ・シェーダ」で頂点の法線ベクトルを計算しています。

3 描画パイプラインで行なう処理

　実際問題としては、このような場合、同じ頂点座標と異なる法線ベクトルをもつ3つの頂点データを用意するのが一般的です。そうすれば、このサンプルではジオメトリ・シェーダで行なっている処理もすべて頂点シェーダで行なうことができ、ジオメトリ・シェーダの実行自体を省略できます。しかし、ここではプリミティブ単位で処理できるジオメトリ・シェーダの機能を紹介する意味でこのような処理を選択しています。

■ ラスタライザの処理

　ジオメトリ・シェーダが出力したプリミティブ（三角形など）は、「ラスタライザ」でピクセル単位に分解され、各ピクセル・データが「ピクセル・シェーダ」に送られます。

■ ピクセル・シェーダの処理

　「ピクセル・シェーダ」では、ピクセルのビュー座標系での位置を元に点光源への「光源ベクトル」を計算し、法線ベクトルとの内積を計算して明るさを求めます。この明るさと頂点から補完された色を掛け合わせることで、ピクセルの実際の色が求まります。つまり、このサンプルではピクセル単位のライティングを行なっています。

6章

描画データの用意

描画したい3Dオブジェクト（ここでは「立方体」）を構成するデータを用意します。
この章では、もっとも基本的な方法でデータを用意しています。

DirectX11

1 プリミティブの種類

「Direct3D 11」では、3D オブジェクトは、プリミティブの集合として表現されます。
まずはじめに、どのようなプリミティブ（基本形）を使って描画するのかを決めます。

「Direct3D 11」では、サポートしているプリミティブ型には、図 6-1 のような種類があります。それぞれのプリミティブ型は、「D3D_PRIMITIVE_TOPOLOGY 列挙型」の値として定義されています。
（なお、本書ではテッセレータ関連の機能を説明しないので、パッチ・リストに関する説明は除外しています）。

図 6-1 で、「●」は「頂点」を表わします。矢印付きの「●→」は、1 つの線または三角形を構成する「最初の頂点」です。「矢印」は、その先の「線」や「三角形」を指しています。

頂点を結ぶ「実線」は、「線または三角形の辺」を表わします。実線で囲まれている「色のついた三角形」が「描画される三角形」です。

「破線」は、描画される線や三角形に「隣接する線または三角形」の辺を表わし、破線で囲まれている「色のついていない三角形」が、「隣接する三角形」を表わします。
隣接する線や三角形は描画されず、描画対象の線や三角形が描画される際に参考情報としてデータが渡されます。

「三角形の中の矢印」は、三角形を組み立てるときの「頂点の並び順」を示します。この順番で面の裏表が決まります。
図のように、「(隣接付き) 三角形ストリップ」では、偶数番目の三角形が頂点の順番と違う順序で組み立てられます（1 番目の三角形は「0→1→2」だが、2 番目の三角形は「1→3→2」）。これによって、偶数番目の三角形が裏返ってしまわないようになっています。

1 プリミティブの種類

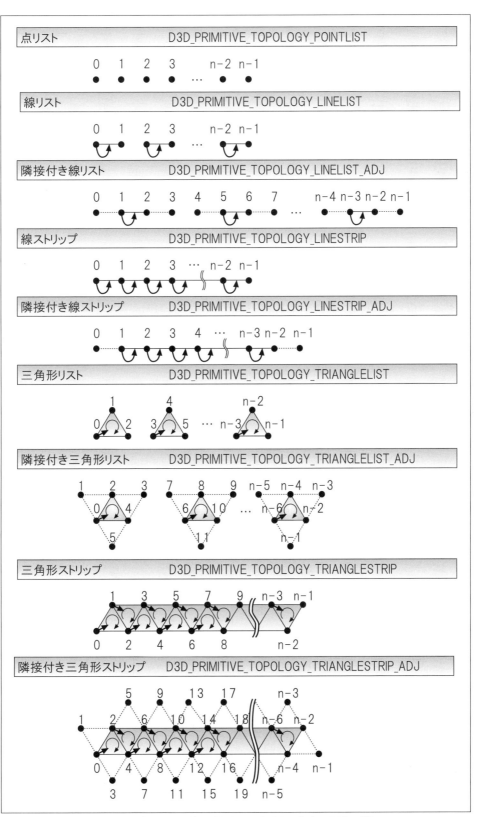

図6-1 プリミティブ型（数字は頂点番号、「n」は頂点の数）

6章 描画データの用意

■ 点、線、三角形

図6-1に示したとおり、基本的なプリミティブ型には「点（ポイント）」「線（ライン）」「三角形（トライアングル）」の3種類があり、プリミティブの並べ方によってそれぞれ「…リスト」と「…ストリップ」の2種類に分かれます。

さらに、①描画するプリミティブだけをデータとして渡すケースと、②隣接するプリミティブのデータも利用する「隣接付き…」の2種類があります。

■ リスト

「点リスト」「線リスト」「三角形リスト」は、1つ1つ独立した「点」「線」「三角形」を指定する方法です。プリミティブを配置する際の自由度が高く、使いやすいプリミティブ型です。反面、扱う頂点の数が増える傾向があります。

■ ストリップ

「線ストリップ」「三角形ストリップ」は、複数の線や三角形が連続してつながった状態として指定します。（最初と最後を除く）1つの頂点を2つの線や三角形で共有するので、扱う頂点の数を減らすことができます。反面、形状的に使える場面に制限があります。

なお、「点ストリップ」といったものは、存在しません（意味がありません）。

■ 隣接付き

「隣接付き～」のプリミティブ型では、描画する線（や三角形）に隣接する線（や三角形）の頂点もデータとして提供します。隣接している線（や三角形）は描画されず、描画対象の線（や三角形）を描画する際の参考情報として使われます。

なお、「隣接付き点リスト」といったものは存在しません。

＊

3Dオブジェクトを描画する際には、3Dオブジェクトをどのプリミティブ型を使って表現するのか決めなければなりません。この章は、次のような立方体を描画することにします。

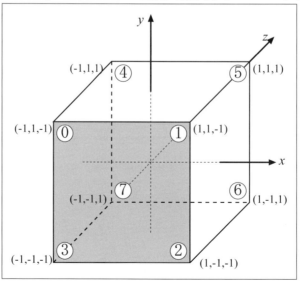

図6-2　立方体の各頂点座標

2 頂点バッファとインデックス・バッファの用意

図中の丸数字は、「頂点番号」(頂点 ID) です。
まとめると、次のようになります。このデータは「頂点バッファ」の座標データに相当します。

「頂点番号」と「座標値」

頂点番号	⓪	①	②	③
座標値	(-1,1,-1)	(1,1,-1)	(1,-1,-1)	(-1,-1,-1)
頂点番号	④	⑤	⑥	⑦
座標値	(-1,1,1)	(1,1,1)	(1,-1,1)	(-1,-1,1)

この立方体を、次のような三角形リストとして用意することにします。

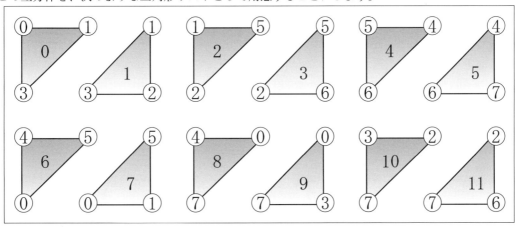

図6-3 三角形リスト

図中の三角形内の数字は「プリミティブ番号」(プリミティブ ID) です。丸数字は図6-3の「頂点番号」に対応しています。

まとめると、次のようになります。このデータは「インデックス・バッファ」のデータに相当します。

「プリミティブ番号」と「頂点番号」

プリミティブ番号	0	1	2	3	4	5
頂点番号	⓪①③	①②③	①⑤②	⑤⑥②	⑤④⑥	④⑦⑥
プリミティブ番号	6	7	8	9	10	11
頂点番号	④⑤⓪	⑤①⓪	④⓪⑦	⓪③⑦	③②⑦	②⑥⑦

この三角形リストでは、たとえばプリミティブ「0」「6」「7」「8」「9」が同じ頂点「⓪」を共有しています。各プリミティブごとに独立した頂点を用意することもできますが、ここでは以降の機能説明の都合のため頂点を共有しています。

2 頂点バッファとインデックス・バッファの用意

以上のような立方体を描画するために、「Direct3D 11」の「頂点バッファ」と「インデックス・バッファ」として用意します。

ここでは、
①「頂点座標」をもつ「頂点バッファ①」
②「頂点色」をもつ「頂点バッファ②」

DirectX11

6章 描画データの用意

③「インデックス・バッファ」

の3つの入力バッファを用意します。

　頂点バッファを2つ用意するのは、頂点バッファを複数使用する際の手順を説明するためです。実際には、1つにまとめても問題ありません。

　頂点バッファの一般的な作成手順は、

［1］頂点バッファのデータ形式を定義する構造体を宣言。
［2］作成する頂点バッファを「D3D11_BUFFER_DESC」で定義。
［3］サブリソースの初期化データを「D3D11_SUBRESOURCE_DATA 構造体」で定義。
［4］「ID3D11Device::CreateBuffer メソッド」で頂点バッファを作成。

となります。

　頂点バッファはバッファ・リソースなので、上記の手順はバッファ・リソースの一般的な作成手順でもあります。

■ 頂点バッファ用のデータの宣言

　まず最初に、頂点バッファに納めるデータ形式を定義する構造体を宣言します。
　ここでは、例として、次のような単純な構造体を2つ用意しました。

```
struct XYZBuffer    // 頂点バッファ①に納めるデータ形式
{
    XMFLOAT3 Position;    // 座標値
};

struct ColBuffer    // 頂点バッファ②に納めるデータ形式
{
    XMFLOAT3 Color;       // 色
};
```

■ 作成する頂点バッファを定義

　次に、作る頂点バッファを、「D3D11_BUFFER_DESC 構造体」で定義します。
　以下の設定では、「デフォルト使用法（D3D11_USAGE_DEFAULT）」「バッファ・サイズが8頂点分」「パイプラインに頂点バッファとしてバインド（D3D11_BIND_VERTEX_BUFFER）」「CPU アクセスなし」のリソースであることを指定しています。

■ サブリソースの初期化データを定義

　リソースは複数のサブリソースの集合です。サブリソースはリソースの実際のデータを表わします。リソース作成時には、作るリソースの定義の他に、サブリソースを「D3D11_SUBRESOURCE_DATA 構造体」で定義します。ここで、サブリソースの内容を初期化できます。
　作成後にCPU アクセスができない「不変（Immutable）使用法」のリソースでは、ここでの初期化が必須です。
　頂点バッファのような「バッファ・リソース」では複数のサブリソースをもつことができないので、サブリソースの定義は1つだけです。

■ 頂点バッファの作成

　用意した「D3D11_BUFFER_DESC 構造体」と「D3D11_SUBRESOURCE_DATA 構造体」で頂点バッ

② 頂点バッファとインデックス・バッファの用意

ファを作ります。頂点バッファに限らず、バッファ・リソースを作るには、この手順で「ID3D11Device::CreateBuffer メソッド」を実行します。

バッファ・リソースは「ID3D11Buffer インターフェイス」で扱います。

```
ID3D11Buffer* g_pVerBuffer[2] = { NULL, NULL }; // 頂点バッファのインターフェイス
```

「頂点バッファ①」の作成

```
// 頂点バッファ①の定義
D3D11_BUFFER_DESC xyzBufferDesc;
xyzBufferDesc.Usage              = D3D11_USAGE_DEFAULT;       // デフォルト使用法
xyzBufferDesc.ByteWidth          = sizeof(XYZBuffer) * 8;     // 8頂点
xyzBufferDesc.BindFlags          = D3D11_BIND_VERTEX_BUFFER;  // 頂点バッファ
xyzBufferDesc.CPUAccessFlags     = 0;
xyzBufferDesc.MiscFlags          = 0;
xyzBufferDesc.StructureByteStride = 0;

// 頂点バッファ①のサブリソースの初期値（頂点座標）
struct XYZBuffer posVertex[] = {
    XMFLOAT3(-1.0f,1.0f,-1.0f), XMFLOAT3(1.0f,1.0f,-1.0f),
    XMFLOAT3(1.0f,-1.0f,-1.0f), XMFLOAT3(-1.0f,-1.0f,-1.0f),
    XMFLOAT3(-1.0f,1.0f,1.0f),  XMFLOAT3(1.0f,1.0f,1.0f),
    XMFLOAT3(1.0f,-1.0f,1.0f),  XMFLOAT3(-1.0f,-1.0f,1.0f)
};

// 頂点バッファ①のサブリソースの定義
D3D11_SUBRESOURCE_DATA xyzSubData;
xyzSubData.pSysMem           = posVertex;   // バッファ・データの初期値
xyzSubData.SysMemPitch       = 0;
xyzSubData.SysMemSlicePitch  = 0;

// 頂点バッファ①の作成
hr = g_pD3DDevice->CreateBuffer(&xyzBufferDesc, &xyzSubData, &g_pVerBuffer[0]);
if (FAILED(hr))
    return false;// 失敗
```

「頂点バッファ②」の作成

```
// 頂点バッファ②の定義
D3D11_BUFFER_DESC colBufferDesc;
colBufferDesc.Usage              = D3D11_USAGE_DEFAULT;       // デフォルト使用法
colBufferDesc.ByteWidth          = sizeof(ColBuffer) * 8;     // 8頂点
colBufferDesc.BindFlags          = D3D11_BIND_VERTEX_BUFFER;  // 頂点バッファ
colBufferDesc.CPUAccessFlags     = 0;
colBufferDesc.MiscFlags          = 0;
colBufferDesc.StructureByteStride = 0;

// 頂点バッファ②のサブリソースの初期値（頂点色）
```

DirectX11

6章 描画データの用意

```
struct ColBuffer colVertex[] = {
    XMFLOAT3(0.0f,0.0f,0.0f), XMFLOAT3(0.0f,0.0f,1.0f),
    XMFLOAT3(0.0f,1.0f,0.0f), XMFLOAT3(0.0f,1.0f,1.0f),
    XMFLOAT3(1.0f,0.0f,0.0f), XMFLOAT3(1.0f,0.0f,1.0f),
    XMFLOAT3(1.0f,1.0f,0.0f), XMFLOAT3(1.0f,1.0f,1.0f)
};

// 頂点バッファ②のサブリソースの定義
D3D11_SUBRESOURCE_DATA colSubData;
colSubData.pSysMem           = colVertex;   // バッファの初期値
colSubData.SysMemPitch       = 0;
colSubData.SysMemSlicePitch  = 0;

// 頂点バッファ②のサブリソースの作成
hr = g_pD3DDevice->CreateBuffer(&colBufferDesc, &colSubData, &g_pVerBuffer[1]);
if (FAILED(hr))
    return false;// 失敗
```

D3D11_BUFFER_DESC 構造体

UINT	ByteWidth;
D3D11_USAGE	Usage;
UINT	BindFlags;
UINT	CPUAccessFlags;
UINT	MiscFlags;
UINT	StructureByteStride;

ByteWidth	バッファの大きさ(バイト)。
Usage	バッファの使用法。「D3D11_USAGE 列挙型」で指定する。
BindFlags	パイプラインにバインドされる方法。「D3D11_BIND_FLAG 列挙型」の組み合わせで指定する。
CPUAccessFlags	CPU がリソースにアクセスする方法。「D3D11_CPU_ACCESS_FLAG 列挙型」の組み合わせで指定する。CPU アクセスが不要なら「0」。
MiscFlags	その他のオプションを指定する「D3D11_RESOURCE_MISC_FLAG 列挙型」の組み合わせ。不要なら「0」。
StructureByteStride	「構造化バッファ」の場合、その構造体のサイズ(バイト単位)。コンピュート・シェーダで使う。

D3D11_BIND_FLAG 列挙型

D3D11_BIND_VERTEX_BUFFER	リソースを頂点バッファとして使う。 テクスチャ・リソースでは設定不可。
D3D11_BIND_INDEX_BUFFER	リソースをインデックス・バッファとして使う。 テクスチャ・リソースでは設定不可。
D3D11_BIND_CONSTANT_BUFFER	リソースを定数バッファとして使う。 テクスチャ・リソースでは設定不可。他のフラグと同時に設定不可。リソースの部分更新不可。バッファ・サイズは、「4096 × 16」以下で、16 の倍数でなければならない。

② 頂点バッファとインデックス・バッファの用意

D3D11_BIND_SHADER_RESOURCE	リソースをシェーダ・リソースとして使う。「D3D11_MAP_WRITE_NO_OVERWRITE」で使えない。
D3D11_BIND_STREAM_OUTPUT	リソースをストリーム出力の出力先バッファとして使う。テクスチャ・リソースでは設定不可。
D3D11_BIND_RENDER_TARGET	リソース（またはサブリソース）を描画ターゲットとして使う。
D3D11_BIND_DEPTH_STENCIL	リソース（またはサブリソース）を深度/ステンシル・バッファとして使う。
D3D11_BIND_UNORDERED_ACCESS	リソースをアンオーダード・アクセス・リソースとして使う。

D3D11_CPU_ACCESS_FLAG 列挙型

D3D11_CPU_ACCESS_WRITE	リソースは、CPUが内容を変更できるようにマップできる。このフラグを設定してリソースを作成すると、パイプラインの出力に設定でない。また、「動的(dynamic)使用法」または「蓄積(staging)使用法」を使う必要がある。
D3D11_CPU_ACCESS_READ	リソースは、CPUが内容を読み取れるようにマップできる。このフラグを指定してリソースを作成すると、パイプラインの入力や出力に設定できない。また、「蓄積(staging)使用法」を使って作られる必要がある。

D3D11_RESOURCE_MISC_FLAG 列挙型

D3D11_RESOURCE_MISC_GENERATE_MIPS	テクスチャ・リソースでのID3D11Device::GenerateMipsメソッドの呼び出しが有効。リソースは、描画ターゲットとシェーダ・リソースを明示的に指定して作成されなければならない。
D3D11_RESOURCE_MISC_SHARED	リソース・データを、2つ以上のDirect3Dデバイスで共有できる。D3D11_RESOURCE_MISC_SHARED_KEYEDMUTEXと同時に指定できない。
D3D11_RESOURCE_MISC_TEXTURECUBE	6つのテクスチャを含む2Dテクスチャ配列からキューブ・テクスチャを作成できる。
D3D11_RESOURCE_MISC_DRAWINDIRECT_ARGS	GPUで生成したコンテンツをインスタンス化できる。
D3D11_RESOURCE_MISC_BUFFER_ALLOW_RAW_VIEWS	バイト・アドレス・バッファ。
D3D11_RESOURCE_MISC_BUFFER_STRUCTURED	構造化バッファ。
D3D11_RESOURCE_MISC_RESOURCE_CLAMP	クランプした深度バイアスをもつリソース。
D3D11_RESOURCE_MISC_SHARED_KEYEDMUTEX	共有リソース。D3D11_RESOURCE_MISC_SHAREDと同時に指定できないまた、WARPデバイスとREFデバイスは共有リソースをサポートしない。
D3D11_RESOURCE_MISC_GDI_COMPATIBLE	GDI互換リソース。GetDCを介してGDIでサーフェイスにレンダリングできる。

6章　描画データの用意

D3D11_SUBRESOURCE_DATA 構造体

const void* pSysMem; UINT　　　SysMemPitch; UINT　　　SysMemSlicePitch;	
pSysMem	リソースを初期化するための、サブリソース・データへのポインタ。
SysMemPitch	メモリのピッチ（バイト数）。2Dまたは3Dテクスチャ・リソースだけで使われる。
SysMemSlicePitch	深度レベル（バイト数）。3Dテクスチャ・リソースでのみ使われる。

ID3D11Device::CreateBuffer メソッド

HRESULT ID3D11Device::CreateBuffer (　　const D3D11_BUFFER_DESC*　　　　　pDesc, 　　const D3D11_SUBRESOURCE_DATA* pInitialData, 　　ID3D11Buffer**　　　　　　　　　　　ppBuffer);	
pDesc	バッファを定義する「D3D11_BUFFER_DESC構造体」へのポインタ。
pInitialData	サブリソースを定義する「D3D11_SUBRESOURCE_DATA構造体」へのポインタ。データを後で設定する場合は「NULL」を指定できる（リソース空間だけが確保される）。
ppBuffer	作成されたバッファのインターフェイスを受け取る変数のポインタ。「NULL」を指定すると、他のパラメータの妥当性検査を行なう。妥当性検査にパスすると「S_FALSE」を返す。

■ インデックス・バッファの作成

　インデックス・バッファも「バッファ・リソース」の一種なので、基本的な作成手順は頂点バッファと同じです。違いは、バインド・フラグにインデックス・バッファとしてバインドすることを示す「D3D11_BIND_INDEX_BUFFER」を指定することくらいです。
　なお、インデックス・バッファは整数（UINT など）の単純な配列なので、データ構造体を作る必要はありません。

インデックス・バッファの作成

```
ID3D11Buffer* g_pIdxBuffer = NULL;   // インデックス・バッファのインターフェイス

// インデックス・バッファの定義
D3D11_BUFFER_DESC idxBufferDesc;
idxBufferDesc.Usage             = D3D11_USAGE_DEFAULT;      // デフォルト使用法
idxBufferDesc.ByteWidth         = sizeof(UINT) * 36;        // 12×3頂点
idxBufferDesc.BindFlags         = D3D11_BIND_INDEX_BUFFER;  // インデックス・バッファ
idxBufferDesc.CPUAccessFlags    = 0;
idxBufferDesc.MiscFlags         = 0;
idxBufferDesc.StructureByteStride = 0;

// インデックス・バッファのサブリソースの初期値(頂点ID)
UINT idxVertexID[] = {
    0,1,3,  1,2,3,  1,5,2,  5,6,2,  5,4,6,  4,7,6,
    4,5,0,  5,1,0,  4,0,7,  0,3,7,  3,2,7,  2,6,7
};
```

② 頂点バッファとインデックス・バッファの用意

```
// インデックス・バッファのサブリソースの定義
D3D11_SUBRESOURCE_DATA idxSubData;
idxSubData.pSysMem           = idxVertexID;  // バッファ・データの初期値
idxSubData.SysMemPitch       = 0;
idxSubData.SysMemSlicePitch  = 0;

// インデックス・バッファの作成
hr = g_pD3DDevice->CreateBuffer(&idxBufferDesc, &idxSubData, &g_pIdxBuffer);
if (FAILED(hr))
    return false;// 失敗
```

*

　以上で、頂点バッファを「g_pVerBuffer［0］」(座標) と「g_pVerBuffer［1］」(色)、インデックス・バッファを「g_pIdxBuffer」に用意しました。

7章

シェーダ・ステージ

「Direct3D 11」には「Direct3D 9」まであった固定機能が存在しません。そのため、「頂点シェーダ」「ハル・シェーダ」「ドメイン・シェーダ」「ジオメトリ・シェーダ」「ピクセル・シェーダ」の作成が必要です。

シェーダそのものの解説は後の章で行なうことにして、この章では、すでに用意されているシェーダ・コードからシェーダ・オブジェクトや定数バッファを作り、描画パイプラインのシェーダ・ステージを設定する方法を解説します。

DirectX11

7章 シェーダ・ステージ

1 シェーダ・ステージの概要

　シェーダで実行するコードは、「HLSL」と呼ばれるシェーダ用のプログラミング言語を使って記述します。HLSL は C 言語とよく似た文法をもっており、C/C++ 言語のプログラミング経験があれば、HLSL 特有の約束事をいくつか覚えることで、容易にシェーダのプログラムを記述できるようになります。

　HLSL の文法などシェーダや HLSL の具体的な説明や使い方は後の章で解説することにして、ここでは、シェーダ・コードの基本的な使い方を解説します。
　HLSL で記述したシェーダ・コードからシェーダを準備する基本的な手順を図 7-1 に示します。

　なお、シェーダ関連の機能を扱う仕組みとして、「エフェクト」(ID3DX11Effect) がありますが、本書では扱いません。

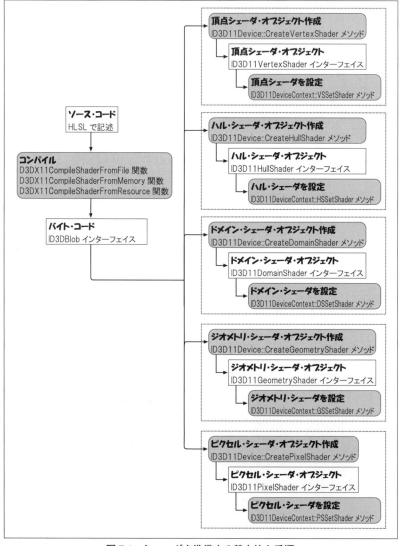

図 7-1　シェーダを準備する基本的な手順

152　DirectX11

2 シェーダで実行するコード

図5-2で紹介した描画パイプラインの処理を行なうシェーダ・コードとして、次のようなコードを用意しました。ここでは、このソース・コードを「D3D11Sample05.sh」ファイルとして用意します。

なお、このコードは、「シェーダ・モデル4.0」レベルのコードです。「Direct3D 11」では、「シェーダ・モデル4.0」「4.1」でも、「構造化バッファ」と「バイト・アドレス・バッファ」が新たにサポートされています。

このファイルには、3つのシェーダ向けのコードがすべて1ファイル内にまとめて記述されています。これは話を単純にするためです。

このコードで定義されている関数や構造体・バッファ定義の意味は次の通りです。

「D3D11Sample05.sh」で定義している「関数」「構造体」

cbNeverChanges	定数バッファのデータ定義①　変更しないデータ
cbChangesEveryFrame	定数バッファのデータ定義②　変更頻度の低いデータ
cbChangesEveryObject	定数バッファのデータ定義③　変更頻度の高いデータ
VS_INPUT	頂点シェーダへの入力データの定義
GS_INPUT	ジオメトリ・シェーダへの入力データの定義
PS_INPUT	ピクセル・シェーダへの入力データの定義
VS	頂点シェーダで実行する関数
GS	ジオメトリ・シェーダで実行する関数
PS	ピクセル・シェーダで実行する関数

D3D11Sample05.sh

```
// 定数バッファのデータ定義①　変更しないデータ
cbuffer cbNeverChanges : register(b0) {  // 常にスロット「0」を使う
    matrix Projection;    // 透視変換行列
};

// 定数バッファのデータ定義②　変更頻度の低いデータ
cbuffer cbChangesEveryFrame : register(b1) {  // 常にスロット「1」を使う
    matrix View;     // ビュー変換行列
    float3 Light;    // 光源座標(ビュー座標系)
};

// 定数バッファのデータ定義③　変更頻度の高いデータ
cbuffer cbChangesEveryObject : register(b2) {  // 常にスロット「2」を使う
    matrix World;         // ワールド変換行列
};

// 頂点シェーダの入力データ定義
struct VS_INPUT {
```

7章 シェーダ・ステージ

```hlsl
    float3 Pos : POSITION;      // 頂点座標(モデル座標系)
    float3 Col : COLOR;         // 頂点色
};

// ジオメトリ シェーダの入力データ定義
struct GS_INPUT {
    float4 Pos  : SV_POSITION;  // 頂点座標(ビュー座標系)
    float4 Col  : COLOR;        // 頂点色
};

// ピクセル シェーダの入力データ定義
struct PS_INPUT {
    float4 Pos     : SV_POSITION; // 頂点座標(透視座標系)
    float3 PosView : POSVIEW;     // 頂点座標(ビュー座標系)
    float3 Norm    : NORMAL;      // 法線ベクトル(ビュー座標系)
    float4 Col     : COLOR;       // 頂点色
};

// 頂点シェーダの関数
GS_INPUT VS(VS_INPUT input) {
    GS_INPUT output;
    // 頂点座標　モデル座標系→ビュー座標系
    float4 pos4 = float4(input.Pos, 1.0);
    output.Pos = mul(pos4, World);
    output.Pos = mul(output.Pos, View);
    // 頂点色
    output.Col = float4(input.Col, 1.0);
    // 出力
    return output;
}

// ジオメトリ シェーダの関数
[maxvertexcount(3)]
void GS(triangle GS_INPUT input[3],
        inout TriangleStream<PS_INPUT> TriStream) {
    PS_INPUT output;
    // 法線ベクトルの計算
    float3 faceEdge  = input[0].Pos.xyz / input[0].Pos.w;
    float3 faceEdgeA = (input[1].Pos.xyz / input[1].Pos.w) - faceEdge;
    float3 faceEdgeB = (input[2].Pos.xyz / input[2].Pos.w) - faceEdge;
    output.Norm = normalize(cross(faceEdgeA, faceEdgeB));
    // 各頂点の計算
    for (int i=0; i<3; ++i) {
        // 頂点座標　ビュー座標系
        output.PosView = input[i].Pos.xyz / input[i].Pos.w;
        // 頂点座標　ビュー座標系→射影座標系
        output.Pos = mul(input[i].Pos, Projection);
        // 頂点色
```

② シェーダで実行するコード

```
        output.Col = input[i].Col;
        // 出力
        TriStream.Append(output);
    }
    TriStream.RestartStrip();
}

// ピクセル シェーダの関数
float4 PS(PS_INPUT input) : SV_TARGET
{
    // 光源ベクトル
    float3 light = Light - input.PosView;
    // 距離
    float  length = length(light);
    // 明るさ
    float bright = 30 * dot(normalize(light), input.Norm) / pow(length, 2);
    // 色
    return saturate(bright * input.Col);
}
```

■ セマンティックと定数バッファ

　HLSLコードの具体的な解説は**13章**で行ないますが、ここではこの章の内容に関連した重要な点である「頂点シェーダの入力データ定義」と「定数バッファ定義」部分だけを簡単に解説します。

● セマンティック

　次の「VS_INPUT 構造体」は、頂点シェーダで実行される「VS関数」の引数の型です。つまり、頂点シェーダへの入力に相当するわけですが、ここで重要なのが「: POSITION」などの「セマンティック」です。
　セマンティックは、「:」+「セマンティック名」で指定されます。

```
// 頂点シェーダの入力データ定義
struct VS_INPUT {
    float3 Pos : POSITION;    // 頂点座標(モデル座標系)
    float3 Col : COLOR;       // 頂点色
};
```

　シェーダにはいろいろな種類の値を渡すことができます。そのため「Direct3D 11」の描画パイプラインが、どんな値を渡せばいいのか知るための標識が必要です。それが「セマンティック」の役割です。
　セマンティックは大文字小文字を区別しない任意の文字列です。ただし、「SV_POSITION」などの「SV_」で始まる文字列の一部は描画パイプラインにおいて特別な意味のあるセマンティック名として使われます。

　この例では、「Posメンバ」が「POSITION」、「Colメンバ」が「COLOR」であると定義されています。
　「頂点シェーダ」にデータを流す「入力アセンブラ」(IA) は、「入力レイアウト・オブジェクト」のセマンティックと「頂点シェーダ」の入力のセマンティックを比較することで、データの対応付けを行ないます。
　この場合、「入力レイアウト・オブジェクト」でセマンティック名「"POSITION"」と指定された頂点データの値が、頂点シェーダで実行される「VS関数」の引数の「Posメンバ」に渡されます。

DirectX11

7章 シェーダ・ステージ

● 定数バッファ

「ワールド変換行列」などのシェーダ・コードで使われる定数値は、シェーダ・コード上ではグローバル変数として定義します。このグローバル変数には、アプリケーション側から値を設定するわけですが、そのために、値を格納した「定数バッファ」を各シェーダ・ステージに設定します。

なお、グローバル変数を使って、シェーダ側からアプリケーション側に値を渡すことはできません。また、グローバル変数への代入（変更）操作の効果は、そのシェーダ関数が実行されている間だけ、有効です。

*

定数バッファは複数使うことができます。どのグローバル変数の値がどの定数バッファに含まれるのかを指定するには、次の「cbuffer 定義」を使います。

```
cbuffer 定数バッファ名 {
    グローバル変数 ;
      :
};
```

この定義は構造体に似ているかもしれませんが、機能的には名前空間に似ており、シェーダ・コードからはグローバル変数に、（定数バッファ名を使わず）、直接アクセスします。

*

「D3D11Sample05.sh」では、「cbuffer」で明示的に3つの定数バッファを作っていますが、「cbuffer」を使わずにグローバル変数を定義することもできます。

たとえば、「D3D11Sample05.sh」と同じグローバル変数を、次のようにも宣言できます。

```
matrix Projection;  // 透視変換行列
matrix View;        // ビュー変換行列
float3 Light;       // 光源座標（ビュー座標系）
matrix World;       // ワールド変換行列
```

このように直接宣言されたグローバル変数は、自動的に「$Globals」という名前の定数バッファに格納されます。

つまり、概念的には、次のコードと同じです。

```
cbuffer $Globals {
    matrix Projection;  // 透視変換行列
    matrix View;        // ビュー変換行列
    float3 Light;       // 光源座標（ビュー座標系）
    matrix World;       // ワールド変換行列
};
```

3　HLSL コードのコンパイル

HLSL を使って記述した「ソース・コード」（テキスト・データ）は、D3DX のシェーダ・コンパイル用関数を使って「バイト・コード」（バイナリ・データ）にコンパイルしたものをプログラムで利用します。Direct3D の描画パイプラインに渡すのは、このバイト・コードです。

アプリケーションのプログラム中で HLSL コードをコンパイルするには、D3DX の次の関数か、SDK に付属するコマンドライン・コンパイラ「fxc.exe」を使います。

3 HLSL コードのコンパイル

以下の関数は、それぞれ、「ファイル」「メモリ」「リソース」に格納されている HLSL コードをコンパイルして、バイト・コードを格納した「ID3DBlob インターフェイス」を返します。

シェーダ・コードのコンパイル関数

D3DX11CompileFromFile 関数	ファイル内の HLSL コードをコンパイル。
D3DX11CompileFromMemory 関数	メモリ内の HLSL コードをコンパイル。
D3DX11CompileFromResource 関数	リソース内の HLSL コードをコンパイル。

「D3DX11CompileFromFile 関数」の**第1引数**には、「ファイル名」を指定します。

第2引数には、コード内で使われているマクロを指定します。たとえば、コードに記述されている「zero」「one」を「0」「1.0f」と定義する場合、**第2引数**に渡すマクロは、次のような「D3D_SHADER_MACRO 構造体」の「NULL」終端配列として定義されます。

```
D3D_SHADER_MACRO Shader_Macros[3] = { "zero", "0", "one", "1.0f", NULL, NULL };
```

第4引数には、シェーダから実行される関数名を指定します。
第5引数には、コンパイルするシェーダを定義する、以下のプロファイル文字列を指定します。
第9引数には、コンパイルされたバイト・コードを受け取る変数のポインタを渡します。

プロファイル文字列（Direct3D 11 関連）

・頂点シェーダ	「vs_4_0」「vs_4_0_level_9_1」「vs_4_0_level_9_3」「vs_4_1」「vs_5_0」
・ハル・シェーダ	「hs_5_0」
・ドメイン・シェーダ	「ds_5_0」
・ジオメトリ・シェーダ	「gs_4_0」「gs_4_1」「gs_5_0」
・ピクセル・シェーダ	「ps_4_0」「ps_4_0_level_9_1」「ps_4_0_level_9_3」「ps_4_1」「ps_5_0」
・コンピュート・シェーダ	「cs_4_0」「cs_4_1」「cs_5_0」
・エフェクト	「fx_4_0」「fx_4_1」「fx_5_0」

「Direct3D 11」では、「gs_4_0」「gs_4_1」「ps_4_0」「ps_4_1」「vs_4_0」「vs_4_1」で、「構造化バッファ」と「バイト・アドレス・バッファ」が新たにサポートされています。

また、機能レベル「D3D_FEATURE_LEVEL_9_2」は、「9_1」と同等なものとして扱います。

なお、「シェーダ・モデル5」("vs_5_0" など）としてコンパイルする場合、「ドメイン」「earlydepthstencil」「maxtessfactor」「numthreads」「outputcontrolpoints」「outputtopology」「partitioning」「patchconstantfunc」の定義がすべて必要です。これらを使わないと、コンパイル・エラーが発生します。

■ バージョン番号なしのデータ型名

「DirectX SDK（June 2010）」では、「Direct3D 10」「10.1」「11」で横断的に使われていて、特定バージョンの Direct3D と結びついていない「インターフェイス」「構造体」「列挙型」について、バージョン番号のない名前が定義されました。

インターフェイス名

従来の名前	バージョン番号なしの名前
ID3D10Blob	ID3DBlob
ID3D10Include	ID3DInclude

7章　シェーダ・ステージ

構造体名

従来の名前	バージョン番号なしの名前
D3D10_SHADER_MACRO	D3D_SHADER_MACRO

列挙型名

従来の名前	バージョン番号なしの名前
D3D10_CBUFFER_TYPE	D3D_CBUFFER_TYPE
D3D11_CBUFFER_TYPE	
D3D10_DRIVER_TYPE	D3D_DRIVER_TYPE
D3D10_FEATURE_LEVEL	D3D_FEATURE_LEVEL
D3D10_INCLUDE_TYPE	D3D_INCLUDE_TYPE
D3D10_NAME	D3D_NAME
D3D10_PRIMITIVE	D3D_PRIMITIVE
D3D11_PRIMITIVE	
D3D10_PRIMITIVE_TOPOLOGY	D3D_PRIMITIVE_TOPOLOGY
D3D11_PRIMITIVE_TOPOLOGY	
D3D10_REGISTER_COMPONENT_TYPE	D3D_REGISTER_COMPONENT_TYPE
D3D10_RESOURCE_RETURN_TYPE	D3D_RESOURCE_RETURN_TYPE
D3D11_RESOURCE_RETURN_TYPE	
D3D10_SHADER_CBUFFER_FLAGS	D3D_SHADER_CBUFFER_FLAGS
D3D10_SHADER_INPUT_FLAGS	D3D_SHADER_INPUT_FLAGS
D3D10_SHADER_INPUT_TYPE	D3D_SHADER_INPUT_TYPE
D3D10_SHADER_VARIABLE_CLASS	D3D_SHADER_VARIABLE_CLASS
D3D10_SHADER_VARIABLE_FLAGS	D3D_SHADER_VARIABLE_FLAGS
D3D10_SHADER_VARIABLE_TYPE	D3D_SHADER_VARIABLE_TYPE
D3D10_SRV_DIMENSION	D3D_SRV_DIMENSION
D3D11_SRV_DIMENSION	
D3D11_TESSELLATOR_DOMAIN	D3D_TESSELLATOR_DOMAIN
D3D11_TESSELLATOR_OUTPUT_PRIMITIVE	D3D_TESSELLATOR_OUTPUT_PRIMITIVE
D3D11_TESSELLATOR_PARTITIONING	D3D_TESSELLATOR_PARTITIONING

　従来のデータ型名も、同時にtypedef定義されているので、これらの新しいデータ型名は、従来のデータ型名と同様に扱うことができます。
　そのため、バージョン番号付きのデータ型名も依然として使用可能ですが、本書では、「バージョン番号のない名前」を使います。

■ 行列要素の列優先配置と行優先配置

　このコードでは、第6引数に「D3D10_SHADER_ENABLE_STRICTNESS」（旧式文法の禁止）と「D3D10_SHADER_PACK_MATRIX_COLUMN_MAJOR」（列優先配置）を渡しています。「列優先配置」の指定はデフォルトなので、指定しなくても同じです。
　行列要素を「列優先配置」にすると、ベクトルと行列の演算を高速に行なえるメリットがあります。

3 HLSLコードのコンパイル

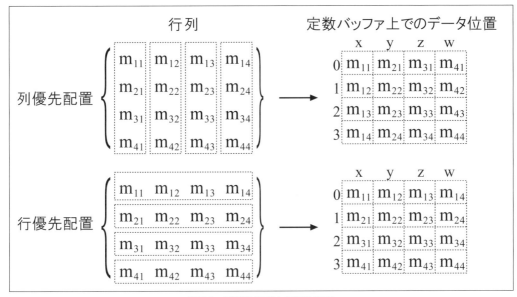

図7-2 列優先配置と行優先配置

なお、定数バッファに行列を設定する際には、シェーダをコンパイルしたときの設定に合わせてデータを書き込む必要があります。

「D3D11Sample05.sh」ファイル内に記述されている「頂点シェーダ」「ジオメトリ・シェーダ」「ピクセル・シェーダ」のコードをコンパイルするコードは、次の通りです。

「pBlobVS」に頂点シェーダのバイト・コード、「pBlobGS」にジオメトリ・シェーダのバイト・コード、「pBlobPS」にピクセル・シェーダのバイト・コードが取得されます。

```
// 頂点シェーダのコードをコンパイル
ID3DBlob* pBlobVS = NULL;
hr = D3DX11CompileFromFile(
        L"D3D11Sample05.sh",    // ファイル名
        NULL,                   // マクロ定義(なし)
        NULL,                   // インクルード・ファイル定義(なし)
        "VS",                   // 「VS 関数」がシェーダから実行される
        "vs_4_0",               // 頂点シェーダ(シェーダ・モデル4.0)
        D3D10_SHADER_ENABLE_STRICTNESS |
        D3D10_SHADER_PACK_MATRIX_COLUMN_MAJOR, // コンパイル・オプション
        0,                      // エフェクトのコンパイル・オプション(なし)
        NULL,                   // 直ぐにコンパイルしてから関数を抜ける。
        &pBlobVS,               // コンパイルされたバイト・コード
        NULL,                   // エラーメッセージは不要
        NULL);                  // 戻り値
if (FAILED(hr))
    return false; // 失敗
```

7章 シェーダ・ステージ

```
// ジオメトリ シェーダのコードをコンパイル
ID3DBlob* pBlobGS = NULL;
hr = D3DX11CompileFromFile(
        L"D3D11Sample05.sh",    // ファイル名
        NULL,                   // マクロ定義(なし)
        NULL,                   // インクルード・ファイル定義(なし)
        "GS",                   // 「GS関数」がシェーダから実行される
        "gs_4_0",               // ジオメトリ・シェーダ(シェーダ・モデル4.0)
        D3D10_SHADER_ENABLE_STRICTNESS |
        D3D10_SHADER_PACK_MATRIX_COLUMN_MAJOR,  // コンパイル・オプション
        0,                      // エフェクトのコンパイル・オプション(なし)
        NULL,                   // 直ぐにコンパイルしてから関数を抜ける。
        &pBlobGS,               // コンパイルされたバイト・コード
        NULL,                   // エラーメッセージは不要
        NULL);                  // 戻り値
if (FAILED(hr))
    return false;   // 失敗
```

```
// ピクセル・シェーダのコードをコンパイル
ID3DBlob* pBlobPS = NULL;
hr = D3DX11CompileFromFile(
        L"D3D11Sample05.sh",    // ファイル名
        NULL,                   // マクロ定義(なし)
        NULL,                   // インクルード・ファイル定義(なし)
        "PS",                   // 「PS関数」がシェーダから実行される
        "ps_4_0",               // ピクセル・シェーダ(シェーダ・モデル4.0)
        D3D10_SHADER_ENABLE_STRICTNESS |
        D3D10_SHADER_PACK_MATRIX_COLUMN_MAJOR,  // コンパイル・オプション
        0,                      // エフェクトのコンパイル・オプション(なし)
        NULL,                   // 直ぐにコンパイルしてから関数を抜ける。
        &pBlobPS,               // コンパイルされたバイト・コード
        NULL,                   // エラーメッセージは不要
        NULL);                  // 戻り値
if (FAILED(hr))
    return false;   // 失敗
```

D3DX11CompileFromFile 関数

```
HRESULT WINAPI D3DX11CompileFromFile(
  LPCWSTR                   pSrcFile,
  CONST D3D_SHADER_MACRO*   pDefines,
  LPD3D10INCLUDE            pInclude,
  LPCSTR                    pFunctionName,
  LPCSTR                    pProfile,
  UINT                      Flags1,
  UINT                      Flags2,
  ID3DX11ThreadPump*        pPump,
```

3 HLSL コードのコンパイル

ID3DBlob**	ppShader,
ID3DBlob**	ppErrorMsgs,
HRESULT*	pHResult);
pSrcFile	コンパイルするシェーダ・コードを含むファイル名。
pDefines	マクロを定義した「D3D_SHADER_MACRO 構造体」の配列。不要なら「NULL」。
pInclude	シェーダで使うインクルード・ファイルの「ID3DInclude インターフェイス」。不要なら「NULL」。
pFunctionName	シェーダによって実行される関数名。
pProfile	コンパイルするシェーダを定義するプロファイル文字列。
Flags1	シェーダのコンパイル・オプション。以下参照。
Flags2	エフェクトのコンパイル・オプション。
pPump	後から非同期実行するための「ID3DX11ThreadPump インターフェイス」。「NULL」を渡すと同期実行される。
ppShader	コンパイルされたシェーダのバイト・コードを含む「ID3DBlob インターフェイス」を受け取る変数のポインタ。
ppErrorMsgs	コンパイル時のエラーや警告メッセージを含む「ID3DBlob インターフェイス」を受け取る変数のポインタ。不要なら「NULL」。
pHResult	戻り値を受け取る変数のポインタ。

シェーダのコンパイル・オプション

D3D10_SHADER_DEBUG	デバッグ情報を含む。
D3D10_SHADER_SKIP_VALIDATION	妥当性検査をしない。このフラグはコンパイルに成功することが分かっている場合にのみ使う。シェーダはデバイスにセットされる前に DirectX によって常に妥当性検査される。
D3D10_SHADER_SKIP_OPTIMIZATION	最適化をしない。
D3D10_SHADER_PACK_MATRIX_ROW_MAJOR	明示的に指定されていない限り、シェーダからの行列の入出力を「行優先配置」にする。
D3D10_SHADER_PACK_MATRIX_COLUMN_MAJOR	明示的に指定されていない限り、シェーダからの行列の入出力を「列優先配置」にする。こちらのほうがベクトル行列演算を効率的に実行できる。
D3D10_SHADER_PARTIAL_PRECISION	すべての計算を部分精度で行なう。いくつかのハードウェアでは高速かもしれない。
D3D10_SHADER_FORCE_VS_SOFTWARE_NO_OPT	頂点シェーダを次期シェーダ・プロファイルでコンパイルする。
D3D10_SHADER_FORCE_PS_SOFTWARE_NO_OPT	ピクセル・シェーダを次期シェーダ・プロファイルでコンパイルする。
D3D10_SHADER_NO_PRESHADER	プレシェーダを無効にする。
D3D10_SHADER_AVOID_FLOW_CONTROL	フロー制御を使わないようコンパイラに指示する(可能な場合)。

DirectX11

7章 シェーダ・ステージ

D3D10_SHADER_PREFER_FLOW_CONTROL	フロー制御を使うようコンパイラに指示する（可能な場合）。
D3D10_SHADER_ENABLE_STRICTNESS	旧式な文法を禁止する。デフォルトでは、廃止された文法の厳密なチェックをしない。
D3D10_SHADER_ENABLE_BACKWARDS_COMPATIBILITY	古いシェーダを4_0ターゲットでコンパイルできるようにする。
D3D10_SHADER_IEEE_STRICTNESS	IEEE準拠を有効にする。
D3D10_SHADER_OPTIMIZATION_LEVEL0	レベル0の警告に最適化。
D3D10_SHADER_OPTIMIZATION_LEVEL1	レベル1の警告に最適化。
D3D10_SHADER_OPTIMIZATION_LEVEL2	レベル2の警告に最適化。
D3D10_SHADER_OPTIMIZATION_LEVEL3	レベル3の警告に最適化。

4 シェーダ・オブジェクト

シェーダ・コードをバイト・コードにコンパイルしたら、バイト・コードからシェーダ・オブジェクトのインターフェイスを作ります。

「頂点シェーダ」は「ID3D11VertexShaderインターフェイス」、「ジオメトリ・シェーダ」は「ID3D11GeometryShaderインターフェイス」、「ピクセル・シェーダ」は「ID3D11PixelShaderインターフェイス」で扱います。

■ シェーダ・オブジェクトの作成

各シェーダ・オブジェクトの作成には、次のメソッドを使います。

各シェーダ・オブジェクトの作成メソッド

頂点シェーダ	ID3D11Device::CreateVertexShaderメソッド
ジオメトリ・シェーダ	ID3D11Device::CreateGeometryShaderメソッド
ピクセル・シェーダ	ID3D11Device::CreatePixelShaderメソッド

※ジオメトリ・シェーダの作成には、もう1つ、ストリーム出力を伴うジオメトリ・シェーダを作る「ID3D11Device::CreateGeometryShaderWithStreamOutputメソッド」が存在しますが、これはストリーム出力の**19章**で解説します。

シェーダを作成する各メソッドは、**第1引数**にコンパイルしたバイト・コードへのポインタ、**第2引数**にバイト・コードの長さ、**第3引数**に作られたシェーダを受け取る変数へのポインタを渡します。

HLSLを「D3DX11CompileFromFile関数」などでコンパイルした場合、バイト・コードは「ID3DBlobインターフェイス」の形で返されます。

「ID3DBlobインターフェイス」で管理しているデータにアクセスするポインタは「ID3DBlob::GetBufferPointerメソッド」で取得でき、管理しているデータのサイズは「ID3DBlob::GetBufferSizeメソッド」で取得できます。

シェーダを実行するのにシェーダのバイト・コードは不要です。そのため、シェーダ・オブジェクトを作った後は、各バイト・コードを保持している「ID3DBlobインターフェイス」を解放します。

4 シェーダ・オブジェクト

　ただし、次の**8章**で解説する入力アセンブラの「入力レイアウト・オブジェクト」の作成にも頂点シェーダのバイト・コードを使います。そのため、入力レイアウト・オブジェクトを作成してから解放することもできます。

＊

　「頂点シェーダ」「ジオメトリ・シェーダ」「ピクセル・シェーダ」のオブジェクトを作るコードは、次のようになります。

```
ID3D11VertexShader* g_pVertexShader = NULL; // 頂点シェーダ

// 頂点シェーダの作成
hr = g_pD3DDevice->CreateVertexShader(
        pBlobVS->GetBufferPointer(), // バイト・コードへのポインタ
        pBlobVS->GetBufferSize(),    // バイト・コードの長さ
        NULL,
        &g_pVertexShader); // 頂点シェーダを受け取る変数
pBlobVS->Release();   // バイト・コードを解放
if (FAILED(hr))
    return false; // 失敗
```

```
ID3D11GeometryShader* g_pGeometryShader = NULL; // ジオメトリ・シェーダ

// ジオメトリ・シェーダの作成
hr = g_pD3DDevice->CreateGeometryShader(
        pBlobGS->GetBufferPointer(), // バイト・コードへのポインタ
        pBlobGS->GetBufferSize(),    // バイト・コードの長さ
        NULL,
        &g_pGeometryShader); // ジオメトリ・シェーダを受け取る変数
pBlobGS->Release();   // バイト・コードを解放
if (FAILED(hr))
    return false; // 失敗
```

```
ID3D11PixelShader* g_pPixelShader = NULL; // ピクセル・シェーダ

// ピクセル・シェーダの作成
hr = g_pD3DDevice->CreatePixelShader(
        pBlobPS->GetBufferPointer(), // バイト・コードへのポインタ
        pBlobPS->GetBufferSize(),    // バイト・コードの長さ
        NULL,
        &g_pPixelShader); // ピクセル・シェーダを受け取る変数
pBlobPS->Release();   // バイト・コードを解放
if (FAILED(hr))
    return false; // 失敗
```

7章 シェーダ・ステージ

ID3D11Device::CreateVertexShader メソッド
ID3D11Device::CreateGeometryShader メソッド
ID3D11Device::CreatePixelShader メソッド

HRESULT ID3D11Device::CreateVertexShader(	
const void*	pShaderBytecode,
SIZE_T	BytecodeLength,
ID3D11ClassLinkage*	pClassLinkage,
ID3D11VertexShader**	ppShader);
HRESULT ID3D11Device::CreateGeometryShader(	
const void*	pShaderBytecode,
SIZE_T	BytecodeLength,
ID3D11ClassLinkage*	pClassLinkage,
ID3D11GeometryShader**	ppShader);
HRESULT ID3D11Device::CreatePixelShader(	
const void*	pShaderBytecode,
SIZE_T	BytecodeLength,
ID3D11ClassLinkage*	pClassLinkage,
ID3D11PixelShader**	ppShader);
pShaderBytecode	コンパイルされたシェーダのバイト・コードへのポインタ。
BytecodeLength	バイト・コードのサイズ。
pClassLinkage	クラス・リンク・インターフェイスへのポインタ。
ppShader	シェーダを受け取る変数へのポインタ。「NULL」を指定することで、他の引数の妥当性検査ができ、パスしたら「S_FALSE」を返す。

ID3DBlob::GetBufferPointer メソッド

LPVOID ID3DBlob::GetBufferPointer(void);
引数なし。

ID3DBlob::GetBufferSize メソッド

SIZE_T ID3DBlob::GetBufferSize(void);
引数なし。

■ シェーダ・オブジェクトの設定

描画に使うシェーダ・オブジェクトは、それぞれ次のメソッドで各シェーダ・ステージに設定します。このとき、「NULL」を渡すことでシェーダを無効にできます。

シェーダ・オブジェクトの設定メソッド

頂点シェーダ	ID3D11DeviceContext::VSSetShader メソッド
ジオメトリ・シェーダ	ID3D11DeviceContext::GSSetShader メソッド
ピクセル・シェーダ	ID3D11DeviceContext::PSSetShader メソッド

```
// 頂点シェーダの設定
g_pImmediateContext->VSSetShader(g_pVertexShader, NULL, 0);
```

5 定数バッファ

```
// ジオメトリ・シェーダの設定
g_pImmediateContext->GSSetShader(g_pGeometryShader, NULL, 0);
```

```
// ピクセル・シェーダの設定
g_pImmediateContext->PSSetShader(g_pPixelShader, NULL, 0);
```

ID3D11Device::VSSetShader メソッド
ID3D11Device::GSSetShader メソッド
ID3D11Device::PSSetShader メソッド

void ID3D11Device::VSSetShader(	
ID3D11VertexShader*	pShader,
ID3D11ClassInstance* const*	ppClassInstances,
UINT	NumClassInstances);

void ID3D11Device::GSSetShader(	
ID3D11GeometryShader*	pShader,
ID3D11ClassInstance* const*	ppClassInstances,
UINT	NumClassInstances);

void ID3D11Device::PSSetShader(	
ID3D11PixelShader*	pShader,
ID3D11ClassInstance* const*	ppClassInstances,
UINT	NumClassInstances);

pShader	設定するシェーダ・オブジェクト。「NULL」を指定することで、シェーダを無効にする。
ppClassInstances	クラス・インスタンス・インターフェイスの配列へのポインタ。不要なら「NULL」を指定。
NumClassInstances	配列のサイズ。

5 定数バッファ

このシェーダ・コードでは、定数バッファを3つ使うので、それぞれ作っておきます。

■ 定数バッファの構造

はじめに、定数バッファにアクセスする際の利便性を考えて、それぞれの定数バッファを構造体として定義しておきます。

定数バッファには、「パイプライン（シェーダ）からの低レイテンシでのアクセス」「CPUからの頻繁な更新」といった性能が要求されます。そのため、定数バッファのメモリ構造には、「4バイト・アライメント」で「各要素は16バイト境界をまたぐことができない」かつ「全体のサイズは16の倍数」「最大4096×16バイト」という条件がついています。

7章　シェーダ・ステージ

```cpp
// 定数バッファのデータ定義①　変更しないデータ
struct cbNeverChanges {
    XMFLOAT4x4 Projection;    // 透視変換行列
};

// 定数バッファのデータ定義②　変更頻度の低いデータ
struct cbChangesEveryFrame {
    XMFLOAT4x4  View;   // ビュー変換行列
    XMFLOAT3    Light;  // 光源座標(ワールド座標系)
    FLOAT       dummy;  // 定数バッファのサイズを 16 の倍数にするためのダミー
};

// 定数バッファのデータ定義③　変更頻度の高いデータ
struct cbChangesEveryObject {
    XMFLOAT4x4 World;         // ワールド変換行列
};

// 定数バッファのデータ
struct cbNeverChanges          g_cbNeverChanges;         // 透視変換行列
struct cbChangesEveryFrame     g_cbChangesEveryFrame;    // ビュー変換行列　光源座標
struct cbChangesEveryObject    g_cbChangesEveryObject;   // ワールド変換行列
```

■ 定数バッファの作成

「定数バッファ」はバッファ・リソースの一種です。そのため、「頂点バッファ」などと同様の方法で作成できます。

「頂点バッファ」と異なる点は、(a) パイプラインへの設定方法として「D3D11_BIND_CONSTANT_BUFFER」を指定することと、(b) バッファ・サイズが「4096 × 16」以下で 16 の倍数でなければならないことです。

また、「定数バッファ」は、描画時など必要なときに書き換えるので、サブリソースの初期値は指定していません。

```cpp
ID3D11Buffer* g_pCBuffer[3] = { NULL, NULL, NULL }; // 定数バッファ

// 定数バッファの定義
D3D11_BUFFER_DESC cBufferDesc;
cBufferDesc.Usage              = D3D11_USAGE_DYNAMIC;          // 動的(ダイナミック)使用法
cBufferDesc.BindFlags          = D3D11_BIND_CONSTANT_BUFFER;   // 定数バッファ
cBufferDesc.CPUAccessFlags     = D3D11_CPU_ACCESS_WRITE;       // CPU から書き込む
cBufferDesc.MiscFlags          = 0;

// 定数バッファ①の作成
cBufferDesc.ByteWidth          = sizeof(cbNeverChanges); // バッファ・サイズ
hr = g_pD3DDevice->CreateBuffer(&cBufferDesc, NULL, &g_pCBuffer[0]);
if (FAILED(hr))
    return false;// 失敗
```

⤵

```
// 定数バッファ②の作成
cBufferDesc.ByteWidth      = sizeof(cbChangesEveryFrame); // バッファ・サイズ
hr = g_pD3DDevice->CreateBuffer(&cBufferDesc, NULL, &g_pCBuffer[1]);
if (FAILED(hr))
    return false;// 失敗

// 定数バッファ③の作成
cBufferDesc.ByteWidth      = sizeof(cbChangesEveryObject); // バッファ・サイズ
hr = g_pD3DDevice->CreateBuffer(&cBufferDesc, NULL, &g_pCBuffer[2]);
if (FAILED(hr))
    return false;// 失敗
```

■ 定数バッファへの書き込み

「定数バッファ」(バッファ・リソース)への書き込みは、まず、①「ID3D11DeviceContext::Map メソッド」で、バッファ・リソースのデータにアクセスするポインタを取得して、②取得したポインタにデータを書き込んだ後、③「ID3D11DeviceContext::Unmap メソッド」で、書き込みを終了します。
「Map」～「Unmap」の間は、リソースに GPU がアクセスできなくなります。

なお、この手順は、**12章**で解説するテクスチャ・リソースも同じです。

「Direct3D 9」まではアクセス先のポインタを取得するのに「ロック(Lock)」「アンロック(Unlock)」といった用語が使われていましたが、GPU のメモリが完全に仮想化された「Direct3D 10」以降では、「Map(マップ)」「Unmap(アンマップ)」といった用語が使われます。

「ID3D11DeviceContext::Map メソッド」の**第1引数**には、データへのポインタを取得する「ID3D11 Resource インターフェイス」を渡し、**第2引数**には、サブリソースのインデックス番号を渡します。
第3引数には、データへのアクセス方法を指定します。今回は、定数バッファを「D3D11_USAGE_DYNAMIC」かつ「D3D11_CPU_ACCESS_WRITE」として作っているので、「D3D11_MAP_WRITE_DISCARD」を指定できます。**第4引数**は、今回は「0」を渡します。
第5引数には、データへのポインタを受け取る「D3D11_MAPPED_SUBRESOURCE 構造体」へのポインタを渡します。

*

「定数バッファ①」にデータを書き込むコードは、次のようになります。
「定数バッファ②」「定数バッファ③」についても、同様です。

```
// 定数バッファ①を更新
// 書き込むデータの準備
    ……

// 定数バッファ①のマップ取得
D3D11_MAPPED_SUBRESOURCE MappedResource;
hr = g_pImmediateContext->Map(
                g_pCBuffer[0],              // マップするリソース
                0,                          // サブリソースのインデックス番号
                D3D11_MAP_WRITE_DISCARD,    // 書き込みアクセス
                0,                          //
```

7章 シェーダ・ステージ

```
                        &MappedResource);        // データの書き込み先ポインタ
if (FAILED(hr))
    return false; // 失敗
// データ書き込み
CopyMemory(MappedResource.pData, &g_cbNeverChanges, sizeof(cbNeverChanges));
// マップ解除
g_pImmediateContext->Unmap(g_pCBuffer[0], 0);
```

ID3D11DeviceContext::Map メソッド

```
HRESULT ID3D11DeviceContext::Map(
    ID3D11Resource*             pResource,
    UINT                        Subresource,
    D3D11_MAP                   MapType,
    UINT                        MapFlags,
    D3D11_MAPPED_SUBRESOURCE*   pMappedResource
);
```

pResource	データへのポインタを取得する「ID3D11Resource インターフェイス」。
Subresource	マップするサブリソースのインデックス番号。
MapType	CPU のアクセス方法を指定する「D3D11_MAP 列挙型」の値。
MapFlags	「D3D11_MAP_FLAG_DO_NOT_WAIT」を指定すると、GPU が CPU によるリソースへのアクセスをブロックした場合、「E_WASSTILLRENDERING」が返る。
pMappedResource	マップされたサブリソースへのポインタを受け取る「D3D11_MAPPED_SUBRESOURCE 構造体」へのポインタ。

D3D11_MAP 列挙型

D3D11_MAP_READ	読み取り用にマップされる。「D3D11_CPU_ACCESS_READ」フラグで作成されている必要がある。
D3D11_MAP_WRITE	書き込み用にマップされる。「D3D11_CPU_ACCESS_WRITE」フラグで作成されている必要がある。
D3D11_MAP_READ_WRITE	読み取りおよび書き込み用にマップされる。「D3D11_CPU_ACCESS_READ」「D3D11_CPU_ACCESS_WRITE」フラグで作成されている必要がある。
D3D11_MAP_WRITE_DISCARD	書き込み用にマップされる。以前の内容は未定義になる。「D3D11_CPU_ACCESS_WRITE」「D3D11_USAGE_DYNAMIC」フラグで作成されている必要がある。
D3D11_MAP_WRITE_NO_OVERWRITE	書き込み用にマップされる。既存の内容を上書きできない。頂点バッファとインデックス・バッファでのみ有効。「D3D11_CPU_ACCESS_WRITE」フラグで作成されている必要がある。

※「D3D11_MAP_WRITE_NO_OVERWRITE」の詳しい意味については、SDK ドキュメントを参照してください。

5 定数バッファ

D3D11_MAPPED_SUBRESOURCE 構造体

```
void*  pData;
UINT   RowPitch;
UINT   DepthPitch;
```

pData	データにアクセスするポインタ。
RowPitch	「行ピッチ」「行幅」「物理サイズ」(バイト単位)。
DepthPitch	「深度ピッチ」「深度幅」「物理サイズ」(バイト単位)。

ID3D11DeviceContext::Unmap メソッド

```
void ID3D11DeviceContext::Unmap(
  ID3D11Resource *pResource,
  UINT            Subresource
);
```

pResource	Map メソッドでデータへのポインタを取得した「ID3D11Resource インターフェイス」。
Subresource	アンマップされるサブリソースのインデックス番号。

■ 定数バッファの設定

シェーダ・ステージには定数バッファを設定するスロットが「D3D11_COMMONSHADER_CONSTANT_BUFFER_API_SLOT_COUNT」(14)あるので、同時に最大14の定数バッファを設定できます。また、同じ定数バッファを複数のシェーダ・ステージに同時に設定できます。

定数バッファをシェーダ・ステージに設定するには、次のメソッドを使います。

定数バッファの設定メソッド

頂点シェーダ	ID3D11DeviceContext::VSSetConstantBuffers メソッド
ジオメトリ・シェーダ	ID3D11DeviceContext::GSSetConstantBuffers メソッド
ピクセル・シェーダ	ID3D11DeviceContext::PSSetConstantBuffers メソッド

定数バッファを設定するスロット番号は、通常はシェーダのコンパイル時に、シェーダ関数で実際に使われている定数バッファがスロット「0」からコードで記述された順番に割り当てられていきます。

しかし、定数バッファを定義するときに、「cbuffer CBufferName : register(b#)」(# はスロット番号「0」〜「13」) を指定することで、割り当てるスロット番号を明示的に指定することもできます。

なお、「b#」の「b」は「定数バッファ」を表わしており、他には、「t」(テクスチャ)、「c」(バッファ・オフセット)、「s」(サンプラー)、「u」(アンオーダード・アクセス・ビュー) などがあります。

「D3D11Sample05.sh」では、この方法で定数バッファを割り当てるスロットを固定しています。これによって、同じ定数バッファを3つのシェーダで共通のスロット番号に割り当てて、プログラム・コードを単純化しています。

```
// 頂点シェーダに定数バッファを設定
g_pImmediateContext->VSSetConstantBuffers(0, 3, g_pCBuffer);
```

```
// ジオメトリ・シェーダに定数バッファを設定
g_pImmediateContext->GSSetConstantBuffers(0, 3, g_pCBuffer);
```

DirectX11

7章 シェーダ・ステージ

```
// ピクセル・シェーダに定数バッファを設定
g_pImmediateContext->PSSetConstantBuffers(0, 3, g_pCBuffer);
```

ID3D11DeviceContext::VSSetConstantBuffers メソッド
ID3D11DeviceContext::GSSetConstantBuffers メソッド
ID3D11DeviceContext::PSSetConstantBuffers メソッド

void ID3D11DeviceContext::VSSetConstantBuffers (
 void ID3D11DeviceContext::GSSetConstantBuffers (
 void ID3D11DeviceContext::PSSetConstantBuffers (
   UINT   StartSlot,
   UINT   NumBuffers,
   ID3D11Buffer *const* ppConstantBuffers
 );	

StartSlot	定数バッファを設定する最初のスロット番号。 「0」～「D3D11_COMMONSHADER_CONSTANT_BUFFER_API_SLOT_COUNT - 1」。
NumBuffers	設定する定数バッファの数。
ppConstantBuffers	設定する定数バッファの配列。

6 シェーダ・コンパイラ「fxc.exe」

　シェーダのソース・コードは、「D3DX11CompileFromFile関数」などでコンパイルする他に、SDKに付属の「fxc.exe」(コマンドライン・ツール)を使ってコンパイルすることもできます。

　「fxc.exe」を使うことで、事前にシェーダのバイト・コードを用意しておくことができます。また、「エラーのある行番号」「定数バッファが配置されたスロット番号」「シェーダのアセンブリ・コード」なども表示されるので、シェーダ・コードの開発時に便利です。

*

　「fxc.exe」の主なオプションは、次の通りです。

「fxc.exe」の主なオプション

/T<profile>	シェーダのプロファイル名。頂点シェーダなら「vs_5_0」、ジオメトリ・シェーダなら「gs_5_0」、ピクセル・シェーダなら「ps_5_0」などを指定。
/E<name>	シェーダから実行される関数名。
/Od	最適化を無効。
/O{0,1,2,3}	最適化レベル(「1」がデフォルト)。
/Vd	妥当性検査を無効。
/Zi	デバッグ情報を有効。
/Zpr	行列要素を行優先配置。
/Zpc	行列要素を列優先配置。
/Fo<file>	バイト・コードをファイル出力。
/Fc<file>	アセンブリ・コードのリストをファイル出力。
/?	ヘルプを表示。

6 シェーダ・コンパイラ「fxc.exe」

　たとえば、「D3D11Sample05.sh」をピクセル・シェーダとしてコンパイルしてみるには、次のようにします。

「fxc.exe」の実行例

```
C:¥Users¥NRTTKR>fxc.exe /T ps_4_0 /E PS D3D11Sample05.sh
Microsoft (R) Direct3D Shader Compiler 9.27.952.3012
Copyright (C) Microsoft Corporation 2002-2009. All rights reserved.

//
// Generated by Microsoft (R) HLSL Shader Compiler 9.27.952.3022
//
//
//   fxc /T ps_4_0 /E PS D3D11Sample05.sh
//
//
// Buffer Definitions:
//
// cbuffer cbChangesEveryFrame
// {
//
//   float4x4 View;                     // Offset:    0 Size:    64 [unused]
//   float3 Light;                      // Offset:   64 Size:    12
//
// }
//
//
// Resource Bindings:
//
// Name                                 Type  Format         Dim Slot Elements
// ------------------------------ ---------- ------- ----------- ---- --------
// cbChangesEveryFrame             cbuffer      NA          NA    1        1
//
//
//
// Input signature:
//
// Name                 Index   Mask Register SysValue Format   Used
// -------------------- ----- ------ -------- -------- ------ ------
// SV_POSITION              0   xyzw        0      POS  float
// POSVIEW                  0    xyz        1     NONE  float    xyz
// NORMAL                   0    xyz        2     NONE  float    xyz
// COLOR                    0   xyzw        3     NONE  float   xyzw
//
//
// Output signature:
//
// Name                 Index   Mask Register SysValue Format   Used
// -------------------- ----- ------ -------- -------- ------ ------
```

7章　シェーダ・ステージ

```
// SV_TARGET                0   xyzw      0    TARGET   float   xyzw
//
ps_4_0
dcl_constantbuffer cb1[5], immediateIndexed
dcl_input_ps linear v1.xyz
dcl_input_ps linear v2.xyz
dcl_input_ps linear v3.xyzw
dcl_output o0.xyzw
dcl_temps 2
dp3 r0.x, v2.xyzx, v2.xyzx
rsq r0.x, r0.x
mul r0.xyz, r0.xxxx, v2.xyzx
add r1.xyz, -v1.xyzx, cb1[4].xyzx
dp3 r0.w, r1.xyzx, r1.xyzx
rsq r1.w, r0.w
mul r1.xyz, r1.wwww, r1.xyzx
dp3 r0.x, r1.xyzx, r0.xyzx
mul r0.x, r0.x, l(30.000000)
div r0.x, r0.x, r0.w
mul_sat o0.xyzw, r0.xxxx, v3.xyzw
ret
// Approximately 12 instruction slots used

C:¥Users¥NRTTKR>
```

　「fxc.exe」の出力から、
・使われている定数バッファは「cbChangesEveryFrame」でスロット「1」に配置（「register」でスロットを固定しているため）。また、「View メンバ」は使われていない。
・ピクセル・シェーダ関数への入力は、「SV_POSITION」「POSITION」「NORMAL」「COLOR」（セマンティック名）の4つであり、「SV_POSITION」はシステム値（POS）である。
・ピクセル・シェーダ関数からの出力は「SV_TARGET」であり、システム値（TARGET）である。
などが分かります。

8章

入力アセンブラ

この章では、まず描画パイプラインの最初のステージである「入力アセンブラ」（IA）の仕組みを解説し、さらに、その設定に必要なデータの作り方など、「入力アセンブラ・ステージ」の設定方法について解説します。

DirectX11

8章　入力アセンブラ

1　入力アセンブラの概要

　描画パイプラインの最初のステージは、「入力アセンブラ」(IA:Input Assembler) です。
　「入力アセンブラ」は、アプリケーションから渡された頂点バッファやインデックス・バッファからデータを読み込み、「点」「線」「三角形」などのプリミティブを組み立てて、パイプラインの次のステージにデータを流し出す役割があります。

　また、アプリケーションから渡したデータのほかに、シェーダでの処理の助けになる「システム生成値」を付加することができます。この「システム生成値」は、他の入出力要素と同様に、「セマンティック」と呼ばれる文字列で識別されます。入力アセンブラが生成するシステム生成値には、「頂点ID」「プリミティブID」「インスタンスID」などがあります。

*

　入力アセンブラで使う基本的な「メソッド」「インターフェイス」「構造体」と、入力アセンブラの関係を、次の図に示します。

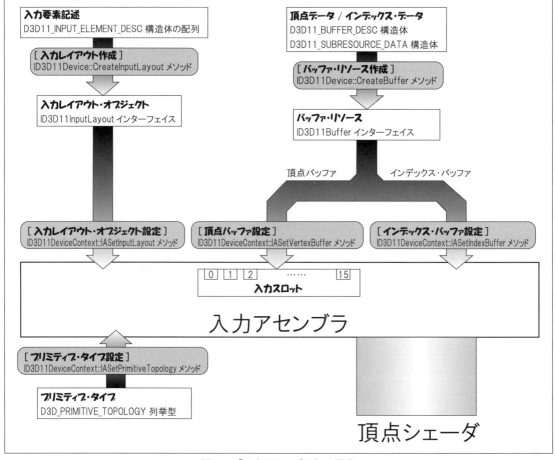

図8-1　「入力アセンブラ」の構成

2 「頂点バッファ」と「入力スロット」

IA で扱う「入力バッファ」には、「頂点バッファ」と「インデックス・バッファ」という2種類があります。どちらも「バッファ・リソース」の一種です。

「頂点バッファ」は、頂点データが格納されているバッファです。

「頂点バッファ」は IA の「入力スロット」に設定します。IA には全部で「16」(または「32」)の入力スロットが存あるので、同時に最大「16」(または「32」)の頂点バッファを設定できます。

※入力スロットの数は、機能レベル「10.0」以下の環境では「16」、機能レベル「10.1」「11」の環境では「D3D11_IA_VERTEX_INPUT_RESOURCE_SLOT_COUNT」(32)です。機能レベルにあった範囲の入力スロットを使わないと、実行時にエラーが発生します。

描画手法が異なると描画に使うデータの種類が異なる場合があります。そのような場合には、描画手法に応じて複数の頂点バッファを組み合わせることで、適切なデータを描画パイプラインに供給できます。

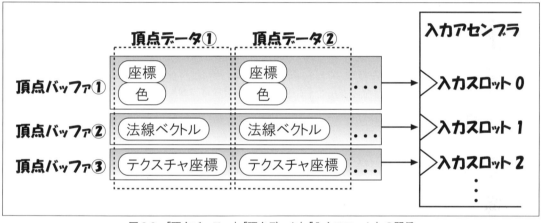

図8-2 「頂点バッファ」「頂点データ」「入力スロット」の関係

「インデックス・バッファ」は、頂点データの並び順を指定するバッファです。

「インデックス・バッファ」はオプションであり、省略した場合は、「頂点バッファ」内での頂点データの並び順がそのまま使われます。IA に同時に設定できる「インデックス・バッファ」は1つだけです。

なお、シェーダが「入力バッファ」のデータを必要としないなら、「頂点バッファ」や「インデックス・バッファ」を用意する必要はありません。

■「頂点バッファ」と「インデックス・バッファ」の設定

「頂点バッファ」を設定するには、「ID3D11DeviceContext::IASetVertexBuffers メソッド」を使い、「インデックス・バッファ」を設定するには、「ID3D11DeviceContext::IASetIndexBuffer メソッド」を使います。

「頂点バッファ」を設定するには、「頂点バッファに含まれる頂点データのサイズ」と「頂点データまでのオフセット」を指定します。

8章　入力アセンブラ

　一度のメソッド呼び出して、複数の「頂点バッファ」を同時に設定できます。そのため、「頂点バッファ」「サイズ」「オフセット」は、それぞれ配列の形で渡します。

＊

　次のコードでは、2つの頂点バッファを入力スロット「0」「1」に設定しています。

```
// IAに頂点バッファを設定
UINT strides[2] = {
    sizeof(XYZBuffer),   // 頂点バッファ①に含まれる頂点データのサイズ
    sizeof(ColBuffer)    // 頂点バッファ②に含まれる頂点データのサイズ
};
UINT offsets[2] = {
    0,                   // 頂点バッファ①のオフセット
    0                    // 頂点バッファ②のオフセット
};
g_pImmediateContext->IASetVertexBuffers(
    0,              // 設定する最初の入力スロット番号
    2,              // 設定する頂点バッファの数
    g_pVerBuffer,   // 設定する頂点バッファの配列
    strides,        // 各頂点バッファの要素サイズ
    offsets);       // 各頂点バッファのオフセット
```

　インデックス・バッファの設定では、**第2引数**に、インデックスが16ビット値の場合は「DXGI_FORMAT_R16_UINT」を指定し、32ビット値の場合は「DXGI_FORMAT_R32_UINT」を指定します。

```
// IAにインデックス・バッファを設定
g_pImmediateContext->IASetIndexBuffer(
    g_pIdxBuffer,           // 設定するインデックス・バッファ
    DXGI_FORMAT_R32_UINT,   // インデックス・バッファのフォーマット（32ビット）
    0);                     // インデックス・バッファのオフセット
```

ID3D11DeviceContext::IASetVertexBuffers メソッド

void ID3D11DeviceContext::IASetVertexBuffers(　　UINT　　　　　　　　　　StartSlot, 　　UINT　　　　　　　　　　NumBuffers, 　　ID3D11Buffer *const*　　ppVertexBuffers, 　　const UINT*　　　　　　pStrides, 　　const UINT*　　　　　　pOffsets);	
StartSlot	頂点バッファを設定する最初の入力スロットの番号。 「0」〜「D3D11_IA_VERTEX_INPUT_RESOURCE_SLOT_COUNT - 1」。
NumBuffers	設定する頂点バッファの配列の要素数。
ppVertexBuffers	設定する頂点バッファの配列。
pStrides	各頂点バッファの要素サイズ（バイト数）を指定する値の配列。
pOffsets	各頂点バッファにおいて、頂点バッファの最初の要素から最初に使われる要素までのオフセット（バイト数）を指定する値の配列。

3 入力レイアウト・オブジェクト

ID3D11DeviceContext::IASetIndexBuffer メソッド

void ID3D11DeviceContext::IASetIndexBuffer (	
ID3D11Buffer*	pIndexBuffer,
DXGI_FORMAT	Format,
UINT	Offset);
pIndexBuffer	設定するインデックス・バッファ。
Format	インデックス・バッファのフォーマット。 インデックスが 16 ビット値の場合は「DXGI_FORMAT_R16_UINT」、32 ビット値の場合は「DXGI_FORMAT_R32_UINT」を指定。
Offset	インデックス・バッファの先頭から使用する最初のインデックス値までのオフセット（バイト数）。

3 入力レイアウト・オブジェクト

　頂点バッファの作成でも解説したように、Direct3D の頂点バッファには、アプリケーション側で任意の情報を収録できます。そのため「どの頂点バッファのどこにどのようなデータが含まれていて、シェーダにどのように渡すのか」を IA ステージに教える必要があります。そのために必要なのが、「入力レイアウト・オブジェクト」です。

　入力レイアウト・オブジェクトは「ID3D11InputLayout インターフェイス」で扱います。このインターフェイス自体には特に機能はありません。

■ 入力要素配列

　入力レイアウト・オブジェクトを作るには、入力要素の配列を、「D3D11_INPUT_ELEMENT_DESC 構造体」の配列として用意します。
　1つの入力要素は、頂点バッファからの頂点データの1つの要素を定義します。
　ここでは、次のような定義になります。

```
// 入力要素
D3D11_INPUT_ELEMENT_DESC layout[] = {
    {"POSITION", 0, DXGI_FORMAT_R32G32B32_FLOAT, 0, 0, D3D11_INPUT_PER_VER
TEX_DATA, 0},
    {"COLOR",    0, DXGI_FORMAT_R32G32B32_FLOAT, 1, 0, D3D11_INPUT_PER_VER
TEX_DATA, 0}
};
```

　それぞれの値は、次のように解釈されます。

8章 入力アセンブラ

図 8-3 「D3D11_INPUT_ELEMENT_DESC 構造体」の意味

セマンティックに使う文字列は、頂点シェーダ関数（この場合は「VS関数」）の入力引数に使っているセマンティックを指定します。

同じセマンティック名が複数ある場合は、次のインデックス値で区別します。必要がなければ、「0」です。

フォーマットには、データ型を「DXGI_FORMAT 列挙型」で指定します。ここでは、頂点バッファでは「D3DXVECTOR3 型」でデータを定義しているので、3 コンポーネントの 32 ビット浮動小数点数からなる「DXGI_FORMAT_R32G32B32_FLOAT」を指定しています。

*

データの位置として、「データが存在する頂点バッファを登録した入力スロット番号」と、「頂点バッファ内にある頂点データの先頭からデータまでのオフセット値」を指定します。

*

たとえば仮に、

```
struct HogeBuffer1 {   // 入力スロット「0」に登録
    XMFLOAT3 Pos;
    XMFLOAT2 Tex;
    XMFLOAT3 Col;
};

struct HogeBuffer2 {   // 入力スロット「1」に登録
    XMFLOAT3 Norm;
    XMFLOAT2 Tex2;
}
```

といったデータをもつ 2 つの頂点バッファが存在すると仮定した場合、各要素の入力スロット番号とオフセットは、次のようになります。

各要素の入力スロット番号とオフセットの関係

メンバ	入力スロット番号	オフセット
Pos	0	0
Tex	0	12 = sizeof(XMFLOAT3)
Col	0	20 = sizeof(XMFLOAT3) + sizeof(XMFLOAT2)
Norm	1	0
Tex2	1	12 = sizeof(XMFLOAT3)

頂点バッファで渡された 3D オブジェクトを単純に一度描画する場合は、データ種別とインスタンス番号には「D3D11_INPUT_PER_VERTEX_DATA」「0」を渡します。

オブジェクトのインスタンスを複数回描画する場合の設定 (D3D11_INPUT_PER_INSTANCE_DAT

③ 入力レイアウト・オブジェクト

A) については、**17章**で解説します。

D3D11_INPUT_ELEMENT_DESC 構造体

LPCSTR	SemanticName;
UINT	SemanticIndex;
DXGI_FORMAT	Format;
UINT	InputSlot;
UINT	AlignedByteOffset;
D3D11_INPUT_CLASSIFICATION	InputSlotClass;
UINT	InstanceDataStepRate;
SemanticName	シェーダ入力シグネチャの成分と結びつける HLSL のセマンティック名。
SemanticIndex	成分のセマンティック・インデックス番号。1つ以上の成分に同じ名前のセマンティック名がつく場合に、区別するために必要。
Format	エレメントのフォーマット(DXGI_FORMAT 列挙型)。
InputSlot	入力スロット番号(0 〜 15)。
AlignedByteOffset	要素の先頭までのオフセット値(バイト数)。
InputSlotClass	入力データの種別を指定する次の「D3D11_INPUT_CLASSIFICATION 列挙型」の値。 ・D3D11_INPUT_PER_VERTEX_DATA 　入力データは、各頂点のデータ。 ・D3D11_INPUT_PER_INSTANCE_DATA 　入力データは、各インスタンスごとのデータ。
InstanceDataStepRate	インスタンスごとのデータの繰り返し回数。 各頂点ごとのデータを含んでいるときは、「0」にする。

■ 入力レイアウト・オブジェクトの作成

以上の定義を元に、「ID3D11Device::CreateInputLayout メソッド」で「入力レイアウト・オブジェクト」(ID3D11InputLayout インターフェイス) を作成します。

「Direct3D 11」では、パフォーマンスを向上させるために、パイプラインの設定に関する妥当性検査を描画時ではなく、可能な限りオブジェクトの作成時に行ないます。

描画パイプラインが正しく動作するには、「IA に入力されるデータの構造」と「頂点シェーダ関数への入力データの構造」が一致している必要があります。そのため、入力レイアウト・オブジェクトを作る際に、この2つが一致していることを確認するための頂点シェーダの「入力シグネチャ」が必要になります。

頂点シェーダの「入力シグネチャ」は、コンパイルされた頂点シェーダのバイト・コードに含まれています。そのため、入力レイアウト・オブジェクトの作成には、頂点シェーダのバイト・コードが必要です。

バイト・コードは、前章でシェーダ・オブジェクトを作ったときの要領で用意します。

入力レイアウト・オブジェクトの作成

```
ID3D11InputLayout* g_pInputLayout = NULL;    // 入力レイアウト・オブジェクト

// 入力レイアウト・オブジェクトの作成
hr = g_pD3DDevice->CreateInputLayout(
```

8章 入力アセンブラ

```
            layout,                          // 定義の配列
            _countof(layout),                // 定義の要素数
            pBlobVS->GetBufferPointer(),     // バイト・コードへのポインタ
            pBlobVS->GetBufferSize(),        // バイト・コードのサイズ
            &g_pInputLayout);                // 受け取る変数のポインタ
if (FAILED(hr))
    return false;// 失敗
```

「_countof マクロ」は、配列の要素数を返すマクロで、よく使われる、「sizeof（layout）/sizeof（layout[0]）」と同じ結果を返します。

（C++ 言語の場合は、もう少し複雑な定義になっています）。

なお、このマクロが使えるのは、本当の配列だけで、ポインタは指定できません（ C++ 言語ではエラーになります）。

ID3D11Device::CreateInputLayout メソッド

HRESULT ID3D11Device::CreateInputLayout(	
const D3D11_INPUT_ELEMENT_DESC* pInputElementDescs,	
UINT NumElements,	
const void* pShaderBytecodeWithInputSignature,	
SIZE_T BytecodeLength,	
ID3D11InputLayout** ppInputLayout);	
pInputElementDescs	入力アセンブラ・ステージへの入力要素のデータ型を定義する「D3D11_INPUT_ELEMENT_DESC 構造体」の配列。
NumElements	入力要素のデータ型を定義する配列の要素数。
pShaderBytecodeWithInputSignature	コンパイルされたシェーダへのポインタ。
BytecodeLength	コンパイルされたシェーダのサイズ。
ppInputLayout	作成された入力レイアウト・オブジェクトを受け取る変数のポインタ。「NULL」を指定すると、他の引数の妥当性検査だけを行ない、パスすると「S_FALSE」を返す。

■ 入力レイアウト・オブジェクトの設定

「入力レイアウト・オブジェクト」を設定するには、「ID3D11DeviceContext::IASetInputLayout メソッド」を使います。

```
// 入力レイアウト・オブジェクトの設定
g_pImmediateContext->IASetInputLayout(g_pInputLayout);
```

ID3D11DeviceContext::IASetInputLayout メソッド

void ID3D11DeviceContext::IASetInputLayout(	
ID3D11InputLayout* pInputLayout);	
pInputLayout	IA ステージに設定する入力レイアウト・オブジェクト。

4 プリミティブの種類

描画するプリミティブの種類は、IA に設定します。

プリミティブの種類は、「ID3D11DeviceContext::IASetPrimitiveTopology メソッド」に図6-1 の「D3D_PRIMITIVE_TOPOLOGY 列挙型」を渡して設定します。
ここでは、三角形リストを描画するので、「D3D_PRIMITIVE_TOPOLOGY_TRIANGLELIST」を設定することになります。

```
// プリミティブの種類の設定
g_pImmediateContext->IASetPrimitiveTopology(
    D3D_PRIMITIVE_TOPOLOGY_TRIANGLELIST);  // 三角形リスト
```

ID3D11DeviceContext::IASetPrimitiveTopology メソッド

void ID3D11DeviceContext::IASetPrimitiveTopology(D3D11_PRIMITIVE_TOPOLOGY Topology);	
Topology	描画するプリミティブの種類。

9章

ラスタライザ

ラスタライザは、3D オブジェクトを描画先のテクセル単位に分解し、ピクセル・シェーダに処理を引き継ぎます。この章では、ラスタライザの基本的な使い方を解説します。

DirectX11

9章 ラスタライザ

1 ラスタライザの概要

「ジオメトリ・シェーダ」から出力された「プリミティブ」(「点」「線」「三角形」) は、「ラスタライザ・ステージ」に送られて、ラスタライザによって描画先のピクセル (テクセル) 単位に分解されます。

この際に、ラスタライザでは、次のような処理を行ないます。
・見えないプリミティブの除去 (裏面除去。カリング処理)。
・座標のビューポート変換。
・シザー矩形によるクリッピング。
・深度バイアスの計算。
・プリミティブを描画ターゲット上のテクセル単位に展開。
・マルチ・サンプルやフィル・モードの設定に応じた処理。

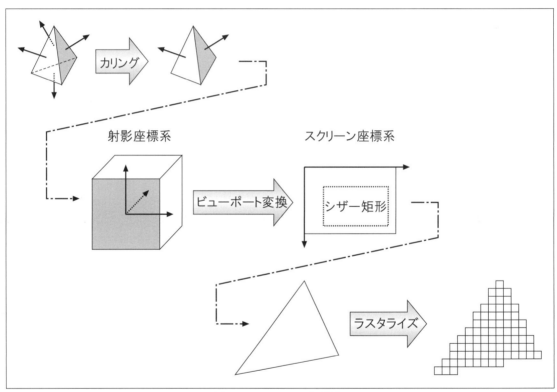

図9-1　ラスタライザの機能

「ラスタライザ」の設定には、次のようなメソッドやインターフェイスと構造体を使います。

2 ラスタライザ・ステート・オブジェクト

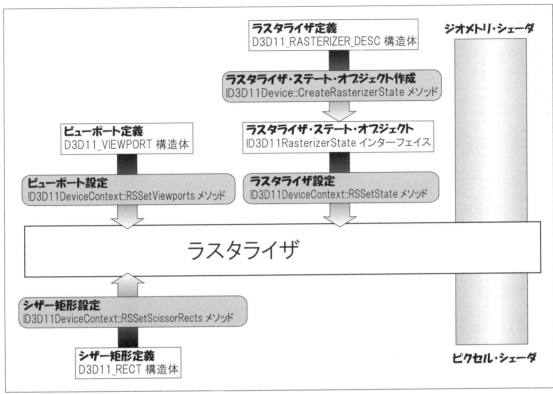

図11-2 ラスタライザの設定メソッド

2 ラスタライザ・ステート・オブジェクト

ラスタライザ・ステージの動作は、「ラスタライザ・ステート・オブジェクト」で設定します。このステート・オブジェクトは、「**ID3D11RasterizerState インターフェイス**」で扱います。

■「ラスタライザ・ステート・オブジェクト」の作成

「ラスタライザ・ステート・オブジェクト」を作るには、「D3D11_RASTERIZER_DESC 構造体」と「ID3D11Device::CreateRasterizerState メソッド」を使います。

```
ID3D11RasterizerState*  g_pRasterizerState = NULL;

    // ラスタライザ・ステート・オブジェクトの作成
    D3D11_RASTERIZER_DESC RSDesc;
    RSDesc.FillMode = D3D11_FILL_SOLID;    // 普通に描画
    RSDesc.CullMode = D3D11_CULL_NONE;     // 両面を描画
    RSDesc.FrontCounterClockwise = FALSE;  // 時計回りが表面
    RSDesc.DepthBias            = 0;       // 深度バイアス「0」
    RSDesc.DepthBiasClamp       = 0;
    RSDesc.SlopeScaledDepthBias = 0;
    RSDesc.DepthClipEnable      = FALSE;   // 深度クリッピングなし
```

9章 ラスタライザ

```
    RSDesc.ScissorEnable         = FALSE;  // シザー矩形なし
    RSDesc.MultisampleEnable     = FALSE;  // マルチサンプリングなし
    RSDesc.AntialiasedLineEnable = FALSE;  // ライン・アンチエイリアシングなし
    hr = g_pD3DDevice->CreateRasterizerState(&RSDesc, &g_pRasterizerState);
    if (FAILED(hr))
        // 失敗
```

「ラスタライザ・ステート・オブジェクト」では、「ラスタライザ」の以下の機能が設定できます。

● フィル・モード

「D3D11_RASTERIZER_DESC::FillMode メンバ」で、三角形の描画方法を指定します。
「D3D11_FILL_WIREFRAME」を指定すると、頂点を結ぶ線が描画されます(ワイヤフレーム)。
「D3D11_FILL_SOLID」を指定すると、頂点の内側が塗りつぶされます。通常はこちらを指定します。

```
RSDesc.FillMode = D3D11_FILL_SOLID;        // 普通に描画
RSDesc.FillMode = D3D11_FILL_WIREFRAME;    // ワイヤフレームを描画
```

● カリング処理

通常、裏を向いている三角形は見えません。最も効率的な処理は、何もしない処理です。最終的に見えないことが分かりきっているなら、裏向きの三角形は描画処理を省いてしまうのが望ましいでしょう。また、何か特殊な処理をするために、裏(または表)を向いている三角形だけを描画したい場合もあります。

「D3D11_RASTERIZER_DESC::CullMode メンバ」にカリング処理の方法を指定することで、このような場合に無駄な処理を省き、パフォーマンスを向上させることができます。

カリング処理の方法は、(a)「D3D11_CULL_NONE」で両面を描画(カリングなし)、(b)「D3D11_CULL_FRONT」で表面を描画しない、(c)「D3D11_CULL_BACK」で裏面を描画しない、となります。

```
RSDesc.CullMode = D3D11_CULL_NONE;    // 表面も裏面も描画する
RSDesc.CullMode = D3D11_CULL_FRONT;   // 表面をカリング(裏面を描画)
RSDesc.CullMode = D3D11_CULL_BACK;    // 裏面をカリング(表面を描画)
```

面のどちらが表面になるかは、「D3D11_RASTERIZER_DESC::FrontCounterClockwise メンバ」で指定できます。
「FALSE」を指定すると、描画時に頂点が時計回りに並ぶ面が「表」になり、反時計回りに並ぶ面が「裏」になります。
「TRUE」を指定すると、描画時に頂点が反時計回りに並ぶ面が「表」になり、時計回りに並ぶ面が「裏」になります。

```
RSDesc.FrontCounterClockwise = FALSE;  // 時計回りが表面
RSDesc.FrontCounterClockwise = TRUE;   // 反時計回りが表面
```

● 深度バイアス

「深度バイアス」とは、実際の「Z値」に加算される値です。

2 ラスタライザ・ステート・オブジェクト

「深度（Z）バイアス」を使うことで、3D空間で同一平面上にある三角形を、同一平面上ではないように表現できます。

たとえば、ある平面上に影が映っている場合、影は常に平面の上に描画されなければなりません。

しかし、3D座標的には平面と影は同一平面上に存在します（視点からの距離が同じ）が、「深度バイアス」を使うことで、この2つを区別することができます。

「深度バイアス」は、「D3D11_RASTERIZER_DESC構造体」の「DepthBiasメンバ」「DepthBiasClampメンバ」「SlopeScaledDepthBiasメンバ」を使って、以下の3ステップで計算されます。

なお、「r」は、深度バッファのフォーマットにおいて、「r > 0」となる最小の値です。

[ステップ1]
深度バッファのフォーマットが「UNORM」、または、深度バッファがない場合

```
Bias = (float)DepthBias * r + SlopeScaledDepthBias * MaxDepthSlope;
```

深度バッファのフォーマットが、浮動小数点数の場合

```
Bias = (float)DepthBias * 2^(exponent(max z in primitive) - r) +
       SlopeScaledDepthBias * MaxDepthSlope;
```

[ステップ2]

```
if (DepthBiasClamp > 0)
    Bias = min(DepthBiasClamp, Bias)
else if (DepthBiasClamp < 0)
    Bias = max(DepthBiasClamp, Bias)
```

[ステップ3]

```
if ( (DepthBias != 0) || (SlopeScaledDepthBias != 0) )
    z = z + Bias
```

● シザー矩形

描画先の特定の領域内にだけ描画させたい場合は、「シザー矩形」を指定することで描画領域を限定できます。

「シザー矩形」によるクリッピングを有効にするには、「D3D11_RASTERIZER_DESC::ScissorEnableメンバ」に「TRUE」を設定します。

なお、シザー矩形そのものは、「ID3D11DeviceContext::RSSetScissorRectsメソッド」で設定します。

● マルチ・サンプリング

マルチ・サンプリングによる「アンチ・エイリアシング」は、画質を向上される技術の1つです。マルチ・サンプリングについては、**2章**を参照してください。

「D3D11_RASTERIZER_DESC::MultisampleEnableメンバ」に「TRUE」を設定することで、マルチ・サンプリングによる「アンチ・エイリアシング処理」を有効にできます。

また、このメンバを「FALSE」にした場合、「D3D11_RASTERIZER_DESC::AntialiasedLineEnableメンバ」を「TRUE」に設定することで、線の描画で「アンチ・エイリアシング処理」を有効にできます。

なお、マルチ・サンプリングの設定自体は、スワップ・チェインを作る際に、「DXGI_SWAP_

9章 ラスタライザ

CHAIN_DESC 構造体」で行ないます。

D3D11_RASTERIZER_DESC 構造体

D3D11_FILL_MODE	FillMode;
D3D11_CULL_MODE	CullMode;
BOOL	FrontCounterClockwise;
INT	DepthBias;
FLOAT	DepthBiasClamp;
FLOAT	SlopeScaledDepthBias;
BOOL	DepthClipEnable;
BOOL	ScissorEnable;
BOOL	MultisampleEnable;
BOOL	AntialiasedLineEnable;

FillMode	フィル・モードを設定する次の値。 ・D3D11_FILL_WIREFRAME　ワイヤフレーム(頂点を結ぶ線)を描画。 ・D3D11_FILL_SOLID　　　三角形(頂点の内側)を塗りつぶし。
CullMode	裏面処理(カリング)モードを設定する次の値。 ・D3D11_CULL_NONE　　すべての三角形を描画。 ・D3D11_CULL_FRONT　表を向いている三角形を描画しない。 ・D3D11_CULL_BACK　　裏を向いている三角形を描画しなし。
FrontCounterClockwise	三角形の表裏を決める頂点の並び順。 ・TRUE　　描画時に、反時計回りなら「表」、時計回りなら「裏」。 ・FALSE　描画時に、時計回りなら「表」、反時計回りなら「裏」。
DepthBias	深度値に加えるバイアス。
DepthBiasClamp	深度値に加えるバイアスの最大値。
SlopeScaledDepthBias	与えるバイアスの勾配。
DepthClipEnable	「TRUE」なら深度値によるクリッピングを有効にする。
ScissorEnable	シザー矩形によるカリングを有効にする。
MultisampleEnable	マルチ・サンプルによる「アンチ・エイリアシング」を有効にする。
AntialiasedLineEnable	線の「アンチ・エイリアシング」を有効にする。線を描画していて、かつ、「MultisampleEnable メンバ」が「FALSE」のときのみ有効。

■「ラスタライザ・ステート・オブジェクト」の設定

「ラスタライザ・ステート・オブジェクト」を「ラスタライザ・ステージ」に設定するには、「ID3D11DeviceContext::RSSetState メソッド」を使います。

```
// RS にラスタライザ・ステート・オブジェクトを設定
g_pImmediateContext->RSSetState(g_pRasterizerState);
```

ID3D11DeviceContext::RSSetState メソッド

void ID3D11DeviceContext::RSSetState(　ID3D11RasterizerState* pRasterizerState);	
pRasterizerState	パイプラインの「ラスタライザ・ステージ」に設定する、「ラスタライザ・ステート・オブジェクト」。

3 ビューポート

「ビューポート」は、射影空間からスクリーン空間への「ビューポート変換」を定義します。また、描画ターゲット内の描画領域を指定します。
「ビューポート変換」の具体的な設定については、2章で解説しています。

4 シザー矩形

「シザー矩形」は、ビューポート内での描画領域を指定します。
「ビューポート」とは異なり、射影空間からスクリーン空間への「ビューポート変換」とは無関係です。単純に、この内側の領域にだけ描画が実行され、外側には描画されません。
「シザー矩形」の有効無効は、「ラスタライザ・ステート・オブジェクト」で設定します。
「シザー矩形」の領域は、「ID3D11DeviceContext::RSSetScissorRects メソッド」で設定します。

ID3D1DeviceContext::RSSetScissorRects メソッド

void ID3D11DeviceContext::RSSetScissorRects (
  UINT　　　　　　　　NumRects,
  const D3D11_RECT* pRects);	

NumRects	設定するシザー矩形の数。
pRects	設定するシザー矩形の配列。 なお、「D3D11_RECT 構造体」は「RECT 構造体」の別名として定義されている。

DirectX11

10章

出力マージャー

「出力マージャー」（OM）ステージでは、「ピクセル・シェーダ」から出力されたピクセル値や、「深度/ステンシル・バッファ」の値を使って、最終的な描画判定や描画される色を決定します。この章では、「出力マージャー」の基本的な機能と設定について解説します。

DirectX 11

10章　出力マージャー

1　出力マージャーの概要

「出力マージャー」(OM)ステージは、ピクセル・シェーダから出力されたピクセルの値を描画ターゲットに書き込むステージです。

このとき、「ブレンド・ステート」の設定に従って最終的に書き込む値を計算し、「深度/ステンシル・ステート」の設定に従って、ピクセル値を書き込むかどうか最終的に判定します。

「出力マネージャー」の設定には、次のような「メソッド」と「インターフェイス」「構造体」を使います。

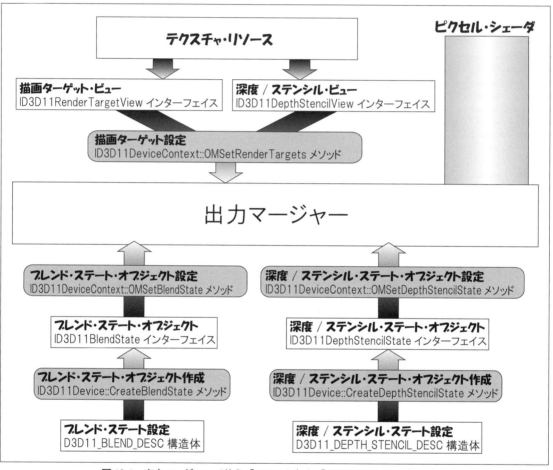

図10-1　出力マージャーで使う「メソッド」と「インターフェイス」の概要

2　描画ターゲット

　「出力マージャー」の最も重要な機能は、描画ターゲットに「描画パイプライン」で計算されたピクセル値を書き込むことです。「出力マージャー」には、同時に 8 つの描画ターゲットと、1 つの「深度 / ステンシル・バッファ」を設定できます。

*

　「描画ターゲット」と「深度 / ステンシル・バッファ」の設定については、2 章で解説しています。

3　ブレンド・ステート

　「ブレンド・ステート」では、ピクセル・シェーダから出力された「ピクセルの値」（ソース：Src）と「描画ターゲットの値」（ディスティネーション：Dest）に、それぞれ係数を掛け合わせて、その値に対して指定した演算を行ない、描画ターゲットに書き込まれる値を決めます。

描画ターゲットの値　＝　演算方法（SRC の値 × SRC の係数 , DEST の値 × DEST の係数）

　係数は「D3D11_BLEND 列挙型」で指定し、演算方法は「D3D11_BLEND_OP 列挙型」で指定します。

*

　「ブレンド処理」は、図 10-2 のような流れで行なわれます。

　「Direct3D 11」のブレンド処理では、「デュアル・ソース色ブレンド」がサポートされています。
　「ピクセル・シェーダ」からは、1 つの描画ターゲットに 1 つの値しか出力されませんが、「デュアル・ソース色ブレンド」機能を使うと、2 つの値を出力して、「出力マージャー・ステージ」でブレンドさせることができます。

　「デュアル・ソース色ブレンド」を有効にするには、描画ターゲットを唯一「スロット 0」にだけ設定した状態で、ピクセル・シェーダから「SV_TARGET0」と「SV_TARGET1」（セマンティック名）に出力します。

　「デュアル・ソース色ブレンド」を使わない場合は、「SV_TARGET1」用の「D3D11_BLEND 列挙型」の値（「D3D11_BLEND_SRC1_COLOR」「D3D11_BLEND_INV_SRC1_COLOR」「D3D11_BLEND_SRC1_ALPHA」「D3D11_BLEND_INV_SRC1_ALPHA」）は使われません。

*

　定数値は、ブレンド・ステート・オブジェクトを設定する「ID3D11DeviceContext::OMSetBlendState メソッド」の**第 2 引数**で、RGBA 別に設定します。

10章　出力マージャー

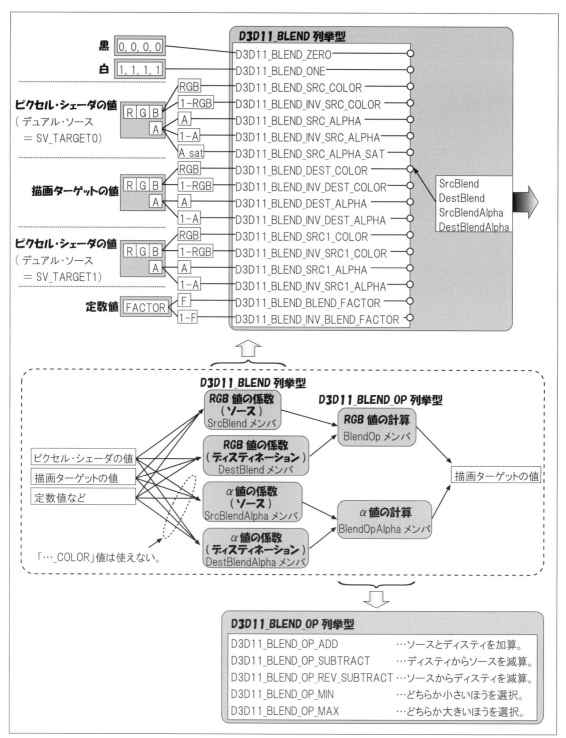

図10-2　ブレンド・ステートの動作

　たとえば、加算合成は「Src = ONE」「Dest = ONE」「Op = Add」、描画するアルファ値で透明度を決める場合は「Src = SRC_ALPHA」「Dest = INV_SRC_ALPHA」「Op = Add」などを指定します。

■「ブレンド・ステート・オブジェクト」の作成

「ブレンド・ステート・オブジェクト」は、「ID3D11BlendState インターフェイス」で扱います。

「ブレンド・ステート・オブジェクト」を作るには、「D3D11_BLEND_DESC 構造体」と「ID3D11Device::CreateBlendState メソッド」を使います。

*

「D3D11_BLEND_DESC::AlphaToCoverageEnable メンバ」は、マルチサンプリングにおいて、描画ターゲットにピクセル値を設定するときα値を使うかどうか設定します。

「D3D11_BLEND_DESC::IndependentBlendEnable メンバ」を「FALSE」にすると、RenderTarget[0] の設定のみが使われ、RenderTarget[1] ～ [7]の設定が無視されます。

なお、「Direct3D 10」では、「BlendEnable」と「RenderTargetWriteMask」以外のブレンド・ステートは、全体で1セットしか設定できませんでしたが、「Direct3D 11」では、各描画ターゲットごとに設定できるようになっています。

「D3D11_BLEND_DESC::RenderTarget[x].BlendEnable メンバ」は、ピクセル・シェーダの値と描画ターゲットの値のブレンド処理を行なうかどうか設定します。設定は、各描画ターゲットごとに行ないます。

「D3D11_BLEND_DESC::RenderTarget[x].RenderTargetWriteMask メンバ」は、描画ターゲットにどの色を書き込むかを指定します。

この指定は、各描画ターゲットごとに「D3D11_COLOR_WRITE_ENABLE 列挙型」の組み合わせで行ないます。RGBA すべての値を書き込むには、「D3D11_COLOR_WRITE_ENABLE_ALL」を指定します。

*

その他のメンバの意味については、**図 10-2** を参照してください。

*

ピクセル・シェーダからの値を単純にそのまま書き込む、スロット「0」の描画ターゲットを対象とした設定は、次のようになります。

```
ID3D11BlendState*          g_pBlendState = NULL;

// ブレンド・ステート・オブジェクトの作成
D3D11_BLEND_DESC BlendState;
ZeroMemory(&BlendState, sizeof(D3D11_BLEND_DESC));
BlendState.AlphaToCoverageEnable  = FALSE;
BlendState.IndependentBlendEnable = FALSE;  // RenderTarget[0]のみ使用
BlendState.RenderTarget[0].BlendEnable = FALSE;  // ブレンド設定無効
BlendState.RenderTarget[0].RenderTargetWriteMask
                          = D3D11_COLOR_WRITE_ENABLE_ALL; // すべての色
hr = g_pD3DDevice->CreateBlendState(&BlendState, &g_pBlendState);
if (FAILED(hr))
    // 失敗
```

なお、ブレンド・ステートのデフォルト設定は、次のようになっています。

10章 出力マージャー

ブレンド・ステートのデフォルト設定

メンバ	デフォルト値
AlphaToCoverageEnable	FALSE
IndependentBlendEnable	FALSE
RenderTarget[0].BlendEnable	FALSE
RenderTarget[0].SrcBlend	D3D11_BLEND_ONE
RenderTarget[0].DestBlend	D3D11_BLEND_ZERO
RenderTarget[0].BlendOp	D3D11_BLEND_OP_ADD
RenderTarget[0].SrcBlendAlpha	D3D11_BLEND_ONE
RenderTarget[0].DestBlendAlpha	D3D11_BLEND_ZERO
RenderTarget[0].BlendOpAlpha	D3D11_BLEND_OP_ADD
RenderTarget[0].RenderTargetWriteMask	D3D11_COLOR_WRITE_ENABLE_ALL

■ ブレンド・ステート・オブジェクトの設定

　ブレンド・ステート・オブジェクトをステージに設定するには、「ID3D11DeviceContext::OMSetBlendState メソッド」を使います。

```
// OM にブレンド・ステート・オブジェクトを設定
FLOAT BlendFactor[4] = {0.0f, 0.0f, 0.0f, 0.0f};
g_pImmediateContext->OMSetBlendState(g_pBlendState,      // 設定するオブジェクト
                                     BlendFactor,        // 定数値(RGBA)
                                     0xffffffff);        // サンプル用マスク
```

D3D11_BLEND_DESC 構造体

BOOL	AlphaToCoverageEnable;
BOOL	IndependentBlendEnable;
BOOL	RenderTarget[x].BlendEnable;
D3D11_BLEND	RenderTarget[x].SrcBlend;
D3D11_BLEND	RenderTarget[x].DestBlend;
D3D11_BLEND_OP	RenderTarget[x].BlendOp;
D3D11_BLEND	RenderTarget[x].SrcBlendAlpha;
D3D11_BLEND	RenderTarget[x].DestBlendAlpha;
D3D11_BLEND_OP	RenderTarget[x].BlendOpAlpha;
UINT8	RenderTarget[x].RenderTargetWriteMask;
AlphaToCoverageEnable	「TRUE」の場合、マルチサンプリングにおいて、描画ターゲットにピクセル値を設定するときα値を使う。
IndependentBlendEnable	「FALSE」の場合、RenderTarget[0]の設定のみが使われ、RenderTarget[1]～[7]の設定が無視される。
BlendEnable	「TRUE」の場合、ブレンディングを有効にする。
SrcBlend	ソースのRGB値を選択。
DestBlend	ディスティネーションのRGB値を選択。
BlendOp	RGB値のブレンド設定。
SrcBlendAlpha	ソースのα値を選択。「_COLOR」で終わる値は使えない。

③ ブレンド・ステート

DestBlendAlpha	ディスティネーションのα値を選択。 「_COLOR」で終わる値は使えない。
BlendOpAlpha	α値のブレンド設定。
RenderTargetWriteMask	RGBA値のうち、書き込む値を指定する。 「D3D11_COLOR_WRITE_ENABLE列挙型」の組み合わせ。

D3D11_BLEND 列挙型

D3D11_BLEND_ZERO	「黒」(0, 0, 0, 0)。
D3D11_BLEND_ONE	「白」(1, 1, 1, 1)。
D3D11_BLEND_SRC_COLOR	「ピクセル・シェーダの値」(RGB)。
D3D11_BLEND_INV_SRC_COLOR	「1－ピクセル・シェーダの値」(1-RGB)。
D3D11_BLEND_SRC_ALPHA	「ピクセル・シェーダのα値」(A)。
D3D11_BLEND_INV_SRC_ALPHA	「1－ピクセル・シェーダのα値」(1-A)。
D3D11_BLEND_DEST_ALPHA	「描画ターゲットのα値」(A)
D3D11_BLEND_INV_DEST_ALPHA	「1－描画ターゲットのα値」(1-A)
D3D11_BLEND_DEST_COLOR	「描画ターゲットの値」(RGB)
D3D11_BLEND_INV_DEST_COLOR	「1－描画ターゲットの値」(1-RGB)
D3D11_BLEND_SRC_ALPHA_SAT	「ピクセル・シェーダのα値」(A)。値を1以下に制限。
D3D11_BLEND_BLEND_FACTOR	設定値。
D3D11_BLEND_INV_BLEND_FACTOR	1－設定値。
D3D11_BLEND_SRC1_COLOR	「ピクセル・シェーダの値」(RGB)。 デュアル・ソース・ブレンド時の「SV_TARGET1」。
D3D11_BLEND_INV_SRC1_COLOR	「1－ピクセル・シェーダの値」(RGB)。 デュアル・ソース・ブレンド時の「SV_TARGET1」。
D3D11_BLEND_SRC1_ALPHA	「ピクセル・シェーダのα値」(RGB)。 デュアル・ソース・ブレンド時の「SV_TARGET1」。
D3D11_BLEND_INV_SRC1_ALPHA	「1－ピクセル・シェーダのα値」(RGB)。 デュアル・ソース・ブレンド時の「SV_TARGET1」。

D3D11_BLEND_OP 列挙型

D3D11_BLEND_OP_ADD	ソースとディスティネーションを加算。
D3D11_BLEND_OP_SUBTRACT	ディスティネーションからソースを減算。
D3D11_BLEND_OP_REV_SUBTRACT	ソースからディスティネーションを減算。
D3D11_BLEND_OP_MIN	小さい方の値を採用。
D3D11_BLEND_OP_MAX	大きい方の値を採用。

D3D11_COLOR_WRITE_ENABLE 列挙型

D3D11_COLOR_WRITE_ENABLE_RED	赤の値を書き込む。
D3D11_COLOR_WRITE_ENABLE_GREEN	緑の値を書き込む。
D3D11_COLOR_WRITE_ENABLE_BLUE	青の値を書き込む。
D3D11_COLOR_WRITE_ENABLE_ALPHA	αの値を書き込む。
D3D11_COLOR_WRITE_ENABLE_ALL	すべての値を書き込む。

10章 出力マージャー

ID3D11Device::CreateBlendState メソッド

HRESULT ID3D11Device::CreateBlendState (　const D3D11_BLEND_DESC* pBlendStateDesc, 　ID3D11BlendState**　　　　　ppBlendState);	
pBlendStateDesc	ブレンド・ステートの設定。
ppBlendState	ブレンド・ステート・オブジェクトを受け取る変数のポインタ。

ID3D11DeviceContext::OMSetBlendState メソッド

void ID3D11DeviceContext::OMSetBlendState (　ID3D11BlendState* pBlendState, 　const FLOAT　　　　　BlendFactor[4], 　UINT　　　　　　　　SampleMask);	
pBlendState	設定するブレンド・ステート・オブジェクトのインターフェイス。 「NULL」を指定すると、デフォルトのブレンド・ステートが使われる。
BlendFactor	「D3D11_BLEND_BLEND_FACTOR」で使う「定数値」をRGBA別に指定する配列。
SampleMask	マルチ・サンプル描画ターゲットにおいて、どのサンプルを有効にする(マスクする)かを指定するビット設定。デフォルト設定は「0xffffffff」。 サンプル・マスクは、マルチサンプリングの設定とは独立しいて、マルチ・サンプル描画ターゲットを使うかどうかによりません。

4　深度/ステンシル・ステート

「深度/ステンシル・ステート」は、の「深度テスト」と「ステンシル・テスト」を初期化します。
「深度/ステンシル・ステート・オブジェクト」は、「ID3D11DepthStencilState インターフェイス」で扱います。

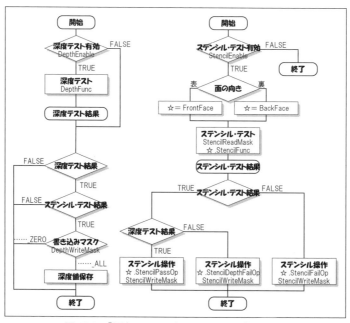

図 12-3　「深度/ステンシル・ステート」の動作

4 深度 / ステンシル・ステート

■ 深度 / ステンシル・ステート・オブジェクトの作成

深度 / ステンシル・ステート・オブジェクトを作るには、「D3D11_DEPTH_STENCIL_DESC 構造体」と「ID3D11Device::CreateDepthStencilState メソッド」を使います。

```
ID3D11DepthStencilState* g_pDepthStencilState = NULL;

// 深度 / ステンシル・ステート・オブジェクトの作成
D3D11_DEPTH_STENCIL_DESC DepthStencil;
DepthStencil.DepthEnable        = TRUE; // 深度テストあり
DepthStencil.DepthWriteMask     = D3D11_DEPTH_WRITE_MASK_ALL; // 書き込む
DepthStencil.DepthFunc          = D3D11_COMPARISON_LESS; // 手前の物体を描画
DepthStencil.StencilEnable      = FALSE; // ステンシル・テストなし
DepthStencil.StencilReadMask    = D3D11_DEFAULT_STENCIL_READ_MASK;
                                  // ステンシル読み込みマスク。
DepthStencil.StencilWriteMask   = D3D11_DEFAULT_STENCIL_WRITE_MASK;
                                  // ステンシル書き込みマスク。
    // 面が表を向いている場合のステンシル・テストの設定
DepthStencil.FrontFace.StencilFailOp = D3D11_STENCIL_OP_KEEP;       // 維持
DepthStencil.FrontFace.StencilDepthFailOp = D3D11_STENCIL_OP_KEEP;  // 維持
DepthStencil.FrontFace.StencilPassOp = D3D11_STENCIL_OP_KEEP;       // 維持
DepthStencil.FrontFace.StencilFunc = D3D11_COMPARISON_ALWAYS;    // 常に成功
    // 面が裏を向いている場合のステンシル・テストの設定
DepthStencil.BackFace.StencilFailOp = D3D11_STENCIL_OP_KEEP;        // 維持
DepthStencil.BackFace.StencilDepthFailOp = D3D11_STENCIL_OP_KEEP;   // 維持
DepthStencil.BackFace.StencilPassOp = D3D11_STENCIL_OP_KEEP;        // 維持
DepthStencil.BackFace.StencilFunc = D3D11_COMPARISON_ALWAYS;     // 常に成功
hr = g_pD3DDevice->CreateDepthStencilState(&DepthStencil,
                                    &g_pDepthStencilState);
if (FAILED(hr))
    // 失敗
```

なお、「深度 / ステンシル・ステート」のデフォルト設定は、次のようになっています。

「深度 / ステンシル・ステート」のデフォルト設定

メンバ	デフォルト値
DepthEnable	TRUE
DepthWriteMask	D3D11_DEPTH_WRITE_MASK_ALL
DepthFunc	D3D11_COMPARISON_LESS
StencilEnable	FALSE
StencilReadMask	D3D11_DEFAULT_STENCIL_READ_MASK
StencilWriteMask	D3D11_DEFAULT_STENCIL_WRITE_MASK
StencilFailOp	D3D11_STENCIL_OP_KEEP
StencilDepthFailOp	D3D11_STENCIL_OP_KEEP
StencilPassOp	D3D11_STENCIL_OP_KEEP
StencilFunc	D3D11_COMPARISON_ALWAYS

10章 出力マージャー

※「D3D11_DEFAULT_STENCIL_READ_MASK」「D3D11_DEFAULT_STENCIL_WRITE_MASK」は共に「(0xff)」と「d3d11.h」ファイル内でマクロ定義されています。

■ 深度 / ステンシル・ステート・オブジェクトの設定

「深度 / ステンシル・ステート・オブジェクト」をステージに設定するには、「ID3D11DeviceContext::OMSetDepthStencilState メソッド」を使います。

```
// OM に深度 / ステンシル・ステート・オブジェクトを設定
g_pImmediateContext->OMSetDepthStencilState(g_pDepthStencilState,
                              0);    // ステンシル・テストで使う参照値
```

D3D11_DEPTH_STENCIL_DESC 構造体

BOOL	DepthEnable;
D3D11_DEPTH_WRITE_MASK	DepthWriteMask;
D3D11_COMPARISON_FUNC	DepthFunc;
BOOL	StencilEnable;
UINT8	StencilReadMask;
UINT8	StencilWriteMask;
D3D11_DEPTH_STENCILOP_DESC	FrontFace;
D3D11_DEPTH_STENCILOP_DESC	BackFace;
DepthEnable	「TRUE」で、深度テストが有効。「FALSE」で無効。
DepthWriteMask	深度値の書き込みマスク。 ・D3D11_DEPTH_WRITE_MASK_ZERO　書き込まない。 ・D3D11_DEPTH_WRITE_MASK_ALL　書き込む。
DepthFunc	深度テストを行なう関数。
StencilEnable	「TRUE」で、ステンシル・テストが有効。「FALSE」で無効。
StencilReadMask	ステンシル値の読み込みマスク。
StencilWriteMask	ステンシル値の書き込みマスク。
FrontFace	深度テストとステンシル・テストの結果の解釈(表面を向いている)。
BackFace	深度テストとステンシル・テストの結果の解釈(裏面を向いている)。

D3D11_COMPARISON_FUNC 列挙型

D3D11_COMPARISON_NEVER	比較は常に失敗。
D3D11_COMPARISON_LESS	「ソース値<ディスティネーション値」の場合、成功。
D3D11_COMPARISON_EQUAL	「ソース値=ディスティネーション値」の場合、成功。
D3D11_COMPARISON_LESS_EQUAL	「ソース値<=ディスティネーション値」の場合、成功。
D3D11_COMPARISON_GREATER	「ソース値>ディスティネーション値」の場合、成功。
D3D11_COMPARISON_NOT_EQUAL	「ソース値≠ディスティネーション値」の場合、成功。
D3D11_COMPARISON_GREATER_EQUAL	「ソース値>=ディスティネーション値」の場合、成功。
D3D11_COMPARISON_ALWAYS	比較は常に成功。

④ 深度 / ステンシル・ステート

D3D11_DEPTH_STENCILOP_DESC 構造体

D3D11_STENCIL_OP StencilFailOp; D3D11_STENCIL_OP StencilDepthFailOp; D3D11_STENCIL_OP StencilPassOp; D3D11_COMPARISON_FUNC StencilFunc;	
StencilFailOp	ステンシル・テストに失敗したときの動作。
StencilDepthFailOp	ステンシル・テストに成功して、深度テストに失敗したときの動作。
StencilPassOp	ステンシル・テストと深度テストの両方に成功したときの動作。
StencilFunc	ステンシル・テストを行なう関数。

D3D11_STENCIL_OP 列挙型

D3D11_STENCIL_OP_KEEP	現在のステンシル値を維持する。
D3D11_STENCIL_OP_ZERO	現在のステンシル値を「0」にする。
D3D11_STENCIL_OP_REPLACE	ステンシル値を「ID3D11DeviceContext::OMSetDepthStencilState メソッド」で渡される参照値に設定する。
D3D11_STENCIL_OP_INCR_SAT	ステンシル値を「＋1」して、結果を制限する。
D3D11_STENCIL_OP_DECR_SAT	ステンシル値を「－1」して、結果を制限する。
D3D11_STENCIL_OP_INVERT	ステンシル値を反転する。
D3D11_STENCIL_OP_INCR	ステンシル値を「＋1」して、結果をラップする。
D3D11_STENCIL_OP_DECR	ステンシル値を「－1」して、結果をラップする。

ID3D11Device::CreateDepthStencilState メソッド

HRESULT ID3D11Device::CreateDepthStencilState(　const D3D11_DEPTH_STENCIL_DESC* pDepthStencilDesc, 　ID3D11DepthStencilState** ppDepthStencilState);	
pDepthStencilDesc	深度 / ステンシル・ステートの設定。
ppDepthStencilState	深度 / ステンシル・ステート・オブジェクトを受け取る変数のポインタ。

ID3D11DeviceContext::OMSetDepthStencilState メソッド

void ID3D11DeviceContext::OMSetDepthStencilState(　ID3D11DepthStencilState* pDepthStencilState, 　UINT StencilRef);	
pDepthStencilState	設定する深度 / ステンシル・ステート・オブジェクト。
StencilRef	ステンシル・テストで使われる参照値。

11章

基本的な3D描画

6章から10章の処理で、描画に必要なデータやオブジェクトが揃いました。
この章では、それらを使って描画パイプラインを組み立てて、実際に立方体を描画します。

DirectX11

11章　基本的な3D描画

1　描画手順

5章で解説したように、描画は次のような手順で行なわれます。

②設定	定数バッファへの書き込み(7章)。 入力アセンブラ・ステージの設定(8章)。 各シェーダ・ステージの設定(7章)。 ラスタライザ・ステージの設定(9章)。 出力マージャー・ステージの設定(10章)。 ビューポートの設定(2章)。 描画ターゲットの設定(2章)。 深度/ステンシル・バッファの設定(2章)。 その他のオブジェクトの設定。
③描画	「Drawメソッド」などの呼び出し。

設定系の操作は、「Draw系メソッド」の実行前に行なわれる限り、どのような順序で行なってもかまいません。

2　定数バッファへの書き込み

まず、描画に使う「ワールド変換行列」「ビュー変換行列」「射影変換行列」「点光源座標」などの設定を定数バッファに書き込みます。もちろん、値を変更しないバッファを書き換える必要はありません。

この章のサンプルでは、
① 画面のリサイズ時に「射影変換行列」（定数バッファ①）。
② フレーム描画時に「ビュー変換行列」「点光源座標」（定数バッファ②）。
③ オブジェクト（立方体）描画時に「ワールド変換行列」（定数バッファ③）。
を書き込みます。

「定数バッファ」（バッファ・リソース）への書き込みは、「ID3D11DeviceContext::Mapメソッド」「ID3D11DeviceContext::Unmapメソッド」を使います。

たとえば、定数バッファに設定する値を、アプリケーション側で、次のような変数に保持していたとします。これらの構造体は6章で頂点バッファを作るときに定義しました。

```
// 定数バッファのデータ
struct cbNeverChanges        g_cbNeverChanges;       // 透視変換行列
struct cbChangesEveryFrame   g_cbChangesEveryFrame;  // ビュー変換行列　光源座標
struct cbChangesEveryObject  g_cbChangesEveryObject; // ワールド変換行列
```

この場合、各定数バッファへの書き込みは、次のようになります。

7章でシェーダをコンパイルする際に、行列の構造を「列優先配置」でコンパイルしました。「XMMATRIX構造体」では、要素が「行優先」の配列として並んでいるので、定数バッファにコピー

2 定数バッファへの書き込み

する際には、「XMMatrixTranspose関数」を使って転置行列に変換して書き込んでいます。

```
// 定数バッファ①を更新
// 射影変換行列(パースペクティブ(透視法)射影)
XMMATRIX mat = XMMatrixPerspectiveFovLH(
        XMConvertToRadians(30.0f),     // 視野角30°
        (float)width / (float)height,  // アスペクト比
        1.0f,                          // 前方投影面までの距離
        20.0f);                        // 後方投影面までの距離
mat = XMMatrixTranspose(mat);
XMStoreFloat4x4(&g_cbNeverChanges.Projection, mat);

// 定数バッファ①のマップ取得
D3D11_MAPPED_SUBRESOURCE MappedResource;
hr = g_pImmediateContext->Map(
                g_pCBuffer[0],          // マップするリソース
                0,                      // サブリソースのインデックス番号
                D3D11_MAP_WRITE_DISCARD,// 書き込みアクセス
                0,                      //
                &MappedResource);       // データの書き込み先ポインタ
if (FAILED(hr))
    return; // 失敗
// データ書き込み
CopyMemory(MappedResource.pData, &g_cbNeverChanges, sizeof
(cbNeverChanges));
// マップ解除
g_pImmediateContext->Unmap(g_pCBuffer[0], 0);
```

```
// 定数バッファ②を更新
// ビュー変換行列
XMVECTORF32 eyePosition   = { 0.0f, 5.0f, -5.0f, 1.0f }; // 視点(カメラの位置)
XMVECTORF32 focusPosition = { 0.0f, 0.0f,  0.0f, 1.0f }; // 注視点
XMVECTORF32 upDirection   = { 0.0f, 1.0f,  0.0f, 1.0f }; // カメラの上方向
XMMATRIX mat = XMMatrixLookAtLH(eyePosition, focusPosition, upDirection);
XMStoreFloat4x4(&g_cbChangesEveryFrame.View, XMMatrixTranspose(mat));
// 点光源座標
XMVECTOR vec = XMVector3TransformCoord(XMLoadFloat3(&g_vLightPos), mat);
XMStoreFloat3(&g_cbChangesEveryFrame.Light, vec);

// 定数バッファ②のマップ取得
D3D11_MAPPED_SUBRESOURCE MappedResource;
hr = g_pImmediateContext->Map(
                g_pCBuffer[1],          // マップするリソース
                0,                      // サブリソースのインデックス番号
                D3D11_MAP_WRITE_DISCARD,// 書き込みアクセス
                0,                      //
                &MappedResource);       // データの書き込み先ポインタ
```

11章 基本的な 3D 描画

```
if (FAILED(hr))
    return;  // 失敗
// データ書き込み
CopyMemory(MappedResource.pData, &g_cbChangesEveryFrame, sizeof
(cbChangesEveryFrame));
// マップ解除
g_pImmediateContext->Unmap(g_pCBuffer[1], 0);


// 定数バッファ③を更新
// ワールド変換行列
XMMATRIX matY, matX;
FLOAT rotate = (FLOAT)(XM_PI * (timeGetTime() % 3000)) / 1500.0f;
matY = XMMatrixRotationY(rotate);
rotate = (FLOAT)(XM_PI * (timeGetTime() % 1500)) / 750.0f;
matX = XMMatrixRotationX(rotate);
XMStoreFloat4x4(&g_cbChangesEveryObject.World, XMMatrixTranspose(matY *
matX));
// 定数バッファ③のマップ取得
hr = g_pImmediateContext->Map(
            g_pCBuffer[2],                // マップするリソース
            0,                            // サブリソースのインデックス番号
            D3D11_MAP_WRITE_DISCARD,      // 書き込みアクセス
            0,                            //
            &MappedResource);             // データの書き込み先ポインタ
if (FAILED(hr))
    return;  // 失敗
// データ書き込み
CopyMemory(MappedResource.pData, &g_cbChangesEveryObject, sizeof
(cbChangesEveryObject));
// マップ解除
g_pImmediateContext->Unmap(g_pCBuffer[2], 0);
```

3 描画パイプラインを構成

次に、描画できるように、描画パイプラインにステート・オブジェクトなどを設定していきます。
各ステージの具体的な設定方法については、2章、5章〜10章を参照してください。

```
// *****************************************
// IAに頂点バッファを設定
UINT strides[2] = { sizeof(XYZBuffer), sizeof(ColBuffer) };
UINT offsets[2] = { 0, 0 };
g_pImmediateContext->IASetVertexBuffers(0, 2, g_pVerBuffer, strides,
offsets);
// IAにインデックス・バッファを設定
```

```
g_pImmediateContext->IASetIndexBuffer(g_pIdxBuffer, DXGI_FORMAT_R32_UINT, 0);
// IA に入力レイアウト・オブジェクトを設定
g_pImmediateContext->IASetInputLayout(g_pInputLayout);
// IA にプリミティブの種類を設定
g_pImmediateContext->IASetPrimitiveTopology(D3D_PRIMITIVE_TOPOLOGY_TRIANGLELIST);

// VS に頂点シェーダを設定
g_pImmediateContext->VSSetShader(g_pVertexShader, NULL, 0);
// VS に定数バッファを設定
g_pImmediateContext->VSSetConstantBuffers(0, 3, g_pCBuffer);

// GS にジオメトリ・シェーダを設定
g_pImmediateContext->GSSetShader(g_pGeometryShader, NULL, 0);
// GS に定数バッファを設定
g_pImmediateContext->GSSetConstantBuffers(0, 3, g_pCBuffer);

// RS にビューポートを設定
g_pImmediateContext->RSSetViewports(1, g_ViewPort);
// RS にラスタライザ・ステート・オブジェクトを設定
g_pImmediateContext->RSSetState(g_pRasterizerState);

// PS にピクセル・シェーダを設定
g_pImmediateContext->PSSetShader(g_pPixelShader, NULL, 0);
// PS に定数バッファを設定
g_pImmediateContext->PSSetConstantBuffers(0, 3, g_pCBuffer);

// OM に描画ターゲット ビューと深度 / ステンシル・ビューを設定
g_pImmediateContext->OMSetRenderTargets(1, &g_pRenderTargetView,
g_bDepthMode ? g_pDepthStencilView : NULL);
// OM にブレンド・ステート・オブジェクトを設定
FLOAT BlendFactor[4] = {0.0f, 0.0f, 0.0f, 0.0f};
g_pImmediateContext->OMSetBlendState(g_pBlendState, BlendFactor,
0xffffffff);
// OM に深度 / ステンシル・ステート・オブジェクトを設定
g_pImmediateContext->OMSetDepthStencilState(g_pDepthStencilState, 0);
```

4 描画

　パイプラインの構成がすんだら、実際にパイプラインを動作させて、描画ターゲットへの描画処理などを行なわせます。

*

　描画パイプラインを実際に動作させるには、次の Draw 系メソッドを実行します。

11章 基本的な3D描画

Draw 系メソッド

ID3D11DeviceContext::Draw メソッド	頂点バッファのデータを描画。
ID3D11DeviceContext::DrawIndexed メソッド	頂点バッファのデータをインデックス・バッファを使って描画。
ID3D11DeviceContext::DrawInstanced メソッド	頂点バッファで定義された3Dオブジェクトのインスタンスを複数描画する。
ID3D11DeviceContext::DrawIndexedInstanced メソッド	インデックス・バッファで定義された3Dオブジェクトのインスタンスを複数描画する。
ID3D11DeviceContext::DrawAuto メソッド	ストリーム出力からのデータを描画。

　Draw 系メソッドは、大きく「単純な描画メソッド」と「インスタンス単位での描画メソッド」に分けられます。
　「Draw メソッド」「DrawIndexed メソッド」が前者の「単純な描画メソッド」で、「DrawInstanced メソッド」「DrawIndexedInstanced メソッド」が後者の「インスタンスの描画メソッド」です。

　「単純な描画メソッド」では、IA に渡された頂点バッファ（とインデックス・バッファ）で構成される3Dオブジェクトをそのまま描画します。立方体のデータを描画すれば、立方体が1つ描画されます。

　「インスタンスの描画メソッド」では、IA に渡された頂点バッファ（とインデックス・バッファ）で構成されるオブジェクトを、複数個描画します。
　たとえば、立方体のデータを IA に渡して「インスタンス数＝3」の設定で描画すれば、立方体が3つ描画されます。同じオブジェクトを違う設定でたくさん描画する際に使います。
　インスタンスの描画方法は、**17章**で解説します。

　「DrawAuto メソッド」は、ストリーム出力（SO）ステージからバッファに出力されたデータを使って描画するメソッドです。このメソッドは **19章**で解説します。

■ インデックス・バッファを使う描画

　ここでは、頂点バッファとインデックス・バッファを使って立方体を1つ描画するので、「ID3D11DeviceContext::DrawIndexed メソッド」を使います。

　描画が終了したら、バックバッファの更新処理などを行ないます。
　この処理は、これまでの章で解説しました。

```
// 頂点バッファのデータをインデックス・バッファを使って描画する
g_pImmediateContext->DrawIndexed(
        36, // 描画するインデックス数(頂点数)
        0,  // インデックス・バッファの最初のインデックスから描画開始
        0); // 頂点バッファ内の最初の頂点データから使用開始
```

ID3D11DeviceContext::DrawIndexed メソッド

void ID3D11DeviceContext::DrawIndexed(　UINT IndexCount, 　UINT StartIndexLocation, 　INT　BaseVertexLocation);	
IndexCount	描画するインデックス数。

StartIndexLocation	最初のインデックスの位置。
BaseVertexLocation	最初の頂点の位置。

■ インデックス・バッファを使わない描画

　プリミティブを構成する頂点データが、頂点バッファ内に順番に格納されている場合、「ID3D11DeviceContext::Draw メソッド」を使ってインデックス・バッファを使わないで描画できます。この場合、IA のインデックス・バッファの設定は無視されます。

ID3D11DeviceContext::Draw メソッド

void ID3D11Device::Draw (　　UINT VertexCount, 　　UINT StartVertexLocation);	
VertexCount	描画する頂点の数。
StartVertexLocation	描画を開始する最初の頂点へのインデックス。

5 サンプル・プログラム

　5～11 章で解説してきた内容のプログラムを「D3D11Sample05」サンプルにまとめました。サンプルでは、画面中央で立方体が回転します。光源として、右手前に点光源が 1 つあります。
　[F2] キーで深度バッファの「有効 / 無効」を切り替えられます。三角形の両面を描画しているので、深度バッファを無効にすると、裏面が描画されることが分かります。

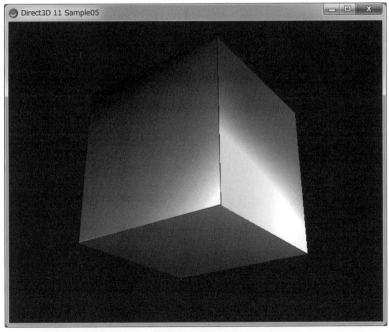

図 11-1　「D3D5Sample05」サンプル

12章

HLSLの文法

「Direct3D 11」のシェーダ・コードは、「HLSL」(高水準シェーディング言語) で記述します。
この章では、「HLSL」の基本について解説します。

DirectX11

12章 HLSL の文法

1 HLSL の基本的な文法

　HLSL の基本的な文法は、C 言語とほぼ同じです。そのため、C 言語を理解していれば習得は容易です。「Direct3D 11」（シェーダ・モデル 5.0）の HLSL では、5 種類のシェーダで共通の文法と組み込み関数が利用できます（組み込み関数については、一部に例外あり）。

　HLSL で書かれた簡単なコード例を次に示します。C 言語のコードと基本は同じですが、「データ型」「引数の入出力」「セマンティック」など、異なる点もあります。

コード例

```
float globalShaderVariable;           ←グローバル変数
int iVar[3];                          ←グローバル変数（配列）

struct strHoge {                      ←構造体「strHogeIN」の定義
    float4 pos : POSITION;            ←セマンティック「POSITION」
};

float4 funcHoge(strHoge input) : SV_POSITION {   ←関数「funcHoge」の定義
    strHogeOut output;                ←ローカル変数
    float4 ret = {1,1,1,1};           ←ローカル変数（ベクトル型：初期化あり）
    ……
    return ret;                       ←関数から値を返す（セマンティック「SV_POSITION」）
}
```

　この節では、HLSL の文法について、C 言語の理解を前提にして、HLSL と C 言語の異なる点を中心に解説します。HLSL の正確な文法については、SDK のヘルプを参照してください。

■ コメント（空白文字）

　HLSL では、次の文字はすべて「空白文字」として扱われます。HLSL では C++ 形式のコメントが使えます。

空白文字

スペース	タブ	改行	C 言語形式のコメント (/* */)	C++ 言語形式のコメント (//)

■ 識別子、整数、浮動小数点数

● 識別子
　変数名や関数名などの識別子には、次の文字を使った文字列が使えます。
　　① アルファベットの大文字小文字「A～Z」「a～z」
　　② 数字「0～9」
　　③ アンダーライン「_」

　ただし、先頭には、数字は使えません。

1 HLSLの基本的な文法

● 整数

整数値として、「8進数」「10進数」「16進数」が使えます。

① 8進数　　　頭に「0」を付ける。「0123」「0256」…
② 10進数　　 頭に「0」も「0x」も付かない。「1234」「256」…
③ 16進数　　 頭に「0x」を付ける。「0xffff」「0x1234」…

● 浮動小数点数

浮動小数点数には、C言語の標準的な記法が使えます。

● キーワードと予約語

以下の文字列は、「キーワード」や「予約語」に指定されています。そのため、プログラム内で「変数名」や「関数名」などの識別子として使うことはできません。

キーワード

BlendState	bool	break	cbuffer	compile
const	continue	DepthStencilState	DepthStencilView	discard
do	double	else	extern	false
float	for	GeometryShader	half	if
in	inline	inout	int	matrix
namespace	nointerpolation	out	pass	PixelShader
RenderTargetView	return	register	sampler	sampler1D
sampler2D	sampler3D	samplerCUBE	sampler_state	shared
stateblock	stateblock_state	static	string	struct
switch	tbuffer	technique	technique10	texture
texture1D	Texture1D	Texture1DArray	texture2D	Texture2D
Texture2DArray	Texture2DMS	Texture2DMSArray	texture3D	Texture3D
textureCUBE	TextureCube	true	typedef	uniform
vector	VertexShader	void	volatile	while

予約語

auto	case	catch	char	class	const_cast
default	delete	dynamic_cast	enum	explicit	friend
goto	long	mutable	new	operator	private
protected	public	reinterpret_cast	short	signed	sizeof
static_cast	template	this	throw	try	typename
union	unsigned	using	virtual		

■ 変数の宣言

HLSLで使える変数には、①関数内で宣言された「ローカル変数」、②関数の外部で宣言される「グローバル変数」、③関数の引数——があります。

また、「スカラー型」「ベクトル型」「行列型」のデータ型があります。

変数を宣言する構文は、C言語とほぼ同じですが、使える修飾子や型の種類が違うほか、「セマン

12章 HLSLの文法

ティック」や「アノテーション」といった独自の要素があります。
　また、C言語の関数の引数のように関数への入力に使う引数の他に、関数からの出力にも引数を使うことができます。関数の引数については、関数の宣言で解説します。

● グローバル変数とローカル変数

　C言語と同じく、関数外で宣言されている「グローバル変数」と、関数内で宣言されている「ローカル変数」が使えます。
　「グローバル変数」は、アプリケーション側から値を設定できます。
　「ローカル変数」は、関数内でしか使えません。

グローバル変数とローカル変数

```
float fVar1;              ←グローバル変数
void func( … )
{
    float fVar2;          ←ローカル変数
    :
}
```

● static 宣言

　データ型の前に「static ストレージ・クラス修飾子」を付けることで、変数のスコープ（コードの中で参照できる範囲）やメモリ・クラスを変更できます。「static 修飾子」の効果は、「グローバル変数」と「ローカル変数」で違います。
　「グローバル変数」を「static 宣言」することで、アプリケーション側から見えなくできます。
　「ローカル変数」を「static 宣言」することで、変数の値が関数の呼び出し間で保存されるようになります。「static ローカル変数」の初期化は、最初に一度だけ行なわれます。ローカル変数の定義で初期化子を指定しなかった場合の初期値は、「0」です。

static 宣言

```
static float fVar1;              ←グローバル変数(アプリケーション側からは見えない)
void func( … )
{
    static float fVar2 = 0.1f;   ←ローカル変数(関数の呼び出し間で値が保持される)
    :
}
```

● 基本的なデータ型（スカラー型）

　基本的なデータ型変数の宣言は、次のようになります。配列や初期値も使えます。

基本的なデータ型変数の宣言例

```
float fVar1;                       ←float 型変数「fVar1」
float fVar2 = 1.0f;                ←float 型変数「fVar2」初期値「1.0f」
float fVar3[3];                    ←float 型配列変数「fVar3」要素数「3」
float fVar4[2] = { 1.0f, 0.5f };   ←float 型配列変数「fVar4」要素数「2」初期値「1.0f」「0.5f」
```

　HLSLには、次のような基本的なデータ型があります。

1 HLSLの基本的な文法

基本的なデータ型

bool	ブール値。「true」または「false」。
int	32ビット符号付き整数。
uint	32ビット符号なし整数。
float	32ビット浮動小数点数。
double	64ビット浮動小数点数。

※ 互換性を維持するために、「half」(「Direct3D 9」の16ビット浮動小数点数型)もサポートされていますが、「Direct3D 10」以降では、この型は「float」と同じです。

「float型」には2種類の修飾子(「snorm」と「unorm」)をつけることができます。

snorm float	「-1」から「1」の範囲をもつIEEE 32ビット浮動小数点数。
unorm float	「0」から「1」の範囲をもつIEEE 32ビット浮動小数点数。

● ベクトル型

HLSLには、基本的な同じデータ型を1~4つ集めた「ベクトル型」があります。
ベクトル型の定義には、次の2つの形式があります。

① 「vector < 基本的な型名 , 要素数 >」
② 「基本的なデータ型 要素数」

②の定義は、ベクトル定義の利便性のために「typedef定義」で提供されています。

また、互換性のために、次の「typedef定義」が自動的に提供されます。この定義は大文字小文字を区別しません。

```
typedef vector <float, 4> VECTOR;
```

＊

たとえば、float型4次元ベクトルは、次のように定義できます。

```
vector < float , 4 > fVar5;      ← float型が4つ集まった4次元ベクトル
float4 fVar5;                    ← これでもよい
vector fVar5;                    ← この場合、これでもよい
```

基本的なデータ型と同じく、配列や初期値も使えます。

```
float4 fVar6 = { 1.0f, 0.5f, 0.6f, 0.0f };        ← 初期値あり
float4 fVar7 = float4(1.0f, 0.5f, 0.6f, 0.0f);    ← 初期値あり
float4 fVar8[2];                                   ← float4型の配列
```

＊

ベクトルの各成分は、「x」「y」「z」「w」、または「r」「g」「b」「a」のどちらか1つの名前セットを使って取得できます。

たとえば、4Dベクトル「a」「b」の内積の計算は、次のように書けます。

```
v = a.x*b.x + a.y*b.y + a.z*b.z + a.w*b.w;
```

※このコードはあくまでも例であり、現実的ではありません。実際に内積を求めるときは、HLSLの組み込み関数を使います。

DirectX11

12章　HLSLの文法

＊

　ベクトル成分の指定には、1つまたは複数の成分が使えますが、2つの名前セットを混合することはできません。
　たとえば、4Dベクトル「pos」「f_4D」、2Dベクトル「temp」とすると、次のように書けます。

```
temp = pos.xy;      ←2成分「x」「y」を書き込む
temp = pos.rg;      ←2成分「r」「g」を書き込む。2成分「x」「y」を書き込むのと同じ意味
temp = pos.xg;      ←これはエラーになる。名前セットの混合はできない
f_4D.xy = pos.rg;   ←これもエラーになる。同じ式で名前セットの混合はできない
```

　また、成分の順序を入れ替えることもできます。

```
temp = pos.zx;      ←成分「x」と「z」を入れ替えて書き込む
```

＊

　書き込む成分を制限したり、順序を入れ替えることもできます。ただし、同じ成分に2回以上書き込むことはできません。
　たとえば、次のように書けます。

```
f_4D = pos;         ←4成分すべてを書き込む
f_4D.xz = pos.xz;   ←2成分「x」「z」だけを書き込む
f_4D.zx = pos.xz;   ←2成分「x」「z」だけを、順序を入れ替えて書き込む
f_4D.xx = pos.xz;   ←これはエラーになる。同じ出力成分「x」に2回書き込むことはできない
```

＊

　なお、小さい型を大きい型にそのまま代入することはできません（逆はOK）。この場合は、具体的な成分を指定するか、代入先の型を作ります。3次元ベクトルを4次元ベクトルに代入する例を次に示します。

```
float3 pos = { 1, 2, 3 };
float4 v0 = pos;             ←これはエラーになる(v0.wが不定)
float4 v1 = pos.xyzz;        ←この場合、v1は{1,2,3,3}になる
float4 v2 = float4(pos, 0);  ←この場合、v2は{1,2,3,0}になる
pos = v1;                    ←これはOK
```

● 行列型

　HLSLには、行列数が1～4の「行列型」があります。

　ベクトル型と同じく、行列型の定義にも、次の2つの形式があります。
　　①「matrix < 基本的な型名 , 行数 , 列数 >」
　　②「基本的なデータ型 行数 x 列数」
　②の定義は、行列定義の利便性のために「typedef定義」で提供されています。
　また、互換性のために、次の「typedef定義」が自動的に提供されます。この定義は大文字小文字を区別しません。

```
typedef matrix <float, 4, 4> MATRIX;
```

　たとえば、float型4x4行列は次のように定義できます。

```
matrix < float , 4 , 4 > fVar8;   ←float型4行4列の行列
float4x4 fVar8;                   ←これでもよい
matrix fVar8;                     ←この場合、これでもよい
```

1 HLSL の基本的な文法

ベクトルと同じく、初期値も指定できます。

```
float4x4 fVar8 = float4({0,0,0,0}, {1,1,1,1}, {2,2,2,2}, {3,3,3,3});
float4x4 fVar8 = {0,0,0,0, 1,1,1,1, 2,2,2,2, 3,3,3,3};
```

行列の各成分は、次の 2 種類の成分名、または、C 言語と同じ配列アクセス表記法を使ってアクセスできます。

行列の各成分名

「0」からはじまる行列位置の成分名	「1」からはじまる行列位置の成分名
_m00, _m01, _m02, _m03	_11, _12, _13, _14
_m10, _m11, _m12, _m13	_21, _22, _23, _24
_m20, _m21, _m22, _m23	_31, _32, _33, _34
_m30, _m31, _m32, _m33	_41, _42, _43, _44

配列アクセス表記法を使うと、次のようになります。

```
temp = fMatrix[0] [0];
```

配列アクセス表記法では、特定の行の要素にまとめてアクセスできます。

```
temp4D = fMatrix[0];
```

他はベクトルと同じです。ただし、配列アクセス表記法では、複数の行列成分の読み取りはできません。

```
tempMatrix._m00_m11 = worldMatrix._m13_m23;
```

● 定数型

変数宣言の先頭に「const 型修飾子」を付けることで、シェーダが値を変更できない変数であることを宣言できます。
「const 宣言」した場合は、必ず初期化子が必要です。

```
const float4 fVar9 = { 0.1f, 0.2f, 0.3f, 0.4f };    ← float4 型の定数
```

● テクスチャ型

シェーダから利用するテクスチャを定義するには、テクスチャ型の値を定義します。
「テクスチャ型」には、次の 8 種類があります。

「テクスチャ型」の種類

Texture1D	1 次元テクスチャ	Texture1DArray	1 次元テクスチャ配列
Texture2D	2 次元テクスチャ	Texture2DArray	2 次元テクスチャ配列
Texture3D	3 次元テクスチャ	TextureCube	キューブ・テクスチャ
Texture2DMS	2 次元テクスチャ（マルチサンプル）	Texture2DMSArray	2 次元テクスチャ配列（マルチサンプル）

テクスチャ型の値を定義する例は、次のようになります。

```
Texture1D GrayScaleTexture;
Texture2D DiffuseTexture;
Texture3D EnvironmentMap;
```

12章　HLSLの文法

● 構造体
HLSLでも、C言語と同じような構造体が使えます。

●「セマンティック」と「アノテーション」
C言語にない要素の1つに、「セマンティック」と「アノテーション」があります。

≪セマンティック≫
「セマンティック」とは、変数の種類を識別するために付ける文字列情報です。
「セマンティック」は、変数名の後ろに「: セマンティック」の形で記述します。大文字小文字は区別されません。

たとえば、「POSITION」というセマンティックをもつfloat4型変数「fVar9」は、次のように宣言します。

```
float4 fVar9 : POSITION;        ←セマンティック「POSITION」
```

設定したセマンティック情報は、HLSLのコード中では使いません（使えません）。
「セマンティック」は、HLSLで書かれたコードを呼び出すアプリケーション側のコードやDirect3Dの描画パイプラインが、HLSLで書かれたコードを理解するために使います。
アプリケーションでは、特定のセマンティックをもつグローバル変数の名前を調べて、変数に値を設定することができます。

≪アノテーション≫
「アノテーション」とは、変数に関連付けるメタ・データです。変数に関する追加情報を提供します。
アノテーションは、変数宣言の最後に、「<」と「>」で括る形で記述します。書式は「データ型 変数名 = 初期化子；」で、複数定義できます。
アノテーションは、エフェクトで使用される情報で、HLSLコンパイラでは無視されます。アノテーションを読み取るには、「ID3D11EffectVariable::GetAnnotationByNameメソッド」「ID3D11EffectVariable::GetAnnotationByIndexメソッド」などを使います。
本書では、エフェクトは扱いません。アノテーションの使い方は、SDKヘルプを参照してください。

● 変数宣言の構文
変数宣言の構文例を、次に示します*。

*あくまで、構文を解説する例です。この変数宣言に意味はありません。

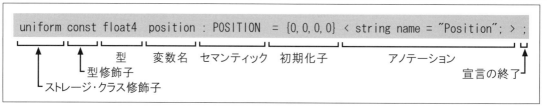

図12-1　変数宣言の構文例

変数宣言の要素

要素	必須	説明
ストレージ・クラス修飾子	×	変数のスコープや有効期間。
型修飾子	×	データ型に関する追加情報。
型	○	変数のデータ型。
変数名	○	変数を識別する名前。配列も使える。

1 HLSL の基本的な文法

セマンティック	×	変数の種類を識別するために付ける文字列情報。大文字小文字は区別されない。
初期化子	×	変数のデフォルト値。
アノテーション	×	変数に関連付けるメタ・データ。
レジスタ	×	変数を割り当てるレジスタを具体的に指定する。「: register(レジスタ名)」の形で指定する。

変数宣言は、「;」で終わります。
「型」と「変数名」以外は、すべて省略可能です。

≪ストレージ・クラス修飾子（省略可能）≫
　変数のスコープや有効期間を指定します。
　ストレージ・クラス修飾子には、以下のものがあります。
　「static」を指定していない場合は、すべて「extern」指定されていると見なされます。

ストレージ・クラス修飾子

ストレージ・クラス修飾子	説　明
extern	グローバル変数は、シェーダへの外部入力(デフォルト)。 「static」とは併用できない。
shared	エフェクト間で共有できるグローバル変数。
static	≪ローカル変数の場合≫ 　変数の値が関数の呼び出し間で保持される。 ≪グローバル変数の場合≫ 　シェーダ変数がアプリケーションからは見えない。
uniform	定数バッファを使って初期化される変数。 グローバル変数は、「uniform 宣言」されているものとして処理される。
volatile	このパラメータ値が頻繁に変わることをヒントとしてエフェクト・システムに通知する。グローバル変数にのみ設定できる。

≪型修飾子（省略可能）≫
　データ型に関する追加情報を指定します。
　型修飾子には、以下のものがあります。

型修飾子

型修飾子	説　明
const	シェーダが値を変更できない変数。
row_major	行列の要素は行優先で格納される。行列の各行が単一の定数レジスタに格納。
col_major	行列の要素は列優先順で格納される。行列の各列が単一の定数レジスタに格納。

デフォルトでは、列優先になっています。一般に、列優先のほうが行優先よりも効率的です。

● グローバル変数の設定
　（「uniform 宣言」されている）グローバル変数の値は、アプリケーション側から定数バッファを使って設定します。具体的な方法は**7章**を参照してください。

12章　HLSLの文法

■ **関数の宣言**

関数の宣言も、基本はC言語と同じです。

「float型4Dベクトル」の加算関数を定義する例を、次に示します。

```
float4 Func(float4 a, float4 b)
{
    float4 c;
    c = a + b;
    return c;
}
```

● **構造体を使った入出力**

関数から複数の値を返す場合、C言語と同じく、構造体を使うことができます。

また、構造体を引数として渡すこともできます。

```
struct strINPUT      ←入力用の構造体を定義
{
    float4 a;
    float4 b;
};
struct strOUTPUT     ←出力用の構造体を定義
{
    float4 addAB;
    float4 subAB;
};
strOUTPUT Func(strINPUT Input)   ←構造体を返す関数
{
    strOUTPUT Output = (strOUTPUT)0;
    Output.addAB = Input.a + Input.b;
    Output.subAB = Input.a - Input.b;
    return Output;
}
```

● **引数と戻り値のセマンティック**

変数と同じく、シェーダ関数の引数と戻り値の意味を描画パイプラインに伝えるのにセマンティックを使います。

≪引数のセマンティック≫

引数のセマンティックの指定方法は、変数の場合と同じです。

次の例では、float4型の「pos」「deff」に、それぞれセマンティックとして「POSITION」「COLOR」を指定しています。

```
void func(float4 pos : POSITION, float4 deff : COLOR, …)
{
    …
}
```

1 HLSL の基本的な文法

≪戻り値のセマンティック≫
関数の戻り値にセマンティックをつけるには、引数リストの後にセマンティックを記述します。

float4 型の関数の戻り値にセマンティック「POSITION」を指定するには、次のようになります。

```
float4 Func(float4 a , float4 b) : POSITION
{
    …
}
```

● システム値のセマンティック
「SV_」で始まるいくつかのセマンティックは、「システム値」のセマンティックとして意味が「Direct3D 11」で定義されており、これらのセマンティックをもつ引数や戻り値は特別な意味があります。シェーダ関数でシステム値を受け取りたい場合や出力したい場合には、これらのセマンティックを使います。

システム値のセマンティック

「Direct3D 11」のセマンティック	データ型	意　味
SV_ClipDistance[n]　n = 0 or 1	float	ユーザー定義のクリップ面
SV_CullDistance[n]	float	カリング定義
SV_Depth	float	深度値
SV_InstanceID	uint	インスタンス ID
SV_IsFrontFace	bool	面の向き情報(true：表、false：裏)
SV_Position	float4	位置座標
SV_PrimitiveID	uint	プリミティブ ID
SV_RenderTargetArrayIndex	uint	描画ターゲット配列のインデックス値
SV_Target[n]　0 <= n <= 7	float	描画ターゲット「n」への出力値
SV_VertexID	uint	頂点 ID
SV_ViewportArrayIndex	uint	ビューポート配列のインデックス値
SV_DispatchThreadID	uint3	コンピュート・シェーダの実行場所のスレッドおよびスレッド・グループの組み合わせのインデックス
SV_DomainLocation	float2 float3 float2	ドメイン・ポイントがハル上で占める位置
SV_GroupID	uint3	コンピュート・シェーダの実行場所のスレッド・グループのインデックス
SV_GroupIndex	uint	スレッド・グループ内のコンピュート・シェーダ・スレッドの「平面化」したインデックス
SV_GroupThreadID	uint3	コンピュート・シェーダの実行場所の個別スレッドおよびスレッド・グループのインデックス
SV_GSInstanceID	uint	ジオメトリ・シェーダのインスタンス定義
SV_InsideTessFactor	float[2] float unused	パッチ・サーフェス内のテッセレーション量

DirectX 11

12章　HLSLの文法

SV_OutputControlPointID	uint	ハル・シェーダのメイン・エントリ・ポイントの呼び出しによって処理するコントロール・ポイントIDのインデックス
SV_TessFactor	float[4] float[3] float[2]	パッチの各エッジ上のテッセレーション量

　ラスタライザは、「SV_Position」セマンティックをもつ値を頂点座標（射影座標系）と認識して処理を行ないます。
　ピクセル・シェーダは、「SV_Depth」「SV_Target」セマンティックの値だけを出力できます。

　「SV_InstanceID」「SV_PrimitiveID」「SV_VertexID」セマンティックは、「入力アセンブラ」（IA）で値が生成される「システム生成値」のセマンティックとして使われます。システム生成値については、**4節**で解説します。

● 入力引数と出力引数

　HLSLの関数の引数には、「入力引数」と「出力引数」があります。また、両方に使える「入出力引数」もあります。
　「入力引数」は、C言語の関数の引数と同じく、関数に値を渡す引数です。
　「出力引数」は、関数から呼び出し元に値を返す引数です。
　引数定義の際、「入力引数」には「in」、「出力引数」には「out」、「入出力引数」には「inout」をつけます。

　構造体を使った入出力の例を、出力引数を使う形に書き換えると、次のようになります。

```
void func(in float4 a,            ←入力引数
          in float4 b,
          out float4 addAB,       ←出力引数
          out float4 subAB)
{
    addAB = a + b;
    subAB = a - b;
}
```

● 可変入力と不変入力

　HLSLで書かれた関数の入力引数には、「可変入力」と「不変入力」があります。
　「可変入力」は、シェーダ関数の実行ごとに異なった値が渡される引数です。頂点シェーダ関数の場合は、「頂点座標」「法線ベクトル」「頂点色」などの頂点データが該当します。
　「不変入力」は、シェーダ関数の呼び出し間で値が変わらない引数です。「座標の変換行列」などが該当します。「不変入力」は、事実上、グローバル変数と同じように機能します。

　本書のサンプルでは、変換行列などはグローバル変数として設定していますが、シェーダ関数の不変シェーダ入力として渡すこともできます。
　不変入力は、「uniform宣言」された引数です。なお、グローバル変数はデフォルトで「uniform宣言」されているものと見なされます（「static」を指定していない場合）。
　本書で解説しているシェーダでは、不変入力ではなく、グローバル変数を使っています。

1 HLSLの基本的な文法

● 演算子

HLSLで使える演算子には、次のようなものがあります。
意味は、C言語と同じです。

演算子の種類

種　類	演算子
加法演算子と乗法演算子	+, -, *, /, %
配列演算子	[i]
代入演算子	=, +=, -=, *=, /=, %=
ビット演算子	~, <<, >>, &, |, ^, <<=, >>=, &=, |=, ^=
ブール算術演算子	&&, ||, ?:
キャスト(型変換)演算子	(type)
カンマ演算子	,
比較演算子	<, >, ==, !=, <=, >=
前置演算子と後置演算子	++, --
構造体演算子	.
単項演算子	!, -, +

● フロー制御

HLSLでは、「条件分岐」や「繰り返し」などの「フロー制御」をサポートしています。
HLSLでサポートされているフロー制御は、次のとおりです。

① if 文
② for 文
③ switch 文
④ do while 文
⑤ while 文

それぞれの基本的な使い方は、C言語と同じですが、オプションの属性をつけることで、コンパイル時にコードを生成する方法を制御できます。

if 文の例

```
if (Value > 0)
    oPos = Value1;
else
    oPos = Value2;
```

「if 文」の先頭には、次の属性をつけることができます。

「if 文」の属性

属　性	説　明
[branch]	条件式の状態に応じて、それぞれのステートメントを実行する。
[flatten]	条件式の状態に応じて、結果を選択する。

「if 文」における属性の使用例とコンパイル結果を次に示します。

12章 HLSLの文法

属性の使用例とコンパイル結果

	[flatten]属性	[branch]属性
HLSL	[flatten] if (x > 0) y = 1.1; else y = 1.2;	[branch] if (x > 0) y = 1.1; else y = 1.2;

ASM	movc r0.x, r0.y, l(1.100000), l(1.200000)	if_nz r0.x
		  mov r0.x, l(1.100000)
		else
		  mov r0.x, l(1.200000)
		endif

for文の例

```
for (int i = 0; i < 3; i++)
{
    outColor[i] += i;
}
```

while文の例

```
while (color.a > 0.33f)
{
    color /= 2;
}
```

「for文」「while文」の先頭には、次の属性をつけることができます。

「for文」「while文」の属性

属　性	説　明
[unroll(x)]	ループを展開する。オプションで最大ループ回数(x)を指定できる。
[loop]	ループ処理を実行するコードを生成する。

「for文」における属性の使用例とコンパイル結果を次に示します。

　条件式が「i<4」なので4回ループするはずですが、[unroll(3)]属性では最大ループ回数が3回に制限されるので「3.00」が加算されます。最大ループ回数を指定しない[unroll]属性では「4.00」が加算されます。

属性の使用例とコンパイル結果

	[unroll(x)]属性	[loop]属性

HLSL(1)	[unroll(3)] for(int i=0; i<4; ++i)
	  h += 1;
		[loop] for(int i=0; i<4; ++i)
		  h += 1;

ASM(1)	add o0.x, v0.x, l(3.000000)	mov r0.y, l(0)
		loop
		  ige r0.z, r0.y, l(4)
		  breakc_nz r0.z
		  add r0.x, r0.x, l(1.000000)
		  iadd r0.y, r0.y, l(1)
		endloop

HLSL(2)	[unroll] for(int i=0; i<4; ++i) h += 1;	
ASM(2)	add o0.x, v0.x, l(4.000000)	

① HLSL の基本的な文法

switch 文の例

```
switch(a)
{
    case 0:
        return 0;
    case 1:
        return 1;
    case 2:
        return 3;
    default:
        return 6;
}
```

「switch 文」の先頭には、次の属性をつけることができます。

「switch 文」の属性

属　性	説　明
[flatten]	条件式の状態に応じて、結果を選択する。
[branch]	GPU の「if 命令」を使い、条件式の状態に応じて、それぞれのステートメントを実行する。
[forcecase]	GPU の「switch 命令」を使い、条件式の状態に応じて、それぞれのステートメントを実行する。
[call]	GPU の「switch 命令」を使い、条件式の状態に応じて、それぞれのステートメントをサブルーチンとして実行する。

do while 文の例

```
do {
    color /= 2;
} while (color.a > 0.33f);
```

「for 文」「while 文」「do while 文」の中では「break 文」「continue 文」も使えます。

● ピクセルの破棄

現在処理しているピクセルを描画する必要がないことが分かった場合、HLSL の組み込み関数「clip (x)」で処理中のピクセルを破棄できます。「clip 関数」は、「x」のいずれかの値が「0」より小さい場合にピクセルを破棄する関数です。

また、「discard 文」を使って破棄することもできます。

```
if( diffuse.a < g_d3d11alpharef )
    discard;
```

● 関数の構文

HLSL の関数の構文例は、次のようになります[※]。

※あくまでも、構文説明用の例です。意味はありません。

12章 HLSLの文法

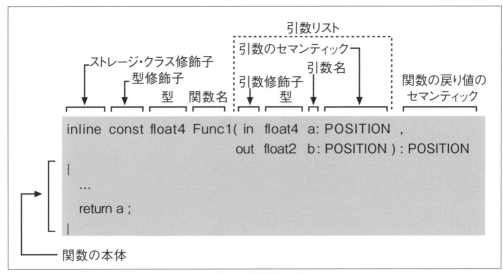

図12-2 関数の構文例

関数構文の要素

要　素	必　須	説　明
ストレージ・クラス修飾子	×	「inline」は、インライン関数であることを指定。ただし、現在のHLSLでは、すべての関数がインライン関数であり、再帰はサポートされていない。
型修飾子	×	「const」は、定数であることを指定。
関数の型	○	関数の戻り値の型。変数と同じ有効な型を指定できる。戻り値をもたない場合は、「void」を指定。
関数名	○	関数を識別する文字列。
引数リスト	○	関数に渡す1つ以上の引数をコンマで区切って指定。
関数の本体	△	関数として実行されるコードの定義。関数の本体がない場合、プロトタイプ宣言になる。

引数修飾子には、次のものがあります。

引数修飾子

引数修飾子	説　明
uniform	引数の値は、定数バッファを使って設定する。グローバル変数と同じように使える。
in	引数を入力のみとして指定(デフォルト)。
out	引数を出力のみとして指定。
inout	引数を入力と出力の両方として指定。

　関数の本体がない場合、「プロトタイプ宣言」とみなされます。プロトタイプ宣言した場合は、後から改めて関数の本体を宣言しなければなりません。なお、関数の定義はプロトタイプ宣言を兼ねています。
　関数を使う場合は、使われている場所よりも前のコードで、関数が定義されているかプロトタイプ宣言されている必要があります。

2 HLSL の組み込み関数

HLSL にはユーザーが定義する関数のほかに、HLSL 側が用意している「組み込み関数」があります。

「Direct3D 11」でサポートされている組み込み関数のリストを以下に示します。引数や戻り値のデータ型など、各組み込み関数の正確な定義は、SDK のドキュメントを参照してください。

数値計算の関数

関　　数	説　　明
abs (a)	絶対値(成分ごと)。
degrees (x)	x をラジアン単位から度数に変換。
exp (x)	e を底とする指数(成分ごと)。
exp2 (a)	2 を底とする指数(成分ごと)。
fmod (a, b)	「a ＝整数値× b ＋ f」となるような、a ／ b の浮動小数点数の剰余 f。f は x と符号が同じで、f の絶対値は b の絶対値よりも小さくなる。
frac (x)	x の小数部 f。$0 \leq f < 1$。
frexp (x, out exp)	x の仮数と指数。frexp は仮数を返し、指数は出力パラメータ「exp」に格納される。x が 0 の場合、関数は仮数と指数の両方に 0 を返す。
ldexp (x, exp)	「x × 2^exp」を返す。
log (x)	e を底とする x の対数。x が負の場合、無限。x が 0 の場合、+INF。
log2 (x)	2 を底とする x の対数。x が負の場合、無限。x が 0 の場合、+INF。
log10 (x)	10 を底とする x の対数。x が負の場合、無限。x が 0 の場合、+INF。
modf (x, out ip)	x を、それぞれが x と同じ符号をもった小数部と整数部に分ける。modf は x の符号付き小数部を返し、整数部は出力パラメータ「ip」に格納される。
pow (x, y)	x の y 乗。
radians (x)	x を度数からラジアン単位に変換。
rcp (x)	要素ごとの逆数の近似値を高速に計算。
rsqrt (x)	「1 ／ sqrt (x)」。
sqrt (a)	平方根(成分ごと)。

値を制限する関数

関　　数	説　　明
ceil (x)	x 以上の最小の整数。
clamp (x, min, max)	x を [min, max] の範囲に制限。
floor (x)	x 以下の最大の整数。
max (a, b)	a と b の大きいほうを選択。
min (a, b)	a と b の小さいほうを選択。
round (x)	x を最も近い整数に丸める。
saturate (x)	x を [0, 1] の範囲に制限。

関数	説明
sign(x)	xの符号を求める。xが0よりも小さい場合は「-1」、0と等しい場合は「0」、0よりも大きい場合は「1」を返す。
smoothstep(min, max, x)	「x < min」の場合は「0」。「x > max」の場合は「1」。 xが[min, max]の範囲内であれば、「0」と「1」の間の滑らかなエルミート補間。
step(a, x)	「(x >= a) ? 1 : 0」。

値の範囲を調べる関数

関　数	説　明
all(x)	xのすべての成分が0以外の場合はTRUE。それ以外の場合はFALSE。
any(x)	xのいずれかの成分が0以外の場合はTRUE。それ以外の場合はFALSE。
isfinite(x)	xが有限の場合はTRUE。それ以外の場合はFALSE。
isinf(x)	xが+INFか-INFの場合はTRUE。それ以外の場合はFALSE。
isnan(x)	xがNANかQNANの場合はTRUE。それ以外の場合はFALSE。

三角関数

関　数	説　明
acos(x)	逆余弦(成分ごと)。各成分は、[-1, 1]の範囲にする。
asin(x)	逆正弦(成分ごと)。各成分は[$-\pi/2, \pi/2$]の範囲にする。
atan(x)	逆正接(成分ごと)。戻り値は、[$-\pi/2, \pi/2$]の範囲。
atan2(y, x)	y/xの逆正接(成分ごと)。
cos(x)	余弦(成分ごと)。
cosh(x)	双曲余弦(成分ごと)。
sin(x)	正弦(成分ごと)。
sincos(x, out s, out c)	正弦と余弦(成分ごと)。sinは出力パラメータ「s」、cosは「c」。
sinh(x)	双曲正弦(成分ごと)。
tan(x)	正接(成分ごと)。
tanh(x)	双曲正接(成分ごと)。

ベクトルの関数

関　数	説　明
cross(a, b)	3Dベクトル「a」と「b」の外積。
distance(a, b)	2つの点「a」と「b」間の距離。
dot(a, b)	2つのベクトル「a」と「b」の内積(ドット積)。
length(v)	ベクトル「v」の長さ。
normalize(v)	正規化されたベクトル「v / length(v)」。「v」の長さが「0」の場合、無限。

行列の関数

関　数	説　明
determinant(m)	正方行列「m」の行列式。
mul(a, b)	「a」と「b」の間の行列乗算を実行。 「a」がベクトルの場合、行ベクトルとして処理。

2 HLSL の組み込み関数

	「b」がベクトルの場合、列ベクトルとして処理。 a の列数と b の行数は等しくなければならない。
transpose (m)	行列「m」の転置行列。

テクスチャ関数

関数	説明
<T>.GetDimensions (level, width, levels)	ミップマップ・レベル「level」のテクスチャの幅を「width」、ミップマップ・レベル数を「levels」に返す。
<T>.Load (location [, offset])	座標「location」のテクセルを読み込む。
<T>.Sample (s, location [, offset])	サンプラ「s」の設定で座標「location」のサンプルを取得。
<T>.SampleLevel (s, location [, offset])	サンプラ「s」の設定で座標「location」のサンプルを取得(特定のミップマップ・レベルを指定)。
<T>.SampleCmp (s, location, comparison [, offset])	サンプラ「s」の設定で座標「location」のサンプルを取得(比較)。
<T>.SampleCmpLevelZero (s, location, comparison [, offset])	サンプラ「s」の設定で座標「location」のサンプルを取得(比較&ミップマップ・レベル「0」)。
<T>.SampleGrad (s, ddx, ddy [, offset])	サンプラ「s」の設定で勾配を指定してサンプルを取得。

※「<T>」は、「texture1D」「texture3D」などのテクスチャ・オブジェクト。
※「Sample」「SampleCmp」は、ピクセル・シェーダでのみ使える。

その他の関数

関数	説明
append (x)	ジオメトリ・シェーダからの出力に値を追加する。
asdouble (x)	キャスト値を倍精度浮動小数点型として解釈。
asfloat (x)	x を浮動小数点数 (float) 型に変換する。
asint (x)	x を符号付き整数 (int) 型に変換する。
asuint (x)	x を符号なし整数 (uint) 型に変換する。
D3DCOLORtoUBYTE4 (x)	4D ベクトル x の成分を入れ換えおよびスケーリングして、一部ハードウェアにある UBYTE4 サポートの不足を補正する。
f16tof32 (x)	uint の下位半分に格納した float16 を float に変換。
f32tof16 (x)	入力値を float16 型に変換。
faceforward (n, i, ng)	面が表示されるかどうかをテスト。「-n * sign(dot(i, ng))」を返す。
fwidth (x)	偏微分の絶対値。「abs(ddx(x))+abs(ddy(x))」を返す。
lerp (a, b, s)	「a + s(b - a)」を返す。この関数は、s が 0 の場合は a を返し、1 の場合は b を返すよう、a と b の間を線形補間する。
lit (n_dot_l, n_dot_h, m)	「面法線(n)と光源ベクトル(l)の内積」(n_dot_l)、「面法線(n)と半角ベクトル(h)の内積」(n_dot_h)、「スペキュラ係数」(m)から、ライティングのベクトル(アンビエント、ディフューズ、スペキュラ、1)を計算して返す。 ・アンビエント = 1

12章　HSLSの文法

	・ディフューズ = (n・l < 0) ? 0 : n・l ・スペキュラ = (n・l < 0) || (n・h < 0) ? 0 : (n・h * m)
noise (x)	パーリン(Perlin)ノイズを計算する。計算される値は「-1」から「+1」の範囲。 まだ実装されていない。
reflect (i, n)	入射方向(i)、サーフェス法線(n)とした場合の、「v = i - 2 * dot(i, n) * n」によって求められる、反射ベクトル(v)を返す。
refract (i, n, η)	入射方向(i)、サーフェス法線(n)、屈折の相対インデックス(η)が与えられた場合の、屈折ベクトル(v)を返す。iとnの間の入射角が指定されたηよりも大きすぎると、(0,0,0)を返す。
restartstrip ()	ジオメトリ・シェーダの出力において、現在のプリミティブ・ストリップを終了して、新しいプリミティブ・ストリップを開始する。

※「append (x)」「restartstrip ()」はジオメトリ・シェーダでのみ使える。

ビット関連の関数

関　数	説　明
countbits (x)	入力された整数のビット数(成分ごと)を数える。
firstbithigh (x)	要素ごとに最上位ビットから下位に向かって各ビットを調べ、設定されている最初のビットの位置を取得。
firstbitlow (x)	要素ごとに最下位ビットから上位に向かって各ビットを調べ、設定されている最初のビットの位置を返す。
reversebits (x)	要素ごとにビットの順序を逆にする。

「ピクセル・シェーダ」でのみ使える関数

関　数	説　明
clip (x)	xのいずれかの成分が0より小さい場合、処理しているピクセルを破棄する。
ddx (x)	スクリーン空間のx座標について、xの勾配を返す。
ddx_coarse (x)	スクリーン空間のx座標に対する低精度の偏微分を計算。
ddx_fine (x)	スクリーン空間のx座標に対する高精度の偏微分を計算。
ddy (x)	スクリーン空間のy座標について、xの勾配を返す。
ddy_coarse (x)	スクリーン空間のy座標に対する低精度の偏微分を計算。
ddy_fine (x)	スクリーン空間のy座標に対する高精度の偏微分を計算。
EvaluateAttributeAtCentroid (x)	ピクセル重心で評価。
EvaluateAttributeAtSample (x,i)	インデックス付きのサンプル位置で評価。
EvaluateAttributeSnapped (x,o)	オフセットを伴うピクセル重心で評価。
mad (m,a,b)	m × a + b。

「ピクセル・シェーダ」と「コンピュート・シェーダ」でのみ使える関数

関　数	説　明
InterlockedAdd (d,v,o)	リソース変数に対して、値を保証したアトミックな加算。
InterlockedAnd (d,v,o)	値を保証したアトミックな and。

② HLSL の組み込み関数

InterlockedCompareExchange (d,c,v,o)	入力値を比較値とアトミックに比較して、その結果を交換。
InterlockedCompareStore (d,c,v)	入力値を比較値とアトミックに比較。
InterlockedExchange (d,v,o)	値を dest に割り当てて、元の値を返す。
InterlockedMax (d,v,o)	値を保証したアトミックな max。
InterlockedMin (d,v,o)	値を保証したアトミックな min。
InterlockedOr (d,v,o)	値を保証したアトミックな or。
InterlockedXor (d,v,o)	値を保証したアトミックな xor。

「ハル・シェーダ」でのみ使えるの関数

関　数	説　明
Process2DQuadTessFactorsAvg	クワッド・パッチの修正ずみテッセレーション係数を生成。
Process2DQuadTessFactorsMax	クワッド・パッチの修正ずみテッセレーション係数を生成。
Process2DQuadTessFactorsMin	クワッド・パッチの修正ずみテッセレーション係数を生成。
ProcessIsolineTessFactors	等値線の丸めずみテッセレーション係数を生成。
ProcessQuadTessFactorsAvg	クワッド・パッチの修正ずみテッセレーション係数を生成。
ProcessQuadTessFactorsMax	クワッド・パッチの修正ずみテッセレーション係数を生成。
ProcessQuadTessFactorsMin	クワッド・パッチの修正ずみテッセレーション係数を生成。
ProcessTriTessFactorsAvg	トライアングル・パッチの修正ずみテッセレーション係数を生成。
ProcessTriTessFactorsMax	トライアングル・パッチの修正ずみテッセレーション係数を生成。
ProcessTriTessFactorsMin	トライアングル・パッチの修正ずみテッセレーション係数を生成。

スレッド関連の関数

関　数	説　明
AllMemoryBarrier ()	すべてのメモリ・アクセスが完了するまで、一定のグループとしたすべてのスレッドの実行をブロック。
AllMemoryBarrierWithGroupSync ()	すべてのメモリ・アクセスが完了し、スレッドのグループに属するすべてのスレッドがこの呼び出しに到達するまで、そのグループのスレッド実行をすべてブロック。
DeviceMemoryBarrier ()	すべてのデバイス・メモリ・アクセスが完了するまで、グループ内のすべてのスレッドの実行をブロック。
DeviceMemoryBarrierWithGroupSync ()	すべてのデバイス・メモリ・アクセスが完了し、スレッドのグループに属するすべてのスレッドがこの呼び出しに到達するまで、そのグループのスレッド実行をすべてブロック。
GroupMemoryBarrier ()	すべてのグループ共有アクセスが完了するまで、グループ内のすべてのスレッドの実行をブロック。
GroupMemoryBarrierWithGroupSync ()	すべてのグループ共有アクセスが完了し、グループ内のすべてのスレッドがこの呼び出しに到達するまで、グループ内のすべてのスレッドの実行をブロック。

※「DeviceMemoryBarrier ()」は「ピクセル・シェーダ」「コンピュート・シェーダ」でのみ使える。それ以外は、「コンピュート・シェーダ」でのみ使える。

13章

シェーダ関数

各「シェーダ・ステージ」で実行する機能は、「HLSL」の関数として定義します。この章では、各「シェーダ・ステージ」で実行する「シェーダ関数」の定義方法と、「IA」（入力アセンブラ）が生成してシェーダに提供する「システム生成値」について解説します。

DirectX11

13章 シェーダ関数

1 シェーダ関数の概要

「Direct3D 11」には、「頂点シェーダ」「ハル・シェーダ」「ドメイン・シェーダ」「ジオメトリ・シェーダ」「ピクセル・シェーダ」「コンピュート・シェーダ」の6種類のシェーダがあります。これらのシェーダ機能は、HLSL（高水準シェーディング言語）を使ってプログラミングします。

これらのシェーダのうち、テッセレータ関連と「コンピュート・シェーダ」を除く、「頂点シェーダ」「ジオメトリ・シェーダ」「ピクセル・シェーダ」における、HLSLで記述されたシェーダ・コードでやり取りされるデータ処理の流れの概要を次に示します。

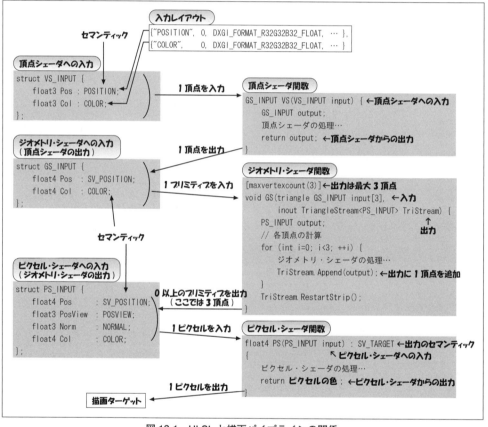

図13-1　HLSLと描画パイプラインの関係

パイプライン内で、データは次のように流れます。

・「頂点バッファ」→（入力アセンブラ）→「頂点シェーダの入力」
・「頂点シェーダの出力」→「ジオメトリ・シェーダの入力」
・「ジオメトリ・シェーダの出力」→（ラスタライザ）→「ピクセル・シェーダの入力」
・「ピクセル・シェーダの出力」→（出力マージャー）→「描画ターゲット」

このとき、入力と出力は、セマンティックを基準に関連づけられます。引数の名前は無関係です。
そのため、『入力レイアウト』と『頂点シェーダの入力』」「『頂点シェーダの出力』と『ジオメトリ・シェーダの入力』」「『ジオメトリ・シェーダの出力』と『ピクセル・シェーダの入力』」は、同じ構成のセマンティックをもつことになります。

2　頂点シェーダ関数

「頂点シェーダ」は、頂点の「座標」「色」「法線」など、頂点データを計算するシェーダです。1つの頂点データを受け取り、1つの頂点データを出力します。

■「頂点シェーダ関数」への入力

「入力アセンブラ」(IA) は、頂点バッファのデータを、同じセマンティックをもつ頂点シェーダ関数の入力引数に渡します。このデータは、通常は、「モデル空間の座標データや法線データ」「モデル自体の色」などのデータです。どのような値がどのようなセマンティックで送られてくるかは、「アプリケーション側」の設計次第です。

■「頂点シェーダ関数」からの出力

頂点シェーダでは、「射影空間の座標や法線」「ライティングを考慮した頂点色」などを計算して出力します。具体的にどのようなデータを何種類出力するかは、「シェーダ関数」の設計次第です。

「頂点シェーダ関数」の出力は、同じセマンティックをもつ「ジオメトリ・シェーダ関数」の入力引数に渡されます。
「ジオメトリ・シェーダ」が存在しない場合は、そのままラスタライザに入力されるので、ラスタライザが必要とする射影空間の「頂点座標」(SV_POSITION) を出力する必要があります。

3　ジオメトリ・シェーダ関数

「ジオメトリ・シェーダ」は、「点」「線」「三角形」などのプリミティブ単位の計算を行なうシェーダです。1つのプリミティブ・データを受け取り、0または1つ以上のプリミティブ・データを出力します。つまり、不要と判断されたプリミティブを削除したり、必要に応じてプリミティブを増やすことができます。

■ジオメトリ・シェーダ関数の定義

ジオメトリ・シェーダの関数は、普通の HLSL の関数と定義方法が異なります。
たとえば、次のコードは、三角形ストリップを描画するジオメトリ・シェーダ関数の例です。

ジオメトリ・シェーダ関数の定義例

```
[maxvertexcount(3)]      ←出力する最大の頂点数
void GS(triangle GS_INPUT input[3],    ←プリミティブの頂点データ(入力)
        uint primID : SV_PrimitiveID,  ←プリミティブ ID(入力)
        inout TriangleStream<PS_INPUT> TriStream) ←プリミティブの頂点データ(出力)
{
    PS_INPUT output;
    …プリミティブに関する処理
    for (int i=0; i<3; ++i) {
        …各頂点に関する処理
```

DirectX11

13章 シェーダ関数

```
        TriStream.Append(output);  ←頂点を追加
    }
    TriStream.RestartStrip();  ←現在のストリップを終了し、新しいストリップを開始
}
```

● 解説

```
[maxvertexcount (3)]
```

「[maxvertexcount (n)]」で、この関数から出力される最大の頂点数「n」を指定します。
ジオメトリ・シェーダ関数からは、32ビットの値を最大「1024」出力できます。
そのため、出力する頂点データが「float型」（32ビット浮動小数点数）1つで構成されている場合は、最大「1024」頂点出力でき、「float4型」2つの場合は、最大「128」(= 1024 / (4×2)) 頂点出力できます。

```
void GS (triangle GS_INPUT input [3],
```

ジオメトリ・シェーダ関数名を「GS」と定義しています。関数名は任意です。
ジオメトリ・シェーダ関数の**第1引数**として、ジオメトリ・シェーダで処理するプリミティブの頂点データを配列として受け取っています。
「triangle」は、受け取るプリミティブの種類が三角形プリミティブであることを意味します。「GS_INPUT」は、頂点データを表わすユーザー定義の構造体です。三角形プリミティブには頂点が3つ含まれるので、要素数「3」の配列になります。

＊

ジオメトリ・シェーダで受け取るプリミティブの種類には、次の5種類があります。数字は頂点データ配列のインデックス値です。

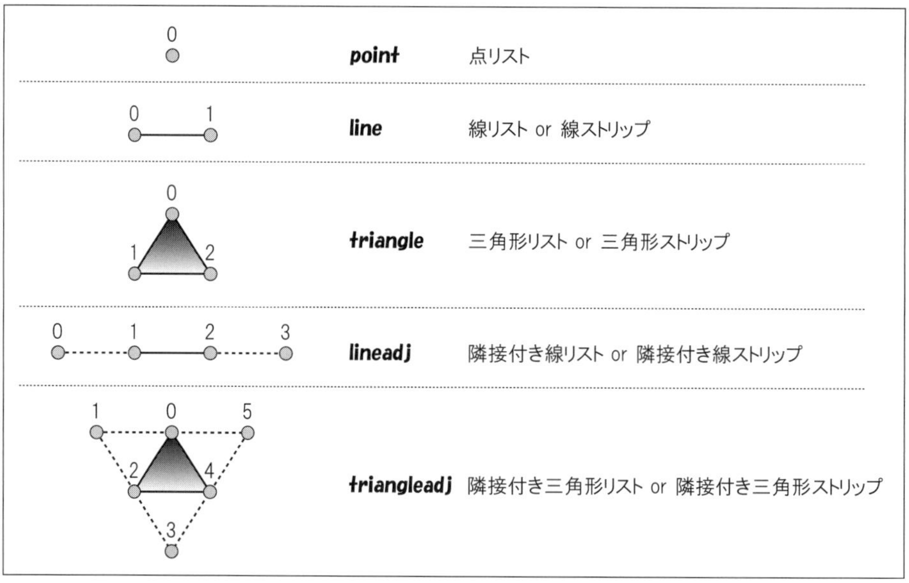

0 ●	**point**	点リスト
0 ●――● 1	**line**	線リスト or 線ストリップ
△ (0,1,2)	**triangle**	三角形リスト or 三角形ストリップ
0---1---2---3	**lineadj**	隣接付き線リスト or 隣接付き線ストリップ
△ (0,1,2,3,4,5)	**triangleadj**	隣接付き三角形リスト or 隣接付き三角形ストリップ

図13-2 「ジオメトリ・シェーダ」で受け取れるプリミティブ型と、含まれる頂点数

```
    uint primID : SV_PrimitiveID,
```

第2引数として、「プリミティブID」(SV_PrimitiveID) を受け取っています。この値は入力アセンブラ (IA) で生成される「システム生成値」です。

3 ジオメトリ・シェーダ関数

```
inout TriangleStream<PS_INPUT> TriStream)
```

第3引数として、ジオメトリ・シェーダ関数から頂点データを出力する「三角形ストリーム」(TriangleStream) を、「入出力引数」(inout) として定義しています。

「PS_INPUT」は、ジオメトリ・シェーダから出力するデータを表わすユーザー定義の構造体です。

ジオメトリ・シェーダからの出力ストリームは、常に「入出力引数」(inout) として定義します。ジオメトリ・シェーダの出力ストリームには、次の3種類があります。

ジオメトリ・シェーダからの出力ストリーム型

ストリーム型	説 明
PointStream	点を出力するストリーム。
LineStream	線を出力するストリーム
TriangleStream	三角形を出力するストリーム

```
…プリミティブに関する処理
for (int i=0; i<3; ++i) {
    …各頂点に関する処理
    TriStream.Append(output);   ← 頂点を追加
}
TriStream.RestartStrip();   ← 現在のストリップを終了し、新しいストリップを開始
}
```

プリミティブを構成する頂点データを計算して、出力ストリームに書き込んでいきます。これには、「Append 組み込み関数」と「RestartStrip 組み込み関数」を使います。

● Append 組み込み関数
出力ストリームに頂点を追加します。
1回の実行で1つの頂点が出力ストリームに追加されます。

● RestartStrip 組み込み関数
出力ストリームに現在出力しているストリップを終了して、新しいストリップの出力を開始します。

ジオメトリ・シェーダの出力は、①ストリーム出力 (SO) が有効なときは「リスト」ですが、②ストリーム出力が無効なときは「ストリップのリスト」です。そのため、「線リスト」や「三角形リスト」を出力するには、「線」「三角形」などのプリミティブを1つ出力するたびに「RestartStrip 組み込み関数」を実行します。

なお、ジオメトリ・シェーダから「隣接付きプリミティブ」は出力できません。

■ ジオメトリ・シェーダ関数への入力

描画パイプラインは、頂点シェーダから出力された頂点データをプリミティブ単位にまとめてジオメトリ・シェーダに送ります。そのため、ジオメトリ・シェーダ側では描画されているデータの「リスト」と「ストリップ」の違いを意識する必要はありません。

■ ジオメトリ・シェーダ関数からの出力

ジオメトリ・シェーダ関数からの出力は、ラスタライザへの入力になります。そのため、出力される

13章 シェーダ関数

各頂点データには、ラスタライザが必要とする射影空間の「頂点座標」（SV_POSITION）が含まれている必要があります。

ジオメトリ・シェーダ関数からは、「SV_RenderTargetArrayIndex」（uint型）を出力することで、出力先の描画ターゲットを指定できます。また、この値はピクセル・シェーダで読み込むことができます。

4 ピクセル・シェーダ関数

「ピクセル・シェーダ」は、最終的な描画先のバック・バッファなどに出力する「色」や「深度」などの情報を計算するシェーダです。

■ ピクセル・シェーダ関数への入力

ジオメトリ・シェーダから出力されたプリミティブは、ラスタライザによってピクセルに分解されます。その際に、プリミティブの各頂点データがもつ値を補間してピクセルの値が計算されます。

通常は線形補間（linear）されますが、入力引数の定義に以下の補間挿入修飾子を使うことで、補間モードを選択できます。

補完挿入修飾子

補間挿入修飾子	説　明
linear	線形補間する。
centroid	重心（centroid）補間。アンチエイリアシングを改善するために使う。
nointerpolation	補間しない。この修飾子は「uint」と「int」でのみ使える。
noperspective	射影変換（perspective-correction）なしで補間する。

重心補間された値（float4）を受け取る例は、次のようになります。

```
float4 PS ( ……, centroid float4 Texcoord : TEX, ……) : SV_Target
```

■ ピクセル・シェーダ関数からの出力

ピクセル・シェーダ関数からは、「描画する値」（SV_Target [n]）と「深度値」（SV_Depth）の2種類の値を出力できます。セマンティックの [n] に設定できる数値は、「0」～「7」です。「0」は省略できます。つまり、「SV_Target0」と「SV_Target」は同じ意味です。

なお、ピクセル・シェーダで処理中に、「clip関数」（条件付き破棄）または「discard文」（無条件破棄）を実行することで、現在実行中のピクセル・シェーダ関数で処理しているピクセルを破棄することができます。

5 システム生成値

「入力アセンブラ」(IA) では、「頂点 ID」「プリミティブ ID」「インスタンス ID」の「システム生成値」を生成して、各シェーダ関数に提供できます。これらシステム生成値のセマンティックには、「SV_InstanceID」「SV_PrimitiveID」「SV_VertexID」が使われます。

これらのシステム生成値は、次のシェーダ・ステージで受け取れます。

システム生成値

セマンティック	頂点シェーダ	ジオメトリ・シェーダ	ピクセル・シェーダ
SV_InstanceID	○		
SV_PrimitiveID		○	○
SV_VertexID	○	○(各頂点ごと)	

● 頂点 ID (SV_VertexID)

シェーダで頂点を識別するために使われる、32 ビット符号なし整数値 (uint) です。
「0」からはじまり、頂点ごとに値が「1」増加していきます。
仮に、値が 2 の 32 乗を超える場合は、「0」に戻ります。また、新しいインスタンスの描画が始まる場合も「0」に戻ります。

描画されない隣接頂点を含めて、すべての頂点に対して頂点 ID が生成されます。
「頂点シェーダ」と「ジオメトリ・シェーダ」で利用できます。「ジオメトリ・シェーダ」で利用する際は、各頂点ごとに値を受け取ります。

● プリミティブ ID (SV_PrimitiveID)

プリミティブを識別するために使われる、32 ビット符号なし整数値 (uint) です。
「0」からはじまり、プリミティブごとに値が「1」増加していきます。
仮に、値が 2 の 32 乗を超える場合は「0」に戻ります。また、新しいインスタンスの描画が始まる場合も「0」に戻ります。

プリミティブ ID は、描画されるプリミティブにだけ生成されます。描画されない隣接プリミティブにプリミティブ ID は生成されません。
「ジオメトリ・シェーダ」か「ピクセル・シェーダ」で利用できます。

● インスタンス ID (SV_InstanceID)

現在描画している 3D オブジェクトのインスタンスを識別するために使われる、32 ビット符号なし整数値 (uint) です。
「0」からはじまり、インスタンスごとに値が「1」増加していきます。
仮に、値が 2 の 32 乗を超える場合は「0」に戻ります。

「頂点シェーダ」「ジオメトリ・シェーダ」「ピクセル・シェーダ」で利用できます。

● システム生成値の例

生成されるシステム生成値の例を**図 16-3** に示します。ここでは、3 つのプリミティブから構成される隣接付き三角形ストリップのインスタンスを 2 つ描画しています。
複数インスタンスの描画について、**19 章**で解説します。

13章 シェーダ関数

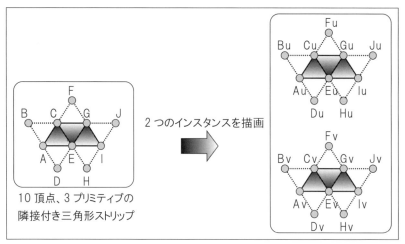

図13-3 2つのインスタンスを描画する例

各「頂点」の「頂点ID」と「インスタンスID」

頂点	Au	Bu	Cu	Du	Eu	Fu	Gu	Hu	Iu	Ju	Av	Bv	Cv	Dv	Ev	Fv	Gv	Hv	Iv	Jv
頂点ID	0	1	2	3	4	5	6	7	8	9	0	1	2	3	4	5	6	7	8	9
インスタンスID	0	0	0	0	0	0	0	0	0	0	1	1	1	1	1	1	1	1	1	1

各「プリミティブ」の「プリミティブID」と「インスタンスID」

プリミティブ	AuCuEu	CuGuEu	EuGuIu	AvCvEv	CvGvEv	EvGvIv
プリミティブID	0	1	2	0	1	2
インスタンスID	0	0	0	1	1	1

6 サンプル・プログラム

システム生成値を使用するプログラムを、「D3D11Sample06」サンプルにまとめました。

「頂点ID」を使って「頂点座標」を頂点シェーダ内で生成しています。そのため、「頂点バッファ」「インデックス・バッファ」を使っていません。

また、「プリミティブID」を使って「頂点色」をジオメトリ・シェーダ内で生成しています。そのため、三角形単位で色がつきます。

頂点シェーダ関数

```
// 頂点シェーダの関数
float4 VS(uint vID : SV_VertexID) : SV_POSITION {
    float4 pos;

    // 頂点座標(モデル座標系)の生成
    static const uint pID[36] = { 0,1,3, 1,2,3, 1,5,2, 5,6,2, 5,4,6, 4,7,6,
                                  4,5,0, 5,1,0, 4,0,7, 0,3,7, 3,2,7, 2,6,7 };
```

6 サンプル・プログラム

```
    switch (pID[vID]) {
    case 0: pos = float4(-1.0,  1.0, -1.0, 1.0); break;
    case 1: pos = float4( 1.0,  1.0, -1.0, 1.0); break;
    case 2: pos = float4( 1.0, -1.0, -1.0, 1.0); break;
    case 3: pos = float4(-1.0, -1.0, -1.0, 1.0); break;
    case 4: pos = float4(-1.0,  1.0,  1.0, 1.0); break;
    case 5: pos = float4( 1.0,  1.0,  1.0, 1.0); break;
    case 6: pos = float4( 1.0, -1.0,  1.0, 1.0); break;
    case 7: pos = float4(-1.0, -1.0,  1.0, 1.0); break;
    }

    // 頂点座標　モデル座標系→ビュー座標系
    pos = mul(pos, World);
    pos = mul(pos, View);

    // 出力
    return pos;
}

// ジオメトリ シェーダの関数
[maxvertexcount(3)]
void GS(triangle float4 input[3] : SV_POSITION, uint pID : SV_PrimitiveID,
        inout TriangleStream<PS_INPUT> TriStream) {
    PS_INPUT output;

    // 頂点色の生成
    output.Col.r = (pID & 0x01) ? 1.0 : 0.3;
    output.Col.g = (pID & 0x02) ? 1.0 : 0.3;
    output.Col.b = (pID & 0x04) ? 1.0 : 0.3;
    output.Col.a = 1.0;
…以下略
```

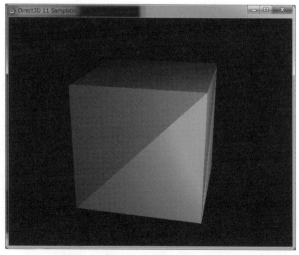

図 13-4 「D3D11Sample06」サンプル

14章

テクスチャの作成

「Direct3D 11」では、画像データを「テクスチャ・リソース」として用意することで、2D/3Dグラフィックスの描画などに利用する機能が提供されています。この章では、代表的なテクスチャの作り方について解説します。

なお、シェーダでのテクスチャの扱い方については、15章で解説します。

DirectX11

14章 テクスチャの作成

1 テクスチャ

「Direct3D 11」では、画像データを「テクスチャ・リソース」として扱います。

「テクスチャ」は、描画パイプラインからは「ビュー」を通してアクセスされます。
「ビュー」は、「テクスチャ・リソース」が描画パイプラインからどのようなデータとして見えるのかを定義します。
「テクスチャ」や「ビュー」に関しては、1章を参照してください。

*

「テクスチャ」の"使い方"や"作り方"はいろいろありますが、この章では、図14-1のような一般的な作り方を解説します。
「テクスチャ」の具体的な使い方については、15章で解説します。

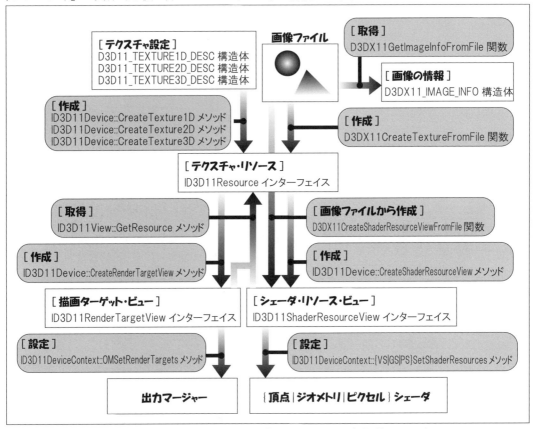

図14-1 テクスチャ関連の、主な「インターフェイス」と「メソッド」

2 画像ファイルから「シェーダ・リソース・ビュー」を作る

「Direct3D 11」で画像データを扱う場合、基本的には、「テクスチャ・リソースを作成」→「テクスチャに画像データを書き込む」→「テクスチャにアクセスするビューを作成」という手順を踏みます。
D3DXでは、この過程を簡略化してくれるヘルパー関数がいくつか提供されており、「画像ファイル」（データ）から「シェーダ・リソース・ビュー」を直接取得することが可能です。

2 画像ファイルから「シェーダ・リソース・ビュー」を作る

　ここでは、「画像ファイル」（データ）から「シェーダ・リソース・ビュー」を作るもっとも基本的な手順について解説します。もう少し複雑な手順については、**3節**で解説します。

■ 扱える画像ファイルのフォーマット

　D3DX で扱える画像ファイルのフォーマットは、「D3DX11_IMAGE_FILE_FORMAT 列挙型」で定義されています。D3DX では、これらのフォーマットの読み込みと書き込みのための関数が提供されています。

D3DX11_IMAGE_FILE_FORMAT 列挙型

D3DX11_IFF_BMP	「Windows ビットマップ」(BMP)ファイル・フォーマット。
D3DX11_IFF_JPG	「Joint Photographic Experts Group」(JPEG)ファイル・フォーマット。
D3DX11_IFF_PNG	「Portable Network Graphics」(PNG)ファイル・フォーマット。
D3DX11_IFF_DDS	「DirectDraw サーフェス」(DDS)ファイル・フォーマット。
D3DX11_IFF_TIFF	「Tagged Image File Format」(TIFF)。
D3DX11_IFF_GIF	「Graphics Interchange Format」(GIF)。
D3DX11_IFF_WMP	「Windows Media Player format」(WMP)。

　「D3DX11GetImageInfoFromFile 関数」などで、読み込む画像ファイルのサイズやフォーマットなどを調べることができます。この関数については、**3節**で解説します。

■ 画像ファイルから「シェーダ・リソース・ビュー」を作る

　画像ファイルから「シェーダ・リソース・ビュー」を作るには、次の関数を使います。

D3DX11CreateShaderResourceViewFromFile 関数	画像ファイルからビューを作る。
D3DX11CreateShaderResourceViewFromMemory 関数	画像データからビューを作る。
D3DX11CreateShaderResourceViewFromResource 関数	画像リソースからビューを作る。

　それぞれ「ファイル」「メモリ上のデータ」「リソース・データ」から「テクスチャ・リソース」を作って、テクスチャにアクセスするための「シェーダ・リソース・ビュー」を返します。

　なお、「D3DX11CreateShaderResourceViewFromResource 関数」で読み込む「画像リソース」の「リソース」とは、実行ファイルなどに含まれるリソース・データのことです。「Direct3D 11」の「リソース」（パイプラインからアクセスするメモリ）とは関係ありません。

　画像ファイル「image.bmp」から「シェーダ・リソース・ビュー」（とテクスチャ・リソース）を作るもっとも簡単なコードは、次のようになります。

```
ID3D11ShaderResourceView* g_pTextureRV = NULL;
D3DX11CreateShaderResourceViewFromFile(
            g_pD3DDevice,      // D3D11 デバイス
            L"image.bmp",      // 画像ファイル名
            NULL,              // 作成するテクスチャの設定
            NULL,              // 非同期実行の設定
```

14章 テクスチャの作成

```
                    &g_pTextureRV        // ビューを受け取る変数
                    &hr);                // 戻り値
if (FAILED(hr))
    // 失敗
```

D3DX11CreateShaderResourceViewFromFile 関数

HRESULT WINAPI D3DX11CreateShaderResourceViewFromFile(	
ID3D11Device*	pDevice,
LPCWSTR	pSrcFile,
D3DX11_IMAGE_LOAD_INFO*	pLoadInfo,
ID3DX11ThreadPump*	pPump,
ID3D11ShaderResourceView**	ppShaderResourceView,
HRESULT*	pHResult);
pDevice	リソースを作るデバイス。
pSrcFile	テクスチャの作成元の画像ファイル名。
pLoadInfo	作成するテクスチャについての情報。
pPump	関数の実行を後から非同期で行なう場合の「ID3DX11ThreadPump インターフェイス」。不要なら「NULL」。
ppTexture	作成された「シェーダ・リソース・ビュー」を受け取る変数のポインタ。
pHResult	戻り値を受け取る変数のポインタ。

「D3DX11CreateShaderResourceViewFromResource 関数」の**第3引数**に、作るテクスチャの設定(サイズやフォーマットなど)を、「D3DX11_IMAGE_LOAD_INFO 構造体」で指定できます。

この例では、「NULL」を渡してデフォルトの設定で作成しています。「D3DX11_IMAGE_LOAD_INFO 構造体」については、**3節**で解説します。

■ ビューを通してアクセスされる「テクスチャ・リソース」

これらの関数から直接取得できるのは、「シェーダ・リソース・ビュー」の「ID3D11ShaderResourceView インターフェイス」だけですが、当然、テクスチャ・リソースも同時に作られています。

ビューを通してアクセスされるテクスチャ・リソースは、「ID3D11View::GetResource メソッド」で取得できます。「ID3D11ShaderResourceView インターフェイス」は「ID3D11View インターフェイス」を継承しているので、このメソッドを利用できます。

上で取得した「シェーダ・リソース・ビュー」を通してアクセスされるリソースを取得するコードは、次のようになります。

```
ID3D11Resource* pResource = NULL;    // テクスチャ・リソースを受け取る変数
g_pTextureRV->GetResource(&pResource);
```

このように、「ID3D11View::GetResource メソッド」は、すべてのリソースに共通するインターフェイスである「ID3D11Resource インターフェイス」を返します。

「ID3D11Resource インターフェイス」で用がすめばいいのですが、テクスチャ・リソースのた

② 画像ファイルから「シェーダ・リソース・ビュー」を作る

めの機能をもつ「ID3D11Texture1Dインターフェイス」「ID3D11Texture2Dインターフェイス」「ID3D11Texture3Dインターフェイス」が使いたい場合もあります。

そのような場合は、「ID3D11Resource::GetTypeメソッド」でリソースの種類を調べて、それらのインターフェイスを使うことができます。

なお、「ID3D11Resourceインターフェイス」から「ID3D11Texture1Dインターフェイス」「ID3D11Texture2Dインターフェイス」「ID3D11Texture3Dインターフェイス」への変換は、キャストでできます。

*

リソースの種類を判定するコードは、次のようになります。

リソースの種類を判定するコード例

```
D3D11_RESOURCE_DIMENSION type;    // リソースの種類を受け取る変数
pResource->GetType(&type);

switch (type)
{
    case D3D11_RESOURCE_DIMENSION_TEXTURE1D:
    {
        // 1次元テクスチャの処理
        ID3D11Texture1D* pTexture1D = (ID3D11Texture1D*)pResource;
        …中略…
        break;
    }

    case D3D11_RESOURCE_DIMENSION_TEXTURE2D:
    {
        // 2次元テクスチャの処理
        ID3D11Texture2D* pTexture2D = (ID3D11Texture2D*)pResource;
        …中略…
        break;
    }

    case D3D11_RESOURCE_DIMENSION_TEXTURE3D:
    {
        // 3次元テクスチャの処理
        ID3D11Texture3D* pTexture3D = (ID3D11Texture3D*)pResource;
        …中略…
        break;
    }

    default:
    {
        // エラー(テクスチャ・リソースではない)
        break;
    }
}
```

*

テクスチャ・リソースがどのようなサイズやフォーマットをもっているかは、「ID3D11Texture1D::

14章 テクスチャの作成

GetDesc メソッド」「ID3D11Texture2D::GetDesc メソッド」「ID3D11Texture3D::GetDesc メソッド」で取得できます。

*

たとえば、2次元テクスチャの情報を取得するコードは、次のようになります。

2次元テクスチャの情報を取得するコード例

```
D3D11_TEXTURE2D_DESC desc;
pTexture2D->GetDesc(&desc);
```

一般的な Get 系メソッドと同様に、「ID3D11View::GetResource メソッド」で取得したインターフェイスは、アプリケーションで必要なくなった段階で解放する必要があります。

```
pResource->Release();
```

ID3D11View::GetResource メソッド

void ID3D11View::GetResource (　ID3D11Resource** ppResource);	
ppResource	このビューを通じてアクセスされるリソースを受け取る変数へのポインタ。

ID3D11Resource::GetType メソッド

void ID3D11Resource::GetType (　D3D11_RESOURCE_DIMENSION* rType);	
rType	リソースの種類を受け取る変数へのポインタ。

D3D11_RESOURCE_DIMENSION 列挙型

D3D11_RESOURCE_DIMENSION_UNKNOWN	不明な種類。
D3D11_RESOURCE_DIMENSION_BUFFER	バッファ・リソース。
D3D11_RESOURCE_DIMENSION_TEXTURE1D	1次元テクスチャ・リソース。
D3D11_RESOURCE_DIMENSION_TEXTURE2D	2次元テクスチャ・リソース。
D3D11_RESOURCE_DIMENSION_TEXTURE3D	3次元テクスチャ・リソース。

ID3D11Texture1D::GetDesc メソッド
ID3D11Texture2D::GetDesc メソッド
ID3D11Texture3D::GetDesc メソッド

void ID3D11Texture1D::GetDesc (　D3D11_TEXTURE1D_DESC* pDesc);	
void ID3D11Texture2D::GetDesc (　D3D11_TEXTURE2D_DESC* pDesc);	
void ID3D11Texture3D::GetDesc (　D3D11_TEXTURE3D_DESC* pDesc);	
pDesc	テクスチャ・リソースの定義を受け取る構造体のポインタ。

2 画像ファイルから「シェーダ・リソース・ビュー」を作る

D3D11_TEXTURE1D_DESC 構造体

```
UINT            Width;
UINT            MipLevels;
UINT            ArraySize;
DXGI_FORMAT     Format;
D3D11_USAGE     Usage;
UINT            BindFlags;
UINT            CPUAccessFlags;
UINT            MiscFlags;
```

Width	テクスチャの幅。
MipLevels	ミップマップ・レベル数。 「0」を指定すると完全なミップマップ・チェインが作られる。
ArraySize	テクスチャ配列の要素数。
Format	テクセル(テクスチャのエレメント)のフォーマット。
Usage	テクスチャ・リソースの使用法。
BindFlags	テクスチャをパイプラインにバインドする方法。
CPUAccessFlags	CPUアクセスの種類。CPUからアクセスしない場合は「0」。
MiscFlags	その他のフラグ。

D3D11_TEXTURE2D_DESC 構造体

```
UINT                Width;
UINT                Height;
UINT                MipLevels;
UINT                ArraySize;
DXGI_FORMAT         Format;
DXGI_SAMPLE_DESC    SampleDesc;
D3D11_USAGE         Usage;
UINT                BindFlags;
UINT                CPUAccessFlags;
UINT                MiscFlags;
```

Height	テクスチャの高さ。
SampleDesc	マルチ・サンプリングの設定。
(その他)	そのほかのメンバは「D3D11_TEXTURE1D_DESC 構造体」と同様。

D3D11_TEXTURE3D_DESC 構造体

```
UINT            Width;
UINT            Height;
UINT            Depth;
UINT            MipLevels;
DXGI_FORMAT     Format;
D3D11_USAGE     Usage;
UINT            BindFlags;
UINT            CPUAccessFlags;
UINT            MiscFlags;
```

Height	テクスチャの高さ。

14章 テクスチャの作成

Depth	テクスチャの深さ。
（その他）	そのほかのメンバは「D3D11_TEXTURE1D_DESC 構造体」と同様。

■「シェーダ・リソース・ビュー」の設定

シェーダからテクスチャにアクセスするには、「シェーダ・リソース・ビュー」を使います。

ここでは、2次元テクスチャに「DXGI_FORMAT_R32G32B32A32_FLOAT」フォーマット（つまり、「float4」）でアクセスする「シェーダ・リソース・ビュー」の、「g_pTextureSRV」を作る場合を考えます。

```
ID3D11ShaderResourceView* g_pTextureSRV = NULL;

// シェーダ・リソース・ビューの作成
D3DX10CreateShaderResourceViewFromFile(……, &g_pTextureSRV, NULL);
```

*

「シェーダ・ステージ」に「シェーダ・リソース・ビュー」を設定するには、以下のメソッドを使います。使い方は、どれも同じです。

「シェーダ・リソース・ビュー」を設定するメソッド

頂点シェーダ	ID3D11DeviceContext::VSSetShaderResources メソッド
ハル・シェーダ	ID3D11DeviceContext::HSSetShaderResources メソッド
ドメイン・シェーダ	ID3D11DeviceContext::DSSetShaderResources メソッド
ジオメトリ・シェーダ	ID3D11DeviceContext::GSSetShaderResources メソッド
ピクセル・シェーダ	ID3D11DeviceContext::PSSetShaderResources メソッド
コンピュート・シェーダ	ID3D11DeviceContext::CSSetShaderResources メソッド

これらのメソッドでは、一度に複数の「シェーダ・リソース・ビュー」を設定できます。

たとえば、「ピクセル・シェーダ」に「シェーダ・リソース・ビュー」を1つ設定するコードは、次のようになります。

```
g_pImmediateContext->PSSetShaderResources(
    0,                  // 設定する最初のスロット番号
    1,                  // 設定するシェーダ・リソース・ビューの数
    &g_pTextureSRV);    // 設定するシェーダ・リソース・ビューの配列
```

ID3D11DeviceContext::PSSetShaderResources メソッド

void ID3D11DeviceContext::PSSetShaderResources(UINT StartSlot, UINT NumViews, ID3D11ShaderResourceView *const *ppShaderResourceViews);	
StartSlot	シェーダ・リソース・ビューを設定するスロット番号。 「0」～「D3D11_COMMONSHADER_INPUT_RESOURCE_SLOT_COUNT - 1」
NumViews	設定するシェーダ・リソース・ビューの数
ppShaderResourceViews	設定するシェーダ・リソース・ビューの配列

③ 画像ファイルからテクスチャ・リソースを作る

■「テクスチャ・リソース」の解放について

「D3DX11CreateShaderResourceViewFromFile 関数」などを使って「シェーダ・リソース・ビュー」だけを取得した場合、ビューから利用されている「テクスチャ・リソース」を、解放すべきかどうかで悩むかもしれません。しかし、基本的には、アプリ側で開放する必要はありません（ただし、「ID3D11View::GetResource メソッド」で取得したものは開放します）。

■ サンプル・プログラム

「D3DX11CreateShaderResourceViewFromFile 関数」を使ってテクスチャを作るプログラムを、「D3D11Sample07」サンプルにまとめました。

サンプルでは、作ったテクスチャを、13章で解説した「D3D11Sample06」サンプルの立方体に貼り付けています。

また、テクスチャの種類を判定して、テクスチャのサイズをデバッグ出力に表示します。

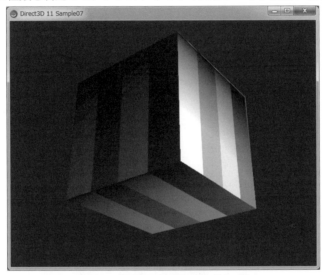

図 14-2 「D3D11Sample07」サンプル

③ 画像ファイルからテクスチャ・リソースを作る

2節では、「D3DX11CreateShaderResourceViewFromResource 関数」を使って画像ファイルからシェーダ・リソース・ビューを作る基本的な方法について解説しました。

3節ではもう少し細かな設定を行ないながら、「画像ファイルを調べる」→「テクスチャ・リソースを作成」→「テクスチャに画像データを書き込む」→「テクスチャにアクセスするビューを作成」という手順でテクスチャを作成する方法について解説します。

■ 画像ファイルの情報を調べる

画像ファイルのサイズやフォーマットに合わせたテクスチャを作りたい場合などは、次の関数で画像ファイルのサイズやフォーマットなどの情報を調べることができます。

14章 テクスチャの作成

画像ファイル（データ）の情報を取得する関数

D3DX11GetImageInfoFromFile 関数	画像ファイルの情報を取得。
D3DX11GetImageInfoFromMemory 関数	画像データの情報を取得。
D3DX11GetImageInfoFromResource 関数	画像リソースの情報を取得。

それぞれ、画像の「ファイル名」「メモリ」「リソース名」を渡すことで、「D3DX11_IMAGE_INFO 構造体」に画像データについての情報を返します。

次のコードでは、「image.bmp」ファイルの情報を取得しています。

画像ファイルの情報を取得するコード例

```
D3DX11_IMAGE_INFO imageInfo; // 情報を受け取る変数
hr = D3DX11GetImageInfoFromFile(L"image.bmp", NULL, &imageInfo);
if (FAILED(hr))
    // 失敗
```

D3DX11GetImageInfoFromFile 関数

HRESULT WINAPI D3DX11GetImageInfoFromFile(		
LPCWSTR	pSrcFile,	
ID3DX11ThreadPump*	pPump,	
D3DX11_IMAGE_INFO*	pSrcInfo,	
HRESULT*	pHResult);	

pSrcFile	画像ファイル名。
pPump	関数の実行を後から非同期で行なう場合の「ID3DX11ThreadPump インターフェイス」。不要なら「NULL」。
pSrcInfo	指定したファイルの情報を取得する「D3DX11_IMAGE_INFO 構造体」へのポインタ。

D3DX11_IMAGE_INFO 構造体

UINT	Width;
UINT	Height;
UINT	Depth;
UINT	ArraySize;
UINT	MipLevels;
UINT	MiscFlags;
DXGI_FORMAT	Format;
D3D11_RESOURCE_DIMENSION	ResourceDimension;
D3DX11_IMAGE_FILE_FORMAT	ImageFileFormat;

Width	画像の幅（ピクセル数）。
Height	画像の高さ（ピクセル数）。
Depth	画像の深度（ピクセル数）。
ArraySize	画像のバイト数。
MipLevels	画像のミップマップ・レベル数。
MiscFlags	その他のリソース特性（D3D11_RESOURCE_MISC_FLAG 列挙型）。
Format	オリジナル画像にもっとも近いフォーマット（DXGI_FORMAT 列挙型）。
ResourceDimension	格納されているリソースの種類（D3D11_RESOURCE_DIMENSION 列挙型）。

3 画像ファイルからテクスチャ・リソースを作る

ImageFileFormat	画像のファイル・フォーマット(D3DX11_IMAGE_FILE_FORMAT 列挙型)。

D3D11_RESOURCE_MISC_FLAG 列挙型

D3D11_RESOURCE_MISC_GENERATE_MIPS	「ID3D11Device::GenerateMips メソッド」を呼び出すことができる。「描画ターゲット」と「シェーダ・リソース」のバインド・フラグをもつリソースとして作成されなければならない。
D3D11_RESOURCE_MISC_SHARED	2つ以上の Direct3D デバイスで共有できる。
D3D11_RESOURCE_MISC_TEXTURECUBE	6つの要素を持つ2次元テクスチャ配列からキューブ・テクスチャを作ることができる。
D3D11_RESOURCE_MISC_DRAWINDIRECT_ARGS	GPU 生成コンテンツをインスタンス化できる。
D3D11_RESOURCE_MISC_BUFFER_ALLOW_RAW_VIEWS	バイト・アドレス・バッファとして有効。
D3D11_RESOURCE_MISC_BUFFER_STRUCTURED	構造化バッファとして有効。
D3D11_RESOURCE_MISC_RESOURCE_CLAMP	クランプした深度バイアスをもつ。
D3D11_RESOURCE_MISC_SHARED_KEYEDMUTEX	IDXGIKeyedMutex インターフェイスで同期可能。
D3D11_RESOURCE_MISC_GDI_COMPATIBLE	GDI と互換性のあるリソース。

■ 画像ファイルからテクスチャ・リソースを作る

画像ファイルからテクスチャ・リソースを作るには、次の関数を使います。

テクスチャ・リソースを作る関数

D3DX11CreateTextureFromFile 関数	画像ファイルからテクスチャ作成。
D3DX11CreateTextureFromMemory 関数	画像データからテクスチャ作成。
D3DX11CreateTextureFromResource 関数	画像リソースからテクスチャ作成。

それぞれ「ファイル」「メモリ上のデータ」「リソース・データ」からテクスチャ・リソースを作って「ID3D11Resource インターフェイス」を返します。

「D3DX11CreateTextureFromFile 関数」を使って、画像ファイル「image.bmp」からテクスチャ・リソースを作成するもっとも単純なコードは、次のようになります。

```
// テクスチャを取得する変数
ID3D11Resource* g_pTexture = NULL;

// テクスチャの読み込み
D3DX11CreateTextureFromFile(
            g_pD3DDevice,    // リソースを作成するデバイス
            L"image.bmp",    // 画像ファイル名
            NULL,            // デフォルト設定
            NULL,            // 非同期で実行しない
            &g_pTexture,     // テクスチャを取得する変数
            &hr);            // 戻り値を取得する変数
if (FAILED(hr))
    // 失敗
```

14章 テクスチャの作成

D3DX11CreateTextureFromFile 関数

```
HRESULT WINAPI D3DX11CreateTextureFromFile(
    ID3D11Device*              pDevice,
    LPCWSTR                    pSrcFile,
    D3DX11_IMAGE_LOAD_INFO*    pLoadInfo,
    ID3DX11ThreadPump*         pPump,
    ID3D11Resource**           ppTexture,
    HRESULT*                   pHResult);
```

pDevice	リソースを作るデバイス。
pSrcFile	画像ファイル名。
pLoadInfo	作るテクスチャについての情報。
pPump	関数の実行を後から非同期で行なう場合の「ID3DX11ThreadPump インターフェイス」。不要なら「NULL」。
ppTexture	作られた「テクスチャ・リソース」を受け取る変数のポインタ。
pHResult	戻り値を受け取る変数のポインタ。不要なら「NULL」。

　上のコードでは、第3引数に「NULL」を指定しているので、デフォルト設定のテクスチャが作られます。
　作るテクスチャの設定を指定するには、「D3DX11_IMAGE_LOAD_INFO 構造体」に作るテクスチャの設定をして、作成関数の「pLoadInfo 引数」として渡します。

＊

　以下のコードは、画像ファイル「image.bmp」から、サイズ「256×256」、フォーマット「DXGI_FORMAT_R8G8B8A8_UNORM」、ミップマップ・レベル数「8」のテクスチャ・リソースを作る例です。

画像ファイルからテクスチャ・リソースを作るコード例

```
// テクスチャを取得する変数
ID3D11Resource g_pTexture = NULL;

// 作成するテクスチャの設定
D3DX11_IMAGE_LOAD_INFO imageLoadInfo;
imageLoadInfo.Width          = 256; // テクスチャの幅
imageLoadInfo.Height         = 256; // テクスチャの高さ
imageLoadInfo.Depth          = 0;   // テクスチャの深さ
imageLoadInfo.FirstMipLevel  = 0;   // 読み込む最初のミップマップ・レベル
imageLoadInfo.MipLevels      = 8;   // ミップマップ・レベルの数
imageLoadInfo.Usage          = D3D11_USAGE_DEFAULT;       // デフォルト使用法
imageLoadInfo.BindFlags      = D3D11_BIND_SHADER_RESOURCE; // シェーダ・リソース
imageLoadInfo.CpuAccessFlags = 0;   // CPUからアクセスしない
imageLoadInfo.MiscFlags      = 0;   // オプション(特になし)
imageLoadInfo.Format         = DXGI_FORMAT_R8G8B8A8_UNORM; // フォーマット
imageLoadInfo.Filter         = D3DX11_FILTER_LINEAR;      // 線形フィルタ
imageLoadInfo.MipFilter      = D3DX11_FILTER_LINEAR;      // 線形フィルタ
imageLoadInfo.pSrcInfo       = NULL;

// テクスチャの読み込み
D3DX11CreateTextureFromFile(
```

③ 画像ファイルからテクスチャ・リソースを作る

```
            g_pD3DDevice,      // リソースを作成するデバイス
            L"image.bmp",      // 画像ファイル名
            &imageLoadInfo,    // 作成するテクスチャの設定
            NULL,              // 非同期で実行しない
            &g_pTexture,       // テクスチャを取得する変数
            &hr);              // 戻り値を取得する変数
if (FAILED(hr))
    // 失敗
```

また、「D3DX11CreateTextureFromFile 関数」の代わりに、2節で解説した「D3DX11CreateShaderResourceViewFromResource 関数」を使う場合は、次のようになります。

「D3DX11CreateShaderResourceViewFromResource 関数」の例

```
D3DXCreateShaderResourceViewFromFile(
            g_pD3DDevice,      // D3D11 デバイス
            L"image.bmp",      // 画像ファイル名
            &imageLoadInfo,    // 作成するテクスチャの設定
            NULL,              // 非同期実行の設定
            &g_pTextureRV,     // ビューを受け取る変数
            &hr);              // 戻り値を受け取る変数
if (FAILED(hr))
    // 失敗
```

D3DX11_IMAGE_LOAD_INFO 構造体

UINT	Width;
UINT	Height;
UINT	Depth;
UINT	FirstMipLevel;
UINT	MipLevels;
D3D11_USAGE	Usage;
UINT	BindFlags;
UINT	CpuAccessFlags;
UINT	MiscFlags;
DXGI_FORMAT	Format;
UINT	Filter;
UINT	MipFilter;
D3DX11_IMAGE_INFO*	pSrcInfo;
Width	テクスチャの幅。 画像の幅と異なる場合、適合するように拡大縮小される。
Height	テクスチャの高さ。 画像の高さと異なる場合、適合するように拡大縮小される。
Depth	テクスチャの深さ。 ボリューム・テクスチャのみ適用される。
FirstMipLevel	画像を読み込むミップマップ・レベルを指定。 「0」より大きい場合、FirstMipLevel に読み込まれた後、ミップマップ・レベル「0」にマップされる。

14章 テクスチャの作成

MipLevels	テクスチャが必要とするミップマップ・レベル数。
Usage	テクスチャ・リソースの使用法(D3D11_USAGE 列挙型)。
BindFlags	テクスチャのパイプラインへのバインド方法(D3D11_BIND_FLAG 列挙型)。
CpuAccessFlags	CPU アクセス・フラグ(D3D11_CPU_ACCESS_FLAG 列挙型)。
MiscFlags	そのほかのリソース設定(D3D11_RESOURCE_MISC_FLAG 列挙型)。
Format	作成するテクスチャのフォーマット(DXGI_FORMAT 列挙型)。
Filter	テクスチャのフィルタ方法を示す「D3DX11_FILTER_FLAG 列挙型」。
MipFilter	ミップマップ生成用のフィルタとして、次のフラグのいずれかを指定。「D3DX11_FILTER_NONE」「D3DX11_FILTER_POINT」「D3DX11_FILTER_LINEAR」「D3DX11_FILTER_TRIANGLE」
pSrcInfo	読み込む元画像の情報。

D3DX11_FILTER_FLAG 列挙型

D3DX11_FILTER_NONE	拡大縮小やフィルタリングをしない。元画像の範囲外は「透明な黒」として扱われる。
D3DX11_FILTER_POINT	目的画像のピクセルとして、元画像でもっとも近くのピクセルを採用する。
D3DX11_FILTER_LINEAR	目的画像のピクセルとして、元画像の 4 近傍ピクセルから計算する。軸方向の拡大率が 2 以下の場合、もっともよく機能する。
D3DX11_FILTER_TRIANGLE	元画像のすべてのピクセルが、目的画像のピクセルに反映される。最も遅いフィルタ。
D3DX11_FILTER_BOX	目的画像のピクセルとして、元画像の 2x2(x2) 矩形のピクセルから計算する。このフィルタは、目的のサイズが、ミップマップのように、元画像の半分の場合のみ機能する。
D3DX11_FILTER_MIRROR_U	U 軸方向でテクスチャの端から外れた場合、ワープ処理ではなく、ミラー処理される。
D3DX11_FILTER_MIRROR_V	V 軸方向でテクスチャの端から外れた場合、ワープ処理ではなく、ミラー処理される。
D3DX11_FILTER_MIRROR_W	W 軸方向でテクスチャの端から外れた場合、ワープ処理されるのではなく、ミラー処理される。
D3DX11_FILTER_MIRROR	「D3DX11_FILTER_MIRROR_U」「D3DX_FILTER11_MIRROR_V」「D3DX11_FILTER_MIRROR_W」すべて指定するのと同じ。
D3DX11_FILTER_DITHER	結果の画像は、4x4 オーダー・ディザ・アルゴリズムでディザ処理されなければならない。フォーマットを変換する際に発生する。
D3DX11_FILTER_DITHER_DIFFUSION	画像のフォーマットを変更するときに、ディザリングで拡散する。
D3DX11_FILTER_SRGB_IN	入力データは、標準 RGB(sRGB) カラー。
D3DX11_FILTER_SRGB_OUT	出力データは、標準 RGB(sRGB) カラー。
D3DX11_FILTER_SRGB	入出力データは、標準 RGB(sRGB) カラー。

■ シェーダ・リソース・ビューを作る

　テクスチャ・リソースをシェーダから読み込むには、テクスチャ・リソースにアクセスするための「シェーダ・リソース・ビュー」を作成します。「シェーダ・リソース・ビュー」は、「ID3D11ShaderResourceView インターフェイス」で扱います。

③ 画像ファイルからテクスチャ・リソースを作る

ビューは複数作成でき、同じテクスチャをパイプラインの複数のステージで利用できます。ただし、同じサブリソースをステージの入力と出力に同時に設定することはできません。

「シェーダ・リソース・ビュー」は、「ID3D11Device::CreateShaderResourceView メソッド」で作成します。

シェーダ・リソース・ビューを作る最も簡単なコードは、次のようになります。このコードでは、リソースは作成されたときのフォーマットでアクセスされます。そのため、作成時に「タイプなし」(TYPELESS) 以外のフォーマットを指定している必要があります。

```
// シェーダ・リソース・ビューの作成
ID3D11ShaderResourceView* g_pTextureRV = NULL;
hr = g_D3DDevice->CreateShaderResourceView(
        g_pTexture,        // アクセスするテクスチャ・リソース
        NULL,              // デフォルト設定
        &g_pTextureRV);    // 受け取る変数
if (FAILED(hr))
    // 失敗
```

作成時に「タイプなし」(TYPELESS) のフォーマットを指定していたり、特定のサブフォーマットにアクセスしたい場合などには、パイプラインからアクセスする方法を「D3D11_SHADER_RESOURCE_VIEW_DESC 構造体」で指定します。この構造体は、テクスチャの種類によって使い方が異なります。2章で解説した「描画ターゲット・ビュー」を設定する「D3D11_RENDER_TARGET_VIEW_DESC 構造体」と基本は同じですが、キューブ・テクスチャ（「D3D_SRV_DIMENSION_TEXTURECUBE フラグ」と「TextureCube メンバ」）をサポートしている点が異なります。

以下のコードは、2D テクスチャにアクセスするシェーダ・リソース・ビューの例です。

```
// 2D テクスチャにアクセスするシェーダ・リソース・ビューの設定
D3D11_SHADER_RESOURCE_VIEW_DESC srDesc;
srDesc.Format            = imageLoadInfo.Format; // フォーマット
srDesc.ViewDimension = D3D_SRV_DIMENSION_TEXTURE2D;   // 2D テクスチャ
srDesc.Texture2D.MostDetailedMip = 0;    // 最も詳細なミップマップ・レベル。
srDesc.Texture2D.MipLevels       = -1;   // すべてのミップマップ・レベル

// シェーダ・リソース・ビューの作成
ID3D11ShaderResourceView* g_pTextureRV = NULL;
hr = g_pD3DDevice->CreateShaderResourceView(
        g_pTexture,        // アクセスするテクスチャ・リソース
        &srDesc,           // シェーダ・リソース・ビューの設定
        &g_pTextureRV);    // 受け取る変数
if (FAILED(hr))
    // 失敗
```

シェーダからテクスチャを使う具体的な方法については、15章で紹介します。

ID3D11Device::CreateShaderResourceView メソッド

| HRESULT ID3D11Device::CreateShaderResourceView(|
| ID3D11Resource*   pResource, |

14章 テクスチャの作成

	const D3D11_SHADER_RESOURCE_VIEW_DESC* pDesc, ID3D11ShaderResourceView** ppSRView);
pResource	ビューでアクセスするリソース。
pDesc	ビューでリソースにアクセスする際の設定。「NULL」を指定すると、リソースが作られたときのフォーマットでアクセスする。
ppSRView	作成されたシェーダ・リソース・ビューを受け取る変数のポインタ。「NULL」を指定すると、他の引数の妥当性検査だけを行ない、パスすると「S_FALSE」を返す。

D3D11_SHADER_RESOURCE_VIEW_DESC 構造体

DXGI_FORMAT   Format;
D3D_SRV_DIMENSION ViewDimension;
union {
   D3D11_BUFFER_SRV   Buffer;
   D3D11_TEX1D_SRV   Texture1D;
   D3D11_TEX1D_ARRAY_SRV   Texture1DArray;
   D3D11_TEX2D_SRV   Texture2D;
   D3D11_TEX2D_ARRAY_SRV   Texture2DArray;
   D3D11_TEX2DMS_SRV   Texture2DMS;
   D3D11_TEX2DMS_ARRAY_SRV Texture2DMSArray;
   D3D11_TEX3D_SRV   Texture3D;
   D3D11_TEXCUBE_SRV   TextureCube;
   D3D11_TEXCUBE_ARRAY_SRV TextureCubeArray;
   D3D11_BUFFEREX_SRV   BufferEx;
};	

Format	リソース内のデータを解釈するフォーマット。「DXGI_FORMAT_UNKNOWN」を渡すと、リソースに設定されているフォーマットが使われる。
ViewDimension	リソースがアクセスされる方法。この値によって、以下の共用体メンバのうち、使われるメンバが決まる。
Buffer	バッファ・リソースとしてアクセスする場合の定義。 (ViewDimension = D3D_SRV_DIMENSION_BUFFER)。
Texture1D	1Dテクスチャとしてアクセスする場合の定義。 (ViewDimension = D3D_SRV_DIMENSION_TEXTURE1D)。
Texture1DArray	1Dテクスチャ配列としてアクセスする場合の定義。 (ViewDimension = D3D_SRV_DIMENSION_TEXTURE1DARRAY)。
Texture2D	2Dテクスチャとしてアクセスする場合の定義。 (ViewDimension = D3D_SRV_DIMENSION_TEXTURE2D)。
Texture2DArray	2Dテクスチャ配列としてアクセスする場合の定義。 (ViewDimension = D3D_SRV_DIMENSION_TEXTURE2DARRAY)。
Texture2DMS	マルチ・サンプルな2Dテクスチャとしてアクセスする場合の定義。 (ViewDimension = D3D_SRV_DIMENSION_TEXTURE2DMS)。 ただし、マルチ・サンプルな2Dテクスチャは、常に1つのサブリソースをもっているので、設定は必要ない。
Texture2DMSArray	マルチ・サンプルな2Dテクスチャ配列としてアクセスする場合の定義。 (ViewDimension = D3D_SRV_DIMENSION_TEXTURE2DMSARRAY)。

③ 画像ファイルからテクスチャ・リソースを作る

Texture3D	3Dテクスチャとしてアクセスする場合の定義。 (ViewDimension = D3D_SRV_DIMENSION_TEXTURE3D)。
TextureCube	キューブ・テクスチャとしてアクセスする場合の定義。 (ViewDimension = D3D_SRV_DIMENSION_TEXTURECUBE)。
TextureCubeArray	キューブ・テクスチャ配列としてアクセスする場合の定義。 (ViewDimension = D3D_SRV_DIMENSION_TEXTURECUBEARRAY)。
BufferEx	拡張されたバッファとしてアクセスする場合の定義。 (ViewDimension = D3D_SRV_DIMENSION_BUFFEREX)。

D3D11_TEX1D_SRV 構造体
D3D11_TEX2D_SRV 構造体
D3D11_TEX3D_SRV 構造体
D3D11_TEXCUBE_SRV 構造体

UINT MostDetailedMip; UINT MipLevels;	
MostDetailedMip	最も詳細なミップマップ・レベル。
MipLevels	ミップマップ・レベルの最大数。

D3D11_TEX2DMS_SRV 構造体

UINT UnusedField_NothingToDefine;	
UnusedField_NothingToDefine	コンパイルできるようにするためのダミー。

D3D11_TEX1D_ARRAY_SRV 構造体
D3D11_TEX2D_ARRAY_SRV 構造体
D3D11_TEXCUBE_ARRAY_SRV 構造体

UINT MostDetailedMip; UINT MipLevels; UINT FirstArraySlice; UINT ArraySize;	
MostDetailedMip	最も詳細なミップマップ・レベル。
MipLevels	ミップマップ・レベルの最大数。
FirstArraySlice	テクスチャ配列内で最初に使うテクスチャ。
ArraySize	配列内のテクスチャ数。

D3D11_TEX2DMS_ARRAY_SRV 構造体

UINT FirstArraySlice; UINT ArraySize;	
FirstArraySlice	テクスチャ配列内で最初に使うテクスチャ。
ArraySize	配列内のテクスチャ数。

D3D11_BUFFEREX_SRV 構造体

UINT FirstElement; UINT NumElements; UINT Flags;

14章 テクスチャの作成

FirstElement	ビューから最初にアクセスする要素のインデックスです。
NumElements	リソース内の要素の数です。
Flags	未処理バッファのバインド方法。「入力アセンブラ」にバインドする場合は「D3D11_BUFFEREX_SRV_FLAG_RAW」を指定。

■ サンプル・プログラム

「D3DX11CreateTextureFromFile 関数」を使ってテクスチャを作るプログラムを「D3D11Sample08」サンプルにまとめました。

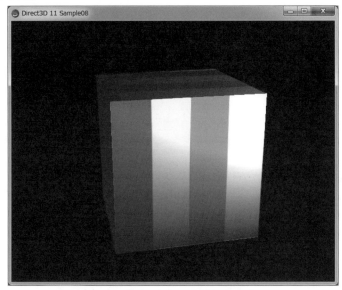

図 14-3 「D3D11Sample08」サンプル

4 描画ターゲットになるテクスチャ・リソースを作る

「Direct3D 11」の描画先として使えるテクスチャを作ることで、その場面に応じた動的なテクスチャ画像を用意できます。この機能を利用することで、たとえば周囲の風景が物体の表面に映り込む「環境マップ」などを実現できます。

そのような目的で使うテクスチャは、「Direct3D 11」で描画できる「描画ターゲット」で、かつ、シェーダから利用できる「シェーダ・リソース」として使えるテクスチャとして作成します。

■ テクスチャの作成

テクスチャを作るには、作るテクスチャの種類に応じて、以下のメソッドと構造体を使います。

テクスチャ作成に使うメソッドと構造体

種類	メソッド	構造体
1D テクスチャ	ID3D11Device::CreateTexture1D メソッド	D3D11_TEXTURE1D_DESC
2D テクスチャ	ID3D11Device::CreateTexture2D メソッド	D3D11_TEXTURE2D_DESC

4 描画ターゲットになるテクスチャ・リソースを作る

| 3Dテクスチャ | ID3D11Device::CreateTexture3Dメソッド | D3D11_TEXTURE3D_DESC |

＊

たとえば、2次元テクスチャを作るコードは、次のようになります。

この際、「Direct3D 11」のパイプラインにバインドする方法（BindFlagsメンバ）として、(a) 描画ターゲットになる「D3D11_BIND_RENDER_TARGET」と、(b) シェーダから利用する「D3D11_BIND_SHADER_RESOURCE」を両方指定します。

2次元テクスチャを作るコード例

```
D3D11_TEXTURE2D_DESC desc;
ZeroMemory(&desc, sizeof(desc));
desc.Width              = 256; // 幅
desc.Height             = 256; // 高さ
desc.MipLevels          = 1; // ミップマップ・レベル数
desc.ArraySize          = 1; // 配列サイズ
desc.Format             = DXGI_FORMAT_R32G32B32A32_FLOAT; // フォーマット
desc.SampleDesc.Count   = 1; // マルチサンプル数
desc.Usage              = D3D11_USAGE_DEFAULT;  // 使用法
desc.BindFlags = D3D11_BIND_RENDER_TARGET | D3D11_BIND_SHADER_RESOURCE;

ID3D11Texture2D* g_pRenderTarget = NULL;
g_pD3DDevice->CreateTexture2D(&desc, NULL, &g_pRenderTarget);
```

ID3D11Device::CreateTexture1D メソッド
ID3D11Device::CreateTexture2D メソッド
ID3D11Device::CreateTexture3D メソッド

HRESULT ID3D11Device::CreateTexture1D(　const D3D11_TEXTURE1D_DESC*　　pDesc, 　const D3D11_SUBRESOURCE_DATA* pInitialData, 　ID3D11Texture1D**　　　　　　　　ppTexture1D);	
HRESULT ID3D11Device::CreateTexture2D(　const D3D11_TEXTURE2D_DESC*　　pDesc, 　const D3D11_SUBRESOURCE_DATA* pInitialData, 　ID3D11Texture1D**　　　　　　　　ppTexture3D);	
HRESULT ID3D11Device::CreateTexture3D(　const D3D11_TEXTURE3D_DESC*　　pDesc, 　const D3D11_SUBRESOURCE_DATA* pInitialData, 　ID3D11Texture1D**　　　　　　　　ppTexture3D);	
pDesc	作るテクスチャの定義。
pInitialData	テクスチャのサブリソースを定義する「D3D11_SUBRESOURCE_DATA 構造体」の配列。「不変(IMMUTABLE)使用法」の場合、「NULL」を指定できない。またマルチサンプルされるリソースの場合は「NULL」を指定しなければならない。
ppTexture1D	作成されたテクスチャを受け取る変数のポインタ。「NULL」を指定すると、他の引数の妥当性検査だけを行ない、パスすれば「S_FALSE」を返す。

14章 テクスチャの作成

■ ビューの作成

このテクスチャは、「描画ターゲット」と「シェーダ・リソース」の両方として使うので、テクスチャにアクセスするために、「描画ターゲット・ビュー」と「シェーダ・リソース・ビュー」の2つのビューを作ります。

描画ターゲット・ビューは、「ID3D11Device::CreateRenderTargetView メソッド」で作ります。「描画ターゲット・ビュー」の作り方は、2章で解説しました。

「描画ターゲット・ビュー」の作成コード例

```
D3D11_RENDER_TARGET_VIEW_DESC rtDesc;
rtDesc.Format              = desc.Format; // テクスチャのフォーマットを指定
rtDesc.ViewDimension       = D3D11_RTV_DIMENSION_TEXTURE2D;
rtDesc.Texture2D.MipSlice  = 0;

ID3D11RenderTargetView* g_pRenderTargetView = NULL;
g_pD3DDevice->CreateRenderTargetView(
          g_pRenderTarget,         // ビューを作るテクスチャ・リソース
          &rtDesc,                 // ビューの設定
          &g_pRenderTargetView);   // ビューを受け取る変数
```

*

「シェーダ・リソース・ビュー」は、「ID3D11Device::CreateShaderResourceView メソッド」で作ります。「シェーダ・リソース・ビュー」の作り方は、この節ですでに解説しました。

「シェーダ・リソース・ビュー」の作成コード例

```
D3D11_SHADER_RESOURCE_VIEW_DESC srDesc;
srDesc.Format                   = desc.Format; // テクスチャのフォーマットを指定
srDesc.ViewDimension            = D3D_SRV_DIMENSION_TEXTURE2D;
srDesc.Texture2D.MostDetailedMip = 0;
srDesc.Texture2D.MipLevels      = 1;

ID3D11ShaderResourceView* g_pShaderResView = NULL;
g_pD3DDevice->CreateShaderResourceView(
          g_pRenderTarget,       // ビューを作るテクスチャ・リソース
          &srDesc,               // ビューの設定
          &g_pShaderResView);    // ビューを受け取る変数
```

■ サンプル・プログラム

描画可能なテクスチャを作るプログラムを、「D3D11Sample09」サンプルにまとめました。
サンプルでは、描画可能テクスチャ内に画像ファイルから作ったテクスチャを13章で解説した「D3D11Sample06」サンプルの立方体に貼り付けています。

5 CPU から書き込むテクスチャ・リソースを作る

図 14-4 「D3D11Sample09」サンプル

5 CPU から書き込むテクスチャ・リソースを作る

　画像データからテクスチャを作ったり、「Direct3D 11」の機能でテクスチャに描画する以外に、CPU で計算した画像をテクスチャに書き込んで、描画パイプライン内で利用することができます。

　テクスチャの基本的な作成手順は、描画先のテクスチャ・リソースを作る場合と同じです。ただし、「使用法」「CPU アクセス」「バインド設定」の設定が異なります。

　CPU から書き込めるリソース使用法には、「動的（Dynamic）使用法」と「蓄積（Staging）使用法」の 2 つがあります。しかし、「蓄積使用法」はパイプライン・ステージの入力として使うことができません。そのため、CPU で計算した画像をシェーダ内で使いたい場合は、「動的使用法」（D3D11_USAGE_DYNAMIC）を使います。

　CPU からリソースに書き込む場合は、「D3D11_TEXTURE2D_DESC::CPUAccessFlags メンバ」（2D テクスチャの場合）に CPU からの書き込みが必要であることを示す「D3D11_CPU_ACCESS_WRITE フラグ」を指定します。

　また、この場合、パイプラインでテクスチャに描画する必要はないでしょうから、描画ターゲットとして使う設定は必要ないでしょう。

*

CPU から書き込める 2 次元テクスチャを作るコード例は、次のようになります。

CPU から書き込める 2 次元テクスチャを作るコード例

```
D3D11_TEXTURE2D_DESC desc;
ZeroMemory(&desc, sizeof(desc));
desc.Width     = 256;   // 幅
desc.Height    = 256;   // 高さ
desc.MipLevels = 1;     // ミップマップ・レベル数
```

14章　テクスチャの作成

```
desc.ArraySize = 1;        // テクスチャの配列サイズ
desc.Format       = DXGI_FORMAT_R8G8B8A8_UNORM; // フォーマット
desc.SampleDesc.Count = 1; // マルチサンプリングの設定
desc.Usage              = D3D11_USAGE_DYNAMIC;   // 動的(Dynamic)使用法
desc.BindFlags          = D3D11_BIND_SHADER_RESOURCE; // シェーダ・リソース
desc.CPUAccessFlags     = D3D11_CPU_ACCESS_WRITE;      // CPUで書き込む

ID3D11Texture2D* g_pTexture = NULL;
g_pD3DDevice->CreateTexture2D(&desc, NULL, &g_pTexture);
```

■ テクスチャへの書き込み

　テクスチャが作成できたら、書き込み先のポインタを取得するために、テクスチャを「マップ」(Map)します。また、書き込みが終わって、ポインタが不要になったら、直ぐにテクスチャを「アンマップ」(Unmap) します。

　7章の定数バッファへの書き込みで解説したように、リソース・データにアクセスするには、「ID3D11DeviceContext::Map メソッド」と「ID3D11DeviceContext::Unmap メソッド」を使います。この点は、「ID3D11Texture1D::Map メソッド」などを使っていた「Direct3D 10」と異なります。

　「Map メソッド」の**第 2 引数**には、マップするサブリソースのインデックス番号を指定します。1 章で解説したように、この値は、「D3D11CalcSubresource 関数」で計算できます。

　第 3 引数には、CPU がリソースにどのようなアクセスをするのかを「D3D11_MAP 列挙型」で指定します。機能とパフォーマンスはトレードオフの関係にあるので、機能はできるだけ限定し、不要な機能を指定するのは避けます。

　最も一般的な指定は、「D3D11_MAP_WRITE_DISCARD」と「D3D11_MAP_WRITE_NO_OVERWRITE」です。リソースに最初に書き込む際には、以前の状態は関係ないので「D3D11_MAP_WRITE_DISCARD」を指定し、以降、「D3D11_MAP_WRITE_NO_OVERWRITE」を指定して書き足していきます。
　もちろん、読み書きするには、リソースを作る際にも CPU によるアクセス権限を設定しておかないといけません。

　第 4 引数には、リソースが GPU によって使用中だった（ブロックされていた）場合の動作を指定します。
　CPU 側で待たない場合は「D3D11_MAP_FLAG_DO_NOT_WAIT」を指定できますが、このフラグは「D3D11_MAP_WRITE_DISCARD」「D3D11_MAP_WRITE_NO_OVERWRITE」と同時には指定できません。通常「0」を指定します。

　第 5 引数には、マップしたサブリソースへのアクセス情報を受け取る「D3D11_MAPPED_SUBRESOURCE 構造体」のポインタを渡します。

　たとえば、テクセルのフォーマットが「DXGI_FORMAT_R8G8B8A8_UNORM」（4 コンポーネントの 8 ビット符号なし整数）の 2 次元テクスチャの座標（col, row）のデータのバイト位置は、

$$\text{row} \times \text{RowPitch} + (\text{col} \times 4)$$

です。

5 CPUから書き込むテクスチャ・リソースを作る

＊

書き込みが終わったら、「Unmapメソッド」を実行します。「Unmapメソッド」は「Mapメソッド」で割り当てられたメモリへのポインタを無効にして、GPUによるリソースへのアクセスを有効にします。

＊

テクセルのフォーマットが「DXGI_FORMAT_R8G8B8A8_UNORM」（4コンポーネントの8ビット符号なし整数）の2次元テクスチャへの書き込み例を、以下に示します。

2次元テクスチャへの書き込み例

```
// リソースをマップする
D3D11_MAPPED_SUBRESOURCE MappedResource;
hr = g_pImmediateContext->Map(
            g_pTexture,                    // マップするテクスチャ
            D3D11CalcSubresource(0, 0, 1), // サブリソース番号
            D3D11_MAP_WRITE_DISCARD,       // リソースに書き込む（書き込み前未定義）
            0,                             //
            &MappedResource);              // データの書き込み先ポインタ
if (FAILED(hr))
    // 失敗

// リソースに書き込む
UCHAR* pTexels = (UCHAR*)MappedResource.pData;
for (UINT row = 0; row < desc.Height; row++)    // 行（高さ方向）
{
    UINT rowStart = row * MappedResource.RowPitch;
    for (UINT col = 0; col < desc.Width; col++) // 列（幅方向）
    {
        UINT colStart = col * 4;
        pTexels[rowStart + colStart + 0] = 255; // 赤
        pTexels[rowStart + colStart + 1] = 128; // 緑
        pTexels[rowStart + colStart + 2] = 64;  // 青
        pTexels[rowStart + colStart + 3] = 32;  // α
    }
}

// マップ解除
g_pImmediateContext->Unmap(g_pTexture, D3D11CalcSubresource(0, 0, 1));
```

■ サンプル・プログラム

CPUでテクスチャを描画するプログラムを「D3D11Sample10」サンプルにまとめました。
サンプルでは、テクスチャ内に、CPUでフラクタル図形を描画して、画面上に回転表示しています。

14章 テクスチャの作成

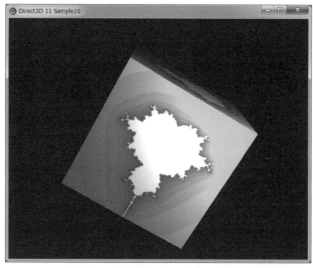

図14-5 「D3D11Sample10」サンプル

6 テクスチャを画像ファイルに保存する

　ゲーム中の画面など、プログラムで描画したテクスチャの画像を、画像データとして保存したい場合があります。

　D3DXには、テクスチャを画像として保存する、次のような関数が用意されています。

テクスチャを画像として保存する関数

D3DX11SaveTextureToFile 関数	テクスチャを画像ファイルに保存
D3DX11SaveTextureToMemory 関数	テクスチャを画像データに保存

　テクスチャをWindowsビットマップ形式の「save.bmp」ファイルとして保存するコード例は、次のようになります。

```
D3DX11SaveTextureToFile(g_pImmediateContext, // デバイス・コンテキスト
                        g_pTexture,          // 保存するテクスチャ
                        D3DX10_IFF_BMP,      // Windowsビットマップ形式で保存
                        L"save.bmp");        // 保存先のファイル名
```

D3DX11SaveTextureToFile 関数

HRESULT WINAPI D3DX11SaveTextureToFile(　　ID3D11DeviceContext*　　pContext, 　　ID3D11Resource*　　　　　pSrcTexture, 　　D3DX11_IMAGE_FILE_FORMAT DestFormat, 　　LPCWSTR　　　　　　　　　pDestFile);	
pContext	ID3D11DeviceContext インターフェイスへのポインタ。

6 テクスチャを画像ファイルに保存する

pSrcTexture	画像ファイルとして保存するテクスチャ。
DestFormat	テクスチャを保存する画像ファイルのフォーマット。
pDestFile	テクスチャを保存する画像ファイルのファイル名。

■ サンプル・プログラム

テクスチャを画像ファイルに保存するプログラムを「D3D11Sample11」サンプルにまとめました。

サンプルでは、テクスチャ内に、CPUでフラクタル図形を描画させて、画面上に回転表示しています。

[F3] キーを押すと、CPUでフラクタル図形を描画したテクスチャを「save_tex.bmp」ファイルに保存します。

[F4] キーを押すと、テクスチャを描画したスワップ・チェインのバック・バッファを「save_back.bmp」ファイルに保存します。

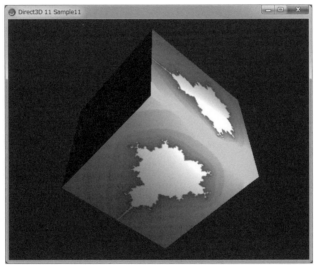

図 14-6 「D3D11Sample11」サンプル

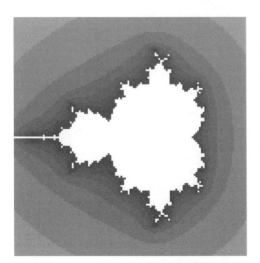 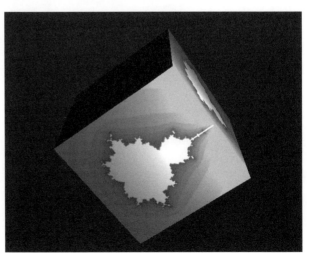

図 14-7 保存したテクスチャ（左）とバック・バッファ（右）

15章

テクスチャ描画

「Direct3D 10」以降で採用されている「統合型シェーダ・アーキテクチャ」によって、「頂点シェーダ」「ジオメトリ・シェーダ」「ピクセル・シェーダ」のいずれのシェーダでも、同じようにテクスチャが利用できます。
この章では、シェーダからテクスチャを利用する、基本的な方法を解説します。

DirectX11

15章　テクスチャ描画

1　テクスチャの定義

シェーダ・コードでテクスチャ・オブジェクトを定義するには、次のようにします。

```
Texture1D          myTex1D;          ← 1次元テクスチャ
Texture1DArray     myTex1DArray;     ← 1次元テクスチャ配列
Texture2D          myTex2D;          ← 2次元テクスチャ
Texture2DArray     myTex2DArray;     ← 2次元テクスチャ配列
TextureCube        myTexCube;        ← キューブ・テクスチャ
Texture3D          myTex3D;          ← 3次元テクスチャ
Texture2DMS        myTex2DMS;        ← 2次元テクスチャ（マルチサンプル）
Texture2DMSArray   myTex2DMSArray;   ← 2次元テクスチャ配列（マルチサンプル）
```

テクスチャから取得できる値の型は、「DXGI_FORMAT 列挙型」で定義できるどのようなタイプでもあり得ます。ただし、4コンポーネント以内の値です。

＊

また、次のようにして、テクスチャの値の型を明示することもできます。

```
Texture2D <float4> myTex2D;          ← 2次元テクスチャ（float4 型）
```

＊

ここでは、2次元テクスチャに「DXGI_FORMAT_R32G32B32A32_FLOAT」フォーマット（つまり、「float4」）でアクセスするシェーダ・リソース・ビュー「g_pTextureRV」を作った場合を考えます。

```
ID3D11ShaderResourceView* g_pTextureRV = NULL;

// シェーダ・リソース・ビューの作成
D3DX10CreateShaderResourceViewFromFile(……, &g_pTextureRV, NULL);
```

2　サンプラを使わないテクスチャ読み込み

シェーダ関数内で、「フィルタリング処理」や「サンプリング処理」を行なわずにテクセルを読み込むには、「<T>.load 関数」を使います。この関数を使うと、サンプラを経由せずにテクスチャ（シェーダ・リソース・ビュー）にアクセスできます。

テクスチャ配列にアクセスする場合は、テクスチャ座標の最後の要素が配列のインデックス値になります。

サンプラを経由してテクスチャにアクセスする際には、テクスチャ座標として「0」〜「1」に正規化された値を使うため、テクスチャそのものの大きさを意識する必要はあまりありませんが、「<T>.Load 関数」ではテクセル単位の座標を使います。

シェーダ関数内でテクスチャの大きさを知るには、「<T>.GetDimensions 関数」を使います。

次のコードは、正規化されたテクスチャ座標「texCoord」を使って、テクセルを読み込む例です。

3 サンプラを使ったテクスチャ読み込み

テクセルを読み込む例

```
float4 txFunc(float2 texCoord)   ←「texCoord」はテクスチャ座標(u,v)
{
    uint width, height;
    myTex2D.GetDimensions(width, height);     ←幅と高さ
    float3 texCoord3 = float3(texCoord.x * width,
                              texCoord.y * height,
                              0)  ←ミップマップ・レベル「0」
    return myTex2D.Load(texCoord3);  ←テクセル読み込み
}
```

<T>.Load 関数

<T>.Load (int Location);	
<T>.Load (int* Location, int Offset);	
<T> Location	データを読み込むテクスチャ・オブジェクト。 テクスチャ座標(テクセル単位)。 ・1次元テクスチャの場合、「int2 型」の値。 ・1次元テクスチャ配列の場合、「int3 型」の値。 ・2次元テクスチャの場合、「int3 型」の値。 ・2次元テクスチャ配列の場合、「int4 型」の値。 ・3次元テクスチャの場合、「int4 型」の値。 ※最後の要素はミップマップ・レベルを示す。
Offset	オフセット値。 1次元テクスチャの場合、「int1 型」の値。 2次元テクスチャの場合、「int2 型」の値。

「<T>.GetDimensions 関数」の書式は、テクスチャ・オブジェクトの型によって異なります。詳しくは、SDK ドキュメントを参照してください。

3 サンプラを使ったテクスチャ読み込み

シェーダ・ステージに付随するサンプラ・ステージを経由してテクスチャ(シェーダ・リソース・ビュー)にアクセスすることで、「フィルタリング処理」や「サンプリング処理」を行なった値を取得できます。

シェーダ・コードからサンプラを利用するには、「SamplerState 型」などを使います。

*

次のコードでは、サンプラ「mySampler」を定義して、シェーダのサンプラ・スロット「0」と関連付けています。

```
SamplerState mySampler : register(s0);
```

■ サンプラの設定

サンプラを設定するには、「サンプラ・ステート・オブジェクト」を作ってパイプラインに設定します。

15章 テクスチャ描画

「サンプラ・ステート・オブジェクト」は「ID3D11SamplerStateインターフェイス」で扱います。

「ID3D11SamplerStateインターフェイス」を取得するには、「ID3D11Device::CreateSamplerStateメソッド」に、サンプラ・ステート・オブジェクトの設定をした「D3D11_SAMPLER_DESC構造体」を渡します。

なお、用意できるステート・オブジェクトは、最大「4096個」です。

*

以下に、サンプラ・ステート・オブジェクトの作成例を示します。

それぞれの設定の意味は、次項「サンプラの機能」で解説します。

```
ID3D11SamplerState* g_pSampler = NULL;    // サンプラ・ステート・オブジェクト

// サンプラ・ステート・オブジェクトの設定
D3D11_SAMPLER_DESC descSampler;
descSampler.Filter            = D3D11_FILTER_ANISOTROPIC;
descSampler.AddressU          = D3D11_TEXTURE_ADDRESS_WRAP;
descSampler.AddressV          = D3D11_TEXTURE_ADDRESS_WRAP;
descSampler.AddressW          = D3D11_TEXTURE_ADDRESS_WRAP;
descSampler.MipLODBias        = 0.0f;
descSampler.MaxAnisotropy     = 2;
descSampler.ComparisonFunc    = D3D11_COMPARISON_NEVER;
descSampler.BorderColor[0]    = 0.0f;
descSampler.BorderColor[1]    = 0.0f;
descSampler.BorderColor[2]    = 0.0f;
descSampler.BorderColor[3]    = 0.0f;
descSampler.MinLOD            = -FLT_MAX;
descSampler.MaxLOD            = FLT_MAX;

// サンプラ・ステート・オブジェクトの作成
hr = g_D3DDevice->CreateSamplerState(&SamplerDesc, &g_pSampler);
if (FAILED(hr))
    // 失敗
```

D3D11_SAMPLER_DESC 構造体

D3D11_FILTER	Filter;
D3D11_TEXTURE_ADDRESS_MODE	AddressU;
D3D11_TEXTURE_ADDRESS_MODE	AddressV;
D3D11_TEXTURE_ADDRESS_MODE	AddressW;
FLOAT	MipLODBias;
UINT	MaxAnisotropy;
D3D11_COMPARISON_FUNC	ComparisonFunc;
FLOAT	BorderColor[4];
FLOAT	MinLOD;
FLOAT	MaxLOD;
Filter	テクスチャ・サンプリングで使うフィルタ。
AddressU	テクスチャの「U座標」のアドレッシング・モード。
AddressV	テクスチャの「V座標」のアドレッシング・モード。

③ サンプラを使ったテクスチャ読み込み

AddressW	テクスチャの「W座標」のアドレッシング・モード。
MipLODBias	ミップマップの詳細レベル（LOD：Level of Detail）バイアス。計算されたLODにMipLODBiasを足した値が最終的なミップマップ・レベルになる。
MaxAnisotropy	異方性フィルタリングのときの次数。「1」〜「16」の値。
ComparisonFunc	サンプルとの比較関数。
BorderColor	境界色（RGBA）を指定するFLOAT配列。値は「0」〜「1」。
MinLOD	ミップマップ範囲の下限値。「0」が最大で最も精細なミップマップ・レベルを表わす。
MaxLOD	ミップマップ範囲の上限値。「MaxLOD ≧ MinLOD」でなければならない。LODに上限がないなら、「D3D11_FLOAT32_MAX」のような大きな値を設定する。

ID3D11Device::CreateSamplerState メソッド

HRESULT ID3D11Device::CreateSamplerState(
  const D3D11_SAMPLER_DESC* pSamplerDesc,
  ID3D11SamplerState** ppSamplerState);	

pSamplerDesc	作成するサンプラの設定。
ppSamplerState	作成されたサンプラを受け取る変数のポインタ。

「Direct3D 11」では、各シェーダ・ステージに最大「16」のサンプラを設定できます。
シェーダ・ステージにサンプラを設定するには、次のメソッドを使います。

シェーダ・ステージにサンプラを設定するメソッド

頂点シェーダ	ID3D11Device::VSSetSamplers メソッド
ハル・シェーダ	ID3D11Device::HSSetSamplers メソッド
ドメイン・シェーダ	ID3D11Device::DSSetSamplers メソッド
ジオメトリ・シェーダ	ID3D11Device::GSSetSamplers メソッド
ピクセル・シェーダ	ID3D11Device::PSSetSamplers メソッド
コンピュート・シェーダ	ID3D11Device::CSSetSamplers メソッド

頂点シェーダにサンプラを設定

```
g_pD3DDevice->VSSetSampler(0, 1, &g_pSampler);
```

ジオメトリ・シェーダにサンプラを設定

```
g_pD3DDevice->GSSetSampler(0, 1, &g_pSampler);
```

ピクセル・シェーダにサンプラを設定

```
g_pD3DDevice->PSSetSampler(0, 1, &g_pSampler);
```

DirectX11

15章 テクスチャ描画

ID3D11Device::VSSetSamplers メソッド
ID3D11Device::GSSetSamplers メソッド
ID3D11Device::PSSetSamplers メソッド

void ID3D11Device::VSSetSamplers(
 void ID3D11Device::GSSetSamplers(
 void ID3D11Device::PSSetSamplers(
   UINT   StartSlot,
   UINT   NumSamplers,
   ID3D11SamplerState *const* ppSamplers);	

StartSlot	サンプラを設定する最初のスロット番号(「0」～「15」)。
NumSamplers	設定するサンプラの数。
ppSamplers	設定するサンプラの配列。

■ サンプラの機能

テクスチャ・サンプラには、次の機能を設定できます。
① テクスチャ・アドレッシング・モードの種類。
② テクスチャ・フィルタの種類。

● テクスチャ・アドレッシング・モード

テクスチャ座標の値は、「0.0」～「1.0」が標準の範囲です。たとえば、2Dテクスチャの場合、画像の左上座標が(0.0, 0.0)、右下座標が(1.0, 1.0)になります。

しかし、「0.0以下」や「1.0以上」の値が使えないわけではありません。このような値を使うことで、特殊な効果を与えることもできます。「0.0」～「1.0」の範囲外のテクスチャ座標を与えたとき、何が起こるかは、「テクスチャ・アドレッシング・モード」の設定によって決まります。

「テクスチャ・アドレッシング・モード」には、「D3D11_TEXTURE_ADDRESS_MODE列挙型」で定義されている、次の5つのモードがあります。

① 「ラップ・テクスチャ」アドレシング・モード(D3D11_TEXTURE_ADDRESS_WRAP)

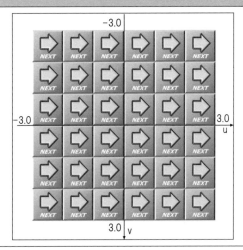

「0.0」～「1.0」の範囲外の値の場合、テクスチャ画像を繰り返し適用します。

③ サンプラを使ったテクスチャ読み込み

② 「ミラー・テクスチャ」アドレシング・モード（D3D11_TEXTURE_ADDRESS_MIRROR）

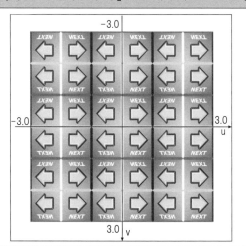

「0.0」～「1.0」の範囲外の値の場合、隣の画像を反転したテクスチャ画像を繰り返し適用します。

③ 「クランプ・テクスチャ」アドレシング・モード（D3D11_TEXTURE_ADDRESS_CLAMP）

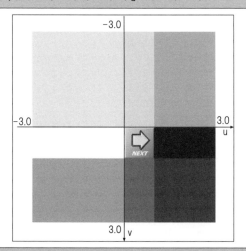

テクスチャ座標を「0.0」～「1.0」の範囲に制限します。
範囲外になる部分には、テクスチャ画像の端の部分が引き伸ばされていきます。

④ 「境界色テクスチャ」アドレシング・モード（D3D11_TEXTURE_ADDRESS_BORDER）

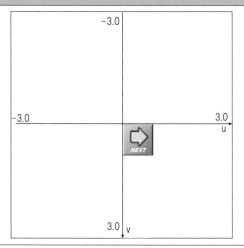

テクスチャ座標を「0.0」～「1.0」の範囲に制限します。
範囲外になる部分には、「境界色」と呼ばれる任意の色を指定できます。

15章 テクスチャ描画

⑤「ミラーワンス・テクスチャ」アドレッシング・モード（D3D11_TEXTURE_ADDRESS_MIRROR_ONCE）

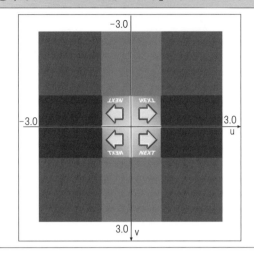

「クランプ」＋「ミラー」と似た動作をします。テクスチャ座標の絶対値を取り、最大値に制限します。

これら5つのモードは、各テクスチャ・サンプラのテクスチャ軸ごとに設定できます。
一般的な画像の軸は「x」「y」「z」ですが、テクスチャの軸には「u」「v」「w」を使います。

＊

「D3D11_SAMPLER_DESC構造体」における「テクスチャ・アドレッシング・モード」の設定例を、以下に示します。

u軸を「ラップ・テクスチャ」アドレシング・モードに設定

```
D3D11_SAMPLER_DESC SamplerDesc;
SamplerDesc.AddressU = D3D11_TEXTURE_ADDRESS_WRAP;
```

V軸を「ミラー・テクスチャ」アドレシング・モードに設定

```
D3D11_SAMPLER_DESC SamplerDesc;
SamplerDesc.AddressV = D3D11_TEXTURE_ADDRESS_MIRROR;
```

W軸を「クランプ・テクスチャ」アドレシング・モードに設定

```
D3D11_SAMPLER_DESC SamplerDesc;
SamplerDesc.AddressW = D3D11_TEXTURE_ADDRESS_CLAMP;
```

u軸を「ミラーワンス・テクスチャ」アドレシング・モードに設定

```
D3D11_SAMPLER_DESC SamplerDesc;
SamplerDesc.AddressU = D3D11_TEXTURE_ADDRESS_MIRROR_ONCE;
```

「境界色テクスチャ」アドレシング・モードでは、「0.0」～「1.0」の範囲外の色を境界色として指定します。

u軸を「境界色テクスチャ」アドレシング・モードに設定

```
D3D11_SAMPLER_DESC SamplerDesc;
```

③ サンプラを使ったテクスチャ読み込み

```
SamplerDesc.AddressU = D3D11_TEXTURE_ADDRESS_BORDER;
// 境界色を赤(255,0,0)に設定
SamplerDesc.BorderColor[0] = 1.0f;
SamplerDesc.BorderColor[1] = 0.0f;
SamplerDesc.BorderColor[2] = 0.0f;
SamplerDesc.BorderColor[3] = 1.0f;
```

● テクスチャ・フィルタリング

　テクスチャを単純に使って描画すると、テクスチャ画像が拡大されたり縮小されたときに、元の画像よりも汚く見えてしまいます。この問題は、「フィルタリング」を設定することで、ある程度は改善できます。

*

　適用できるフィルタの種類には、次の3種類があります。

① 最近点サンプリング(POINT)

　フィルタリングを行なわずに、テクスチャ座標に最も近い整数アドレスをもつテクセルの色をコピーします。テクスチャで文字を表示する場合など、エッジをボカシたくない場合などに使います。

② 線形フィルタリング(LINEAR)

　テクスチャ座標に最も違い点の上下左右にあるテクセルの加重平均を計算します。

③ 異方性フィルタリング(ANISOTROPIC)

　「異方性」とは「特性が方向によって異なること」ですが、スクリーンに対して角度をもっているテクスチャの視覚的な歪みもこの性質をもっています。異方性フィルタリングは、この歪みを補正するように働くフィルタです。
　異方性フィルタリングを使うには、異方性の次数を設定しなければなりません。異方性の次数を「1」に設定すると、異方性フィルタリングが無効になり、「1」より大きな値を設定すると、異方性フィルタリングが有効になります。

*

　また、テクセルの値を比較関数で比較することもできます (COMPARISON)。

　これらのテクスチャのフィルタ設定は、「縮小時 (MIN)」「拡大時 (MAG)」「ミップマップ間 (MIP)」について、それぞれ独立した設定が可能です。
　実際の指定は、これらの指定を組み合わせた「D3D11_FILTER 列挙型」の値で行ないます。

D3D11_FILTER 列挙型の機能

D3D11_FILTER 列挙型	縮小時	拡大時	ミップマップ	比較
D3D11_FILTER_MIN_MAG_MIP_POINT	POINT	POINT	POINT	
D3D11_FILTER_MIN_MAG_POINT_MIP_LINEAR	POINT	POINT	LINEAR	
D3D11_FILTER_MIN_POINT_MAG_LINEAR_MIP_POINT	POINT	LINEAR	POINT	
D3D11_FILTER_MIN_POINT_MAG_MIP_LINEAR	POINT	LINEAR	LINEAR	
D3D11_FILTER_MIN_LINEAR_MAG_MIP_POINT	LINEAR	POINT	POINT	
D3D11_FILTER_MIN_LINEAR_MAG_POINT_MIP_LINEAR	LINEAR	POINT	LINEAR	
D3D11_FILTER_MIN_MAG_LINEAR_MIP_POINT	LINEAR	LINEAR	POINT	
D3D11_FILTER_MIN_MAG_MIP_LINEAR	LINEAR	LINEAR	LINEAR	

15章 テクスチャ描画

D3D11_FILTER_ANISOTROPIC	ANISOTROPIC	ANISOTROPIC	ANISOTROPIC	
D3D11_FILTER_COMPARISON_MIN_MAG_MIP_POINT	POINT	POINT	POINT	○
D3D11_FILTER_COMPARISON_MIN_MAG_POINT_MIP_LINEAR	POINT	POINT	LINEAR	○
D3D11_FILTER_COMPARISON_MIN_POINT_MAG_LINEAR_MIP_POINT	POINT	LINEAR	POINT	○
D3D11_FILTER_COMPARISON_MIN_POINT_MAG_MIP_LINEAR	POINT	LINEAR	LINEAR	○
D3D11_FILTER_COMPARISON_MIN_LINEAR_MAG_MIP_POINT	LINEAR	POINT	POINT	○
D3D11_FILTER_COMPARISON_MIN_LINEAR_MAG_POINT_MIP_LINEAR	LINEAR	POINT	LINEAR	○
D3D11_FILTER_COMPARISON_MIN_MAG_LINEAR_MIP_POINT	LINEAR	LINEAR	POINT	○
D3D11_FILTER_COMPARISON_MIN_MAG_MIP_LINEAR	LINEAR	LINEAR	LINEAR	○
D3D11_FILTER_COMPARISON_ANISOTROPIC	ANISOTROPIC	ANISOTROPIC	ANISOTROPIC	○

　なお、比較フィルタは、テクスチャのフォーマットが「R32_FLOAT_X8X24_TYPELESS」「R32_FLOAT」「R24_UNORM_X8_TYPELESS」「R16_UNORM」の場合だけ働きます。
　また、比較の対象になるのは、テクセルの最初のコンポーネントの値です。

「D3D11_SAMPLER_DESC 構造体」の設定例を以下に示します。

「縮小時」「拡大時」「ミップマップ間」フィルタに、「線形サンプリング」を設定

```
D3D11_SAMPLER_DESC SamplerDesc;
SamplerDesc.Filter    = D3D11_FILTER_MIN_MAG_MIP_LINEAR;
```

「異方性フィルタリング」を行なう場合は、次数を指定します。

「縮小時」「拡大時」「ミップマップ間」フィルタに、「異方性フィルタリング」を設定

```
D3D11_SAMPLER_DESC SamplerDesc;
SamplerDesc.Filter    = D3D11_FILTER_ANISOTROPIC;
SamplerDesc.MaxAnisotropy = 2;      // 異方性の次数を2に設定する
```

　比較を行なう場合は、比較関数を「D3D11_COMPARISON_FUNC 列挙型」の値で指定します。
　比較に使う値は、テクスチャ読み込み時に関数の引数として与えます。

「縮小時」「拡大時」「ミップマップ間」フィルタに、「線形サンプリング」を設定して比較する

```
D3D11_SAMPLER_DESC SamplerDesc;
SamplerDesc.Filter    = D3D11_FILTER_COMPARISON_MIN_MAG_MIP_LINEAR;
SamplerDesc.ComparisonFunc = D3D11_COMPARISON_LESS; // 小さければパス
```

■ テクスチャのサンプリング

　シェーダ関数内で、サンプラを使ってフィルタリング処理やサンプリング処理を行なってテクスチャから値を取得するには、次の組み込み関数を使います。

③ サンプラを使ったテクスチャ読み込み

テクスチャから値を取得する関数

<T>.Sample 関数	テクスチャをサンプリング。
<T>.SampleLevel 関数	特定のミップマップ・レベルをサンプリング。
<T>.SampleGrad 関数	勾配を使ってテクスチャをサンプリング。
<T>.SampleCmp 関数	フィルタリングの前に比較してサンプリング。
<T>.SampleCmpLevelZero 関数	ミップマップ・レベル「0」限定で SampleCmp 関数を実行。

なお、「<T>.Sample 関数」と「<T>.SampleCmp 関数」はピクセル・シェーダでのみ使うことができます。他の関数は、すべてのシェーダで実行可能です。

テクスチャ配列にアクセスする場合は、テクスチャ座標の最後の要素が配列のインデックス値になります。また、テクスチャ座標は「0」〜「1」に正規化された浮動小数点数で指定しますが、オフセット値はテクスチャ座標を「テクセル空間内」（テクセル単位）で修正します。そのため、オフセット値は整数値で指定します。

テクスチャをサンプリングするコード例

```
SamplerState MySamp : register(s0);    ←サンプラ(スロット番号「0」と関連付け)
float4 texFunc(float2 TexCoord)
{
    return MyTex.Sample(MySamp, TexCoord);   ←サンプリング
}
```

<T>.Sample 関数

<T>.Sample(sampler s, float location)	
<T>.Sample(sampler s, float location, int offset)	
<T>	データを読み込むテクスチャ・オブジェクト。
s	使用するサンプラ・オブジェクト。
location	テクスチャ座標。 ・1次元テクスチャの場合、「float 型」の値。 ・1次元テクスチャ配列の場合、「float2 型」の値。 ・2次元テクスチャの場合、「float2 型」の値。 ・2次元テクスチャ配列の場合、「float3 型」の値。 ・3次元テクスチャ配列の場合、「float3 型」の値。 ・キューブ・テクスチャの場合、「float3 型」の値。
offset	オフセット値。 ・1次元テクスチャの場合、「int 型」の値。 ・1次元テクスチャ配列の場合、「int 型」の値。 ・2次元テクスチャの場合、「int2 型」の値。 ・2次元テクスチャ配列の場合、「int2 型」の値。 ・3次元テクスチャの場合、「inr3 型」の値。 ・キューブ・テクスチャの場合、「int3 型」の値。

15章 テクスチャ描画

<T>.SampleLevel 関数

<T>.SampleLevel(sampler s, float location)	
<T>.SampleLevel(sampler s, float location, int offset)	
<T>	データを読み込むテクスチャ・オブジェクト。
s	使用するサンプラ・オブジェクト。
location	テクスチャ座標。 ・1次元テクスチャの場合、「float2型」の値。 ・1次元テクスチャ配列の場合、「float3型」の値。 ・2次元テクスチャの場合、「float3型」の値。 ・2次元テクスチャ配列の場合、「float4型」の値。 ・3次元テクスチャ配列の場合、「float4型」の値。 ・キューブ・テクスチャの場合、「float4型」の値。 ※最後の要素はミップマップ・レベルを示す。
offset	オフセット値。 ・1次元テクスチャの場合、「int型」の値。 ・1次元テクスチャ配列の場合、「int型」の値。 ・2次元テクスチャの場合、「int2型」の値。 ・2次元テクスチャ配列の場合、「int2型」の値。 ・3次元テクスチャの場合、「inr3型」の値。 ・キューブ・テクスチャの場合、「int3型」の値。

4 サンプル・プログラム

シェーダ関数でテクスチャを描画するプログラムを「D3D11Sample12」サンプルにまとめました。

サンプルでは、次のキーでアドレッシング・モードを切り替えることができます。

サンプル・プログラムのキー操作

キー	モード
[1]	Load関数でテクセル読み込み。
[2]	ラップ・テクスチャ・アドレッシング・モード。
[3]	ミラー・テクスチャ・アドレッシング・モード。
[4]	クランプ・テクスチャ・アドレッシング・モード。
[5]	ミラーワンス・テクスチャ・アドレッシング・モード。
[6]	境界色テクスチャ・アドレッシング・モード。
[↑]	視点に近づく。
[↓]	視点から遠ざかる。

立方体の上に貼られているテクスチャの座標は (-2.0, -2.0)～(3.0, 3.0) です。このテクスチャ座標は、プリミティブIDを基に、ジオメトリ・シェーダ内で生成しています。

4 サンプル・プログラム

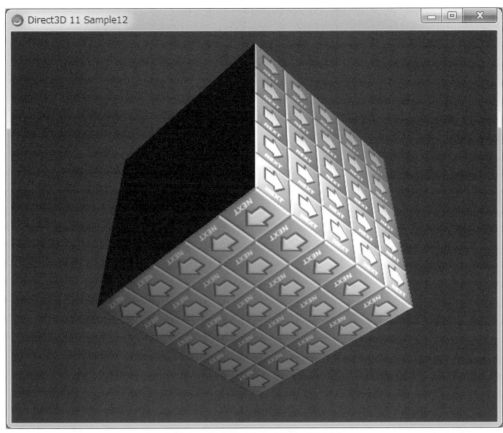

図15-1 「D3D11Sample12」サンプル
(「ラップ・テクスチャ」アドレッシング・モード)

このサンプルでは、[↑] キーで視点が立方体に近づき、[↓] キーで遠ざかります。
　サンプルで表示しているテクスチャには、ミップマップ・レベルごとに色違いの画像が納められているので、距離の応じて、異なるミップマップ・レベルが表示されているのが視覚的に分かります。
　テクスチャの色は、「ミップマップ・レベル0」(256 × 256) から順に、「黄色→黒→青→赤→緑→紫」です。

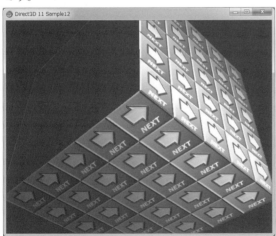 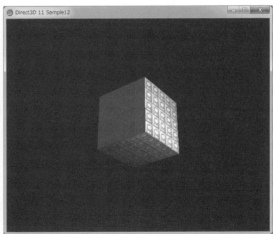

図15-2 「D3D11Sample12」サンプル

16章

3Dデータの読み込み

立方体のような単純な形状なら手でプログラムに記述することもできますが、複雑な形状のデータの場合は、3Dモデリング・ツールなどを使って作るのが普通です。この章では、3Dモデリング・ツールなどで作られた「Wavefront OBJファイル形式」の3D形状データを読み込む方法について解説します。

DirectX11

16章　3Dデータの読み込み

1　3Dデータの形式について

　15章までは、単純な立方体を表示していました。このような単純な形状なら、プログラムの中に定義を直接書き込む方法でも問題ありませんが、3Dモデリング・ツールなどで作られた複雑な物体はそうはいきません。3Dモデリング・ツールで作られた物体のデータは、通常はファイルに保存されています。

　基本的に、アプリケーションで使う最終的なデータには専用形式のファイルを用意するのが一般的かつ効率的ですが、3Dモデリング・ツールからデータを受け取る方法として、いくつかの3Dデータ・ファイル形式が利用されています。

■ Xファイル

　「Direct3D 9」までのDirect3Dでは、3Dデータのファイル形式として、「Xファイル」が定義されており、読み書き用の機能がD3DXとDXUTで提供されていました。

　Xファイルの仕様はかなり古く、3Dデータの形式としてもメジャーではありませんが、何らかの方法でデータをエクスポートできる3Dツールも多く存在します。

　「Direct3D 10」以降では、Xファイルを扱う機能はサポートされなくなりました。Xファイルの構造は「Direct3D 10」以降で廃止された固定機能を意識している部分があり、時代に合わなくなったと判断されたのかもしれません。

■ DXUT Mesh File Format

　「Xファイル」に代わるものとして、「Direct3D 10」以降のDXUTでは、SDKサンプル用の新しい3Dデータ・ファイル形式「DXUT Mesh File format」（拡張子「.sdkmesh」）が定義され、この形式のファイルを読み込み描画する「CDXUTSDKMesh クラス」が提供されています。

　しかし、(a) この形式のファイルを作成できる3Dツールは事実上皆無（2010年5月現在）なこと、(b) DXUTを使う必要があることなど、Xファイルほど使い勝手がよくありません。

　また、SDKのドキュメントでも「SDKサンプル用に設計されている。実アプリではこのファイル形式を避けるべき」と断り書きがされています。

　というわけで、事実上、SDK付属の形状ファイルへの利用以外では使い道がないファイル形式です。

■ Wavefront OBJ ファイル形式

　「Wavefront OBJ フォーマット」は、Wavefront社が「Advanced Visualizer」用に開発した3Dデータ・フォーマットです。歴史の古いファイル形式であることや、簡単な形式であることもあって、多くの3Dモデリング・ツールでサポートされているほか、3Dデータの中間ファイルとしてもよく使われています。

*

　この章では、「Wavefront OBJ フォーマット」のファイルを読み込み、「Direct3D 11」で描画する方法を解説します。

2 Wavefront OBJ ファイル形式

「Wavefront OBJ フォーマット」は、形状データの「obj ファイル」とマテリアル・データの「mtl ファイル」から構成されています。

どちらも ASCII 形式のテキスト・ファイルであり、1 行 1 コマンド形式で記述されます。各行には、コマンドを構成する複数のキーワードやデータをスペースで区切って並べられます。

■ obj ファイル形式

「obj ファイル」では、「点」「線」「面（多角形）」「自由曲面（線）」などの形状を記述でき、頂点データとして「座標」「テクスチャ座標」「法線ベクトル」をそれぞれ 0 または 1 つもつことができます。また、形状をグループ分けすることもできます。

*

以下に、この章で紹介するコードで解釈する「obj ファイル」のコマンドを紹介します。

「obj ファイル」のコマンド

コマンド形式	説　明
# コメント文字列	コメント。
v $x\ y\ z\ w$	頂点データ (座標)。w は重み (weight)。
vt $u\ v\ w$	頂点データ (テクスチャ座標)。w は重み (weight)。
vn $i\ j\ k$	頂点データ (法線ベクトル)
f $v1/vt1/vn1\ v2/vt2/vn2\ v3/vt3/vn3\cdots$	面（多角形）。 「v1,v2,v3…」は座標の番号。 「vt1,vt2,vt3…」はテクスチャ座標の番号 (省略可)。 「vn1,vn2,vn3…」は法線ベクトルの番号 (省略可)。
g グループ名 1 グループ名 2 …	グループの終了と新しいグループの開始。
usemtl mtl_name	使用するマテリアルの名称。 マテリアル・ファイル内で定義される名前。
mtllib ファイル名 1 ファイル名 2 …	マテリアル・ファイル名。

このように、「obj ファイル」では 1 行に 1 つのコマンドが、『「コマンド名」＋「スペース」＋「オプション」』の形式で記述されています。そのため、先頭のコマンド名を見て対応しないコマンドを読み飛ばすことができます。

*

各コマンドのデータで不要な値は省略できます。

「座標」「テクスチャ座標」「法線ベクトル」は、それぞれの種類で定義された順に、「1」から始まる番号「1,2,3,4…」で識別されます。「点」「線」「面」を構成する頂点データは、この番号で指定されます。

*

ただし、フォーマット的には、マイナスの値を指定することで、コマンドから遡った相対位置を指定することもできます。たとえば、

```
v 1.0 1.0 1.0
v 1.0 0.0 1.0
v 0.0 0.0 1.0
f 1// 2// 3//           ←①
f -3// -2// -1//        ←②
```

16章　3Dデータの読み込み

①と②は、同じ意味です。エディタを使って手作業でファイルを編集するときは便利な方式ですが、実際のデータ作成には3Dツールが使われるため、相対位置の指定が使われることはほとんどありません。

＊

以下に、立方体の定義例を示します。

Cube.obj

```
# 立方体                          ← コメント
mtllib ..\misc\Cube.mtl           ← マテリアル・ファイル名
g cube                            ← グループ「Cube」開始
usemtl Cube                       ← マテリアル「Cube」を使う
v -1 -1 -1                        ← 頂点座標1
v 1 -1 -1                         ← 頂点座標2
v -1 1 -1
v 1 1 -1
v -1 -1 1
v 1 -1 1
v -1 1 1
v 1 1 1
vt 0 0                            ← テクスチャ座標1
vt 1 0                            ← テクスチャ座標2
vt 1 1
vt 0 1
vn 0 0 -1                         ← 法線ベクトル1
vn -1 0 0                         ← 法線ベクトル2
vn 1 0 0
vn 0 -1 0
vn 0 1 0
vn 0 0 1
f 1/1/1 3/2/1 4/3/1 2/4/1         ← 面（四角形）
f 1/1/2 5/2/2 7/3/2 3/4/2
f 2/1/3 4/2/3 8/3/3 6/4/3
f 1/1/4 2/2/4 6/3/4 5/4/4
f 3/1/5 7/2/5 8/3/5 4/4/5
f 5/1/6 6/2/6 8/3/6 7/4/6
```

■ mtlファイル形式

「objファイル」では、頂点ごとに色などのマテリアル情報をもつことはできません。
色などのデータは、グループ単位でまとめてマテリアル名を指定します。
マテリアル名で指定されたマテリアルの意味は、「mtlファイル」で定義されます。

以下に、この章で紹介するコードで解釈する「mtlファイル」のコマンドを紹介します。

「mtlファイル」のコマンド

コマンド形式	説　明
newmtl マテリアル名	マテリアルの終了と新しいマテリアルの開始。

3 Wavefront OBJファイル読み込み関数

Kd *r g b*	ディフューズ色。値は「0」〜「1」。
Ks *r g b*	スペキュラ色。値は「0」〜「1」。
Ka *r g b*	アンビエント (環境)色。値は「0」〜「1」。
d *n*	透明度。値は「0」(透明)〜「1」(不透明)。
Ns *n*	光沢。値は、「0」〜。
Ni *n*	屈折率。値は「1」以上。「1」は屈折なし。
map_Kd ファイル名	ディフューズ・マップ。一般的なテクスチャ。
map_Ks ファイル名	スペキュラ・マップ。
map_Ka ファイル名	環境マップ。
map_Bump ファイル名	バンプ・マップ。
map_D ファイル名	透明マップ。
refl ファイル名	反射マップ。

*

　以下に、マテリアル名「SampleMtl」、ディフューズ色「R=0.1,G=0.2,B=0.3」、スペキュラ色「RGB=1.0」、透明度「不透明」、光沢「255」、テクスチャ・ファイル名「Texture.png」のマテリアル定義例を示します。

Cube.mtl
```
newmtl SampleMtl
Kd 0.1 0.2 0.3
Ks 1 1 1
d 1
Ns 255
map_Kd Texture.png
```

3 Wavefront OBJファイル読み込み関数

　「Wavefront OBJ形式」を扱う簡単なコード例として、(a)「OBJファイル」を読み込んで、頂点バッファとインデックス・バッファにデータを書き込む「LoadWavefrontOBJ関数」と、(b)「MTLファイル」を読み込む「LoadWavefrontMTL関数」を、「wavefrontobj.h」ファイルに用意しました。

　なお、簡単にするため、「面は三角形か四角形」「データ数は65536以内」「文字列は79文字以内」などの条件を設けています。

　「wavefrontobj.h」ファイルでは、OBJファイルとMTLファイルの読み込みと描画を簡単にする「CWavefrontObjクラス」と「CWavefrontMtlクラス」も定義しています。

　これらの関数とクラスの詳細については、「wavefrontobj.h」ファイルを参照してください。

LoadWavefrontOBJ関数の定義

```
// OBJファイル内のグループ情報
typedef struct WFOBJ_GROUP_ {
    char name[80];  // グループ名
```

16章 3Dデータの読み込み

```c
    char mtl[80];       // マテリアル名
    int startIndex;     // グループの開始インデックス
    int countIndex;     // グループに含まれるインデックス数
} WFOBJ_GROUP;

// OBJファイルの読み込み
bool LoadWavefrontOBJ(
    FILE* fileObj,           // OBJファイル
    XMFLOAT3* pVBufferP,     // 頂点データ(座標)のポインタ
    int   strideVBufferP,    // 頂点データ(座標)の幅
    XMFLOAT3* pVBufferN,     // 頂点データ(法線ベクトル)のポインタ
    int   strideVBufferN,    // 頂点データ(法線ベクトル)の幅
    XMFLOAT2* pVBufferT,     // 頂点データ(テクスチャ座標)のポインタ
    int   strideVBufferT,    // 頂点データ(テクスチャ座標)の幅
    int   sizeVBuffer,       // 頂点バッファに書き込めるデータ数
    int   &countVBuffer,     // 書き込んだ頂点データ数
    unsigned int* pIBuffer,  // インデックス・バッファのポインタ
    int   sizeIBuffer,       // インデックス・バッファに書き込めるデータ数
    int   &countIBuffer,     // 書き込んだインデックス数
    WFOBJ_GROUP* pGroup,     // グループ情報バッファ
    int   sizeGroup,         // グループ情報バッファのサイズ
    int   &countGroup,       // 書き込んだグループ情報の数
    char* pMtlFileName,      // マテリアル・ファイル名を受け取るバッファ
    int sizeMtlFileName)     // バッファの大きさ
```

LoadWavefrontMTL 関数の定義

```c
// マテリアル・データ
typedef struct WFOBJ_MTL_ {
    char name[80];  // マテリアル名
    float Kd[3];          // ディフューズ色。値は「0」~「1」。
    float Ks[3];          // スペキュラ色。値は「0」~「1」。
    float Ka[3];          // アンビエント(環境)色。値は「0」~「1」。
    float d;              // 透明度。値は「0」(透明)~「1」(不透明)。
    float Ns;             // 光沢。値は、「0」~。
    float Ni;             // 屈折率。値は「1」以上。「1」は屈折なし。
    char map_Kd[80];      // ディフューズ・マップ。一般的なテクスチャ。
    char map_Ks[80];      // スペキュラ・マップ。
    char map_Ka[80];      // 環境マップ。
    char map_Bump[80];    // バンプ・マップ。
    char map_D[80];       // 透明マップ。
    char refl[80];        // 反射マップ。
} WFOBJ_MTL;

// MTLファイルの読み込み
bool LoadWavefrontMTL(
    FILE* fileMtl,       // MTLファイル
    WFOBJ_MTL* pMtl,     // マテリアルデータを受け取る配列
```

```
    int sizeMtl,          // 配列サイズ
    int &countMtl)        // 読み込んだマテリアルの数
```

4 XNA Collision ライブラリ

読み込んだ 3D 形状を適切な大きさで表示するには、形状の大きさを知る必要があります。

これにはいろいろな方法がありますが、代表的なものに「境界ボックス」と「境界球」があります。「境界ボックス」とは、3D 形状がちょうど入る大きさの「直方体」で、「境界球」はその「球」バージョンです。どちらが便利かは場合によりますが、視野を求める場合は境界球のほうが便利かもしれません。

「Direct3D 10」までは、「D3DX」に、(a)「境界ボックス」を計算する「D3DXComputeBoundingBox 関数」と、(b)「境界球」を計算する「D3DXComputeBoundingSphere 関数」が存在していました。

しかし、「Direct3D 11」の「D3DX 11」では、その他の算術関数と同様に、D3DX から削除されています。「XNA Math」にも、同等の機能は用意されていないようです。

その代わり、SDK 付属サンプルの中で、「XNA Math」を使ってそれらの機能を提供する、「XNA Collision ライブラリ」が提供されています。

*

「XNA Collision ライブラリ」は、「SDK フォルダ」→「Sample」→「C++」→「Misc」→「Collision」フォルダ内に、「xnacollision.h」「xnacollision.cpp」ファイルとして存在します。

*

「XNA Collision ライブラリ」では、以下の構造体と関数が提供されています。

これらの構造体と関数は、「XNA」名前空間内で定義されています。

また、「xnacollision.cpp」ファイルで「DXUT.h」をインクルードしていますが、「DXUT」固有の機能は使われていないので、「#include "DXUT.h"」を「#include <d3dx11.h>」に変更して問題ないようです。

「XNA Collision ライブラリ」の構造体

構造体	説明
AxisAlignedBox	軸に沿ったボックス。
Frustum	視錐台。
OrientedBox	指向性のボックス。
Sphere	球。

「XNA Collision ライブラリ」の関数

関数	説明
ComputeBoundingAxisAlignedBoxFromPoints	ポイントの配列から、軸に沿った境界ボックスを作成。
ComputeBoundingOrientedBoxFromPoints	ポイントの配列から、指向性の境界ボックスを作成。
ComputeBoundingSphereFromPoints	ポイントの配列から境界球を作成。
ComputeFrustumFromProjection	パースペクティブ射影行列から視錐台を作成。
ComputePlanesFromFrustum	視錐台を構成する 6 つの平面を作成。
IntersectAxisAlignedBox6Planes	軸に沿ったボックスと 6 つの平面の交差テスト。
IntersectAxisAlignedBoxAxisAlignedBox	2 つの軸に沿ったボックスの交差テスト。
IntersectAxisAlignedBoxFrustum	軸に沿ったボックスと視錐台の交差テスト。

16章　3Dデータの読み込み

IntersectAxisAlignedBoxOrientedBox	軸に沿ったボックスと指向性のボックスの交差テスト。
IntersectAxisAlignedBoxPlane	軸に沿ったボックスと平面の交差テスト。
IntersectFrustum6Planes	視錐台と6つの平面の交差テスト。
IntersectFrustumFrustum	2つの視錐台の交差テスト。
IntersectFrustumPlane	視錐台と平面の交差テスト。
IntersectOrientedBox6Planes	指向性のボックスと6つの平面の交差テスト。
IntersectOrientedBoxFrustum	指向性のボックスと視錐台の交差テスト。
IntersectOrientedBoxOrientedBox	2つの指向性のボックスの交差テスト。
IntersectOrientedBoxPlane	指向性のボックスと平面の交差テスト。
IntersectPointAxisAlignedBox	点が軸に沿ったボックス内に含まれているかテスト。
IntersectPointFrustum	点が視錐台の中に含まれているかテスト。
IntersectPointOrientedBox	点が指向性のボックス内に含まれているかテスト。
IntersectPointSphere	点が球内に含まれているかどうかをテスト。
IntersectRayAxisAlignedBox	光線と軸に沿ったボックスの交差テスト。
IntersectRayOrientedBox	光線と指向性のボックスの交差テスト。
IntersectRaySphere	光線と球の交差テスト。
IntersectRayTriangle	光線と三角形の交差テスト。
IntersectSphere6Planes	球と6つの平面の交差テスト。
IntersectSphereAxisAlignedBox	球と軸に沿ったボックスの交差テスト。
IntersectSphereFrustum	球と視錐台の交差テスト。
IntersectSphereOrientedBox	球と指向性のボックスの交差テスト。
IntersectSpherePlane	球と平面の交差テスト。
IntersectSphereSphere	2つの球の交差テスト。
IntersectTriangle6Planes	三角形と6つの平面の交差テスト。
IntersectTriangleAxisAlignedBox	三角形と軸に沿ったボックスの交差テスト。
IntersectTriangleFrustum	三角形と視錐台の交差テスト。
IntersectTriangleOrientedBox	三角形と指向性のボックスの交差テスト。
IntersectTrianglePlane	三角形と平面の交差テスト。
IntersectTriangleSphere	三角形と球の交差テスト。
IntersectTriangleTriangle	2つの三角形の交差テスト。
TransformAxisAlignedBox	軸に沿ったボックスに対して角度保持変換処理を適用。
TransformFrustum	視錐台に対して角度保持変換処理を適用。
TransformOrientedBox	指向性のボックスに対して角度保持変換処理を適用。
TransformSphere	球に対して角度保持変換処理を適用。

　構造体や関数の具体的な定義などは、「xnacollision.h」「xnacollision.cpp」ファイルを参照してください。
　ここでは、「XNA Collision ライブラリ」を使った「境界ボックス」と「境界球」の計算方法について紹介します。

■ 境界ボックス

　各軸に沿った境界ボックスを作るには、「ComputeBoundingAxisAlignedBoxFromPoints関数」を使い

ます。

この関数は、頂点座標から、境界ボックスの中心座標と、中心座標から各面への距離を求めます。関数に渡す引数の意味を、図 16-1 に示します。

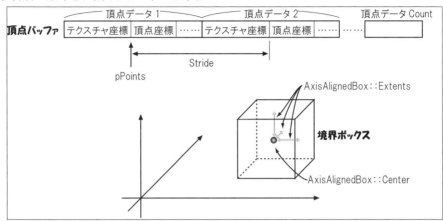

図 16-1 「ComputeBoundingAxisAlignedBoxFromPoints 関数」の引数

境界ボックスの計算

```
// 頂点データの構造
struct VertexStr {
    XMFLOAT3 Pos;  // 位置
    XMFLOAT2 Tex;  // テクスチャ座標
    XMFLOAT3 Norm; // 法線ベクトル
};

VertexStr* pVertex = …;        // 頂点データの取得

XNA::AxisAlignedBox boundingbox;   // 境界ボックスの情報
XNA::ComputeBoundingAxisAlignedBoxFromPoints(
        &boundingbox,
        1024,                  // 頂点データの数(1024 頂点と仮定)
        &(pVertex->Pos),       // 最初の頂点座標へのポインタ
        sizeof(VertexStr));    // 次の頂点データへの幅
```

ComputeBoundingAxisAlignedBoxFromPoints 関数

VOID ComputeBoundingAxisAlignedBoxFromPoints(
   AxisAlignedBox*   pOut,
   UINT   Count,
   const XMFLOAT3* pPoints,
   UINT Stride);	

pOut	境界ボックスの情報を受け取る「AxisAlignedBox 構造体」へのポインタ。
Count	頂点データの数。
pPoints	最初の頂点座標へのポインタ。
Stride	次の頂点データへの幅。

16章　3Dデータの読み込み

AxisAlignedBox 構造体

XMFLOAT3 Center; XMFLOAT3 Extents;	
Center	境界ボックスの中心座標。
Extents	境界ボックスの中心から、境界ボックスの各面への距離。

■ 境界球

　「境界球」を計算する「ComputeBoundingSphereFromPoints 関数」も、基本的な使い方は境界ボックスと同様です。この関数では、境界球の中心座標と半径を求めます。

境界球の計算

```
XNA::Sphere spherebox; // 境界球の情報
hr = XNA::ComputeBoundingSphereFromPoints(
        &spherebox,
        1024,                  // 頂点データの数(1024 頂点と仮定)
        &(pVertex->Pos),       // 最初の頂点座標へのポインタ
        sizeof(VertexStr));    // 次の頂点データへの幅
);
```

ComputeBoundingSphereFromPoints 関数

VOID ComputeBoundingSphereFromPoints(　　Sphere*　　　　　　pOut, 　　UINT　　　　　　　Count, 　　const XMFLOAT3*　 pPoints, 　　UINT　　　　　　　Stride);	
pOut	境界球の情報を受け取る「Sphere 構造体」へのポインタ。
Count	頂点データの数。
pPoints	最初の頂点座標へのポインタ。
Stride	次の頂点データへの幅。

Sphere 構造体

XMFLOAT3 Center; FLOAT　　 Radius;	
Center	球の中心座標。
Radius	球の半径。

■ 視線の交叉判定

　視線と境界ボックスや境界球が交叉しているかどうかを「IntersectRayAxisAlignedBox 関数」（境界ボックス）と「IntersectRaySphere 関数」（境界球）で判定できます。視線は、「視点の位置」と「視線の方向」で指定します。
　これらの関数は、視線と境界ボックス（境界球）が交叉する場合に「TRUE」を返します。

5 描画用データの作成

視線と境界ボックスの交叉判定

```
XNA::AxisAlignedBox boundingbox;   // 境界ボックスの情報

XMFLOAT3 rayPos(0.0f, 0.0f, 0.0f);   // 視点の位置
XMFLOAT3 rayDir(0.0f, 0.0f, 1.0f);   // 視線の方向
FLOAT dist;
if (D3DXBoxBoundProbe(rayPos, rayDir, &boundingbox, &dist))
    // 境界ボックスと視線が交叉している
```

IntersectRayAxisAlignedBox 関数
IntersectRaySphere 関数

BOOL IntersectRayAxisAlignedBox (FXMVECTOR   Origin,   FXMVECTOR   Direction,   const AxisAlignedBox* pVolume,   FLOAT*   pDist);
BOOL IntersectRaySphere (FXMVECTOR Origin,   FXMVECTOR Direction,   const Sphere* pVolume,   FLOAT*   pDist);

Origin	視点の座標。
Direction	視線の方向。
pVolume	境界ボックスまたは境界球。
pDist	衝突が発生するまでの視線の距離(戻り値が TRUE の場合)。

5 描画用データの作成

「LoadWavefrontObj 関数」を使って「Cube.obj ファイル」を読み込み、「Direct3D 11」で描画するための「頂点バッファ」と「インデックス・バッファ」を作り、「境界球」を計算するコード例を、次に示します。

境界球を計算するコード例

```
ID3D11Buffer* m_pVerBuffer;      // 頂点バッファのインターフェイス
ID3D11Buffer* m_pIdxBuffer;      // インデックス・バッファのインターフェイス

WFOBJ_GROUP m_Group[256];   // グループ(最大 256)
int m_countGroup;           // グループ数
int m_countVBuffer;         // 頂点データの数
int m_countIBuffer;         // インデックス・データの数

XNA::Sphere m_spherebox;  // 境界球の情報

// ************************************************************
// OBJ ファイルの読み込み
```

16章 3Dデータの読み込み

```cpp
FILE* fileObj;
if (fopen_s(&fileObj, objfilename, "rt") != 0)
    return false;   // ファイル・オープン失敗

struct verstr { XMFLOAT3 v; XMFLOAT3 n; XMFLOAT2 t; } *pVer = new verstr[0xffff];
unsigned int* pI    = new unsigned int[0xffff];

bool ret = LoadWavefrontOBJ(fileObj,
    &pVer[0].v, sizeof(verstr), &pVer[0].n, sizeof(verstr),
    &pVer[0].t, sizeof(verstr), 0xffff, m_countVBuffer,
    pI, 0xffff, m_countIBuffer,
    m_Group, _countof(m_Group), m_countGroup,
    mtlfilename, sizemtlfilename);

fclose(fileObj);

if ((ret == false) || (m_countVBuffer == 0) || (m_countIBuffer == 0)) {
    delete[] pVer;
    delete[] pI;
    return false;   // 読み込み失敗
}
// ************************************************************
// 境界球の計算
XNA::ComputeBoundingSphereFromPoints(&m_spherebox, m_countVBuffer,
                                     &pVer[0].v, sizeof(verstr));

// ************************************************************
// 頂点バッファの定義
D3D11_BUFFER_DESC verBufferDesc;
verBufferDesc.Usage            = D3D11_USAGE_DEFAULT;           // デフォルト使用法
verBufferDesc.ByteWidth        =
            (sizeof(XMFLOAT3)*2 + sizeof(XMFLOAT2)) * m_countVBuffer;
verBufferDesc.BindFlags        = D3D11_BIND_VERTEX_BUFFER;   // 頂点バッファ
verBufferDesc.CPUAccessFlags   = 0;
verBufferDesc.MiscFlags        = 0;
verBufferDesc.StructureByteStride = 0;

// 頂点バッファのサブリソースの定義
D3D11_SUBRESOURCE_DATA verSubData;
verSubData.pSysMem           = pVer;   // バッファ・データの初期値
verSubData.SysMemPitch       = 0;
verSubData.SysMemSlicePitch = 0;

// 頂点バッファの作成
HRESULT hr = m_pD3DDevice->CreateBuffer(&verBufferDesc,
                                        &verSubData, &m_pVerBuffer);
delete[] pVer;
```

5 描画用データの作成

```
if (FAILED(hr)) {
    delete[] pI;
    return false;   // 頂点バッファの作成失敗
}

// *************************************************************
// インデックス・バッファの定義
D3D11_BUFFER_DESC idxBufferDesc;
idxBufferDesc.Usage              = D3D11_USAGE_DEFAULT;       // デフォルト使用法
idxBufferDesc.ByteWidth          = sizeof(UINT) * m_countIBuffer;
idxBufferDesc.BindFlags          = D3D11_BIND_INDEX_BUFFER; // インデックス・バッファ
idxBufferDesc.CPUAccessFlags     = 0;
idxBufferDesc.MiscFlags          = 0;
idxBufferDesc.StructureByteStride = 0;

// インデックス・バッファのサブリソースの定義
D3D11_SUBRESOURCE_DATA idxSubData;
idxSubData.pSysMem          = pI;   // バッファ・データの初期値
idxSubData.SysMemPitch      = 0;
idxSubData.SysMemSlicePitch = 0;

// インデックス・バッファの作成
hr = m_pD3DDevice->CreateBuffer(&idxBufferDesc, &idxSubData, &m_pIdxBuffer);
delete[] pI;
if (FAILED(hr)) {
    return false;   // インデックス・バッファの作成失敗
}
```

データの描画は、グループ単位で色やテクスチャを設定して行ないます。
たとえば、次のようになります。

データの描画

```
for (int g = 0; g < m_countGroup; ++g) {
    if (m_Group[g].countIndex <= 0)
        continue;   // グループが空

    // ここで、マテリアル設定

    // グループ描画
    g_pImmediateContext->DrawIndexed(m_Group[g].countIndex, m_Group[g].startIndex, 0);
}
```

16章 3Dデータの読み込み

6 サンプル・プログラム

「Wavefornt OBJ形式」のファイル「Cube.obj」「Cube.mtl」を読み込んで表示するプログラムを、「D3D11Sample13」サンプルにまとめました。

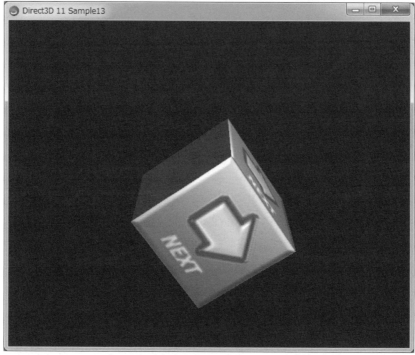

図16-2 「D3D11Sample13」サンプル

17章

複数インスタンスの同時描画

この章では、1つの形状データをいろいろな設定で同時に複数描画する方法について解説します。

DirectX11

17章　複数インスタンスの同時描画

1　「複数インスタンス」とは

　3Dグラフィックスの描画では、同じ形状の物体を複数描画したい場合があります。

　たとえば、「森」のシーンでは、複数の「木」があり、それぞれの木に複数の「葉」があります。これらの木や葉を1つ1つ描画することも可能ですが、毎回「Drawメソッド」を呼び出すのは、メソッド呼び出しにかかるオーバーヘッドを考えると、得策ではありません。

　そこで、「Direct3D 11」では、頂点バッファで定義された3Dオブジェクトの「複数インスタンスを1回の描画メソッド呼び出しで描画できる機能」が用意されています。

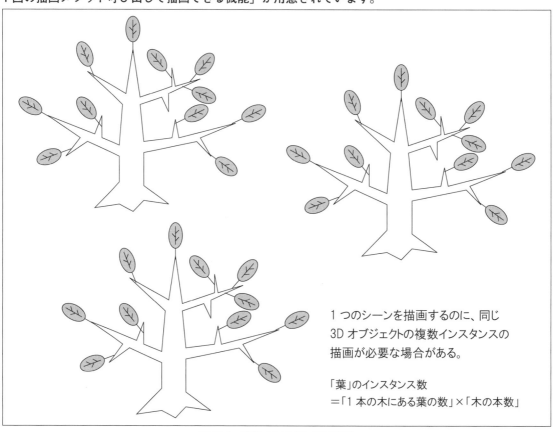

1つのシーンを描画するのに、同じ3Dオブジェクトの複数インスタンスの描画が必要な場合がある。

「葉」のインスタンス数
＝「1本の木にある葉の数」×「木の本数」

図17-1　複数インスタンスの描画

2　インスタンス描画メソッド

　頂点バッファで定義された3Dオブジェクトの複数インスタンスを1回の描画メソッド呼び出しで描画するには、以下のメソッドを使います。

　それぞれ、11章で紹介した「ID3D11DeviceContext::Drawメソッド」「ID3D11DeviceContext::DrawIndexedメソッド」のインスタンス対応版になります。

2 インスタンス描画メソッド

複数インスタンスの描画メソッド

ID3D11DeviceContext::DrawInstanced メソッド	インスタンスを複数描画する（頂点バッファのみ）。
ID3D11DeviceContext::DrawIndexedInstanced メソッド	インスタンスを複数描画する（インデックス・バッファあり）。

　これらのメソッドは、基本的に「ID3D11DeviceContext::Draw メソッド」「ID3D11DeviceContext::DrawIndexed メソッド」の引数に描画するインスタンス数が加わっただけです。

*

　たとえば、**11章**で紹介した「ID3D11DeviceContext::DrawIndexed メソッド」で立方体を1つ描画するコードを、「ID3D11DeviceContext::DrawIndexedInstanced メソッド」で一度に4つの立方体を描画するように変更すると、次のようになります。

複数インスタンスの描画コード例

```
// 頂点バッファのデータをインデックス・バッファを使って描画する
g_pImmediateContext->DrawIndexedInstanced(
    36, // 描画するインデックス数（頂点数）
    4,  // 立方体を4つ描画する
    0,  // インデックス・バッファの最初のインデックスから描画開始
    0,  // 頂点バッファ内の最初の頂点データから使用開始
    0); // 最初のインスタンスから描画開始
```

ID3D11DeviceContext::DrawIndexedInstanced メソッド

void ID3D11DeviceContext::DrawIndexedInstanced(　UINT IndexCountPerInstance, 　UINT InstanceCount, 　UINT StartIndexLocation, 　INT　BaseVertexLocation, 　UINT StartInstanceLocation);	
IndexCountPerInstance	描画するインデックス数（1インスタンスあたり）。
InstanceCount	描画するインスタンス数。
StartIndexLocation	最初のインデックスの位置。
BaseVertexLocation	最初の頂点の位置
StartInstanceLocation	最初のインスタンスのインデックス。

ID3D11DeviceContext::DrawInstanced メソッド

void ID3D11DeviceContext::DrawInstanced(　UINT VertexCountPerInstance, 　UINT InstanceCount, 　UINT StartVertexLocation, 　UINT StartInstanceLocation);	
VertexCountPerInstance	描画する頂点の数（1インスタンスあたり）。
InstanceCount	描画するインスタンス数。
StartVertexLocation	最初の頂点の位置。
StartInstanceLocation	最初のインスタンスのインデックス。

17章　複数インスタンスの同時描画

3　各インスタンスの描画設定

　描画自体は簡単ですが、各インスタンスを描画するための変換行列など、インスタンスごとに設定しなければならない値をどのようにシェーダに渡すのかが問題になります。

　複数インスタンスの描画では、インスタンスごとの設定値を渡すには、次の2つの方法があります。

① HLSLのグローバル変数にインスタンス別の設定値を配列として用意し、「インスタンスID」を使って配列にアクセスする方法。
② 頂点バッファにインスタンス別のデータを用意する方法。

■ グローバル変数とインスタンスIDを使う

　「入力アセンブラ」(IA)は、描画するインスタンスごとに、「インスタンスID」(SV_InstanceID)を生成してシェーダに提供します。

　この値は「0」からはじまって、インスタンスごとに「1」増える、「符号なし整数値」なので、変換行列の配列にアクセスするためのインデックス値として使うことができます。

＊

　たとえば、4つのインスタンスを描画することを想定したHLSLコードとプログラムのコードは、次のようになります。

頂点シェーダ関数の例

```
matrix WorldViewProj [4];   // ワールド・ビュー・射影変換行列
// 頂点シェーダ用関数
float4 VS (float4 pos : POSITION, uint instID : SV_InstanceID) : SV_POSITION
{
    return mul (pos, WorldViewProj [instID % 4]);   // 座標変換
}
```

アプリケーション側のコード例

```
XMMATRIX g_WorldViewPorj[4];   // ワールド・ビュー・射影変換行列

// ここで、定数バッファに g_WorldViewPorj の値を設定

// 36 頂点のオブジェクトのインスタンスを 4 つ描画
g_pD3DDevice->DrawInstanced(36, 4, 0, 0);
```

■ インスタンス別の頂点データを用意する

　「Direct3D 11」の頂点データには、インスタンス用のデータを含めることができます。
　8章の入力レイアウト・オブジェクトの作成で少し出てきましたが、「D3D11_INPUT_ELEMENT_DESC構造体」の「D3D11_INPUT_ELEMENT_DESC::InputSlotClassメンバ」に、「D3D11_INPUT_PER_INSTANCE_DATA」を指定することで、頂点データ内のある要素が、インスタンスごとの値であることを指定できます。

＊

3 各インスタンスの描画設定

　以下に、変換行列を「インスタンスごとデータ」として用意する際の入力要素宣言の例を示します。この例では、入力アセンブラの入力スロット「1」に設定しています。

　頂点データに行列を設定するには、この例のように4要素を使います。これらの要素はセマンティック名が同じになるので、「D3D11_INPUT_ELEMENT_DESC::SemanticIndex メンバ」に「0」〜「3」を設定して区別します。

入力レイアウト・オブジェクトの設定例

```
const D3D11_INPUT_ELEMENT_DESC layout[] =
{
    { L"POS", 0, DXGI_FORMAT_R32G32B32_FLOAT, 0, 0, D3D11_INPUT_PER_VERTEX_DATA, 0 },
    { L"MTX", 0, DXGI_FORMAT_R32G32B32A32_FLOAT, 1, 0, D3D11_INPUT_PER_INSTANCE_DATA, 2 },
    { L"MTX", 1, DXGI_FORMAT_R32G32B32A32_FLOAT, 1, 16, D3D11_INPUT_PER_INSTANCE_DATA, 2 },
    { L"MTX", 2, DXGI_FORMAT_R32G32B32A32_FLOAT, 1, 32, D3D11_INPUT_PER_INSTANCE_DATA, 2 },
    { L"MTX", 3, DXGI_FORMAT_R32G32B32A32_FLOAT, 1, 48, D3D11_INPUT_PER_INSTANCE_DATA, 2 },
};
```

　また、「D3D11_INPUT_ELEMENT_DESC::InstanceDataStepRate メンバ」にデータの繰り返し回数「2」を指定しています。これは、同じ「インスタンスごとデータ」で2回インスタンスを描画することを意味します。

*

　たとえば、4頂点で構成されるオブジェクトのインスタンスを描画するケースを考えます（**図 17-2**）。頂点バッファには、各頂点のデータの他に、各インスタンスのデータも格納されています。

　ここで、「InstanceDataStepRate メンバ」が「1」の設定で4インスタンス描画する場合と、「InstanceDataStepRate メンバ」が「2」の設定で8インスタンス描画する場合の、実際に描画される頂点データの構成を、**図 17-2**に示します。

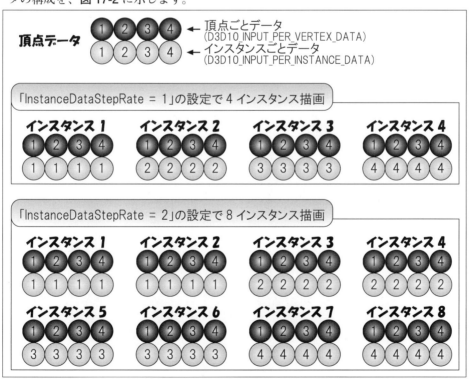

図 17-2 「InstanceDataStepRate メンバ」の意味

17章 複数インスタンスの同時描画

「InstanceDataStepRate メンバ」が「2」の設定なので、「インスタンス1」と「インスタンス2」の2つのインスタンスで同じ「インスタンスごとデータ」を使います。

■「グローバル変数」と「インスタンス別頂点データ」の組み合わせ

「InstanceDataStepRate メンバ」が「1」の場合は、普通に「インスタンスごとデータ」を使って各データを描画すればいいのですが、「2」以上の場合、次のように描画します。

*

たとえば、木の「葉」を描画する場面を考えてみます。

このシーンには、「木」が「10」本存在し、それぞれの木には、「1000」枚の「葉」が生えているとします。つまり、「葉」は全部で「10 × 1000 ＝ 10000」枚（インスタンス）描画することになります。

ここで必要になる座標の変換行列は、
①「1つの木の中での葉の位置」を指定する変換行列。
②「木の生えている位置」を指定する変換行列。
です。

そこで、「1つの木の中での葉の位置」を指定する変換行列を頂点バッファの「インスタンスごとデータ」として渡すことにすると、インスタンスは、「木1の葉1」「木2の葉1」…「木10の葉1」……「木1の葉1000」「木2の葉1000」…「木10の葉1000」の順に描画されることになるので、グローバル変数として「木の生えている位置」を指定する変換行列を用意し、「インスタンスID ％ 木の数（10）」で木のインデックスを求めて描画します。

4 サンプル・プログラム

複数のインスタンスを描画するプログラムを、「D3D11Sample14」サンプルにまとめました。5個1セットの立方体を4セット、計20個の立方体を1回の描画コールで描画しています。

「セット内での立方体の位置」を頂点データ内で定義し、「各セットの位置」をグローバル変数で定義しています。

図17-3 「D3D11Sample14」サンプル

18章

キューブ・テクスチャ

この章では、キューブ・テクスチャを使って、環境マッピングを行なう方法について解説します。

DirectX11

18章　キューブ・テクスチャ

1　キューブ・テクスチャの概要

テクスチャには、普通の「2Dテクスチャ」の他に、「キューブ・テクスチャ」があります。

「キューブ・テクスチャ」は、3Dオブジェクトに周りの風景や光が写り込むような効果によく使われるテクスチャです。

「キューブ・テクスチャ」は、3Dオブジェクトの周りを取り囲む立方体の6面にそれぞれテクスチャ画像をもつような、特殊なテクスチャです。

つまり、「キューブ・テクスチャ」には、6つのサーフェスがあります。リソース的には、要素数が「6」の2Dテクスチャ配列です。

「キューブ・テクスチャ」からテクスチャの値を取得するには、3次元ベクトルを使います。立方体の表面の中で3次元ベクトルが指している部分の値が取得されます。

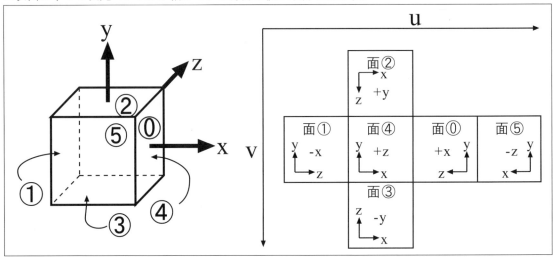

図18-1　キューブ・テクスチャ

2　キューブ・テクスチャへの描画

「Direct3D 11」では、「出力マージャー」（OM）に8つの描画ターゲットを同時に設定でき、「ジオメトリ・シェーダ」（GS）で、プリミティブの描画先を指定できます。そのため、「キューブ・テクスチャ」の6面を1回のレンダリングで同時に描画できます。

「キューブ・テクスチャ」は、2Dテクスチャが6つあるので、6要素の2Dテクスチャ配列として作ります。

また、キューブ・テクスチャ用の「深度/ステンシル・テクスチャ」も必要です。

テクスチャの具体的な作成方法については、**14章**を参照してください。

■「キューブ・テクスチャ」の作成

「キューブ・テクスチャ」に現在のシーンの画像をレンダリングすると、リアルな環境マップを作ることができます。この処理を行なう場合は、「キューブ・テクスチャ」をレンダリング・ターゲットと

② キューブ・テクスチャへの描画

して作ります。

また、「キューブ・テクスチャ」用の「描画ターゲット・ビュー」と「シェーダ・リソース・ビュー」も作ります。

*

以下のコードでは、256×256のサイズの「キューブ・テクスチャ」を作っています。

「キューブ・テクスチャ」の作成例

```
// 環境マップのためのリソースとビュー
ID3D11Texture2D*         g_pEnvMap = NULL;      // キューブ・テクスチャ
ID3D11RenderTargetView*  g_pEnvMapRTV = NULL;   // 描画ターゲット・ビュー
ID3D11ShaderResourceView* g_pEnvMapSRV = NULL;  // シェーダ・リソース・ビュー

// 環境マップの描画ターゲット用のキューブ・マップを作る
D3D11_TEXTURE2D_DESC dstex;
dstex.Width     = 256;   // 幅
dstex.Height    = 256;   // 高さ
dstex.MipLevels = 9;     // ミップマップ・レベル数
dstex.ArraySize = 6;     // 配列要素数
dstex.SampleDesc.Count   = 1;
dstex.SampleDesc.Quality = 0;
dstex.Format    = DXGI_FORMAT_R16G16B16A16_FLOAT; // テクスチャ・フォーマット
dstex.Usage     = D3D11_USAGE_DEFAULT;
dstex.BindFlags = D3D11_BIND_RENDER_TARGET |     // 描画ターゲット
                  D3D11_BIND_SHADER_RESOURCE;    // シェーダで使う
dstex.CPUAccessFlags = 0;
dstex.MiscFlags = D3D11_RESOURCE_MISC_GENERATE_MIPS | // ミップの自動生成
                  D3D11_RESOURCE_MISC_TEXTURECUBE;    // キューブ・テクスチャ
hr = g_pD3DDevice->CreateTexture2D(&dstex, NULL, &g_pEnvMap);
if (FAILED(hr))
    // 失敗

// 6面の描画ターゲット・ビュー(2Dテクスチャ配列のビュー)を作る
D3D11_RENDER_TARGET_VIEW_DESC DescRT;
DescRT.Format        = dstex.Format;  // テクスチャと同じフォーマット
DescRT.ViewDimension = D3D11_RTV_DIMENSION_TEXTURE2DARRAY; // 2Dテクスチャ配列
DescRT.Texture2DArray.FirstArraySlice = 0; // 「0」から
DescRT.Texture2DArray.ArraySize       = 6; // 「6」の配列要素にアクセス
DescRT.Texture2DArray.MipSlice        = 0;
hr = g_pD3DDevice->CreateRenderTargetView(g_pEnvMap, &DescRT, &g_pEnvMapRTV);
if (FAILED(hr))
    // 失敗

// シェーダで環境マップにアクセスするためのシェーダ・リソース・ビューを作る
D3D11_SHADER_RESOURCE_VIEW_DESC SRVDesc;
ZeroMemory(&SRVDesc, sizeof(SRVDesc));
SRVDesc.Format        = dstex.Format;  // テクスチャと同じフォーマット
SRVDesc.ViewDimension = D3D_SRV_DIMENSION_TEXTURECUBE; // キューブ・テクスチャ
SRVDesc.TextureCube.MipLevels = 9;
```

18章　キューブ・テクスチャ

```
SRVDesc.TextureCube.MostDetailedMip = 0;
hr = g_pD3DDevice->CreateShaderResourceView(g_pEnvMap, &SRVDesc, &g_pEnvMapSRV);
if (FAILED(hr))
    // 失敗
```

■ 深度 / ステンシル・テクスチャの作成

「キューブ・テクスチャ」には、6つの面があり、同時にレンダリングする場合、「深度 / ステンシル・テクスチャ」もキューブ用を用意します。

また、「深度 / ステンシル・テクスチャ」用の「深度 / ステンシル・ビュー」も作ります。

深度 / ステンシル・テクスチャの作成

```
// キューブ・テクスチャの6面を同時に描画するためのリソースとビュー
ID3D11Texture2D*         g_pEnvMapDepth = NULL; // 深度 / ステンシル・テクスチャ
ID3D11DepthStencilView*  g_pEnvMapDSV = NULL;   // 深度 / ステンシル・ビュー

// キューブの深度ステンシル・テクスチャの作成
D3D11_TEXTURE2D_DESC dstex;
dstex.Width     = 256;
dstex.Height    = 256;
dstex.MipLevels = 1;
dstex.ArraySize = 6;
dstex.SampleDesc.Count   = 1;
dstex.SampleDesc.Quality = 0;
dstex.Format         = DXGI_FORMAT_D32_FLOAT;
dstex.Usage          = D3D11_USAGE_DEFAULT;
dstex.BindFlags      = D3D11_BIND_DEPTH_STENCIL;   // 深度 / ステンシル
dstex.CPUAccessFlags = 0;
dstex.MiscFlags      = D3D11_RESOURCE_MISC_TEXTURECUBE; // キューブ・テクスチャ
hr = g_pD3DDevice->CreateTexture2D(&dstex, NULL, &g_pEnvMapDepth);
if (FAILED(hr))
    // 失敗

// キューブのための深度 / ステンシル・ビューを作る
D3D11_DEPTH_STENCIL_VIEW_DESC DescDS;
DescDS.Format = dstex.Format; // テクスチャと同じフォーマット
DescDS.ViewDimension = D3D11_DSV_DIMENSION_TEXTURE2DARRAY; // 2Dテクスチャ配列
DescDS.Texture2DArray.FirstArraySlice = 0;   // 「0」から
DescDS.Texture2DArray.ArraySize       = 6;   // 「6」の配列要素にアクセス
DescDS.Texture2DArray.MipSlice        = 0;
hr = g_pD3DDevice->CreateDepthStencilView(g_pEnvMapDepth, &DescDS,
&g_pEnvMapDSV);
if (FAILED(hr))
    // 失敗
```

2 キューブ・テクスチャへの描画

■ ビューポート

「キューブ・テクスチャ」に描画する際にも、描画先の「キューブ・テクスチャ」に合わせた「ビューポート」の設定が必要です。

ビューポートの設定

```
D3D11_VIEWPORT     g_ViewPortEnvMap[1];             // ビューポート(環境マップ描画用)

// ビューポートの設定
g_ViewPortEnvMap[0].TopLeftX = 0.0f;         // ビューポート領域の左上 X 座標。
g_ViewPortEnvMap[0].TopLeftY = 0.0f;         // ビューポート領域の左上 Y 座標。
g_ViewPortEnvMap[0].Width    = dstex.Width;  // ビューポート領域の幅
g_ViewPortEnvMap[0].Height   = dstex.Height; // ビューポート領域の高さ
g_ViewPortEnvMap[0].MinDepth = 0.0f;         // ビューポート領域の深度値の最小値
g_ViewPortEnvMap[0].MaxDepth = 1.0f;         // ビューポート領域の深度値の最大値
g_ViewPort[0].MaxDepth = 1.0f;               // ビューポート領域の深度値の最大値
```

■ 座標変換

「キューブ・テクスチャ」を6面同時に描画する場合、「ワールド変換行列」と「射影変換行列」は6面共通ですが、「ビュー変換行列」は図18-1に示したように6面ごとに用意しなければなりません。また、「射影変換行列」では、視野角を90°に設定します。

＊

視点が「vEyePt」にあるときの「ビュー変換行列」を求めるコードは、次のようになります。

「ビュー変換行列」の計算コード例

```
XMVECTOR vEyePt = XMLoadFloat3(XMFLOAT3(0.0f, 0.0f, 0.0f));   // 視点
XMMATRIX mCubeMapView[6];   // キューブ・テクスチャの各面用ビュー変換行列
XMVECTOR vLookDir;          // 注視点
XMVECTOR vUpDir;            // 上方ベクトル
// +X 面
vLookDir = vEyePt + XMLoadFloat3(&XMFLOAT3(1.0f, 0.0f, 0.0f));
vUpDir   = XMLoadFloat3(&XMFLOAT3(0.0f, 1.0f, 0.0f));
mCubeMapView[0] = XMMatrixLookAtLH(vEyePt, vLookDir, vUpDir);
// -X 面
vLookDir = vEyePt + XMLoadFloat3(&XMFLOAT3(-1.0f, 0.0f, 0.0f));
vUpDir   = XMLoadFloat3(&XMFLOAT3(0.0f, 1.0f, 0.0f));
mCubeMapView[1] = XMMatrixLookAtLH(vEyePt, vLookDir, vUpDir);
// +Y 面
vLookDir = vEyePt + XMLoadFloat3(&XMFLOAT3(0.0f, 1.0f, 0.0f));
vUpDir   = XMLoadFloat3(&XMFLOAT3(0.0f, 0.0f,-1.0f));
mCubeMapView[2] = XMMatrixLookAtLH(vEyePt, vLookDir, vUpDir);
// -Y 面
vLookDir = vEyePt + XMLoadFloat3(&XMFLOAT3(0.0f, -1.0f, 0.0f));
vUpDir   = XMLoadFloat3(&XMFLOAT3(0.0f, 0.0f, 1.0f));
mCubeMapView[3] = XMMatrixLookAtLH(vEyePt, vLookDir, vUpDir);
// +Z 面
```

18章 キューブ・テクスチャ

```
vLookDir = vEyePt + XMLoadFloat3(&XMFLOAT3(0.0f, 0.0f, 1.0f));
vUpDir   = XMLoadFloat3(&XMFLOAT3(0.0f, 1.0f, 0.0f));
mCubeMapView[4] = XMMatrixLookAtLH(vEyePt, vLookDir, vUpDir);
// -Z面
vLookDir = vEyePt + XMLoadFloat3(&XMFLOAT3(0.0f, 0.0f, -1.0f));
vUpDir   = XMLoadFloat3(&XMFLOAT3(0.0f, 1.0f, 0.0f));
mCubeMapView[5] = XMMatrixLookAtLH(vEyePt, vLookDir, vUpDir);

// 射影変換行列
XMMATRIX mProj = XMMatrixPerspectiveFovLH(
        XMConvertToRadians(90.0f),    // 視野角 90°
        1.0f,                         // アスペクト比
        1.0f,                         // 前方投影面までの距離
        100.0f);                      // 後方投影面までの距離

// ここで、mCubeMapView[6]とmProjをシェーダの定数バッファに設定
```

■ シェーダ・コード

「ジオメトリ・シェーダ」では、出力するプリミティブの描画ターゲットを指定できます。
各描画ターゲットはカメラの向きが異なるので、異なる「ビュー変換行列」を使う必要があります。そのため、「頂点シェーダ」では「ワールド変換」だけをしておき、「ジオメトリ・シェーダ」内で「ビュー変換」と「射影変換」を行ないます。

「ジオメトリ・シェーダ」からは、「6面×3頂点＝18頂点」を出力します。描画先の描画ターゲットを指定するには、「SV_RenderTargetArrayIndex」セマンティックを使います。

*

ピクセル・シェーダの処理は、通常と同じです。
描画ターゲットごとに違う処理をしたい場合は、「SV_RenderTargetArrayIndex」セマンティックの入力引数を使うことができます。

シェーダ・コードの例

```
matrix mWorld;     // ワールド変換行列
matrix mView[6];   // 各面のビュー変換行列
matrix mProj;      // 射影変換行列
// 頂点シェーダから出力する値の構造体
struct VS_OUTPUT_CUBEMAP
{
    float4 Pos : SV_POSITION;    // ワールド変換後の位置
};
// ジオメトリ・シェーダから出力する値の構造体
struct GS_OUTPUT_CUBEMAP
{
    float4 Pos    : SV_POSITION;           // 射影変換後の位置
    uint RTIndex : SV_RenderTargetArrayIndex; // 描画ターゲット
};
// 頂点シェーダ
```

2 キューブ・テクスチャへの描画

```
VS_OUTPUT_CUBEMAP VS_CubeMap(float4 Pos : POSITION) // モデル座標の位置
{
    VS_OUTPUT_CUBEMAP o = (VS_OUTPUT_CUBEMAP)0.0f;
    // モデル座標系  →  ワールド座標系
    o.Pos = mul(Pos, mWorld);
    return o;
}
// ジオメトリ・シェーダ
[maxvertexcount(18)]
void GS_CubeMap(triangle VS_OUTPUT_CUBEMAP In[3],
                inout TriangleStream<GS_OUTPUT_CUBEMAP> CubeMapStream)
{
    // 6面を計算する
    for (int f = 0; f < 6; ++f)
    {
        // 各面毎に頂点座標を計算して描画先を設定
        GS_OUTPUT_CUBEMAP Out;
        Out.RTIndex = f;   // このプリミティブを描画する描画ターゲット
        for (int v = 0; v < 3; v++)
        {
            Out.Pos = mul(In[v].Pos, mView[f]);  // ビュー変換
            Out.Pos = mul(Out.Pos, mProj);       // 射影変換
            CubeMapStream.Append(Out); // 頂点出力
        }
        CubeMapStream.RestartStrip();    // 1ストリップ終了
    }
}
// ピクセル・シェーダ
float4 PS_CubMap(GS_OUTPUT_CUBEMAP input) : SV_Target
{
    （省略）
}
```

■ 描画

描画は、普通の描画と同様に行なえます。
また、描画後に「ID3D11DeviceContext::GenerateMips メソッド」を実行することで、テクスチャの各ミップマップを生成できます。

なお、このメソッドを使うには、テクスチャ作成時に「D3D11_BIND_RENDER_TARGET フラグ」と「D3D11_RESOURCE_MISC_GENERATE_MIPS フラグ」が指定されている必要があります。

キューブ・バッファの描画コード例

```
// 描画ターゲットをクリア
float ClearColor[4] = { 0.0, 1.0, 0.0, 0.0 };
g_pImmediateContext->ClearRenderTargetView(g_pEnvMapRTV, ClearColor);
g_pImmediateContext->ClearDepthStencilView(g_pEnvMapDSV, D3D11_CLEAR_DEPTH, 1.0, 0);
```

18章 キューブ・テクスチャ

```
// RS にビューポートを設定
g_pImmediateContext->RSSetViewports(1, g_ViewPortEnvMap);

// OM に描画ターゲットを設定
g_pImmediateContext->OMSetRenderTargets(1, &g_pEnvMapRTV, g_pEnvMapDSV);

// 描画
g_pImmediateContext->Draw(…);

// ミップマップを生成
g_pImmediateContext->GenerateMips(g_pEnvMapSRV);
```

ID3D11DeviceContext::GenerateMips メソッド

void ID3D11DeviceContext::GenerateMips (ID3D11ShaderResourceView* pShaderResourceView);	
pShaderResourceView	ミップマップを生成する対象の「シェーダ・リソース・ビュー」。テクスチャ作成時に「D3D11_BIND_RENDER_TARGET フラグ」と「D3D11_RESOURCE_MISC_GENERATE_MIPS フラグ」が指定されている必要がある。

3 「キューブ・テクスチャ」へのアクセス

シェーダ・コードでは、キューブ・テクスチャを「TextureCube」で定義します。

キューブ・テクスチャへのアクセスは普通の 2D テクスチャと同様の組み込み関数が使えます。

キューブ・テクスチャを使う際のテクスチャ座標には、「反射ベクトル」や「屈折ベクトル」を使います。

視線ベクトル「$\mathbf{E}$」、法線ベクトル「$\mathbf{N}$」(単位ベクトル)、屈折率「η_1, η_2」が定義されているとき、正反射ベクトル「$\mathbf{R}$」と屈折ベクトル「$\mathbf{T}$」は、次のように計算されます（**図 18-2**）。

なお、HLSL では、組み込み関数として、(a) 反射ベクトルを求める「reflect (i, n)」と、(b) 屈折ベクトルを求める「refract (E, N, η)」(η は相対屈折率 η_2/η_1) が定義されているので、自分で計算する必要はありません。

$$\text{正反射ベクトル}: \mathbf{R} = \mathbf{E} - 2(\mathbf{E} \cdot \mathbf{N})\mathbf{N}$$

$$\text{屈折ベクトル}: \mathbf{T} = -\mathbf{N}\sqrt{1 - \frac{\eta_1^2}{\eta_2^2}\left(1 - (\mathbf{E} \cdot \mathbf{N})^2\right)} + \frac{\eta_1}{\eta_2}\left(\mathbf{E} - (\mathbf{E} \cdot \mathbf{N})\mathbf{N}\right)$$

③ 「キューブ・テクスチャ」へのアクセス

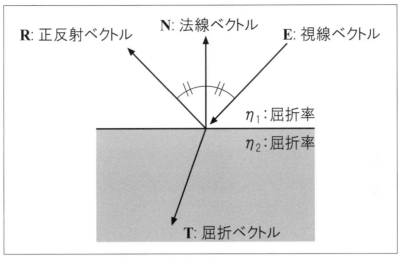

図18-2 反射ベクトルと屈折ベクトル

キューブ・テクスチャにアクセスするコード

```
TextureCube g_txEnvMap;    // キューブ・テクスチャ

SamplerState g_samCube : register(s0);    // サンプラ

// ピクセル・シェーダ
float4 PS_EnvMappedScene_NoTexture(
            float4 Pos      : SV_POSITION, // 位置(射影空間)
            float3 PosWorld : POSWORLD,    // 位置(ワールド空間)
            float3 Normal   : NORMWORLD    // 法線ベクトル(ワールド空間)
            ) : SV_Target
{
    // 視線ベクトル(vEye はワールド空間の視点位置とする)
    float3 E = normalize(PosWorld - vEye);
    // 法線ベクトル
    float3 N = normalize(Normal);
    // 反射ベクトル
    float3 R = reflect(E, N);
    // キューブ・テクスチャにアクセス
    float4 CubeSample = g_txEnvMap.Sample(g_samCube, R);

    return CubeSample;
}
```

18章 キューブ・テクスチャ

4 サンプル・プログラム

　キューブ・テクスチャに描画し、環境マッピングを行なうプログラムを、「D3D11Sample15」サンプルにまとめました。
　このサンプルでは、周囲の立方体の環境マップを描画して、中央の球に環境マッピングをしています。

図18-3　「D3D11Sample15」サンプル

19章

ストリーム出力

「Direct3D 11」では、描画パイプラインを使って行なった計算をバッファ・リソースに書き出すことができます。
この章では、ストリーム出力を使った描画方法を解説します。

DirectX11

19章　ストリーム出力

1　ストリーム出力の概要

「Direct3D 11」では、描画ターゲットに描画するだけでなく、パイプラインの途中にある「ストリーム出力」（SO：Stream Output）でジオメトリ・シェーダの出力をバッファ・リソースに書き出すことができます。

データを書き出したバッファ・リソースは、頂点バッファとして設定して次の描画パスで描画に使うことができるほか、CPU から計算結果を読み取ることもできます。

これによって、「Direct3D 11」の描画パイプラインを使ってグラフィックス描画以外の処理を行なわせることが可能になります。

「ストリーム出力」には、最大 4 つのバッファを同時に設定できます。また、同時に最大 64 要素を出力できます。

「ストリーム出力」を使う場合の描画パイプライン内の処理の流れを、**図 19-1** に示します。

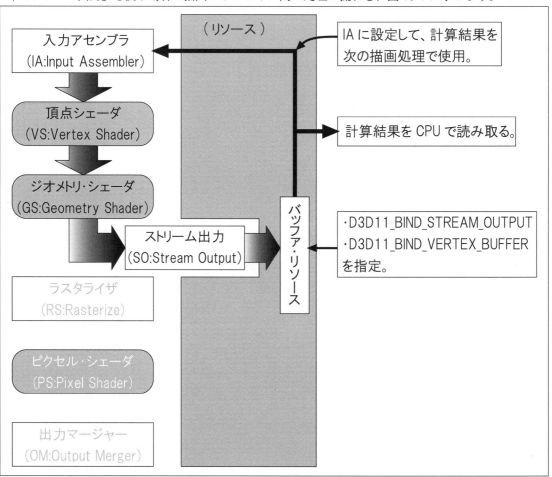

図 19-1　ストリーム出力を使った処理の流れ

2 バッファ・リソースの作成

　ストリーム出力に設定する「出力先バッファ」は、「D3D11_BIND_STREAM_OUTPUT」を指定して作られている必要があります。
　また、「出力先バッファ」を「頂点バッファ」としても使う場合は、「D3D11_BIND_VERTEX_BUFFER」と「D3D11_BIND_STREAM_OUTPUT」の両方を指定して作る必要があります。

出力先バッファの作成

```
ID3D11Buffer* g_pSOBuffer = NULL;    // 出力先のバッファ・リソース

D3D11_BUFFER_DESC vbdesc;
vbdesc.ByteWidth = 1024;    // バッファ・サイズ(バイト数)
vbdesc.Usage       = D3D11_USAGE_DEFAULT;
vbdesc.BindFlags = D3D11_BIND_VERTEX_BUFFER | D3D11_BIND_STREAM_OUTPUT;
vbdesc.CPUAccessFlags = 0;
vbdesc.MiscFlags      = 0;
hr = g_pD3DDevice->CreateBuffer(&vbdesc, NULL, &g_pSOBuffer);
```

　「ストリーム出力」に「出力先バッファ」を設定するには、「ID3D11DeviceContext::SOSetTargets メソッド」を使います。

　なお、「ストリーム出力」には最大4つのバッファを設定できますが、複数のバッファを設定する場合は、1つのバッファには1要素しか出力できません。
　1つのバッファだけを設定する場合は、1つのバッファに複数の要素を出力できます。

「ストリーム出力」に「出力先バッファ」を設定

```
g_pImmediateContext->SOSetTargets(1, &g_pSOBuffer, 0);
```

ID3D11DeviceContext::SOSetTargets メソッド

void ID3D11DeviceContext::SOSetTargets (UINT NumBuffers, ID3D11Buffer *const* ppSOTargets, const UINT* pOffsets);	
NumBuffers	ストリーム出力に設定するバッファの数。最大4つのバッファを設定できる。4未満を設定すると、残りのスロットは「NULL」になる。
ppSOTargets	設定するバッファの配列。
pOffsets	バッファに書き込む際のオフセット値(バイト数)。 「-1」を指定すると、前に出力されたバッファの末尾に追加される。

19章 ストリーム出力

3 ジオメトリ・シェーダの作成

　ストリーム出力を使う場合、専用の「ジオメトリ・シェーダ」を作る必要があります。
　ストリーム出力を使う「ジオメトリ・シェーダ」を作るには、ストリーム出力から出力するデータ構造を宣言します。

　「ジオメトリ・シェーダ」を設定するには、「D3D11_SO_DECLARATION_ENTRY 構造体」で出力するデータ構造を宣言して、「ID3D11Device::CreateGeometryShaderWithStreamOutput メソッド」でジオメトリ・シェーダを作ります。この際、コンパイルされたジオメトリ・シェーダのバイト・コードが必要になります。

　「D3D11_SO_DECLARATION_ENTRY 構造体」の「StartComponent メンバ」と「ComponentCount メンバ」には、出力するコンポーネントを指定します。
　たとえば「y,z」コンポーネントを出力する場合は、「y」コンポーネントから出力を開始するので「StartComponent メンバ」に「1」を設定し、コンポーネントを2つ出力するので「ComponentCount メンバ」に「2」を設定します。

ストリーム出力を使う「ジオメトリ・シェーダ」の作成

```
// ストリーム出力の出力データ定義の宣言
D3D11_SO_DECLARATION_ENTRY Decl[] =
{
    { 0, "POSITION", 0, 0, 3, 0 }, // 「x,y,z」をスロット「0」の「POSITION」に出力
    { 0, "NORMAL",   0, 0, 3, 0 }, // 「x,y,z」をスロット「0」の「NORMAL」に出力
    { 0, "TEXCOORD", 0, 0, 2, 0 }, // 「x,y」をスロット「0」の「TEXCOORD」(0)に出力
    { 0, "TEXCOORD", 1, 1, 2, 0 }, // 「y.z」をスロット「0」の「TEXCOORD」(1)に出力
};

UINT BufferStrides[] = { sizeof(PARTICLE_VERTEX) };

// ストリーム出力に出力するジオメトリ・シェーダを作成
g_pD3DDevice->CreateGeometryShaderWithStreamOutput(
            pShaderData,            // ジオメトリ・シェーダのバイト・コード
            numShaderData,          // バイト・コードのサイズ
            Decl,                   // 出力するデータ定義
            _countof(Decl),         // 出力する1データの要素数
            BufferStrides,  // 出力する1データのサイズ
            _countof(BufferStrides),
            0,                              // 機能レベルが「11.0」より低い場合
//          D3D11_SO_NO_RASTERIZED_STREAM,  // ラスタライザに送信しない(11.0)
            NULL,
            &pGS);                  // 作成されたジオメトリ・シェーダを受け取る変数
```

3 ジオメトリ・シェーダの作成

ID3D11Device::CreateGeometryShaderWithStreamOutput メソッド

HRESULT ID3D11Device::CreateGeometryShaderWithStreamOutput(	
const void*	pShaderBytecode,
SIZE_T	BytecodeLength,
const D3D11_SO_DECLARATION_ENTRY*	pSODeclaration,
UINT	NumEntries,
const UINT*	pBufferStrides,
UINT	NumStrides,
UINT	RasterizedStream,
ID3D11ClassLinkage*	pClassLinkage,
ID3D11GeometryShader**	ppGeometryShader);

pShaderBytecode	コンパイルされたジオメトリ・シェーダのバイト・コード。
BytecodeLength	バイト・コードのサイズ。
pSODeclaration	ストリーム出力からバッファ・リソースに書き込むデータの構造を定義する「D3D11_SO_DECLARATION_ENTRY 構造体」の配列。
NumEntries	配列のサイズ。「0」〜「D3D11_SO_STREAM_COUNT × D3D11_SO_OUTPUT_COMPONENT_COUNT」。
pBufferStrides	出力するデータのサイズを指定する配列。
NumStrides	配列のサイズ。「0」〜「D3D11_SO_BUFFER_SLOT_COUNT」。
RasterizedStream	ラスタライザ・ステージに送信されるストリームのインデックス番号。「0」〜「D3D11_SO_STREAM_COUNT − 1」。ラスタライザに出力しない場合、「D3D11_SO_NO_RASTERIZED_STREAM」を指定。下記参照。
pClassLinkage	クラス・リンク・インターフェイスへのポインタ。不要なら「NULL」。
ppGeometryShader	作成されたジオメトリ・シェーダを受け取る変数のアドレス。「NULL」を指定すると他のパラメータの妥当性検査だけを行ない、成功すると「S_FALSE」を返す。

　機能レベルが「11.0」以上の場合、ラスタライザ以降の処理を無効にするには、「ID3D11Device::CreateGeometryShaderWithStreamOutput メソッド」の第7引数「RasterizedStream」に「D3D11_SO_NO_RASTERIZED_STREAM」を指定できます。
　しかし、機能レベルが「11.0」より低い場合、「RasterizedStream」には「0」を指定しなければなりません。この場合、ラスタライザ以降の処理を無効にするには、ピクセル・シェーダを無効（NULL）にした上で、出力マージャーの深度／ステンシル・テストを無効にする必要があります。

D3D11_SO_DECLARATION_ENTRY 構造体

UINT	Stream;
LPCSTR	SemanticName;
UINT	SemanticIndex;
BYTE	StartComponent;
BYTE	ComponentCount;
BYTE	OutputSlot;

Stream	「0」から始まるストリーム番号。
SemanticName	出力要素のセマンティック名。「"POSITION"」「"NORMAL"」「"TEXCOORD"」などを指定。「NULL」を指定した場合、「ComponentCount」に4より大きい値を設定して、データが書き込まれないギャップを指定できる。
SemanticIndex	同名のセマンティックを区別するインデックス。

19章　ストリーム出力

StartComponent	各要素で、出力を開始するコンポーネント。「0」～「3」を指定。
ComponentCount	各要素で、出力するコンポーネントの数。「1」～「4」を指定。
OutputSlot	この要素を出力する出力先スロット番号。

4　ストリーム出力を使った描画パイプラインの実行

　ストリーム出力（SO）を使った処理では、2つのバッファを交互に入出力に割り当てて、CPUを介さないGPUだけによる自動データ処理が可能です。

```
処理1：バッファ①　→　GS　→　SO　→　バッファ②
処理2：バッファ②　→　GS　→　SO　→　バッファ①
処理3：バッファ①　→　GS　→　SO　→　バッファ②
```

　ここで問題なのが、処理を実行するデータ数です。
　ジオメトリ・シェーダ（GS）は、新しいプリミティブを生成したり破棄したりできます。そのため、入出力のデータ数が必ずしも一致しません。
　そこで、「ID3D11DeviceContext::DrawAuto メソッド」を使います。

　このメソッドは、ストリーム出力によってバッファに出力されたデータ数だけ処理を実行してくれるメソッドです。なお、「ID3D11DeviceContext::DrawAuto メソッド」は、インデックス・バッファを使った描画や複数インスタンスの描画はサポートしていません。
　ただし、最初のストリーム出力処理では、通常の「Draw メソッド」などを使って、処理を行なうデータ数を明示的に与える必要があります。

「DrawAudo メソッド」を使った描画コード例

```
static bool bFirst = true;
if (bFirst)
    g_pD3DDevice->Draw(6, 0);    // 最初は6頂点処理
else
    g_pD3DDevice->DrawAuto();    // 以降は自動処理
bFirst = false;
```

ID3D11DeviceContext::DrawAuto メソッド

void ID3D11DeviceContext::DrawAuto (void);
引数なし。

　なお、ラスタライザは、ピクセル・シェーダに「NULL」を設定し、出力マージャーの深度ステンシル・ステートで「深度/ステンシル・テスト」を無効にすることで、停止できます。

5 サンプル・プログラム

　ストリーム出力を使ったプログラムを、「D3D11Sample16」サンプルにまとめました。
　サンプルでは、床の中央から光る点（床と加算合成）が上に投げ上げられて、自由落下します。この処理は CPU で計算をすることなく、すべての処理を GPU 側で行なっています。
［1］　最初に、光る点の「位置」と「速度」をもつ「点リスト」を描画パイプラインに設定して、ジオメトリ・シェーダで次の位置を計算し、ストリーム出力からバッファ・リソースに書き出します。
［2］　次に、計算したバッファ・リソースを描画パイプラインに設定して描画します。各点はジオメトリ・シェーダで2つの三角形プリミティブ（三角形ストリップ）に拡張されて描画されます。

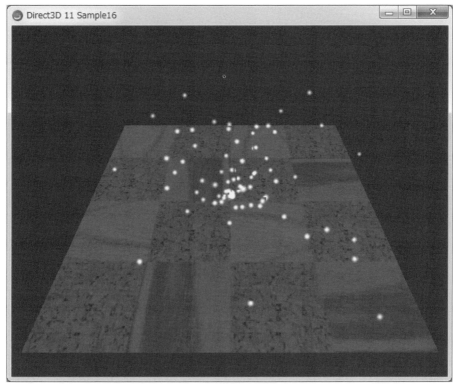

図 19-2　「D3D11Sample16」サンプル

20章

影の描画

リアルな 3D グラフィックスの表現に「影」は欠かせない要素です。
この章では、「光源」が他の「物体」に遮られることで出来る「影」の表現方法について、①「シャドウ・ボリューム」を使う方法と、②「シャドウ・マップ」を使う方法を紹介します。

DirectX11

20章　影の描画

1　「影」について

　陰影表現には、「陰」（シェード）と「影」（シャドウ）があります。間接照明を無視すれば、ある場所が「陰」になるかどうかは、面が「光源」を向いているかどうかだけで判定できます。これに対して、「影」は、「光源」との間に他の「物体」が存在して光を遮っている状況なので、他の「物体」との関係を調べなければ、表現できません。

■ 影の表現技法

　「Direct3D 11」には、直接「影」を実現する機能は用意されていません。
　「影」を表現する主な方法には、以下のようなものがあります。

① あらかじめ「影」を描画したテクスチャを用意する。
② 投影シャドウ。
③ シャドウ・ボリューム。
④ シャドウ・マッピング。

　①の方法は、プログラム側で何もする必要がなく、実行時のパフォーマンスが最も良い方法です。そのかわり、事前に3Dグラフィックス・ソフトなどで「影」の付いた適切な画像を描画しておかなければならず、「物体」と「光源」の位置関係が変化する場合には、利用できません。

　②「投影シャドウ」は、「影」が現われる「物体」の表面上の、「影」を落とす「物体」の形を、計算して描画します。
　この場合、「物体」と「光源」の関係が変化しても対応でき、「影」の描画先が平面の場合は、「影」を落とす「物体」の射影を計算するのが簡単なので、パフォーマンスの良い方法です。
　しかし、複雑な「物体」には向かず、自分自身に影を落とす「セルフ・シャドウ」も困難です。
　似た方法として、正確な射影を計算せず、楕円などの"影っぽい"平らな「物体」を、「影」が落ちる位置に描画する方法もあります。

　③「シャドウ・ボリューム」は、「影」になる空間を含む「シャドウ・ボリューム」を計算し、ステンシル・バッファを使って、描画した「物体」が「シャドウ・ボリューム」内にあるかどうかを判定することで、「影」を実現します。
　これは「セルフ・シャドウ」も実現できる、自由度の高い方法です。ただ、「光源」との位置関係が変化するたびに「シャドウ・ボリューム」を再計算しなければならず、"視点が「シャドウ・ボリューム」の中に入ってはいけない"、という制限があります。

　④「シャドウ・マッピング」は、「光源」から出た光が「物体」にぶつかるまでに、各方向にどのくらい進んだかを記録した「シャドウ・マップ」を計算し、描画時にこの「シャドウ・マップ」を使って、ある場所が「影」になっているかどうかを判定します。
　これは「セルフ・シャドウ」も実現できる、自由度の高い方法です。ただし、広範囲に「影」を落とす場合、「シャドウ・マップ」に使うテクスチャの解像度が問題になります。

2 「シャドウ・ボリューム」を使った影

「シャドウ・ボリューム」を使った「影」表現では、「シャドウ・ボリューム」の生成と、「ステンシル・バッファ」の利用が基本になります。

■「シャドウ・ボリューム」の概要

「シャドウ・ボリューム」を使った「影」表現の手順は、次のようになります。

[1]「光源」の位置と物体の形状から、「影」が発生する空間を含む「シャドウ・ボリューム」を計算します。

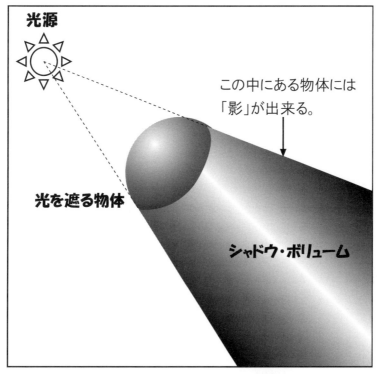

図20-1 「シャドウ・ボリューム」の概要

[2] 深度バッファを使って、普通に描画します。

[3]「深度バッファ」をクリアせずに、「シャドウ・ボリューム」を描画します。この際、「ステンシル・バッファ」だけを更新します。ステンシル値は「0」クリアされているものとします。

「シャドウ・ボリューム」の表面を描画する場合は、ステンシル値を「+1」し、裏面を描画する場合はステンシル値を「-1」します。

[4]「シャドウ・ボリューム」に含まれない部分のステンシル値は、「0」です。
　ステンシル値が「0以外」の場所が、「シャドウ・ボリューム」の中に含まれている範囲です。その場所の色を暗くするなど、「影」の処理をします。

20章　影の描画

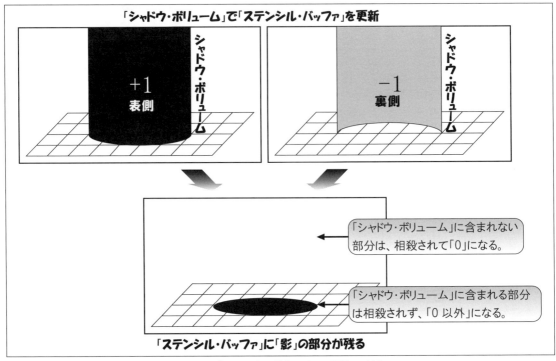

図20-2　「ステンシル値」による「影」の判定

■「シャドウ・ボリューム」の計算

　「物体」のデータから「シャドウ・ボリューム」を計算する方法は、いろいろあります。
　「Direct3D 11」の「ジオメトリ・シェーダ」がもっているプリミティブの生成破棄能力を生かす方法としては、面の「辺」を引き延ばす方法があります。

　最も単純な方法は、「裏」(表)を向いているすべて面の「辺」を引き延ばす方法です。
　この方法なら、「物体」が閉じていなくても「影」を描画できますが、明らかに無駄が多く、「物体」のプリミティブ数が多くなると、パフォーマンス的に問題があります。

　よく考えれば、引き延ばす必要があるのは境界の「辺」だけです。ですから、「光源」から見てエッジになっている(「表面」と「裏面」の境界になっている)「辺」だけを、「光源」から充分遠くに引き延ばす形で面を生成し、それ以外のプリミティブを破棄することで効率良く「シャドウ・ボリューム」を生成できます。

　エッジを判定するには、プリミティブの種類に、「隣接付き三角形リスト」(または「隣接付き三角形ストリップ」)を使います。
　描画しようとしている三角形が「裏」(表)を向いている場合、周囲の三角形の向きを調べて、「表」(裏)を向いていれば「エッジ」と判定できます。
　ただし、この方法では、「物体」が閉じていないと、破綻する欠点があります。

2 「シャドウ・ボリューム」を使った影

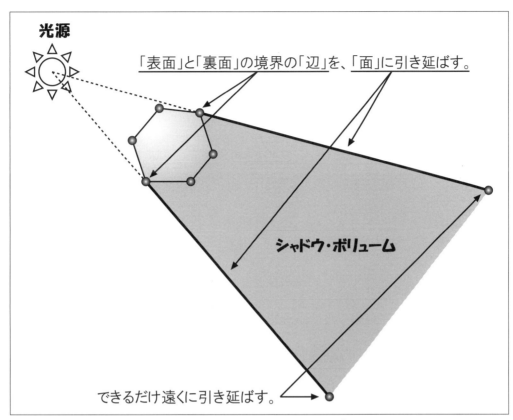

図20-3　シャドウ・ボリュームの作成

　なお、これらの方法では、「影」を頂点単位で生成するため、特に粗い形状の場合には、「陰」(シェーディング) と矛盾した「影」(セルフ・シャドウ) が出る場合があります。

■ ステンシル・バッファの描画

　「Direct3D 11」では、「出力マージャー」(OM) の「深度/ステンシル・ステート」の設定で、「ステンシル・バッファ」への描画方法を指定します。
　このとき、プリミティブの「表」を描画するときと「裏」を描画するときで、別の処理を指定します。

「深度/ステンシル・ステート」の設定

```
ID3D11DepthStencilState* g_pDepthStencilState = NULL;

// 深度/ステンシル・ステート・オブジェクトの作成
D3D11_DEPTH_STENCIL_DESC DepthStencil;
DepthStencil.DepthEnable      = TRUE;  // 深度テスト有効
DepthStencil.DepthWriteMask   = D3D11_DEPTH_WRITE_MASK_ALL; // 書き込む
DepthStencil.DepthFunc        = D3D11_COMPARISON_LESS; // 手前の物体を描画
DepthStencil.StencilEnable    = TRUE;  // ステンシル・テスト有効
DepthStencil.StencilReadMask  = D3D11_DEFAULT_STENCIL_READ_MASK;
                                       // ステンシル読み込みマスク。
DepthStencil.StencilWriteMask = D3D11_DEFAULT_STENCIL_WRITE_MASK;
                                       // ステンシル書き込みマスク。
```

20章 影の描画

```
            // 面が表を向いている場合のステンシル・テストの設定
DepthStencil.FrontFace.StencilFailOp = D3D11_STENCIL_OP_KEEP;        // 維持
DepthStencil.FrontFace.StencilDepthFailOp = D3D11_STENCIL_OP_KEEP;   // 維持
DepthStencil.FrontFace.StencilPassOp = D3D11_STENCIL_OP_INCR;   // 表向きは「＋１」
DepthStencil.FrontFace.StencilFunc = D3D11_COMPARISON_ALWAYS;        // 常に成功
            // 面が裏を向いている場合のステンシル・テストの設定
DepthStencil.BackFace.StencilFailOp = D3D11_STENCIL_OP_KEEP;         // 維持
DepthStencil.BackFace.StencilDepthFailOp = D3D11_STENCIL_OP_KEEP;    // 維持
DepthStencil.BackFace.StencilPassOp = D3D11_STENCIL_OP_DECR;    // 裏向きは「－１」
DepthStencil.BackFace.StencilFunc = D3D11_COMPARISON_ALWAYS;         // 常に成功
hr = g_pD3DDevice->CreateDepthStencilState(&DepthStencil,
                                           &g_pDepthStencilState);
if (FAILED(hr))
    // 失敗
```

■「影」の描画

「ステンシル・バッファ」に「影」の「マスク」が出来たら、描画ターゲット全体を、黒く塗りつぶします。

このとき、マスクの範囲内だけが塗りつぶされるように、「ステンシル・テスト」を行なうようにします。この設定は、「出力マージャー」(OM) の「深度／ステンシル・ステート」で行ないます。

また、真っ黒に塗りつぶしてしまうと、リアリティに欠けるので、半透明に描画します。この設定は、「出力マージャー」(OM) の、「ブレンド・ステート」で行ないます。

「ブレンド・ステート」の設定

```
ID3D11BlendState*           g_pBlendState = NULL;

// ブレンド・ステート・オブジェクトの作成
D3D11_BLEND_DESC BlendState;
ZeroMemory(&BlendState, sizeof(D3D11_BLEND_DESC));
BlendState.AlphaToCoverageEnable  = FALSE;
BlendState.IndependentBlendEnable = FALSE;  // RenderTarget[0]のみ使用
BlendState.RenderTarget[0].BlendEnable   = TRUE;  // ブレンド設定有効
BlendState.RenderTarget[0].SrcBlend      = D3D11_BLEND_SRC_ALPHA;
                                    //  ↑ソースの RGB×ソースのα
BlendState.RenderTarget[0].DestBlend     = D3D11_BLEND_INV_SRC_ALPHA;
                                    //  ↑描画先の RGB×（１－ソースのα）
BlendState.RenderTarget[0].BlendOp       = D3D11_BLEND_OP_ADD;  // 加算
BlendState.RenderTarget[0].SrcBlendAlpha  = D3D11_BLEND_ONE;
BlendState.RenderTarget[0].DestBlendAlpha = D3D11_BLEND_ZERO;
BlendState.RenderTarget[0].BlendOpAlpha   = D3D11_BLEND_OP_ADD;
BlendState.RenderTarget[0].RenderTargetWriteMask
                        = D3D11_COLOR_WRITE_ENABLE_ALL;  // すべての色
hr = g_pD3DDevice->CreateBlendState(&BlendState, &g_pBlendState);
if (FAILED(hr))
    // 失敗
```

③「シャドウ・マッピング」による「影」

■サンプル・プログラム

「シャドウ・ボリューム」による「影」のプログラムを、「**D3D11Sample17**」サンプルにまとめました。

「シャドウ・ボリューム」を使う場合は、視点が「シャドウ・ボリューム」の中に入らないようにする処理が必要ですが、このサンプルでは省略しています。

[F2]キーで、「シャドウ・ボリューム」を作る方法として、①「表面」と「裏面」の境界だけを引き延ばす方法と、②「裏面」のすべての辺を引き延ばす方法を、切り替えることができます。

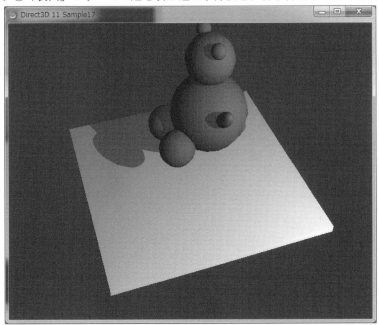

図20-4 「D3D11Sample17」サンプル

③「シャドウ・マッピング」による「影」

「シャドウ・ボリューム」では、「3Dオブジェクト」から「シャドウ・ボリューム」を生成したり、「ステンシル・バッファ」を使う必要がありました。
また、「視点」と「シャドウ・ボリューム」の位置関係や「物体」が閉じているかどうかにも注意が必要です。

「シャドウ・マッピング」はそのような制限がない技法です。
ただし、「光源」ごとに「シャドウ・マップ」(テクスチャ)が必要になり、「シャドウ・マップ」の解像度が「影」の品質に影響する問題があります。

■「シャドウ・マッピング」の概要

「シャドウ・マップ」を使った「影」表現の手順は、次のようになります。

[1]「光源」から見た深度情報を、テクスチャ(シャドウ・マップ)にレンダリングします。
「シャドウ・マップ」には、「光源」を出た光が、ある方向にどのくらいの距離だけ届くか、といった

20章　影の描画

情報が書き込まれます。

[2] シーンを描画する際に、「光源」までの距離を求めて「シャドウ・マップ」の情報と比較します。

「光源」までの距離が「シャドウ・マップ」の深度情報よりも遠い場合には、「物体」は他の「物体」の「陰」になっています。
この場合、色を暗くするなど、「影」の処理をします。

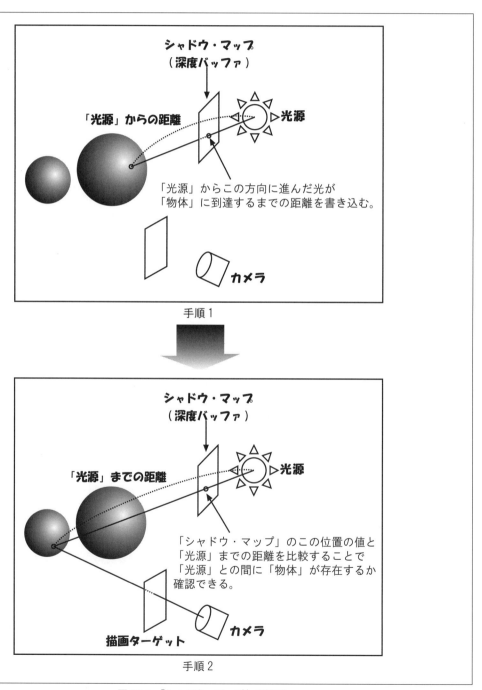

図20-5　「シャドウ・マップ」の概要

③「シャドウ・マッピング」による「影」

■「シャドウ・マップ」の描画

仕組み的に「シャドウ・マップ」として使うテクスチャは、「深度バッファ」そのものなので、描画ターゲットは不要です。

「シャドウ・マップ」を描画する際に、3Dモデルを普通に描画すると、深度値の精度などの理由で、「影」を生じるモデルそのものの表面に「影」が出てしまうことがあります。それを避けるために、モデルの「裏面」を描画するようにします。

「DXGI_FORMAT_D32_FLOAT」フォーマットで作ったテクスチャから「シェーダ・リソース・ビュー」を作ることはできません。
そのため、「深度/ステンシル・ビュー」と「シェーダ・リソース・ビュー」の両方が必要なテクスチャは、「タイプなし」(TYPELESS)フォーマットの「DXGI_FORMAT_R32_TYPELESS」で作り、「深度/ステンシル・ビュー」と「シェーダ・リソース・ビュー」を作る際に、それぞれのフォーマットとして「DXGI_FORMAT_D32_FLOAT」と「DXGI_FORMAT_R32_FLOAT」を指定します。

■「影」の描画

実際にシーンを描画する際には、シャドウ・マップとして描画した「深度バッファ」を、シェーダからテクスチャとして利用します。もちろん、シーンを描画する深度バッファは他に用意します。

この際、「アドレッシング・モード」には「境界色テクスチャ・アドレシング・モード」(D3D11_TEXTURE_ADDRESS_BORDER)を指定して、テクスチャの範囲外は (1.0,1.0,1.0,1.0) にしたほうがいいかもしれません。

「アドレッシング・モード」に「境界色テクスチャ・アドレシング・モード」を指定

```
ID3D11SamplerState* g_pSampler = NULL;   // サンプラ・ステート・オブジェクト

// サンプラ・ステート・オブジェクトの設定
D3D11_SAMPLER_DESC descSampler;
descSampler.Filter           = D3D11_FILTER_ANISOTROPIC;
descSampler.AddressU         = D3D11_TEXTURE_ADDRESS_BORDER;
descSampler.AddressV         = D3D11_TEXTURE_ADDRESS_BORDER;
descSampler.AddressW         = D3D11_TEXTURE_ADDRESS_BORDER;
descSampler.MipLODBias       = 0.0f;
descSampler.MaxAnisotropy    = 2;
descSampler.ComparisonFunc   = D3D11_COMPARISON_NEVER;
descSampler.BorderColor[0]   = 1.0f;
descSampler.BorderColor[1]   = 1.0f;
descSampler.BorderColor[2]   = 1.0f;
descSampler.BorderColor[3]   = 1.0f;
descSampler.MinLOD           = -FLT_MAX;
descSampler.MaxLOD           = FLT_MAX;

// サンプラ・ステート・オブジェクトの作成
hr = g_D3DDevice->CreateSamplerState(&SamplerDesc, &g_pSampler);
if (FAILED(hr))
    // 失敗
```

DirectX11

20章　影の描画

■ サンプル・プログラム

「シャドウ・マッピング」による「影」のプログラムを、「**D3D11Sample18**」サンプルにまとめました。
512 × 512 のサイズのシャドウ・マップを、「光源」からの視野角 45°で使っています。
［F2］キーで、「シャドウ・マッピング」の有無を切り替えられます。

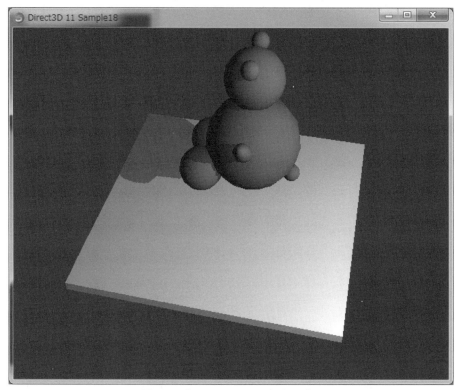

図 20-6　「D3D11Sample18」サンプル

21章

コンピュート・シェーダ

「コンピュート・シェーダ」(演算シェーダ)は、GPUの高度な並列演算性能を、汎用の演算目的で使うための仕組みです。
この章では、「コンピュート・シェーダ」の基本的な使い方を解説します。

DirectX11

21章 コンピュート・シェーダ

1 「コンピュート・シェーダ」について

　高画質なグラフィックスのレンダリングを実現するために進化を続けてきたGPUは、現在ではCPUを凌駕する並列演算能力を有するまでになっています。

　「コンピュート・シェーダ」は、高性能化したGPUの並列演算能力を、グラフィックス描画以外の汎用的な演算目的で活用できるようにする仕組みです。

　「Direct3D 11」で導入された「コンピュート・シェーダ」は、演算処理の記述に、グラフィックス系のシェーダと同じシェーダ記述言語の「HLSL」が使える特徴があります。

　「コンピュート・シェーダ」は、「描画パイプライン」とは切り離された、独立したシェーダで、グラフィックスの描画とは無関係に使えます。

　似たようなことは、これまでも「ピクセル・シェーダ」を使って行なわれてきましたが、「コンピュート・シェーダ」（CS）を使った演算には、「ピクセル・シェーダ」と比べて、以下のような利点があります。

「コンピュート・シェーダ」の利点

- 出力先リソースの任意の位置に書き込み可能。
- 「データ共有」や「スレッド間同期」のメカニズム。
- 指定した数の「スレッド」を明示的に起動でき、パフォーマンスを最適化できる。
- 描画パイプラインと無関係なので、コードの保守が簡単。

■「シェーダ・モデル4」での「コンピュート・シェーダ」

　「コンピュート・シェーダ」は、「Direct3D 10」のシェーダ・モデルである「シェーダ・モデル4」にも追加で導入されました。

　これによって、「Direct3D 10」のグラフィックス環境でも「コンピュート・シェーダ」が利用できます。

　ただし、「シェーダ・モデル4」での「コンピュート・シェーダ」には、以下のような制限があります。

「シェーダ・モデル4」での制限

- 「最大スレッド数」は、各グループで「768個」（「シェーダ・モデル5」では「1024」）。
- 「numthreads」のZ次元は「1」まで（「シェーダ・モデル5」では「64」）。
- 「Dispatch」のZ次元は、「1」に制限。
- 「コンピュート・シェーダ」にバインド可能な「アンオーダード・アクセス・ビュー」は、1つのみ。
- 「RWStructuredBuffers」（読み書き可能な構造化バッファ）と「RWByteAddressBuffers」（読み書き可能なバイト・アドレス・バッファ）だけが「アンオーダード・アクセス・ビュー」として使用可能。
- 書き込み用に「スレッド・グループ共有メモリ」（groupshared）にアクセスする場合、「SV_GroupIndex」を使う必要がある。読み取りは任意の場所から可能。
- 「スレッド・グループ共有メモリ」は、各グループで「16KB」に制限（「シェーダ・モデル5」では「32KB」）。
- 単一のスレッドは、書き込み用には「スレッド・グループ共有メモリ」の「256バイト領域」に制限。
- 「アトミック命令」（「InterlockedAdd」など）は、使用不可能。
- 倍精度値は使用不可能。

2 「コンピュート・シェーダ」のコード

この章では、「コンピュート・シェーダ」の実行例として、「6220800」(1920 × 1080 × 3) 個のfloat値の合計を求めるコードを実行します（フルHD画像の明度を求める処理をイメージしています）。

「コンピュート・シェーダ」では、データを128個のブロック単位で処理することにします。1回の処理でデータ数が128分の1になります。以降、シェーダへの「入力リソース」と「出力リソース」を交換しながら、データ数が「1」になるまで続けます。

D3D11Sample19.sh

```
// 定数バッファ
cbuffer CB : register (b0)
{
    unsigned int g_iCount;    // 演算するデータ数
};

// 入力バッファ（構造化バッファ。読み込み専用）
StructuredBuffer<float> Input : register (t0);
// 出力バッファ（構造化バッファ。読み書き可能）
RWStructuredBuffer<float> Result : register (u0);

// 共有メモリ
groupshared float shared_data [128];

// シェーダ関数
[numthreads (128, 1, 1)]    // スレッド グループのスレッド数
void CS ( uint3 Gid : SV_GroupID,
          uint3 DTid : SV_DispatchThreadID,
          uint3 GTid : SV_GroupThreadID,
            uint GI : SV_GroupIndex)
{
    // データ読み込み
    if (DTid.x < g_iCount)
        shared_data [GI] = Input [DTid.x];
    else
        shared_data [GI] = 0;

    // 同期を取りながら、データを加算していく
    GroupMemoryBarrierWithGroupSync ();
    if (GI < 64)
        shared_data [GI] += shared_data [GI + 64];
    GroupMemoryBarrierWithGroupSync ();
    if (GI < 32)
        shared_data [GI] += shared_data [GI + 32];
    GroupMemoryBarrierWithGroupSync ();
    if (GI < 16)
```

21章　コンピュート・シェーダ

```
        shared_data [GI] += shared_data [GI + 16];
    GroupMemoryBarrierWithGroupSync ();
    if (GI < 8)
        shared_data [GI] += shared_data [GI + 8];
    GroupMemoryBarrierWithGroupSync ();
    if (GI < 4)
        shared_data [GI] += shared_data [GI + 4];
    GroupMemoryBarrierWithGroupSync ();
    if (GI < 2)
        shared_data [GI] += shared_data [GI + 2];
    GroupMemoryBarrierWithGroupSync ();
    if (GI < 1)
        shared_data [GI] += shared_data [GI + 1];

    // スレッド・グループの最初のスレッドで、結果を書き出す
    if (GI == 0)
        Result [Gid.x] = shared_data [0];
}
```

● 「スレッド・グループ」共有メモリ

　同じスレッド・グループに属するスレッド間では、同じ「スレッド・グループ共有メモリ」の内容を共有できます。「スレッド・グループ共有メモリ」は、レジスタを使って実装されるので、非常に高速に動作する特徴があります。
　「スレッド・グループ共有メモリ」は、「groupshared」を指定して定義します。

　「シェーダ・モデル4」（Direct3D 10）では、「スレッド・グループ共有メモリ」に書き込む際にスレッドが同期しないので、書き込み時のインデックスに「SV_GroupIndex」システム値を使うことで、スレッドの競合を防止します。
　なお、読み取りでは、すべてのスレッドから配列全体にアクセスできます。

● 「スレッド・グループ」のサイズ

　1つのスレッド・グループに属するスレッド数は、スレッド関数の前で「[numthreads (X, Y, Z)]」形式で定義します。
　この場合、1つのスレッド・グループには「X×Y×Z」個のスレッドが存在することになります。
　なお、「シェーダ・モデル4」（Direct3D 10）の場合、「numthreads」のZ次元は「1」しか指定できません。また、「最大スレッド数」も、各グループで「768」個に制限されます。

● スレッドの同期

　「GroupMemoryBarrierWithGroupSync関数」は、スレッドの同期を取る関数の1つです。
　スレッド・グループ内のすべてのスレッドがこの呼び出しに到達するまで、グループ内のすべてのスレッドの実行をブロックします。

● システム値

　「コンピュート・シェーダ」では、複数の「スレッド・グループ」を起動することができ、それぞれのスレッド・グループは複数の「スレッド」で構成されます。
　各々の「スレッド・グループ」と「スレッド」は、3次元座標の位置で識別されます。
　「コンピュート・シェーダ」のシェーダ関数では、自分がどのスレッド・グループのどのスレッドなのかをこれらのシステム値を使って知ることができます。

「コンピュート・シェーダ」のシステム値

システム値	データ型	説　　明
SV_GroupID	uint3	「スレッド」が属する「スレッド・グループ」を識別する3次元座標。
SV_GroupThreadID	uint3	「スレッド・グループ」内での「スレッド」を識別する3次元座標。
SV_DispatchThreadID	uint3	すべてのスレッドの中で「スレッド」を識別する3次元座標。
SV_GroupIndex	uint	「スレッド・グループ」内で「スレッド」を識別する1次元のインデックス値。

各システム値の詳細な説明は、SDKドキュメントを参照してください。

3 デバイスの作成

「コンピュート・シェーダ」だけを使う場合には、描画用のバックバッファなどは必要ないので、「D3D11CreateDevice関数」でデバイスとデバイス・コンテキストだけを作ります。

なお、機能レベルが「D3D_FEATURE_LEVEL_10_0」のデバイスの場合には、「コンピュート・シェーダ」などがサポートされていない場合があります。

そこで、「ID3D11Device::CheckFeatureSupportメソッド」に「D3D11_FEATURE_D3D10_X_HARDWARE_OPTIONS」を渡して、「コンピュート・シェーダ」と「構造化バッファ」のサポートを確認します。

「コンピュート・シェーダ」用のデバイス作成コード例

```
ID3D11Device*          g_pD3DDevice           = NULL;
ID3D11DeviceContext*   g_pImmediateContext = NULL;
D3D_FEATURE_LEVEL      g_pFeatureLevels [] =  { D3D_FEATURE_LEVEL_11_0,
D3D_FEATURE_LEVEL_10_1, D3D_FEATURE_LEVEL_10_0 }; // 機能レベルの配列
D3D_FEATURE_LEVEL      g_FeatureLevelsSupported; // 機能レベル

// ハードウェア デバイスを試す
hr = D3D11CreateDevice (NULL, D3D_DRIVER_TYPE_HARDWARE, NULL, 0,
      g_pFeatureLevels, _countof (g_pFeatureLevels), D3D11_SDK_VERSION,
      &g_pD3DDevice, &g_FeatureLevelsSupported, &g_pImmediateContext);
if (SUCCEEDED (hr)) {
// 「コンピュート シェーダ」「未処理バッファ」「構造化バッファ」のサポート調査
   D3D11_FEATURE_DATA_D3D10_X_HARDWARE_OPTIONS hwopts;
   g_pD3DDevice->CheckFeatureSupport(D3D11_FEATURE_D3D10_X_HARDWARE_OPTIONS,
                                     &hwopts, sizeof (hwopts));
   if(hwopts.ComputeShaders_Plus_RawAndStructuredBuffers_Via_Shader_4_x) {
      return hr;   // 成功
   }
   SAFE_RELEASE (g_pImmediateContext);
   SAFE_RELEASE (g_pD3DDevice);
}

// WARP デバイスを試す
```

21章 コンピュート・シェーダ

```
hr = D3D11CreateDevice (NULL, D3D_DRIVER_TYPE_WARP, NULL, 0,
        g_pFeatureLevels, _countof (g_pFeatureLevels), D3D11_SDK_VERSION,
        &g_pD3DDevice, &g_FeatureLevelsSupported, &g_pImmediateContext);
if (SUCCEEDED (hr)) {
// 「コンピュート シェーダ」「未処理バッファ」「構造化バッファ」のサポート調査
    D3D11_FEATURE_DATA_D3D10_X_HARDWARE_OPTIONS hwopts;
    g_pD3DDevice->CheckFeatureSupport(D3D11_FEATURE_D3D10_X_HARDWARE_OPTIONS,
                                      &hwopts, sizeof (hwopts));
    if(hwopts.ComputeShaders_Plus_RawAndStructuredBuffers_Via_Shader_4_x) {
        return hr;   // 成功
    }
    SAFE_RELEASE (g_pImmediateContext);
    SAFE_RELEASE (g_pD3DDevice);
}

// リファレンス デバイスを試す
hr = D3D11CreateDevice (NULL, D3D_DRIVER_TYPE_REFERENCE, NULL, 0,
        g_pFeatureLevels, _countof (g_pFeatureLevels), D3D11_SDK_VERSION,
        &g_pD3DDevice, &g_FeatureLevelsSupported, &g_pImmediateContext);
if (SUCCEEDED (hr)) {
// 「コンピュート シェーダ」「未処理バッファ」「構造化バッファ」のサポート調査
    D3D11_FEATURE_DATA_D3D10_X_HARDWARE_OPTIONS hwopts;
    g_pD3DDevice->CheckFeatureSupport(D3D11_FEATURE_D3D10_X_HARDWARE_OPTIONS,
                                      &hwopts, sizeof (hwopts));
    if(hwopts.ComputeShaders_Plus_RawAndStructuredBuffers_Via_Shader_4_x) {
        return hr;   // 成功
    }
    SAFE_RELEASE (g_pImmediateContext);
    SAFE_RELEASE (g_pD3DDevice);
}

// 失敗
```

ID3D11Device::CheckFeatureSupport メソッド

HRESULT ID3D11Device::CheckFeatureSupport（	
D3D11_FEATURE Feature,	
void* pFeatureSupportData,	
UINT FeatureSupportDataSize）;	
Feature	照会する機能を表わす「D3D11_FEATURE 列挙型」の値。
pFeatureSupportData	照会結果を受け取る構造体のポインタ。
FeatureSupportDataSize	構造体のサイズ。

D3D11_FEATURE 列挙型

D3D11_FEATURE_THREADING	マルチスレッドのサポート。
D3D11_FEATURE_DOUBLES	HLSL での倍精度型のサポート。
D3D11_FEATURE_FORMAT_SUPPORT	「D3D11_FORMAT_SUPPORT」のサポート。

D3D11_FEATURE_FORMAT_SUPPORT2	「D3D11_FORMAT_SUPPORT2」のサポート。
D3D11_FEATURE_D3D10_X_HARDWARE_OPTIONS	「コンピュート・シェーダー」「未処理バッファ」「構造化バッファ」のサポート。

4 シェーダの作成

「コンピュート・シェーダ」は、「ID3D11ComputeShader インターフェイス」で扱います。
シェーダの基本的な作り方は、「頂点シェーダ」など他のシェーダと同様です。

「ID3D11ComputeShader インターフェイス」を取得するには、「ID3D11Device::CreateComputeShader メソッド」を使います。

「コンピュート・シェーダ」の作成コード例

```
ID3D11ComputeShader* g_pComputeShader = NULL;  // コンピュート・シェーダ

// コンピュート・シェーダのコードをコンパイル
ID3DBlob* pBlobVS = NULL;
hr = D3DX11CompileFromFile (
        L"..¥¥misc¥¥D3D11Sample19.sh",  // ファイル名
        NULL,                   // マクロ定義（なし）
        NULL,                   // インクルード・ファイル定義（なし）
        "CS",          //「CS 関数」がシェーダから実行される
        "cs_4_0",      // コンピュート・シェーダ
        D3D10_SHADER_ENABLE_STRICTNESS, // コンパイル・オプション
        0,             // エフェクトのコンパイル・オプション（なし）
        NULL,          // 直ぐにコンパイルしてから関数を抜ける。
        &pBlobVS,      // コンパイルされたバイト・コード
        NULL,          // エラーメッセージは不要
        NULL);         // 戻り値
if (FAILED (hr))
    return DXTRACE_ERR (L"D3DX11CompileShaderFromFile", hr);

// コンピュート・シェーダの作成
hr = g_pD3DDevice->CreateComputeShader (
        pBlobVS->GetBufferPointer (),// バイト・コードへのポインタ
        pBlobVS->GetBufferSize (),   // バイト・コードの長さ
        NULL,
        &g_pComputeShader);          //
SAFE_RELEASE (pBlobVS);   // バイト・コードを解放
if (FAILED (hr))
    return DXTRACE_ERR (L"g_pD3DDevice->CreateComputeShader", hr);
```

ID3D11Device::CreateComputeShader メソッド

HRESULT ID3D11Device::CreateComputeShader (
  const void*   pShaderBytecode,

21章 コンピュート・シェーダ

```
    SIZE_T                    BytecodeLength,
    ID3D11ClassLinkage*       pClassLinkage,
    ID3D11ComputeShader**     ppComputeShader);
```

pShaderBytecode	コンパイルずみのバイト・コードへのポインタ。
BytecodeLength	バイト・コードのサイズ。
pClassLinkage	「クラス・リンク・インターフェイス」（ID3D11ClassLinkage インターフェイス）へのポインタ。不要なら「NULL」。
ppComputeShader	「ID3D11ComputeShader インターフェイス」を受け取る変数のポインタ。「NULL」の場合、パラメータの検証だけが行なわれ、成功すると「S_FALSE」を返す。

5 リソースの作成

　ここで作る「コンピュート・シェーダ」では、2つのバッファ・リソースを、シェーダへの「入力リソース」と「出力リソース」として、交互に交換しながら使います。

■ 構造化バッファ

　「コンピュート・シェーダ」への入出力には、「構造化バッファ」を用意しました。
「構造化バッファ」とは、構造体の配列のように使えるバッファです。

　「構造化バッファ」を用意するのは、「シェーダ・モデル 4.0」における制限が理由です。

　「構造化バッファ」を作るには、「D3D11_BUFFER_DESC::MiscFlags メンバ」に、「D3D11_RESOURCE_MISC_BUFFER_STRUCTURED」を指定します。

■ アンオーダード・アクセス・ビュー

　「コンピュート・シェーダ」からの出力には、「UAV」（Unordered Access View：アンオーダード・アクセス・ビュー）と呼ばれる形式のビューが必要です。

　「UAV」を作るには、リソース作成時に「D3D11_BIND_UNORDERED_ACCESS フラグ」を指定する必要があります。
　そのため、リソース作成時の「D3D11_BUFFER_DESC::BindFlags メンバ」に、入力用の「D3D11_BIND_SHADER_RESOURCE」と、出力用の「D3D11_BIND_UNORDERED_ACCESS」を指定します。

■ CPU からの読み込み用バッファ

　「コンピュート・シェーダ」での計算結果は、バッファ・リソースに書き込まれます。そのため、計算結果を CPU 側で受け取るには、バッファが CPU から読み込めなければなりません。
　しかし、CPU から読み込む使い方ができるバッファは、「D3D11_USAGE_STAGING」しかなく、この場合、ステージの入出力にはバインドできません（1章「3　リソース」参照）。
　そのため、「コンピュート・シェーダ」での計算に使うのとは別に、計算結果を受け取る使い方の「D3D11_USAGE_STAGING」のバッファを用意します。

　GPU で使うバッファから、CPU で読み込むためのバッファにデータをコピーするには、①バッファ全体をコピーする「ID3D11DeviceContext::CopyResource メソッド」と、②バッファの一部分をコピー

5 リソースの作成

する「ID3D11DeviceContext::CopySubresourceRegion メソッド」があります。
　両メソッドの比較をしたかったので、「COPYRESOURCE」の #define 定義で切り替えられるようにしました。

＊

　以下のコードでは、バッファ作成時に内容を「1」で初期化しています。
　また、後で GPU での処理と比較するために、CPU で合計を計算した場合の時間を計測しています。

バッファの作成コード例

```
ID3D11Buffer* g_pBuffer [2] = { NULL, NULL }; // バッファ リソース
ID3D11Buffer* g_pReadBackBuffer = NULL;       // リードバック用バッファ リソース

// 初期化用データ
FLOAT* initdata = new FLOAT [DATASIZE];
for (int i=0; i<DATASIZE; ++i)
    initdata [i] = 1;

// CPU による合計計算
DWORD time = timeGetTime (); // 時間の計測開始

FLOAT sum = 0.0f;
for (int i=0; i<DATASIZE; ++i)
    sum += initdata [i];

time = timeGetTime () - time; // 時間の計測終了
wprintf_s (L" [CPU] %u ms [SUM = %f] \n", time, sum);

// リソースの設定
D3D11_BUFFER_DESC Desc;
ZeroMemory (&Desc, sizeof (Desc));
Desc.ByteWidth = DATASIZE * sizeof (FLOAT); // バッファ サイズ
Desc.Usage     = D3D11_USAGE_DEFAULT;
Desc.BindFlags = D3D11_BIND_UNORDERED_ACCESS | D3D11_BIND_SHADER_RESOURCE;
Desc.MiscFlags = D3D11_RESOURCE_MISC_BUFFER_STRUCTURED; // 構造化バッファ
Desc.StructureByteStride = sizeof (FLOAT);

D3D11_SUBRESOURCE_DATA SubResource;
SubResource.pSysMem          = initdata;
SubResource.SysMemPitch      = 0;
SubResource.SysMemSlicePitch = 0;

// 最初の入力リソース（データを初期化する）
hr = g_pD3DDevice->CreateBuffer (&Desc, &SubResource, &g_pBuffer [0]);
delete [] initdata;
if (FAILED (hr))
    // 失敗

// 最初の出力リソース
hr = g_pD3DDevice->CreateBuffer (&Desc, NULL, &g_pBuffer [1]);
```

DirectX11

21章 コンピュート・シェーダ

```
if (FAILED (hr))
    // 失敗;

// リードバック用バッファ リソースの作成
ZeroMemory (&Desc, sizeof (Desc));
#ifdef COPYRESOURCE
Desc.ByteWidth = DATASIZE * sizeof (FLOAT);      // バッファ サイズ
#else
Desc.ByteWidth = sizeof (FLOAT);                  // バッファ サイズ
#endif
Desc.Usage           = D3D11_USAGE_STAGING;      // CPUから読み書き可能なリソース
Desc.CPUAccessFlags = D3D11_CPU_ACCESS_READ;     // CPUから読み込む
Desc.StructureByteStride = sizeof (FLOAT);

hr = g_pD3DDevice->CreateBuffer (&Desc, NULL, &g_pReadBackBuffer);
if (FAILED (hr))
    // 失敗
```

6 「シェーダ・リソース・ビュー」の作成

他のシェーダと同様に、シェーダ・ステージへの入力には「シェーダ・リソース・ビュー」を作ります。

ここではバッファ・リソースなので、「D3D11_SHADER_RESOURCE_VIEW_DESC::ViewDimensionメンバ」に「D3D11_SRV_DIMENSION_BUFFER」を指定します。

```
ID3D11ShaderResourceView* g_pSRV[2] = { NULL, NULL }; //シェーダ リソース ビュー

// シェーダ リソース ビューの設定
D3D11_SHADER_RESOURCE_VIEW_DESC DescSRV;
ZeroMemory (&DescSRV, sizeof (DescSRV));
DescSRV.Format          = DXGI_FORMAT_UNKNOWN;
DescSRV.ViewDimension = D3D11_SRV_DIMENSION_BUFFER;
DescSRV.Buffer.ElementWidth = DATASIZE; // データ数

// シェーダ リソース ビューの作成
hr = g_pD3DDevice->CreateShaderResourceView (g_pBuffer [0], &DescSRV, &g_pSRV [0]);
if (FAILED (hr))
    return DXTRACE_ERR (L"g_pD3DDevice->CreateShaderResourceView", hr);

hr = g_pD3DDevice->CreateShaderResourceView (g_pBuffer [1], &DescSRV, &g_pSRV [1]);
if (FAILED (hr))
    return DXTRACE_ERR (L"g_pD3DDevice->CreateShaderResourceView", hr);
```

7 「アンオーダード・アクセス・ビュー」の作成

「コンピュート・シェーダ」からの出力には、「アンオーダード・アクセス・ビュー」(UAV) を使います。

「UAV」は、「ID3D11UnorderedAccessView インターフェイス」で扱います。
「ID3D11UnorderedAccessView インターフェイス」は、「ID3D11Device::CreateUnorderedAccessView メソッド」に、ビューを作るリソースと「D3D11_UNORDERED_ACCESS_VIEW_DESC 構造体」を渡して取得します。

```
ID3D11UnorderedAccessView* g_pUAV [2] = { NULL, NULL };

// アンオーダード・アクセス・ビューの設定
D3D11_UNORDERED_ACCESS_VIEW_DESC DescUAV;
ZeroMemory (&DescUAV, sizeof (DescUAV));
DescUAV.Format          = DXGI_FORMAT_UNKNOWN;
DescUAV.ViewDimension = D3D11_UAV_DIMENSION_BUFFER;
DescUAV.Buffer.NumElements = DATASIZE; // データ数

// アンオーダード・アクセス・ビューの作成
hr = g_pD3DDevice->CreateUnorderedAccessView (g_pBuffer [0], &DescUAV,
&g_pUAV [0]);
if (FAILED (hr))
    return DXTRACE_ERR (L"g_pD3DDevice->CreateUnorderedAccessView", hr);

hr = g_pD3DDevice->CreateUnorderedAccessView (g_pBuffer [1], &DescUAV,
&g_pUAV [1]);
if (FAILED (hr))
    return DXTRACE_ERR (L"g_pD3DDevice->CreateUnorderedAccessView", hr);
```

8 「コンピュート・シェーダ」を使った演算

「コンピュート・シェーダ」を実行するには、「定数バッファ」「シェーダ・リソース・ビュー」「シェーダ・オブジェクト」「アンオーダード・アクセス・ビュー」などをシェーダ・ステージに設定して、「ID3D11DeviceContext::Dispatch メソッド」を実行します。

コンピュート・シェーダを設定するメソッド

定数バッファ	ID3D11DeviceContext::CSSetConstantBuffers メソッド
リソース	ID3D11DeviceContext::CSSetShaderResources メソッド
UAV	ID3D11DeviceContext::CSSetUnorderedAccessViews メソッド
シェーダ	ID3D11DeviceContext::CSSetShader メソッド

21章 コンピュート・シェーダ

■「スレッド・グループ」のディスパッチ

「コンピュート・シェーダ」の処理を実行するには、「ID3D11DeviceContext::Dispatch メソッド」を実行します。

たとえば、

```
g_pImmediateContext->Dispatch (dimx, dimy, 1);
```

などど実行すると、「dimx × dimy × 1」個の「スレッド・グループ」が GPU でディスパッチされます。

各「スレッド・グループ」には、シェーダ・コードに記述した「[numthreads (x, y, z)]」によって「x × y × z」個の「スレッド」が含まれます。
つまり、「dimx × dimy × 1 × x × y × z」個の「スレッド」が並列して実行されます。

ID3D11DeviceContext::Dispatch メソッド

void ID3D11DeviceContext::Dispatch (　UINT ThreadGroupCountX, 　UINT ThreadGroupCountY, 　UINT ThreadGroupCountZ);	
ThreadGroupCountX	x 方向のグループ数。「64k」未満の値。
ThreadGroupCountY	y 方向のグループ数。「64k」未満の値。
ThreadGroupCountZ	z 方向のグループ数。「64k」未満の値。「シェーダ・モデル 4」の場合は「1」。

■ リソースのコピー

「コンピュート・シェーダ」の処理が終わったら、処理結果の書き込まれているバッファ・リソースから、①バッファ全体をコピーする「ID3D11DeviceContext::CopyResource メソッド」または、②バッファの一部分をコピーする「ID3D11DeviceContext::CopySubresourceRegion メソッド」を使って、CPU で読み込み可能なバッファ・リソースに、データをコピーします。
これは CPU 側で値を利用する場合に必要な処理なので、CPU 側で値を知る必要がないなら、必要ありません。

「ID3D11DeviceContext::CopySubresourceRegion メソッド」には、コピーする領域を「D3D11_BOX 構造体」で指定します。値は、①「テクスチャ・リソース」はテクセル単位で、②「バッファ・リソース」はバイト単位で指定します。

リソースをコピーするコード例

```
DWORD time1 = timeGetTime (); // 時間の計測開始

// 定数バッファをバインド
g_pImmediateContext->CSSetConstantBuffers (0, 1, &g_pCBuffer);
// シェーダを設定
g_pImmediateContext->CSSetShader (g_pComputeShader, NULL, 0);

// 演算を実行
unsigned int datacount = DATASIZE;
bool flag = false;
```

8 「コンピュート・シェーダ」を使った演算

```cpp
ID3D11ShaderResourceView* pViewNULL = NULL;
do {
    // リソースを入れ替える
    flag = !flag;

    // アンオーダード・アクセス・ビューに設定するため、
    // 現在のシェーダ リソース ビューを解除
    g_pImmediateContext->CSSetShaderResources (0, 1, &pViewNULL);
    // アンオーダード・アクセス・ビューの設定
    g_pImmediateContext->CSSetUnorderedAccessViews(0, 1, &g_pUAV[flag ? 1 : 0],
NULL);
    // シェーダ リソース ビューの設定
    g_pImmediateContext->CSSetShaderResources (0, 1, &g_pSRV [flag ? 0 : 1]);

    // 定数バッファを更新
    g_cbCBuffer.g_iCount = datacount;
    D3D11_MAPPED_SUBRESOURCE MappedResource = {0};
    hr = g_pImmediateContext->Map (g_pCBuffer, 0, D3D11_MAP_WRITE_DISCARD,
0, &MappedResource);
    if (FAILED (hr))
        return DXTRACE_ERR (L"g_pImmediateContext->Map", hr);
    memcpy (MappedResource.pData, &g_cbCBuffer, sizeof (g_cbCBuffer));
    g_pImmediateContext->Unmap (g_pCBuffer, 0);

    // ディスパッチするスレッド グループの数
    unsigned int threadgroup = (datacount + 127) / 128;
    // コンピュート・シェーダの実行
    g_pImmediateContext->Dispatch (threadgroup, 1, 1);

    // 次に計算するデータ数
    datacount = threadgroup;
} while (datacount > 1);

DWORD time2 = timeGetTime (); // 計算終了時刻

// 計算結果をリードバック用バッファ リソースにダウンロード
#ifdef COPYRESOURCE
g_pImmediateContext->CopyResource(g_pReadBackBuffer, g_pBuffer[flag ? 1 : 0]);
#else
D3D11_BOX box;
box.left  = 0; box.right  = sizeof (FLOAT);
box.top   = 0; box.bottom = 1;
box.front = 0; box.back   = 1;
g_pImmediateContext->CopySubresourceRegion (g_pReadBackBuffer, 0, 0, 0, 0,
g_pBuffer [flag ? 1 : 0] , 0, &box);
#endif

DWORD time3 = timeGetTime (); // ダウンロード終了時刻
```

21章 コンピュート・シェーダ

```
// 結果を読み込む
D3D11_MAPPED_SUBRESOURCE MappedResource = {0};
hr = g_pImmediateContext->Map (g_pReadBackBuffer, 0, D3D11_MAP_READ, 0,
&MappedResource);
if (FAILED (hr))
    return DXTRACE_ERR (L"g_pImmediateContext->Map", hr);
FLOAT sum = * (FLOAT*) MappedResource.pData;
g_pImmediateContext->Unmap (g_pReadBackBuffer, 0);

DWORD time4 = timeGetTime (); // ダウンロード終了時刻
wprintf_s (L" [GPU] %u ms - %u ms - %u ms [SUM = %f] ¥n", time2 - time1,
time3 - time2, time4 - time3, sum);
```

「コンピュート・シェーダ」のプログラムを、「D3D11Sample19」サンプルにまとめました。このサンプルは、コンソール・アプリです。

このサンプルでは、「CPUを使った場合」と「GPUを使った場合」の「処理時間」と「計算結果」を表示します。

「GPUを使った場合の処理時間」は、「コンピュート・シェーダの時間」「結果のコピーにかかる時間」「コピーしたバッファからMapメソッドでデータを取り出す時間」の3種類を表示します。ただし、これはアプリケーションのCPU側コードの実行にかかった時間であることに注意してください。

ソース・コードで「#define COPYRESOURCE」を定義すると「ID3D11DeviceContext::CopyResourceメソッド」を使い、定義しないと「ID3D11DeviceContext::CopySubresourceRegionメソッド」を使います。

以下の画面では、設定を変えた実行ファイルを交互に実行しています。
実行環境は、

CPU	AMD Phenom X4 9850 2.5GHz
GPU	AMD Radeon HD 5400 シリーズ

です。

「コンピュート・シェーダ」では、「Map」時にCPU側のコードが止まっているのが分かります。そのため、トータルではCPUでの処理より遅くなっています。

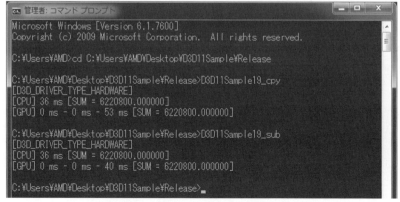

図 21-1 「D3D11Sample19」サンプル

22章

PIX for Windows

「DirectX SDK」には、Direct3Dアプリケーションを「分析」「最適化」「デバッグ」できる強力なテスト・ツール、「PIX for Windows」が付属しています。
この章では、「PIX for Windows」の基本的な使い方を紹介します。

DirectX11

22章　PIX for Windows

1　PIX の基本的な使い方

「PIX」は、Direct3D アプリケーションを「分析」「最適化」「デバッグ」できる強力なテスト・ツールです。Direct3D アプリケーションを実行中に、「呼び出された Direct3D API」「タイミング情報」「変換の前と後のメッシュの頂点」「スクリーンショット」「種々の統計値」など、さまざまな種類の詳細な情報を取得できます。また、頂点シェーダとピクセル・シェーダのシェーダ・コードのデバッグができます。

≪「PIX」の基本的な使い方≫

[1]　スタート・メニューから、「Microsoft DirectX SDK（June 2010）」→「DirectX Utilities」→「PIX for Windows」を選択して PIX を起動します。

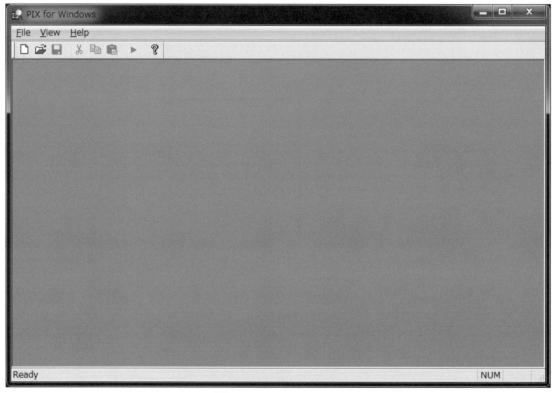

図 22-1　PIX for Windows

[2]　「File」→「New Experiment」メニューを選択して、新しい「Experiment」（実験）を用意します。

1 PIX の基本的な使い方

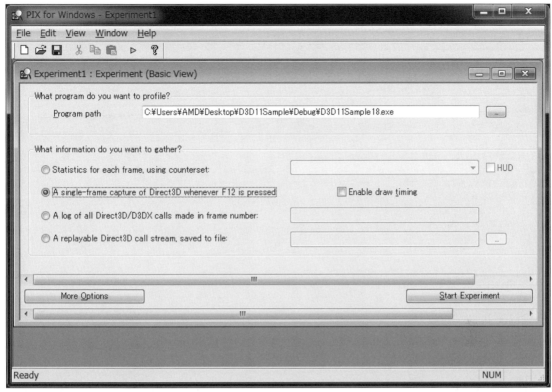

図22-2 Experiment

[3]「Experiment (Basic View) ダイアログ」が開くので、テスト方法を指定します。

※「More Options」ボタンをクリックすると、より細かなオプションを設定できる「Experiment (Advanced View) ダイアログ」に切り替えることができます。
ここでは、「Experiment (Basic View) ダイアログ」を使うことにします。

[4]「Program Path」には、デバッグしたいターゲット・プログラムの実行(exe)ファイルを指定します。

※その下のラジオ・ボタンで、PIX でデータを収集する方式をします。次の4種類があります。

データ収集方式

- Statistics for each frame, using counterset:
  Direct3D と D3DX の API 呼び出しの回数をカウントする。
- A Single-frame capture of Direct3D whenever F12 is pressed
  [F12]キーを押すと、その1フレーム中での「API 呼び出し」「パイプライン状態」「オブジェクト参照」を取得する。1つのフレームを取得する。
- A log of all Direct3D/D3DX calls made in frame number:
  1つのフレームで行なわれた Direct3D と D3DX の API 呼び出しをすべてリストする。
- A replayable Direct3D call stream, saved to file:
  すべてのフレームで状態を保存する。

ここでは、基本となる「A Single-frame capture of Direct3D whenever F12 is pressed」を選択しました。

22章　PIX for Windows

[5]　「Start Experiment」ボタンをクリックすると、ターゲット・プログラムの実行が開始されます。

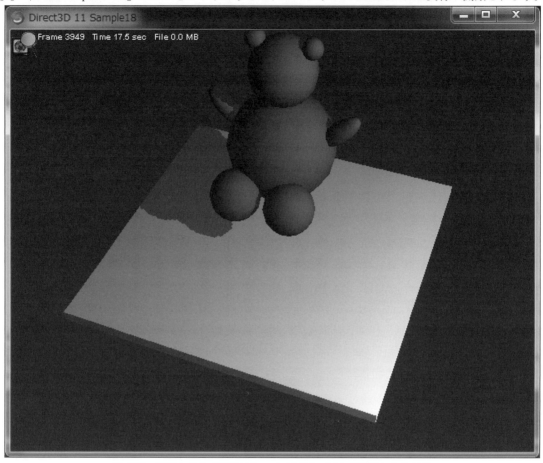

図22-3　「PIX」から「D3D11Sample18サンプル」を起動したところ

[6]　PIXからターゲット・プログラムを起動すると、画面の左上にPIXで制御していることを示すメッセージが表示されます。

[7]　この状態でアプリケーションを使いながら、画面の表示が乱れるなど、Direct3Dの動作状態を確認したい状態になったら、[F12] キーを押してDirect3Dの状態を取得します。

　取得できる状態は1回だけではありません。[F12] キーを押して状態を取得した後もプログラムは普通に実行を続けるので、取得したい状態になったら何回でも [F12] キーを押して状態を取得できます。

[8]　この後、ターゲット・プログラムを終了すると、PIXの画面に収集された情報が表示されます。
　この画面には、パイプライン状態とDirect3Dオブジェクトのオブジェクト・データなどの情報が含まれています。

2 レンダリングの確認

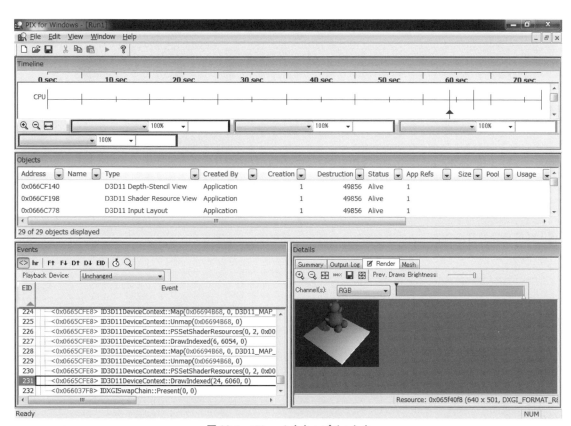

図 22-4 フレームをキャプチャした

※非常に多くの情報が表示されるので、狭い画面では使いにくいかもしれません。
ちなみに、上の画面は「1024 × 768」なので、かなり狭い感じです。

※画面のいちばん上には、時間軸とデータをキャプチャしたタイミングが表示されています。その下には、キャプチャした Direct3D オブジェクトの情報が表示されます。

いちばん下の左側には、キャプチャしたフレームと、そのフレーム内で実行された「Direct3D API」が時系列にリスト表示されています。
また、右側には、左側のリストで選択した「タイミング」における「レンダリング・ターゲット」のステータスや実際の描画状態などが表示されています。

2 レンダリングの確認

PIX を使うと、あるフレームをレンダリングする際に、どのような種類の「Direct3D API」がどのような順序で呼び出されて、その結果、どのようなレンダリングが行なわれたのかを順番に追い掛けることができます。

たとえば、次のように「ID3D11DeviceContext::DrawIndexed メソッド」などの描画メソッドを追いかけていくことで、フレームがどのようにレンダリングされていったのか分かります。

22章　PIX for Windows

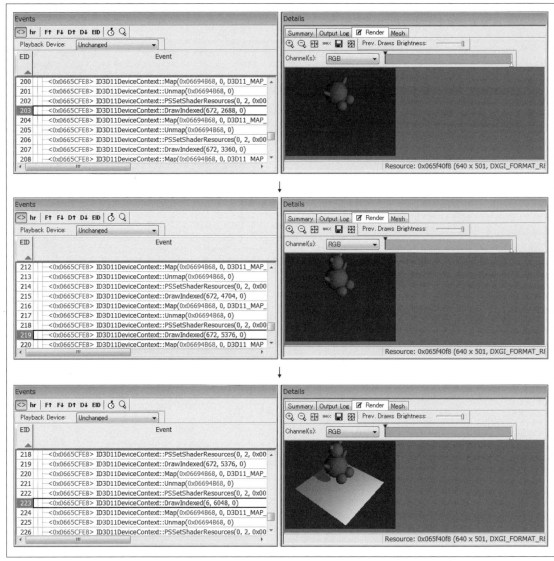

図 22-5　「D3D11Sample18 サンプル」が描画されていく流れ

3　描画するメッシュの確認

　ある API を実行した結果、レンダリングしたメッシュの形状に問題があった場合に、頂点シェーダでの頂点処理が正しいかどうかを確認できます。

　「Mesh」タブを開くと、その時点での描画における、頂点シェーダでの「処理前の頂点データ」（Pre-Vertex Shader）と「処理後の頂点データ」（Post-Vertex Shader）の形状と値を確認できます。「Viewport」は、視点から見たメッシュの形状です。

4 シェーダの動作確認

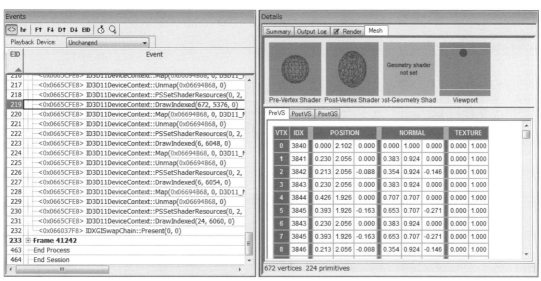

図 22-6 描画されるメッシュ・データ

4 シェーダの動作確認

レンダリングの色に問題がある場合、あるピクセルを描画するのに、シェーダでどのような処理が行なわれたのかを確認します。

≪シェーダ・コードのデバッグ≫

[1] 右下のペインにある「Render」タブでレンダリング先のバッファを表示し、シェーダでの処理を調べたいピクセルの上でマウスを右クリックして、「Debug This Pixel...」を選択します。

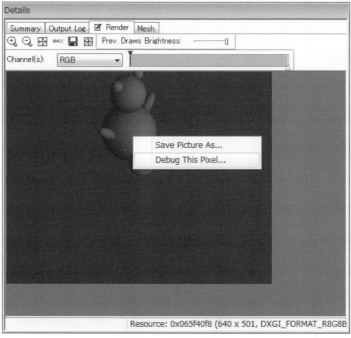

図 22-7 デバッグ開始

22章　PIX for Windows

[2]　新しく「Debugger」タブが表示され、選択した場所でのシェーダ処理の流れが表示されます。

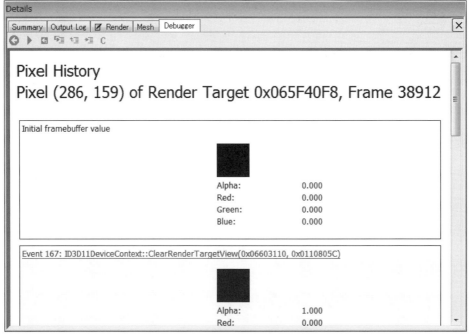

図 22-8　Debugger 画面

[3]　このウインドウを下にスクロールすると、「Debug Vertex 0」「Debug Vertex 1」「Debug Vertex 2」「Debug Pixel (286, 159)」という項目が存在します。

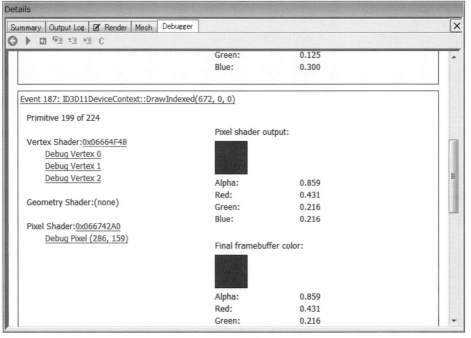

図 22-9　シェーダの処理

4 シェーダの動作確認

[4] たとえば、「Debug Pixel (286, 159)」をクリックすると、次のようなシェーダ・コードのデバッグ画面に切り替わります。

ここでは、シェーダ・コードのステップ実行やブレイク・ポイントの設定などが可能です。

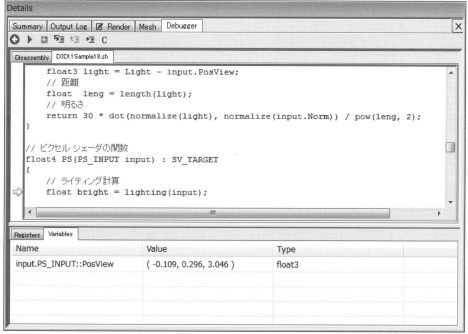

図 22-10 「シェーダ・コード」のデバッグ

附録

[附録1] Direct3D 11 対応グラフィックス・チップ

[附録2] 添付 CD-ROM について

DirectX 11

[附録1] DirectX 11 対応グラフィックス・カード

2015年4月現在、AMD、NVIDIA、Intelから発売されているグラフィックス製品の多くは、「Direct3D 11」に対応しています。

以下に、AMD、NVIDIA、Intelの主な「Direct3D 11」対応グラフィックス・カード（GPU）を掲載します。

詳しい性能などは、各社のWebサイトを参照してください。

「Direct3D 11」対応の主なグラフィックス・カード（GPU）

AMD	デスクトップPC向け	Radeon R9 シリーズ
		Radeon R7 シリーズ
		Radeon R5 シリーズ
		Radeon HD 8000 シリーズ（OEM）
		Radeon HD 7900 シリーズ
		Radeon HD 7800 シリーズ
		Radeon HD 7700 シリーズ
	ノートPC向け	Radeon R9 M200 シリーズ
		Radeon R7 M200 シリーズ
		Radeon R5 M200 シリーズ
NVIDIA	デスクトップPC向け	GeForce GTX Titan Z/Titan X/980/970/960/750 Ti/750
		GeForce GT 740/730/720/610
	ノートPC向け	GeForce GTX 980M/970M/965M/960M/950M/800M/880M/870M/860M/850M/780M/770M/765M/760M
		GeForce GT 755M/750M/745M/740M/735M/730M/720M
		GeForce 940M/930M/920M/840M/830M/820M/710M/610M
Intel	第4世代Core	Iris Graphics 5200/5100 内蔵
		HD Graphics 5000/4600/4400/4200 内蔵
	第3世代Core	HD Graphics 4000/2500 内蔵
	Pentium	HD Graphics 内蔵 Pentium 3000/G3000 番台
		HD Graphics 2000 番台内蔵 Pentium
		HD Graphics 内蔵 Pentium J2850
	Celeron	HD Graphics 内蔵 Mobile Celeron 2000 番台
		HD Graphics 内蔵 Mobile Celeron 900/1000 番台
		HD Graphics 内蔵 Celeron G1000/J1000 番台

[附録2] サンプルファイルのダウンロードについて

本書で紹介しているサンプルプログラムについては、以下のサポートページよりダウンロードできます。

http://www.kohgakusha.co.jp/support.html

ダウンロードしたファイルを解凍するには、下記のパスワードが必要です。

dBxh364jAbKa

すべて半角で、大文字小文字を間違えないように入力してください。

各サンプルの詳しい説明は、本文を参考にしてください。

■収録されているサンプルプログラムは、一部の機種やパソコンの環境（周辺機器の有無やドライバ・ソフトのバージョン・設定など）によって、正常に動作しない場合がありますが、編集部ではサポートは一切行なっておりません。
■収録されたソフトウェアによって生じたいかなる損害についても、編集部では責任を負いかねます。ソフトの使用に際しては、個人の責任で行なってください。

Direct3D API

API、関数 Index

Direct3D API

《C》
CreateDXGIFactory 関数 ……………… 89,92

《D》
D3D_CBUFFER_TYPE ……………………… 158
D3D_DRIVER_TYPE 列挙型 ……………… 70,158
　…_HARDWARE ……………………………… 70
　…_NULL ……………………………………… 70
　…_REFERENCE ………………………… 70,71
　…_SOFTWARE ……………………………… 70
　…_UNKNOWN ……………………………… 70
　…_WARP ………………………………… 70,71
D3D_FEATURE_LEVEL 列挙型 …………… 62,158
　…_9_1 ……………………………………… 62
　…_9_2 ……………………………………… 62
　…_9_3 ……………………………………… 62
　…_10_0 ………………………………… 62,335
　…_10_1 …………………………………… 62
　…_11_0 …………………………………… 62
D3D_INCLUDE_TYPE ……………………… 158
D3D_NAME …………………………………… 158
D3D_PRIMITIVE ……………………………… 158
D3D_PRIMITIVE_TOPOLOGY 列挙型 … 140,158,181
　…_LINELIST ……………………………… 141
　…_LINELIST_ADJ ……………………… 141
　…_LINESTRIP …………………………… 141
　…_LINESTRIP_ADJ ……………………… 141
　…_POINTLIST …………………………… 141
　…_TRIANGLELIST ……………………… 141
　…_TRIANGLELIST_ADJ ………………… 141
　…_TRIANGLESTRIP ……………………… 141
　…_TRIANGLESTRIP_ADJ ………………… 141
D3D_REGISTER_COMPONENT_TYPE ……… 158
D3D_RESOURCE_RETURN_TYPE …………… 158
D3D_SHADER_CBUFFER_FLAGS …………… 158
D3D_SHADER_INPUT_FLAGS ……………… 158
D3D_SHADER_INPUT_TYPE ………………… 158
D3D_SHADER_MACRO 構造体 …………… 157,158
D3D_SHADER_VARIABLE_CLASS …………… 158
D3D_SHADER_VARIABLE_FLAGS …………… 158
D3D_SHADER_VARIABLE_TYPE ……………… 158
D3D_SRV_DIMENSION 列挙型 ……………… 158
　…_BUFFER ……………………………… 258
　…_BUFFEREX …………………………… 259
　…_TEXTURE1D …………………………… 258
　…_TEXTURE1DARRAY …………………… 258
　…_TEXTURE2D …………………………… 258
　…_TEXTURE2DARRAY …………………… 258
　…_TEXTURE2DMS ……………………… 258
　…_TEXTURE2DMSARRAY ………………… 258
　…_TEXTURE3D …………………………… 258
　…_TEXTURECUBE …………………… 259,305
　…_TEXTURECUBEARRAY ………………… 259
D3D_TESSELLATOR_DOMAIN ……………… 158
D3D_TESSELLATOR_OUTPUT_PRIMITIVE … 158
D3D_TESSELLATOR_PARTITIONING ……… 158
D3D10_CBUFFER_TYPE ……………………… 158
D3D10_DRIVER_TYPE ……………………… 158
D3D10_FEATURE_LEVEL …………………… 158
D3D10_INCLUDE_TYPE ……………………… 158
D3D10_NAME ………………………………… 158
D3D10_PRIMITIVE ………………………… 158
D3D10_PRIMITIVE_TOPOLOGY …………… 158
D3D10_REGISTER_COMPONENT_TYPE …… 158
D3D10_RESOURCE_RETURN_TYPE ………… 158
D3D10_SHADER_AVOID_FLOW_CONTROL … 161
D3D10_SHADER_CBUFFER_FLAGS ………… 158
D3D10_SHADER_DEBUG ……………………… 161
D3D10_SHADER_ENABLE_BACKWARDS_COMP
ATIBILITY ………………………………… 162
D3D10_SHADER_ENABLE_STRICTNESS … 158,162
D3D10_SHADER_FORCE
　　　　_PS_SOFTWARE_NO_OPT … 161
D3D10_SHADER_FORCE
　　　　_VS_SOFTWARE_NO_OPT … 161
D3D10_SHADER_IEEE_STRICTNESS ……… 162
D3D10_SHADER_INPUT_FLAGS …………… 158
D3D10_SHADER_INPUT_TYPE ……………… 158
D3D10_SHADER_MACRO ……………………… 158
D3D10_SHADER_NO_PRESHADER …………… 161
D3D10_SHADER_OPTIMIZATION_LEVEL0 … 162
D3D10_SHADER_OPTIMIZATION_LEVEL1 … 162
D3D10_SHADER_OPTIMIZATION_LEVEL2 … 162
D3D10_SHADER_OPTIMIZATION_LEVEL3 … 162
D3D10_SHADER_PACK
　　　　_MATRIX_COLUMN_MAJOR … 158,161
D3D10_SHADER_PACK_MATRIX_ROW_MAJOR
　……………………………………………… 161
D3D10_SHADER_PARTIAL_PRECISION …… 161
D3D10_SHADER_PREFER_FLOW_CONTROL … 162
D3D10_SHADER_SKIP_OPTIMIZATION …… 161
D3D10_SHADER_SKIP_VALIDATION ……… 161
D3D10_SHADER_VARIABLE_CLASS ………… 158
D3D10_SHADER_VARIABLE_FLAGS ………… 158
D3D10_SHADER_VARIABLE_TYPE …………… 158
D3D10_SRV_DIMENSION ……………………… 158
D3D11_BIND_FLAG 列挙型 ………………… 146
　…_CONSTANT_BUFFER ……………… 146,166
　…_DEPTH_STENCIL ………………… 78,147,306
　…_INDEX_BUFFER …………………… 146,148
　…_RENDER_TARGET ………………… 147,261
　…_RENDER_TARGET フラグ ……………… 309
　…_SHADER_RESOURCE ……………… 147,261
　…_STREAM_OUTPUT ………………… 147,315
　…_UNORDERED_ACCESS ……………… 147,338
　…_VERTEX_BUFFER ………………… 147,241
D3D11_BLEND_BLEND_FACTOR …… 194,197,198
D3D11_BLEND_DESC 構造体 …………… 134,195,196
　::AlphaToCoverageEnable …………………… 195
　::IndependentBlendEnable …………………… 195
　::RenderTarget[x].BlendEnable ……………… 195
　::RenderTarget[x].RenderTargetWriteMask … 195
D3D11_BLEND 列挙型 ……………………… 193,197
　…_DEST_ALPHA …………………………… 194,197
　…_DEST_COLOR …………………………… 194,197
　…_INV_BLEND_FACTOR …………………… 194,197
　…_INV_DEST_ALPHA ……………………… 194,197
　…_INV_DEST_COLOR ……………………… 194,197
　…_INV_SRC_ALPHA ……………………… 194,197,326
　…_INV_SRC_COLOR ……………………… 194,197
　…_INV_SRC1_ALPHA ……………………… 194,197
　…_INV_SRC1_COLOR ……………………… 194,197
　…_ONE ……………………………………… 194,197
　…_SRC_ALPHA ……………………… 194,197,326
　…_SRC_ALPHA_SAT ……………………… 194,197
　…_SRC_COLOR …………………………… 194,197
　…_SRC1_ALPHA …………………………… 194,197
　…_SRC1_COLOR …………………………… 194,197
　…_ZERO ……………………………………… 194,197
D3D11_BLEND_OP 列挙型 ………………… 193,197
　…_ADD ……………………………… 194,197,326
　…_MAX ……………………………………… 194,197
　…_MIN ……………………………………… 194,197
　…_REV_SUBTRACT ………………………… 194,197
　…_SUBTRACT ……………………………… 194,197
D3D11_BOX 構造体 ………………………… 342
D3D11_BUFFER_DESC 構造体 …………… 144,146
　::BindFlags ……………………………………… 338
　::MiscFlags ……………………………………… 338
D3D11_BUFFER_RTV 構造体 ……………… 75
D3D11_BUFFEREX_SRV 構造体 ………… 259
D3D11_CBUFFER_TYPE ……………………… 158
D3D11_CLEAR_DEPTH ……………………… 82,83
D3D11_CLEAR_STENCIL …………………… 82,83
D3D11_COLOR_WRITE_ENABLE 列挙型 … 195,197
　…_ALL ……………………………………… 197
　…_ALPHA …………………………………… 197
　…_BLUE …………………………………… 197
　…_GREEN …………………………………… 197
　…_RED ……………………………………… 197
D3D11_COMMONSHADER_CONSTANT_BUFFER
　_API_SLOT_COUNT ……………………… 43,169
D3D11_COMPARISON_FUNC 列挙型 ……… 200
　…_ALWAYS ………………………………… 200
　…_EQUAL …………………………………… 200
　…_GREATER ………………………………… 200
　…_GREATER_EQUAL ……………………… 200
　…_LESS …………………………………… 200
　…_LESS_EQUAL …………………………… 200
　…_NEVER …………………………………… 200
　…_NOT_EQUAL ……………………………… 200
D3D11_CPU_ACCESS_FLAG 列挙型 ……… 147
　…_READ …………………………………… 147
　…_WRITE ………………………… 147,166,263
D3D11_CREATE_DEVICE_FLAG 列挙型 …… 70
　…_BGRA_SUPPORT ………………………… 70
　…_DEBUG …………………………………… 70
　…_PREVENT_INTERNAL_THREADING_OPT
　IMIZATIONS ……………………………… 70
　…_SINGLETHREADED ……………………… 70
　…_SWITCH_TO_REF ………………………… 70
D3D11_CULL_BACK ……………………… 186,188
D3D11_CULL_FRONT ……………………… 186,188
D3D11_CULL_NONE ……………………… 186,188
D3D11_DEFAULT_STENCIL_READ_MASK … 200
D3D11_DEFAULT_STENCIL_WRITE_MASK … 200
D3D11_DEPTH_STENCIL_DESC 構造体
　………………………………………… 134,199,200
D3D11_DEPTH_STENCIL_VIEW_DESC 構造体 … 80
D3D11_DEPTH_STENCILOP_DESC 構造体 … 200
D3D11_DEPTH_WRITE_MASK_ALL ………… 200
D3D11_DEPTH_WRITE_MASK_ZERO ……… 200
D3D11_DSV_DIMENSION 列挙型 ………… 81
　…_TEXTURE1D …………………………… 80,81
　…_TEXTURE1DARRAY …………………… 81
　…_TEXTURE2D …………………………… 81
　…_TEXTURE2DARRAY ………………… 81,306
　…_TEXTURE2DMS ………………………… 81
　…_TEXTURE2DMSARRAY ………………… 81
　…_UNKNOWN ……………………………… 81
D3D11_DSV_FLAG 列挙型 ………………… 81
　…_READ_ONLY_DEPTH …………………… 81
　…_READ_ONLY_STENCIL ………………… 81
D3D11_FEATURE 列挙型 …………………… 336
　…_D3D10_X_HARDWARE_OPTIONS … 335,337
　…_DOUBLES ………………………………… 336
　…_FORMAT_SUPPORT ……………………… 336
　…_FORMAT_SUPPORT2 …………………… 337
　…_THREADING ……………………………… 336
D3D11_FILL_SOLID ……………………… 186,188
D3D11_FILL_WIREFRAME ……………… 186,188
D3D11_FILTER 列挙型 …………………… 277
　…_ANISOTROPIC …………………………… 278
　…_COMPARISON_ANISOTROPIC ………… 278
　…_COMPARISON_MIN_LINEAR_MAG_MIP_
　POINT ……………………………………… 278
　…_COMPARISON_MIN_LINEAR_MAG_POIN
　T_MIP_LINEAR ………………………… 278
　…_COMPARISON_MIN_MAG_LINEAR_MIP_
　POINT ……………………………………… 278
　…_COMPARISON_MIN_MAG_MIP_LINEAR
　……………………………………………… 278
　…_COMPARISON_MIN_MAG_MIP_POINT … 278
　…_COMPARISON_MIN_MAG_POINT_MIP_LI
　NEAR ……………………………………… 278
　…_COMPARISON_MIN_POINT_MAG_LINEA
　R_MIP_POINT …………………………… 278
　…_COMPARISON_MIN_POINT_MAG_MIP_LI
　NEAR ……………………………………… 278

DirectX11

API、関数 Index

…_MIN_LINEAR_MAG_MIP_POINT	277
…_MIN_LINEAR_MAG_POINT_MIP_LINEAR	277
…_MIN_MAG_LINEAR_MIP_POINT	277
…_MIN_MAG_MIP_LINEAR	277
…_MIN_MAG_MIP_POINT	277
…_MIN_MAG_POINT_MIP_LINEAR	277
…_MIN_POINT_MAG_LINEAR_MIP_POINT	277
…_MIN_POINT_MAG_MIP_LINEAR	277
D3D11_FORMAT_SUPPORT 列挙型	91
…_BACK_BUFFER_CAST	92
…_BLENDABLE	91
…_BUFFER	91
…_CAST_WITHIN_BIT_LAYOUT	91
…_CPU_LOCKABLE	91
…_DEPTH_STENCIL	91
…_DISPLAY	91
…_IA_INDEX_BUFFER	91
…_IA_VERTEX_BUFFER	91
…_MIP	91
…_MIP_AUTOGEN	91
…_MULTISAMPLE_LOAD	92
…_MULTISAMPLE_RENDERTARGET	91
…_MULTISAMPLE_RESOLVE	91
…_RENDER_TARGET	91
…_SHADER_GATHER	92
…_SHADER_GATHER_COMPARISON	92
…_SHADER_LOAD	91
…_SHADER_SAMPLE	91
…_SHADER_SAMPLE_COMPARISON	91
…_SHADER_SAMPLE_MONO_TEXT	91
…_SO_BUFFER	91
…_TEXTURE1D	91
…_TEXTURE2D	91
…_TEXTURE3D	91
…_TEXTURECUBE	91
…_TYPED_UNORDERED_ACCESS_VIEW	92
D3D11_IA_VERTEX_INPUT_RESOURCE_SLOT_COUNT	175
D3D11_INPUT_ELEMENT_DESC 構造体	134,177,179
::InputSlotClass	300
::InstanceDataStepRate	301
::SemanticIndex	301
D3D11_INPUT_PER_INSTANCE_DATA	179,300
D3D11_INPUT_PER_VERTEX_DATA	179
D3D11_MAP_FLAG_DO_NOT_WAIT	264
D3D11_MAP 列挙型	168,264
…_READ	168
…_READ_WRITE	168
…_WRITE	168
…_WRITE_DISCARD	167,168,264
…_WRITE_NO_OVERWRITE	168,264
D3D11_MAPPED_SUBRESOURCE 構造体	169,264
D3D11_PRIMITIVE	158
D3D11_PRIMITIVE_TOPOLOGY	158
D3D11_RASTERIZER_DESC 構造体	134,185,187,188
::AntialiasedLineEnable	187
::CullMode	186
::FillMode	186
::FrontCounterClockwise	186
::MultisampleEnable	187
::ScissorEnable	187
D3D11_RECT 構造体	189
D3D11_RENDER_TARGET_VIEW_DESC 構造体	74
D3D11_RESOURCE_DIMENSION 列挙型	248
…_BUFFER	248
…_TEXTURE1D	248
…_TEXTURE2D	248
…_TEXTURE3D	248
…_UNKNOWN	248
D3D11_RESOURCE_MISC_FLAG 列挙型	147,253
…_BUFFER_ALLOW_RAW_VIEWS	147,253
…_BUFFER_STRUCTURED	147,253,338
…_DRAWINDIRECT_ARGS	147,253
…_GDI_COMPATIBLE	147,253
…_GENERATE_MIPS	147,253,309
…_RESOURCE_CLAMP	147,253
…_SHARED	147,253
…_SHARED_KEYEDMUTEX	147,253

…_TEXTURECUBE	147,253,305,306
D3D11_RESOURCE_RETURN_TYPE	158
D3D11_RTV_DIMENSION 列挙型	74
…_BUFFER	74
…_TEXTURE1D	74
…_TEXTURE1DARRAY	74
…_TEXTURE2D	74
…_TEXTURE2DARRAY	74,305
…_TEXTURE2DMS	74
…_TEXTURE2DMSARRAY	74
…_TEXTURE3D	74
D3D11_SAMPLER_DESC 構造体	134,272,276
D3D11_SDK_VERSION	68
D3D11_SHADER_RESOURCE_VIEW_DESC 構造体	258
::ViewDimension	340
D3D11_SO_DECLARATION_ENTRY 構造体	316,317
D3D11_SO_NO_RASTERIZED_STREAM	317
D3D11_SRV_DIMENSION 列挙型	158
…_BUFFER	340
D3D11_STENCIL_OP 列挙型	201
…_DECR	201,326
…_DECR_SAT	201
…_INCR	201,326
…_INCR_SAT	201
…_INVERT	201
…_KEEP	201
…_REPLACE	201
…_ZERO	201
D3D11_SUBRESOURCE_DATA 構造体	144,148
D3D11_TESSELLATOR_DOMAIN	158
D3D11_TESSELLATOR_OUTPUT_PRIMITIVE	158
D3D11_TESSELLATOR_PARTITIONING	158
D3D11_TEX1D_ARRAY_RTV 構造体	75
D3D11_TEX1D_ARRAY_SRV 構造体	259
D3D11_TEX1D_RTV 構造体	75
D3D11_TEX1D_SRV 構造体	259
D3D11_TEX2D_ARRAY_RTV 構造体	75
D3D11_TEX2D_ARRAY_SRV 構造体	259
D3D11_TEX2D_RTV 構造体	75
D3D11_TEX2D_SRV 構造体	259
D3D11_TEX2DMS_ARRAY_SRV 構造体	75
D3D11_TEX2DMS_ARRAY_SRV 構造体	259
D3D11_TEX2DMS_RTV 構造体	75
D3D11_TEX2DMS_SRV 構造体	259
D3D11_TEX3D_RTV 構造体	75
D3D11_TEX3D_SRV 構造体	259
D3D11_TEXCUBE_ARRAY_SRV 構造体	259
D3D11_TEXCUBE_SRV 構造体	259
D3D11_TEXTURE_ADDRESS_MODE 列挙型	274
…_BORDER	275,329
…_CLAMP	275
…_MIRROR	275
…_MIRROR_ONCE	276
…_WRAP	274
D3D11_TEXTURE1D_DESC 構造体	249,260
D3D11_TEXTURE2D_DESC 構造体	249,260
::CPUAccessFlags メンバ	263
D3D11_TEXTURE3D_DESC 構造体	249,261
D3D11_USAGE 列挙型	48
…_DEFAULT	48
…_DYNAMIC	48,263
…_IMMUTABLE	48
…_STAGING	48,338
D3D11_VIEWPORT 構造体	77
D3D11CalcSubresource	45,264
D3D11CreateDeviceAndSwapChain	68,69
D3D11CreateDevice 関数	335
D3DX11_FILTER_FLAG 列挙型	256
…_BOX	256
…_DITHER	256
…_DITHER_DIFFUSION	256
…_LINEAR	256
…_MIRROR	256
…_MIRROR_U	256
…_MIRROR_V	256
…_MIRROR_W	256
…_NONE	256

…_POINT	256
…_SRGB	256
…_SRGB_IN	256
…_SRGB_OUT	256
…_TRIANGLE	256
D3DX11_IMAGE_FILE_FORMAT 列挙型	245
…_IFF_BMP	245
…_IFF_DDS	245
…_IFF_GIF	245
…_IFF_JPG	245
…_IFF_PNG	245
…_IFF_TIFF	245
…_IFF_WMP	245
D3DX11_IMAGE_INFO 構造体	252
D3DX11_IMAGE_LOAD_INFO 構造体	255
D3DX11CompileFromFile	157,160
D3DX11CompileFromMemory	157
D3DX11CompileFromResource	157
D3DX11CreateShaderResourceViewFromFile	245,246
D3DX11CreateShaderResourceViewFromMemory	245
D3DX11CreateShaderResourceViewFromResource	245,255
D3DX11CreateTextureFromFile	253,254
D3DX11CreateTextureFromMemory	253
D3DX11CreateTextureFromResource	253
D3DX11GetImageInfoFromFile	252
D3DX11GetImageInfoFromMemory	252
D3DX11GetImageInfoFromResource	252
D3DX11SaveTextureToFile	266
D3DX11SaveTextureToMemory	266
D3DXComputeBoundingBox	289
D3DXComputeBoundingSphere	289
DXGetErrorDescription	59
DXGetErrorString	59
DXGI_ADAPTER_DESC 構造体	93
DXGI_ENUM_MODES_INTERLACED	95
DXGI_ENUM_MODES_SCALING	95
DXGI_ERROR_DEVICE_HUNG	85
DXGI_ERROR_DEVICE_REMOVED	85
DXGI_ERROR_DEVICE_RESET	85
DXGI_ERROR_DRIVER_INTERNAL_ERROR	85
DXGI_ERROR_INVALID_CALL	85
DXGI_ERROR_NOT_FOUND	93,94
DXGI_FORMAT 列挙型	89,112,178
…_B5G5R5A1_UNORM	112
…_B5G6R5_UNORM	112
…_B8G8R8A8_UNORM	112
…_D16_UNORM	78
…_D24_UNORM_S8_UINT	79
…_D32_FLOAT	79
…_D32_FLOAT_S8X24_UINT	79
…_R10G10B10A2_UINT	112
…_R10G10B10A2_UNORM	112
…_R11G11B10_FLOAT	112
…_R16_UINT	176
…_R16_FLOAT	113
…_R16G16_SINT	113
…_R16G16_SNORM	112
…_R16G16_UINT	112
…_R16G16_UNORM	112
…_R16G16B16A16_FLOAT	113
…_R16G16B16A16_SINT	112
…_R16G16B16A16_SNORM	112
…_R16G16B16A16_UINT	113
…_R16G16B16A16_UNORM	112
…_R32_UINT	176
…_R32G32_FLOAT	112
…_R32G32B32_FLOAT	112
…_R32G32B32A32_FLOAT	112
…_R9G9B9E5_SHAREDEXP	112
…_x8x8x8x8_SINT	112
…_x8x8x8x8_SNORM	112
…_x8x8x8x8_UINT	112
…_x8x8x8x8_UNORM	112
DXGI_GAMMA_CONTROL_CAPABILITIES 構造体	107
DXGI_GAMMA_CONTROL 構造体	108
DXGI_MODE_DESC 構造体	65,96
::Format	64
::RefreshRate	64

Direct3D API

::Scaling 64
::ScanlineOrdering 64
DXGI_MODE_SCALING 列挙型 65
　　…_CENTERED 65
　　…_STRETCHED 65
　　…_UNSPECIFIED 65
DXGI_MODE_SCANLINE_ORDER 列挙型 ... 65
　　…_LOWER_FIELD_FIRST 65
　　…_PROGRESSIVE 65
　　…_UNSPECIFIED 65
　　…_UPPER_FIELD_FIRST 65
DXGI_MWA_NO_ALT_ENTER 102
DXGI_MWA_NO_PRINT_SCREEN 102
DXGI_MWA_NO_WINDOW_CHANGES ... 102
DXGI_OUTPUT_DESC 構造体 94
DXGI_PRESENT_TEST 84,101
DXGI_RGB 構造体 108
DXGI_SAMPLE_DESC 構造体 66
　　::Count 66
　　::Quality 66
DXGI_STATUS_OCCLUDED 101
DXGI_SWAP_CHAIN_DESC 構造体 63,187
　　::BufferDesc 64
　　::BufferUsage 67
　　::Flags 67
　　::OutputWindow 67
　　::SampleDesc 66
　　::SwapEffect 67
　　::Windowed 67
DXGI_SWAP_CHAIN_FLAG 列挙型 68
　　…_ALLOW_MODE_SWITCH 68,102
　　…_GDI_COMPATIBLE 68
　　…_NONPREROTATED 68
DXGI_SWAP_EFFECT 列挙型 67
　　…_DISCARD 67
　　…_SEQUENTIA 67
DXGI_USAGE フラグ 67
DXGI_USAGE_BACK_BUFFER 67
DXGI_USAGE_READ_ONLY 67
DXGI_USAGE_RENDER_TARGET_OUTPUT ... 67
DXGI_USAGE_SHADER_INPUT 67
DXGI_USAGE_SHARED 67
DXGI_USAGE_UNORDERED_ACCESS 67
DXTRACE_ERR_MSGBOX マクロ 59
DXTRACE_ERR マクロ 59
DXTRACE_MSG マクロ 59
DXTrace 関数 59

≪ I ≫

ID3D10Blob インターフェイス 157
ID3D10Device インターフェイス 36
ID3D10Include インターフェイス 157
ID3D11BlendState インターフェイス 134,195
ID3D11Buffer インターフェイス 46,145
ID3D11ComputeShader インターフェイス ... 337
ID3D11DepthStencilState インターフェイス ... 134,198
ID3D11DepthStencilView インターフェイス ... 46,80
ID3D11Device インターフェイス 36,62,68
　　::CheckFeatureSupport 335,336
　　::CheckFormatSupport 91
　　::CheckMultisampleQualityLevels 66
　　::CreateBlendState 134,195,198
　　::CreateBuffer 145,148
　　::CreateComputeShader 337
　　::CreateDepthStencilState 134,199,201
　　::CreateGeometryShaderWithStreamOutput
　　　　　　　　　　　　...... 162,316,317
　　::CreateGeometryShader 162,164
　　::CreateInputLayout 134,179,180
　　::CreatePixelShader 162,164
　　::CreateRasterizerState 134,185
　　::CreateRenderTargetView 72,74,262
　　::CreateSamplerState 134,273
　　::CreateShaderResourceView 257,262
　　::CreateTexture1D 260,261
　　::CreateTexture2D 260,261
　　::CreateTexture3D 261
　　::CreateUnorderedAccessView 341
　　::CreateVertexShader 162,164
　　::CSSetSamplers 273

::DSSetSamplers 273
::GenerateMips 147,253
::GetDeviceRemovedReason 85
::GSSetSamplers 273,274
::HSSetSamplers 273
::PSSetSamplers 273,274
::VSSetSamplers 273,274
ID3D11DeviceContext インターフェイス ... 36,62,68,132
　　::ClearDepthStencilView 82,83
　　::ClearRenderTargetView 82,83
　　::ClearState 85
　　::CopyResource 48,338,342
　　::CopyStructureCount 48
　　::CopySubresourceRegion 48,338,342
　　::CSSetConstantBuffers 341
　　::CSSetShaderResources 250,341
　　::CSSetShader 341
　　::CSSetUnorderedAccessViews 341
　　::Dispatch 342
　　::DrawAuto 208,318
　　::DrawIndexedInstanced 208,299
　　::DrawIndexed 208
　　::DrawInstanced 208,299
　　::Draw 208,209
　　::DSSetShaderResources 250
　　::GenerateMips 309,310
　　::GSSetConstantBuffers 170
　　::GSSetSamplers 134
　　::GSSetShaderResources 250
　　::GSSetShader 165
　　::HSSetShaderResources 250
　　::IASetIndexBuffer 175,177
　　::IASetInputLayout 134,180
　　::IASetPrimitiveTopology 181
　　::IASetVertexBuffers 175,176
　　::Map 48,167,168,204,264
　　::OMSetBlendState 134,193,196,198
　　::OMSetDepthStencilState ... 134,200,201,201
　　::OMSetRenderTargets 73,76,79,81
　　::PSSetConstantBuffers 170
　　::PSSetSamplers 134
　　::PSSetShaderResources 250
　　::PSSetShader 165
　　::RSSetScissorRects 187,189
　　::RSSetState 134,189
　　::RSSetViewports 77
　　::SOSetTargets 315
　　::Unmap 167,169,204,264
　　::VSSetConstantBuffers 170
　　::VSSetSamplers 134
　　::VSSetShaderResources 250
　　::VSSetShader 165
ID3D11GeometryShader インターフェイス ... 162
ID3D11InputLayout インターフェイス 134,179
ID3D11PixelShader インターフェイス 162
ID3D11RasterizerState インターフェイス ... 134,185
ID3D11RenderTargetView インターフェイス ... 46,63,72
ID3D11Resource::GetType メソッド 247,248
ID3D11Resource インターフェイス 46,167
ID3D11SamplerState インターフェイス 134,272
ID3D11ShaderResourceView インターフェイス
　　　　　　　　　　　　 ... 46,246,256
ID3D11Texture1D インターフェイス 46,247
　　::GetDesc 248
ID3D11Texture2D インターフェイス ... 46,72,247
　　::GetDesc 248
ID3D11Texture3D インターフェイス 46,247
　　::GetDesc 248
ID3D11UnorderedAccessView インターフェイス ... 341
ID3D11VertexShader インターフェイス ... 162
ID3D11View インターフェイス 46,246
　　::GetResource 246,248
ID3DBlob インターフェイス 157,162
　　::GetBufferPointer 162,164
　　::GetBufferSize 162,164
ID3DInclude 157
ID3DX11Effect 152
IDXGIAdapter インターフェイス 68,89,93
　　::EnumOutputs 94
IDXGIFactory インターフェイス 89,92

::EnumAdapters 93
::MakeWindowAssociation 102
IDXGIOutput インターフェイス 89,94,106
　　::GetDesc 94
　　::GetDisplayModeList 95
　　::GetGammaControlCapabilities 106
　　::SetGammaControl 107
　　::TakeOwnership 106
IDXGISwapChain インターフェイス ... 62,68,89
　　::GetBuffer 72,73
　　::GetContainingOutput 106
　　::GetFullscreenState 103
　　::Present 67,82,84,101
　　::ResizeBuffers 99
　　::ResizeTarget 100
　　::SetFullscreenState 103

≪ X ≫

XM_1DIV2PI 129
XM_1DIVPI 129
XM_2PI 129
XM_PI 129
XM_PIDIV2 129
XM_PIDIV4 129
XMBYTE4 112,114
XMBYTEN4 112,114
XMCOLOR 112,114
XMColorAdjustContrast 128
XMColorAdjustSaturation 128
XMColorEqual 128
XMColorGreater 128
XMColorGreaterOrEqual 128
XMColorIsInfinite 128
XMColorIsNaN 128
XMColorLess 128
XMColorLessOrEqual 128
XMColorModulate 128
XMColorNegative 128
XMColorNotEqual 128
XMConvertFloatToHalf 126
XMConvertFloatToHalfStream 126
XMConvertHalfToFloat 126
XMConvertHalfToFloatStream 126
XMConvertToDegrees 129
XMConvertToRadians 129
XMDEC4 114
XMDECN4 114
XMDHEN3 114
XMDHENN3 114
XMFLOAT2 112,114
XMFLOAT2A 112,114
XMFLOAT3 112,114
XMFLOAT3A 112,114
XMFLOAT3PK 112,114
XMFLOAT3SE 112,114
XMFLOAT3X3 115
XMFLOAT4 112,114
XMFLOAT4A 113,114
XMFLOAT4X3 113,115
XMFLOAT4X3A 113,115
XMFLOAT4X4 113,115
XMFLOAT4X4A 113,115
XMHALF2 113,114,125
XMHALF4 113,114,125
XMHEND3 114
XMHENDN3 114
XMICO4 114
XMICON4 114
XMLoadByte4 114
XMLoadByteN4 114
XMLoadColor 114
XMLoadDec4 114
XMLoadDecN4 114
XMLoadDHen3 114
XMLoadDHenN3 114
XMLoadFloat 114
XMLoadFloat2 114
XMLoadFloat2A 114
XMLoadFloat3 114
XMLoadFloat3A 114

API、関数 Index

XMLoadFloat3PK	114	
XMLoadFloat3SE	114	
XMLoadFloat3x3	115	
XMLoadFloat3x3NC	115	
XMLoadFloat4	114	
XMLoadFloat4A	114	
XMLoadFloat4NC	114	
XMLoadFloat4x3	115	
XMLoadFloat4x3A	115	
XMLoadFloat4x3NC	115	
XMLoadFloat4x4	115	
XMLoadFloat4x4A	115	
XMLoadFloat4x4NC	115	
XMLoadHalf2	114	
XMLoadHalf4	114	
XMLoadHenD3	114	
XMLoadHenDN3	114	
XMLoadIco4	114	
XMLoadIcoN4	114	
XMLoadInt	114	
XMLoadInt2	114	
XMLoadInt2A	114	
XMLoadInt3	114	
XMLoadInt3A	114	
XMLoadInt4	114	
XMLoadInt4A	114	
XMLoadInt4NC	114	
XMLoadPacked4	114	
XMLoadShort2	114	
XMLoadShort4	114	
XMLoadShortN2	114	
XMLoadShortN4	114	
XMLoadU555	114	
XMLoadU565	114	
XMLoadUByte4	114	
XMLoadUByteN4	114	
XMLoadUDec4	114	
XMLoadUDecN4	114	
XMLoadUDHen3	114	
XMLoadUDHenN3	114	
XMLoadUHenD3	114	
XMLoadUHenDN3	114	
XMLoadUIco4	114	
XMLoadUIcoN4	114	
XMLoadUNibble4	114	
XMLoadUShort2	114	
XMLoadUShort4	114	
XMLoadUShortN2	114	
XMLoadUShortN4	114	
XMLoadXDec4	114	
XMLoadXDecN4	114	
XMLoadXIco4	114	
XMLoadXIcoN4	114	
XMMatrixAffineTransformation	122	
XMMatrixAffineTransformation2D	122	
XMMatrixDecompose	122	
XMMatrixDeterminant	115	
XMMatrixIdentity	115	
XMMatrixInverse	115	
XMMatrixIsIdentity	115	
XMMatrixIsInfinite	115	
XMMatrixIsNaN	116	
XMMatrixLookAtLH	122	
XMMatrixLookAtRH	122	
XMMatrixLookToLH	122	
XMMatrixLookToRH	122	
XMMatrixMultiply	116	
XMMatrixMultiplyTranspose	116	
XMMatrixOrthographicLH	122	
XMMatrixOrthographicOffCenterLH	122	
XMMatrixOrthographicOffCenterRH	122	
XMMatrixOrthographicRH	122	
XMMatrixPerspectiveFovLH	122	
XMMatrixPerspectiveFovRH	122	
XMMatrixPerspectiveLH	122	
XMMatrixPerspectiveOffCenterLH	122	
XMMatrixPerspectiveOffCenterRH	122	
XMMatrixPerspectiveRH	122	
XMMatrixReflect	122	
XMMatrixRotationAxis	122	
XMMatrixRotationNormal	122	
XMMatrixRotationQuaternion	122	
XMMatrixRotationRollPitchYaw	122	
XMMatrixRotationRollPitchYawFromVector	122	
XMMatrixRotationX	122	
XMMatrixRotationY	122	
XMMatrixRotationZ	122	
XMMatrixScaling	122	
XMMatrixScalingFromVector	122	
XMMatrixSet	116	
XMMatrixShadow	122	
XMMatrixTransformation	122	
XMMatrixTransformation2D	122	
XMMatrixTranslation	122	
XMMatrixTranslationFromVector	122	
XMMatrixTranspose	116,205	
XMMATRIX 型データの取得/設定関数	115	
XMMATRIX 構造体	111,115,204	
XMMATRIX 構造体の機能拡張	112	
XMMATRIX 構造体の初期化	111	
XMMax	129	
XMMin	129	
XMPACKED4	114	
XMPlaneDot	127	
XMPlaneDotCoord	127	
XMPlaneDotNormal	127	
XMPlaneEqual	127	
XMPlaneFromPointNormal	128	
XMPlaneFromPoints	128	
XMPlaneIntersectLine	128	
XMPlaneIntersectPlane	128	
XMPlaneIsInfinite	128	
XMPlaneIsNaN	128	
XMPlaneNearEqual	128	
XMPlaneNormalize	128	
XMPlaneNormalizeEst	128	
XMPlaneNotEqual	128	
XMPlaneTransform	128	
XMPlaneTransformStream	128	
XMQuaternionBaryCentric	126	
XMQuaternionBaryCentricV	126	
XMQuaternionConjugate	126	
XMQuaternionDot	126	
XMQuaternionEqual	126	
XMQuaternionExp	126	
XMQuaternionIdentity	126	
XMQuaternionInverse	126	
XMQuaternionIsIdentity	126	
XMQuaternionIsInfinite	126	
XMQuaternionIsNaN	126	
XMQuaternionLength	126	
XMQuaternionLengthSq	126	
XMQuaternionLn	126	
XMQuaternionMultiply	126	
XMQuaternionNormalize	126	
XMQuaternionNormalizeEst	126	
XMQuaternionNotEqual	126	
XMQuaternionReciprocalLength	127	
XMQuaternionRotationAxis	127	
XMQuaternionRotationMatrix	127	
XMQuaternionRotationNormal	127	
XMQuaternionRotationRollPitchYaw	127	
XMQuaternionRotationRollPitchYawFromVector	127	
XMQuaternionSlerp	127	
XMQuaternionSlerpV	127	
XMQuaternionSquad	127	
XMQuaternionSquadSetup	127	
XMQuaternionSquadV	127	
XMQuaternionToAxisAngle	127	
XMSHORT2	113,114	
XMSHORT4	112,114	
XMSHORTN2	112,114	
XMSHORTN4	112,114	
XMStoreByte4	114	
XMStoreByteN4	114	
XMStoreColor	114	
XMStoreDec4	114	
XMStoreDecN4	114	
XMStoreDHen3	114	
XMStoreDHenN3	114	
XMStoreFloat	114	
XMStoreFloat2	114	
XMStoreFloat2A	114	
XMStoreFloat3	114	
XMStoreFloat3A	114	
XMStoreFloat3PK	114	
XMStoreFloat3SE	114	
XMStoreFloat3x3	115	
XMStoreFloat3x3NC	115	
XMStoreFloat4	114	
XMStoreFloat4A	114	
XMStoreFloat4NC	114	
XMStoreFloat4x3	115	
XMStoreFloat4x3A	115	
XMStoreFloat4x3NC	115	
XMStoreFloat4x4	115	
XMStoreFloat4x4A	115	
XMStoreFloat4x4NC	115	
XMStoreHalf2	114	
XMStoreHalf4	114	
XMStoreHenD3	114	
XMStoreHenDN3	114	
XMStoreIco4	114	
XMStoreIcoN4	114	
XMStoreInt	114	
XMStoreInt2	114	
XMStoreInt2A	114	
XMStoreInt3	114	
XMStoreInt3A	114	
XMStoreInt4	114	
XMStoreInt4A	114	
XMStoreInt4NC	114	
XMStorePacked4	114	
XMStoreShort2	114	
XMStoreShort4	114	
XMStoreShortN2	114	
XMStoreShortN4	114	
XMStoreU555	114	
XMStoreU565	114	
XMStoreUByte4	114	
XMStoreUByteN4	114	
XMStoreUDec4	114	
XMStoreUDecN4	114	
XMStoreUDHen3	114	
XMStoreUDHenN3	114	
XMStoreUHenD3	114	
XMStoreUHenDN3	114	
XMStoreUIco4	114	
XMStoreUIcoN4	114	
XMStoreUNibble4	114	
XMStoreUShort2	114	
XMStoreUShort4	114	
XMStoreUShortN2	114	
XMStoreUShortN4	114	
XMStoreXDec4	114	
XMStoreXDecN4	114	
XMStoreXIco4	114	
XMStoreXIcoN4	114	
XMU555	112,114	
XMU565	112,114	
XMUBYTE4	112,114	
XMUBYTEN4	112,114	
XMUDEC4	112,114	
XMUDECN4	112,114	
XMUDHEN3	114	
XMUDHENN3	114	
XMUHEND3	114	
XMUHENDN3	114	
XMUICO4	114	
XMUICON4	114	
XMUNIBBLE4	114	
XMUSHORT2	112,114	
XMUSHORT4	113,114	
XMUSHORTN2	113,114	
XMUSHORTN4	113,114	
XMVector2AngleBetweenNormals	116	
XMVector2AngleBetweenNormalsEst	116	
XMVector2AngleBetweenVectors	116	
XMVector2ClampLength	116	
XMVector2ClampLengthV	116	

関数

XMVector2Cross ············ 116	XMVectorBaryCentricV ············ 116	atan(x) ············ 228
XMVector2Dot ············ 116	XMVectorCatmullRom ············ 116	atan2(y, x) ············ 228
XMVector2InBounds ············ 117	XMVectorCatmullRomV ············ 116	≪ C ≫
XMVector2InBoundsR ············ 117	XMVECTORF32 ············ 111	ceil(x) ············ 227
XMVector2IntersectLine ············ 117	XMVectorGetByIndex ············ 113	clamp(x, min, max) ············ 227
XMVector2Length ············ 117	XMVectorGetByIndexPtr ············ 113	clip(x) ············ 230,225,238
XMVector2LengthEst ············ 117	XMVectorGetIntByIndex ············ 113	ComputeBoundingAxisAlignedBoxFromPoints ··· 289,291
XMVector2LengthSq ············ 117	XMVectorGetIntByIndexPtr ············ 113	ComputeBoundingOrientedBoxFromPoints ··· 289
XMVector2LinePointDistance ············ 117	XMVectorGetIntW ············ 113	ComputeBoundingSphereFromPoints ··· 289,292
XMVector2Normalize ············ 117	XMVectorGetIntWPtr ············ 113	ComputeFrustumFromProjection ··· 289
XMVector2NormalizeEst ············ 117	XMVectorGetIntX ············ 113	ComputePlanesFromFrustum ··· 289
XMVector2Orthogonal ············ 117	XMVectorGetIntXPtr ············ 113	cos(x) ············ 228
XMVector2ReciprocalLength ············ 117	XMVectorGetIntY ············ 113	cosh(x) ············ 228
XMVector2ReciprocalLengthEst ············ 117	XMVectorGetIntYPtr ············ 113	countbits(x) ············ 230
XMVector2Reflect ············ 117	XMVectorGetIntZ ············ 113	cross(a, b) ············ 228
XMVector2Refract ············ 117	XMVectorGetIntZPtr ············ 113	≪ D ≫
XMVector2RefractV ············ 117	XMVectorGetW ············ 113	D3DCOLORtoUBYTE4(x) ············ 229
XMVector2Transform ············ 115	XMVectorGetWPtr ············ 113	ddx(x) ············ 230
XMVector2TransformCoord ············ 115	XMVectorGetX ············ 113	ddx_coarse(x) ············ 230
XMVector2TransformCoordStream ············ 115	XMVectorGetXPtr ············ 113	ddx_fine(x) ············ 230
XMVector2TransformNormal ············ 115	XMVectorGetY ············ 113	ddy(x) ············ 230
XMVector2TransformNormalStream ············ 115	XMVectorGetYPtr ············ 113	ddy_coarse(x) ············ 230
XMVector2TransformStream ············ 115	XMVectorGetZ ············ 113	ddy_fine(x) ············ 230
XMVector2TransformStreamNC ············ 115	XMVectorGetZPtr ············ 113	degrees(x) ············ 227
XMVector3AngleBetweenNormals ············ 116	XMVectorHermite ············ 116	determinant(m) ············ 228
XMVector3AngleBetweenNormalsEst ············ 116	XMVectorHermiteV ············ 116	DeviceMemoryBarrier() ············ 231
XMVector3AngleBetweenVectors ············ 116	XMVECTORI32 ············ 111	DeviceMemoryBarrierWithGroupSync() ············ 231
XMVector3ClampLength ············ 116	XMVectorInBounds ············ 116	distance(a, b) ············ 228
XMVector3ClampLengthV ············ 116	XMVectorInBoundsR ············ 116	dot(a, b) ············ 228
XMVector3ComponentsFromNormal ············ 116	XMVectorLerp ············ 116	≪ E ≫
XMVector3Cross ············ 116	XMVectorLerpV ············ 116	EvaluateAttributeAtCentroid(x) ············ 230
XMVector3Dot ············ 116	XMVectorSetByIndex ············ 113	EvaluateAttributeAtSample(x,i) ············ 230
XMVector3InBounds ············ 117	XMVectorSetByIndexPtr ············ 113	EvaluateAttributeSnapped(x,o) ············ 230
XMVector3InBoundsR ············ 117	XMVectorSetIntByIndex ············ 113	exp(x) ············ 227
XMVector3InverseRotate ············ 127	XMVectorSetIntByIndexPtr ············ 113	exp2(a) ············ 227
XMVector3Length ············ 117	XMVectorSetIntW ············ 113	≪ F ≫
XMVector3LengthEst ············ 117	XMVectorSetIntWPtr ············ 113	f16tof32(x) ············ 229
XMVector3LengthSq ············ 117	XMVectorSetIntX ············ 113	f32tof16(x) ············ 229
XMVector3LinePointDistance ············ 117	XMVectorSetIntXPtr ············ 113	faceforward(n, i, ng) ············ 229
XMVector3Normalize ············ 117	XMVectorSetIntY ············ 113	firstbithigh(x) ············ 230
XMVector3NormalizeEst ············ 117	XMVectorSetIntYPtr ············ 113	firstbitlow(x) ············ 230
XMVector3Orthogonal ············ 117	XMVectorSetIntZ ············ 113	floor(x) ············ 227
XMVector3ReciprocalLength ············ 117	XMVectorSetIntZPtr ············ 113	fmod(a, b) ············ 227
XMVector3ReciprocalLengthEst ············ 117	XMVectorSetW ············ 113	frac(x) ············ 227
XMVector3Reflect ············ 117	XMVectorSetWPtr ············ 113	frexp(x, out exp) ············ 227
XMVector3Refract ············ 117	XMVectorSetX ············ 113	fwidth(x) ············ 229
XMVector3RefractV ············ 117	XMVectorSetXPtr ············ 113	≪ G ≫
XMVector3Rotate ············ 127	XMVectorSetY ············ 113	GroupMemoryBarrier() ············ 231
XMVector3Transform ············ 115	XMVectorSetYPtr ············ 113	GroupMemoryBarrierWithGroupSync() ······ 231,334
XMVector3TransformCoord ············ 115	XMVectorSetZ ············ 113	≪ I ≫
XMVector3TransformCoordStream ············ 115	XMVectorSetZPtr ············ 113	InterlockedAdd(d,v,o) ············ 230
XMVector3TransformNormal ············ 115	XMVECTORU32 ············ 111	InterlockedAnd(d,v,o) ············ 230
XMVector3TransformNormalStream ············ 115	XMVECTORU8 ············ 111	InterlockedCompareExchange(d,c,v,o) ············ 231
XMVector3TransformStream ············ 115	XMVECTOR 型 ············ 111,115	InterlockedCompareStore(d,c,v) ············ 231
XMVector3TransformStreamNC ············ 115	XMVECTOR 型データの取得 / 設定関数 ············ 114	InterlockedExchange(d,v,o) ············ 231
XMVector3Unproject ············ 115	XMVECTOR 型の機能拡張 ············ 114	InterlockedMax(d,v,o) ············ 231
XMVector3UnprojectStream ············ 115	XMVECTOR 型の初期化 ············ 111	InterlockedMin(d,v,o) ············ 231
XMVector4AngleBetweenNormals ············ 116	XMVECTOR 型の成分を取得 / 設定する関数 ··· 113	InterlockedOr(d,v,o) ············ 231
XMVector4AngleBetweenNormalsEst ············ 116	XMVerifyCPUSupport 関数 ············ 111	InterlockedXor(d,v,o) ············ 231
XMVector4AngleBetweenVectors ············ 116	XMXDEC4 ············ 114	IntersectAxisAlignedBox6Planes ············ 289
XMVector4ClampLength ············ 116	XMXDECN4 ············ 114	IntersectAxisAlignedBoxAxisAlignedBox ············ 290
XMVector4ClampLengthV ············ 116	XMXICO4 ············ 114	IntersectAxisAlignedBoxFrustum ············ 290
XMVector4Cross ············ 116	XMXICON4 ············ 114	IntersectAxisAlignedBoxOrientedBox ············ 290
XMVector4Dot ············ 116		IntersectAxisAlignedBoxPlane ············ 290
XMVector4InBounds ············ 117	関 数	IntersectFrustum6Planes ············ 290
XMVector4InBoundsR ············ 117	≪ A ≫	IntersectFrustumFrustum ············ 290
XMVector4Length ············ 117	abs(a) ············ 227	IntersectFrustumPlane ············ 290
XMVector4LengthEst ············ 117	acos(x) ············ 228	IntersectOrientedBox6Planes ············ 290
XMVector4LengthSq ············ 117	all(x) ············ 228	IntersectOrientedBoxFrustum ············ 290
XMVector4Normalize ············ 117	AllMemoryBarrier ············ 231	IntersectOrientedBoxOrientedBox ············ 290
XMVector4NormalizeEst ············ 117	AllMemoryBarrierWithGroupSync ············ 231	IntersectOrientedBoxPlane ············ 290
XMVector4Orthogonal ············ 117	any(x) ············ 228	IntersectPointAxisAlignedBox ············ 290
XMVector4ReciprocalLength ············ 117	append(x) ············ 229,237	IntersectPointFrustum ············ 290
XMVector4ReciprocalLengthEst ············ 117	asdouble(x) ············ 229	IntersectPointOrientedBox ············ 290
XMVector4Reflect ············ 117	asfloat(x) ············ 229	
XMVector4Refract ············ 117	asin(x) ············ 228	
XMVector4RefractV ············ 117	asint(x) ············ 229	
XMVector4Transform ············ 115	asuint(x) ············ 229	
XMVector4TransformStream ············ 115		
XMVectorBaryCentric ············ 116		

索引

アルファベット順

《A》
- AMD のグラフィックス・カード ... 353
- ANISOTROPIC ... 277
- ATI Mobility Radeon HD 5000 ... 354
- ATI Radeon HD 5000 ... 354
- AxisAlignedBox 構造体 ... 289,292

《B》
- bool ... 215

《C》
- Catmull-Rom 補間 ... 116
- cbuffer 定義 ... 156
- centroid ... 238
- col_major ... 219
- COM ... 49
- COMPARISON ... 277
- Compute Shader ... 36
- const ... 219
- Constant ... 43
- const 型修飾子 ... 217
- CPU から書き込むテクスチャ ... 263
- CPU から書き込めるリソース使用法 ... 263
- CPU からの読み込み用バッファ ... 338

《D》
- d3d11.h ... 58
- d3d11.lib ... 56
- d3dx11.lib ... 56
- D3D11Sample01 サンプル ... 86
- D3D11Sample02 サンプル ... 96
- D3D11Sample03 サンプル ... 104
- D3D11Sample04 サンプル ... 108
- D3D11Sample05 サンプル ... 209
- D3D11Sample06 サンプル ... 240
- D3D11Sample07 サンプル ... 251
- D3D11Sample08 サンプル ... 260
- D3D11Sample09 サンプル ... 262
- D3D11Sample10 サンプル ... 265
- D3D11Sample11 サンプル ... 267
- D3D11Sample12 サンプル ... 280
- D3D11Sample13 サンプル ... 296
- D3D11Sample14 サンプル ... 302
- D3D11Sample15 サンプル ... 312
- D3D11Sample16 サンプル ... 319
- D3D11Sample17 サンプル ... 327
- D3D11Sample18 サンプル ... 330
- D3D11Sample19 サンプル ... 344
- D3DX ... 49,110
- d3dx11.h ... 58
- d3dx11.lib ... 56
- Deferred Context ... 36
- degree ... 129
- Direct2D ... 70
- Direct3D ... 36
- Direct3D 10 ... 36,37,49,110,195,264,284,289
- Direct3D 11 ... 36
- Direct3D 9 ... 36,284
- DirectDraw サーフェス (DDS) ... 245
- DirectX SDK ... 50
- DirectX SDK のバージョン ... 68
- DirectX10 3D プログラミング ... 37
- discard 文 ... 225,238
- double ... 215
- DS：Domain Shader ... 42
- dxerr.h ... 58
- dxerr.lib ... 56
- DXGI ... 38,88
- dxgi.lib ... 92
- DXUT ... 49
- DXUT Mesh File Format ... 284

《E》
- extern ... 219

《F》
- FAILED マクロ ... 60
- Feature Level ... 37
- FLOAT ... 90,114,125
- float ... 215
- for 文 ... 224
- Frustum 構造体 ... 289
- fxc.exe ... 170

《G》
- GDI ... 68,253
- GDI 互換リソース ... 147
- GetDC ... 68,147
- Graphics Interchange Format(GIF) ... 245
- groupshared ... 334
- GS：Geometry Shader ... 42

《H》
- half ... 215
- HALF 型 ... 125
- HALF 型の変換 ... 126
- HLSL ... 152
- HLSL コードのコンパイル ... 156
- HLSL と描画パイプラインの関係 ... 234
- HLSL の基本的な文法 ... 212
- HRESULT 型 ... 60
- HS：Hull Shader ... 42

《I》
- IA：Input Assembler ... 42,174
- if 文 ... 223
- Immediate Context ... 36
- in ... 222,226
- IncludePath ... 54
- Index Buffer ... 42
- inout ... 222,226
- int ... 215

《J》
- Joint Photographic Experts Group(JPEG) ... 245

《L》
- LibraryPath ... 54
- line ... 236
- lineadj ... 236
- linear ... 238
- LINEAR ... 277
- LineStream ... 237
- LoadWavefrontMTL 関数 ... 287
- LoadWavefrontOBJ 関数 ... 287

- IntersectPointSphere ... 290
- IntersectRayAxisAlignedBox ... 290,292
- IntersectRayOrientedBox ... 290
- IntersectRaySphere ... 290,292
- IntersectRayTriangle ... 290
- IntersectSphere6Planes ... 290
- IntersectSphereAxisAlignedBox ... 290
- IntersectSphereFrustum ... 290
- IntersectSphereOrientedBox ... 290
- IntersectSpherePlane ... 290
- IntersectSphereSphere ... 290
- IntersectTriangle6Planes ... 290
- IntersectTriangleAxisAlignedBox ... 290
- IntersectTriangleFrustum ... 290
- IntersectTriangleOrientedBox ... 290
- IntersectTrianglePlane ... 290
- IntersectTriangleSphere ... 290
- IntersectTriangleTriangle ... 290
- isfinite(x) ... 228
- isinf(x) ... 228
- isnan(x) ... 228

《L》
- ldexp(x, exp) ... 227
- length(v) ... 228
- lerp(a, b, s) ... 229
- lit(n_dot_l, n_dot_h, m) ... 229
- log(x) ... 227
- log10(x) ... 227
- log2(x) ... 227

《M》
- mad(m,a,b) ... 230
- max(a, b) ... 227
- min(a, b) ... 227
- modf(x, out ip) ... 227
- mul(a, b) ... 228

《N》
- noise(x) ... 230
- normalize(v) ... 228

《P》
- pow(x, y) ... 227
- Process2DQuadTessFactorsAvg ... 231
- Process2DQuadTessFactorsMax ... 231
- Process2DQuadTessFactorsMin ... 231
- ProcessIsolineTessFactors ... 231
- ProcessQuadTessFactorsAvg ... 231
- ProcessQuadTessFactorsMax ... 231
- ProcessQuadTessFactorsMin ... 231
- ProcessTriTessFactorsAvg ... 231
- ProcessTriTessFactorsMax ... 231
- ProcessTriTessFactorsMin ... 231

《R》
- radians(x) ... 227
- rep(x) ... 227
- reflect(i, n) ... 230,310
- refract(i, n, η) ... 230,310
- register (レジスタ名) ... 169,219
- restartstrip() ... 230,237
- reversebits(x) ... 230
- round(x) ... 227

- rsqrt(x) ... 227

《S》
- saturate(x) ... 227
- sign(x) ... 228
- sin(x) ... 228
- sincos(x, out s, out c) ... 228
- sinh(x) ... 228
- smoothstep(min, max, x) ... 228
- step(a, x) ... 228
- sqrt(a) ... 227

《T》
- tan(x) ... 228
- tanh(x) ... 228
- TransformAxisAlignedBox ... 290
- TransformFrustum ... 290
- TransformOrientedBox ... 290
- TransformSphere ... 290
- transpose(m) ... 229

《記号》
- <T>.GetDimensions ... 229,270
- <T>.Load ... 229,270,271
- <T>.Sample ... 229,279
- <T>.SampleCmp ... 229,279
- <T>.SampleCmpLevelZero ... 229,279
- <T>.SampleGrad ... 229,279
- <T>.SampleLevel ... 229,279,280

アルファベット順

≪M≫

MAG	277
MATRIX	216
matrix<,>	216
Microsoft.Cpp.Win32.user.props	54
MIN	277
MIP	277
mtl ファイル形式	286

≪N≫

NaN	116,126,128
nointerpolation	238
noperspective	238
NULL デバイス	70

≪O≫

obj ファイル形式	285
OM：Output Marger	43,192
OrientedBox 構造体	289
out	222,226

≪P≫

PIX	346
point	236
POINT	277
PointStream	237
Portable Network Graphics(PNG)	245
PS：Pixel Shader	43

≪R≫

rad	129
radian	129
REF ドライバ	70
Release メソッド	58
row_major	219
RS:Rasterize	42

≪S≫

SAFE_RELEASE マクロ	58
Sampler	43
SamplerState 型	271
shared	219
SHAREDEXP	90
SINT	90
SNORM	90
snorm float	215
SO：Stream Output	42,314
Sphere 構造体	289,292
static	219

static 宣言	214
SUCCEEDED マクロ	60
SV_ClipDistance[n]	221
SV_CullDistance[n]	221
SV_Depth	221,238
SV_DispatchThreadID	221,335
SV_DomainLocation	221
SV_GroupID	221,335
SV_GroupIndex	221,334,335
SV_GroupThreadID	221,335
SV_GSInstanceID	221
SV_InsideTessFactor	221
SV_InstanceID	221,239,300
SV_IsFrontFace	221
SV_OutputControlPointID	222
SV_Position	221,235,238
SV_PrimitiveID	221,236,239
SV_RenderTargetArrayIndex	221,238,308
SV_Target[n]	221,238
SV_TARGET0	193
SV_TARGET1	193
SV_TessFactor	47
SV_VertexID	221,239
SV_ViewportArrayIndex	221
switch 文	225

≪T≫

Tagged Image File Format(TIFF)	245
tchar.h	57
Tessellation	36
Tessellator	42
Texture	43
Texture1D	217,270
Texture1DArray	217,270
Texture2D	217,270
Texture2DArray	217,270
Texture2DMS	217,270
Texture2DMSArray	217,270
Texture3D	217,270
TextureCube	217,270,310
triangle	236
triangleadj	236
TriangleStream	237
Typed	47
Typeless	47
TYPELESS	90,257,329

≪U≫

UAV:Unordered Access View	338,341

UINT	90,114
uint	215
Unicode の使用	57
uniform	219,222,226
UNORM	90
UNORM_SRGB	90
unorm float	215

≪V≫

VECTOR	215
vector<,>	215
Vertex Buffer	42
Visual C++ 2010 Express	50
Visual C++ プロジェクト	54
Visual Studio 2010 Express	50
volatile	219
VS：Vertex Shader	42

≪W≫

WARP(Windows Advanced Rasterizer)	37,70,71
Wavefront OBJ ファイル形式	284
wavefrontobj.h	287
WDDM	47
while 文	224
Win32 プロジェクト	55
Windows Media Player format(WMP)	245
Windows アプリケーション	55
Windows ビットマップ(BMP)	245
WM_SIZE メッセージ	99,101

≪X≫

Xbox 360	110
XNA Collision ライブラリ	289
XNA Math の行列構造体	113
XNA Math のベクトル構造体	112
XNA Math ライブラリ	110
xnacollision.cpp	289
xnacollision.h	289
xnamath.h	110
X ファイル	284

≪Z≫

ZeroMemory 関数	63
Z ソート法	78
Z バッファ	43,77
Z バッファ法	78

五十音順

≪あ行≫

値の範囲を調べる関数	228
値を制限する関数	227
アノテーション	218
アフィン変換行列	122
アプリケーションの基本構造	60
アンオーダード・アクセス・ビュー	338,341
アンオーダード・アクセス・リソース	147
アンチ・エイリアシング	187
アンビエント光	123,124
位置ベクトル	110
異方性フィルタリング	277
イミディエイト・コンテキスト	36,68
色	128
色の演算関数	128
インクルード・パス	54
インスタンス ID	174,239,300
インスタンス単位での描画メソッド	208
インスタンスの描画設定	300
インスタンス描画メソッド	298
インスタンス別の頂点データ	300
インタレース	64,95
インデックス・バッファ	42,143,146,175
インデックス・バッファの作成	148
インデックス・バッファを使う描画	208
インデックス・バッファを使わない描画	209
隠面処理	78
ウインドウ・サイズの変更	99

ウインドウ・サイズ変更時の処理	98
ウインドウ・モード	38,67,101,103
裏	118
エフェクト	152
エラー処理関数	58
エラー処理マクロ	59
エルミート・スプライン補間	116
エレメント	44,90
遠近補正後同次空間	120
演算子	222
演算シェーダ	331
円周率	128
エンドユーザー・ランタイム	50
表	118

≪か行≫

外積	116
回転行列	122
回転行列から回転クオータニオン	127
回転クオータニオン	127
開発環境	50
拡散反射光	123,124
拡大時	277
拡大縮小行列	122
影	125,322,322
加算合成	194
カスタム正射影行列	122
画像データ	244
画像ファイルからシェーダ・リソース・ビューを作る	244
画像ファイルからテクスチャ・リソースを作る	251
画像ファイルの情報	251

画像ファイルのフォーマット	245
型修飾子	218,219
可変引数	222
加法演算子	223
カメラ空間	120
画面の描画	82
画面の表示	82
画面描画の抑制	100
画面モード	38,67
画面モードの切り替え	101
空のプロジェクト	55
カリング処理	186
環境光	123,124
環境マップ	260
関数	129
関数の構文	225
関数の宣言	220
カンマ演算子	223
ガンマ補正	105
キーワード	213
機能レベル	37,60,68,335
機能レベルの主な違い	61
基本的なデータ型	214
逆行列	115,126
キャスト(型変換)演算子	223
球	289
旧式文法の禁止	158
球状線形補間	127
球状平行補間	127
キューブ・テクスチャ	147,253,304
キューブ・テクスチャの作成	304

DirectX11 365

索引

キューブ・テクスチャへのアクセス……………… 310
キューブ・テクスチャへの描画…………………… 304
境界球……………………………………… 289,292
境界色…………………………………………… 276
境界色テクスチャ・アドレッシング・モード… 275,329
境界ボックス……………………………… 289,290
鏡面反射光……………………………………… 123,124
共役……………………………………………… 126
行優先配置…………………………………… 158,161
共有リソース…………………………………… 147
行列……………………………………………… 111
行列型…………………………………………… 216
行列式…………………………………………… 115
行列で平面を変換……………………………… 128
行列の一般的な演算関数……………………… 115
行列の関数……………………………………… 228
行列の積………………………………………… 116
空白文字………………………………………… 212
クオータニオン………………………………… 122,126
クオータニオンと3Dベクトルの演算関数…… 127
クオータニオンの演算関数…………………… 126
クオータニオンの大きさ……………………… 126
クオータニオンの大きさの2乗……………… 126
クオータニオンの回転の軸と角度…………… 127
屈折……………………………………………… 125
屈折ベクトル…………………………………… 310
組み込み関数…………………………………… 227
グラフィックス・カード……………………… 89
グラフィックス・カードの情報……………… 93
グラフィックス・カードの列挙……………… 92
グラフィックス環境の調査…………………… 91
クランプ・テクスチャ・アドレッシング・モード… 275
グローバル設定のプロパティ・シート……… 54
グローバル変数………………………………… 214
グローバル変数の設定………………………… 219
コア・レイヤー………………………………… 48
光源……………………………………………… 124
構造化バッファ……………………… 147,253,335,338
構造体…………………………………………… 218
構造体演算子…………………………………… 223
構造体を使った入出力………………………… 220
後置演算子……………………………………… 223
後方クリップ面………………………………… 120
後方投影面……………………………………… 120
弧度法…………………………………………… 212
コメント………………………………………… 212
コントラストを調節…………………………… 128
コンピュート・シェーダ…… 36,250,273,331,335,337
コンピュート・シェーダの利点……………… 332
コンポーネント……………………………… 44,90

≪さ行≫

最近点サンプリング…………………………… 277
最適化…………………………………………… 161
彩度値を調節…………………………………… 128
座標変換………………………………………… 307
サブ・リソース…………………………… 44,144
三角関数………………………………………… 228
三角形…………………………………………… 142
三角形ストリップ……………………………… 141
三角形ポリゴン………………………………… 118
三角形リスト…………………………………… 141
サンプラ………………………………………… 43
サンプラ・ステート・オブジェクト…… 134,272
サンプラを使ったテクスチャ読み込み……… 271
サンプラを使わないテクスチャ読み込み…… 270
サンプリング処理……………………………… 270
シェーダ・オブジェクト……………………… 162
シェーダ・オブジェクトの設定……………… 164
シェーダ・コンパイラ………………………… 170
シェーダ・ステージにサンプラを設定するメソッド… 273
シェーダ・モデル4.0…………………………… 37,153
シェーダ・モデル4でのコンピュート・シェーダ… 332
シェーダ・モデル5.0…………………………… 37
シェーダ・リソース…………………………… 146
シェーダ・リソース・ビュー…… 46,246,256,262
シェーダ・リソース・ビューの設定………… 250
シェーダ・リソース・ビューを作る………… 256
シェーダのコンパイル・オプション………… 161
シェード………………………………………… 322
ジオメトリ・シェーダ… 42,136,162,164,169,250,273

ジオメトリ・シェーダからの出力ストリーム型… 237
ジオメトリ・シェーダ関数…………………… 235
ジオメトリ・シェーダ関数からの出力……… 237
ジオメトリ・シェーダ関数の定義…………… 235
ジオメトリ・シェーダ関数への入力………… 237
ジオメトリ・シェーダの作成………………… 316
識別子…………………………………………… 212
軸に沿ったボックス…………………………… 289
四元数…………………………………………… 126
指向性のボックス……………………………… 289
シザー矩形…………………………………… 187,189
視錐台………………………………………… 120,289
システム生成値……………… 41,174,222,236,239
システム値…………………………………… 41,334
システム値のセマンティック………………… 221
視線の交差判定………………………………… 292
実行環境………………………………………… 50
射影空間………………………………………… 120
射影座標系……………………………………… 120
射影変換………………………………………… 120
射影変換行列…………………………………… 120
射影変換行列を作る関数……………………… 122
射影変換なしで補間…………………………… 238
シャドウ………………………………………… 322
シャドウ・ボリューム…………………… 322,323
シャドウ・マッピング…………………… 322,327
シャドウ・マップ（テクスチャ）…………… 327
重心座標……………………………………… 116,126
重心補間………………………………………… 238
終了処理…………………………………… 85,103
縮小時…………………………………………… 277
出力先の描画ターゲット……………………… 238
出力引数………………………………………… 238
出力マージャー……………………………… 43,192
使用法…………………………………………… 47
乗法演算子……………………………………… 223
照明……………………………………………… 123
初期化データ…………………………………… 144
初期状態にクリア……………………………… 85
新規プロジェクトの作成……………………… 55
シングル・スレッドのアプリ………………… 36
深度/ステンシル・ステート………………… 198
深度/ステンシル・ステート・オブジェクト…… 134
深度/ステンシル・ステート・オブジェクトの作成… 199
深度/ステンシル・ステート・オブジェクトの設定… 200
深度/ステンシル・ステートのデフォルト設定… 199
深度/ステンシル・テクスチャの作成…… 78,306
深度/ステンシル・バッファ……………… 43,147
深度/ステンシル・バッファの設定………… 77
深度/ステンシル・ビュー…………………… 46
深度/ステンシル・ビューの作成…………… 79
深度/ステンシル・ビューの使用…………… 81
深度/ステンシル値のクリア………………… 82
深度値…………………………………………… 238
深度バイアス…………………………………… 186
深度バッファ………………………………… 43,77
数値計算の関数………………………………… 227
スカラー型……………………………………… 214
スキャンライン描画モード…………………… 64
スクリーン空間………………………………… 121
スクリーン座標系……………………………… 121
スケーリング…………………………………… 95
スケーリング・モード………………………… 64
スタンバイ処理………………………………… 100
ステート・オブジェクト……………………… 134
ステンシル・バッファ…………………… 43,77,323
ステンシル・バッファの描画………………… 325
ストリーム出力……………………………… 42,314
ストリーム出力の出力先バッファ……… 147,315
ストリーム出力を伴うジオメトリ・シェーダ… 162
ストリップ…………………………………… 41,142
ストレージ・クラス修飾子……………… 218,219
スペキュラ光………………………………… 123,124
スポット・ライト……………………………… 124
スレッド・グループのサイズ………………… 334
スレッド・グループのディスパッチ………… 342
スレッド・グループ共有メモリ……………… 334
スレッド関連の関数…………………………… 231
スレッドの同期………………………………… 334
スワップ・チェイン……………… 39,62,68,89
スワップ・チェインと関連づけるウインドウ… 67

スワップ・チェインの設定…………………… 63
スワップ・チェイン効果……………………… 67
スワップ効果…………………………………… 67
正規化……………………………………… 117,126,128
成功/エラー判定……………………………… 60
正射影…………………………………………… 120
正射影行列……………………………………… 122
整数……………………………………………… 213
積……………………………………………… 126
セマンティック…………………………… 155,193,218
線……………………………………………… 142
線形フィルタリング…………………………… 277
線形補間……………………………………… 116,238
線ストリップ…………………………………… 141
前置演算子……………………………………… 223
前方クリップ面………………………………… 120
前方投影面……………………………………… 120
線と点の間の最小距離………………………… 117
線リスト………………………………………… 141
相互反射………………………………………… 125

≪た行≫

代償を比較するマクロ………………………… 129
代入演算子……………………………………… 223
タイプあり……………………………………… 47
タイプなし………………………………… 47,257,329
妥当性検査……………………………………… 161
単位行列………………………………………… 115
単項演算子……………………………………… 223
単純な描画メソッド…………………………… 208
蓄積(Staging)使用法………………………… 48,263
頂点ID………………………………… 143,174,239
頂点座標………………………………………… 121
頂点シェーダ… 42,136,162,164,169,250,273
頂点シェーダ関数……………………………… 235
頂点シェーダ関数からの出力………………… 235
頂点シェーダ関数への入力…………………… 235
頂点単位のライティング……………………… 124
頂点データ……………………………………… 136
頂点の頂点IDとインスタンスID……………… 240
頂点バッファ……………………… 42,143,146,175
頂点バッファの作成…………………………… 144
頂点バッファの定義…………………………… 144
頂点バッファ用のデータの宣言……………… 144
追加の依存ファイル…………………………… 56
定数……………………………………………… 128
定数型…………………………………………… 217
定数バッファ……………………… 43,136,146,156,165
定数バッファの作成…………………………… 166
定数バッファの設定…………………………… 169
定数バッファへの書き込み……………… 167,204
ディスプレイ…………………………………… 89
ディスプレイ・デバイス……………………… 68
ディスプレイ・フォーマット………………… 64
ディスプレイ・モードの列挙………………… 95
ディスプレイの情報…………………………… 94
ディスプレイの列挙…………………………… 94
ディファード・コンテキスト………………… 36
ディフューズ光……………………………… 123,124
ディレクトリ設定……………………………… 54
テクスチャ……………………………………… 43
テクスチャ・アドレッシング・モード……… 274
テクスチャ・オブジェクト…………………… 270
テクスチャ・リソース………… 43,46,244,246
テクスチャ・リソースの解放………………… 251
テクスチャ型…………………………………… 217
テクスチャから値を取得する関数…………… 279
テクスチャ関数………………………………… 229
テクスチャ作成に使うメソッドと構造体…… 260
テクスチャのサンプリング…………………… 278
テクスチャのフィルタ方法…………………… 256
テクスチャの種類……………………………… 47
テクスチャ配列……………………………… 44,45
テクスチャ配列のインデックス値…………… 45
テクスチャへの書き込み……………………… 264
テクスチャを画像ファイルに保存…………… 266
テスト・ツール………………………………… 346
テッセレーション……………………………… 36
テッセレータ…………………………………… 42
デバイス………………………………… 36,62,68

五十音順

デバイス・コンテキスト 36,62,68
デバイスとスワップ・チェインの作成 68
デバイスの種類 68
デバイスの消失 84
デバッグ・レイヤー 48,70
デバッグ情報 161
デバッグ用デバイス 70
デフォルト (Default) 使用法 48
デプス・バッファ 77
デュアル・ソース色ブレンド 193
点 142
点光源 124
転置行列 116
点リスト 141
度 129
投影シャドウ 322
同次座標 110
透視射影 120
透視射影行列 122
動的 (Dynamic) 使用法 48,263
動的シェーダ・リンク 37
動的なテクスチャ画像 260
トーンカーブ 104
トーンカーブの定義 106
時計回りに並ぶ面が表 186
ドメイン・シェーダ 42,250,273

《な行》

内積 116,126,127
日本語版ドキュメント 50
入射ベクトルを屈折 117
入射ベクトルを反射 117
入力アセンブラ 42,136,174,235
入力アセンブラなどによって生成される値 41
入力シグネチャ 179
入力スロット 175
入力スロット番号とオフセットの関係 178
入力引数 222
入力レイアウト・オブジェクト 134,177
入力レイアウト・オブジェクトの作成 179
入力レイアウト・オブジェクトの設定 180

《は行》

バージョン番号なしのデータ型名 157
パースペクティブ (透視) 射影 120
ハードウェア・ドライバ 70
バイト・アドレス・バッファ 147,253
パイプライン構成 40
パイプラインによって解釈される値 41
パイプラインは関知しない値 41
配列アクセス表記法 217
配列演算子 223
バック・バッファ 39
バック・バッファのサイズ変更 98
バック・バッファの使用法 67
バック・バッファの設定 64,72
バッファ・リソース 43,46,145
ハル・シェーダ 42,250,273
反射 124
反射ベクトル 310
反転行列 122
半透明の物体 78
反時計回りに並ぶ面が表 186
比較演算子 223
引数修飾子 226
引数のセマンティック 220
ピクセル・シェーダ 43,137,162,164,169,250,273
ピクセル・シェーダ関数からの出力 238
ピクセル・シェーダ関数への入力 238
ピクセル単位のライティング 124
ピクセルの破棄 225
左手座標系 118
ビット演算子 223
ビット関連の関数 230
ビュー 46,63,244
ビュー・ボリューム 120
ビュー行列 122
ビュー座標系 120
ビュー変換 120
ビュー変換行列 120

ビュー変換行列を作る関数 122
ビューポート 189,307
ビューポート設定 76,121
ビューポート変換 121
ビューポート変換行列 121
描画 207
描画先のクリア 82
描画する値 238
描画ターゲット 43,147,193,238,261
描画ターゲット・ビュー 46,63,72,262
描画ターゲット・ビューの設定 73
描画ターゲットになるテクスチャ・リソース 260
描画パイプラインを構成 206
表面下散乱光 124
フィル・モード 186
フィルタリング 277
フィルタリング処理 270
ブール算術演算子 223
フォーマット 44,89
フォーマットでサポートされている機能 90
浮動小数点数 213
不変 (Immutable) 使用法 48,144
不変入力 222
フリー・スレッド 37
プリミティブ 41
プリミティブ ID 143,174,236,239
プリミティブの種類 140,181,236
プリミティブのプリミティブ ID とインスタンス ID 240
フルスクリーン・モード 38,67,101,103,106
ブレンド・ステート 193,326
ブレンド・ステート・オブジェクト 134,195
ブレンド・ステート・オブジェクトの設定 196
ブレンド・ステートのデフォルト設定 196
ブレンド処理 193
フロー制御 161,223
プログラマブル・シェーダ 41
プログレッシブ 64
プロジェクトのプロパティに登録する方法 56
プロジェクトの作成 54
プロトタイプ宣言 226
プロパティ・シート 54
プロファイル文字列 157
フロント・バッファ 39
平行移動行列 122
平行光源 124
平行な要素と垂直な要素にベクトルを分割 116
平面 127
平面と直線の交点 128
平面の演算関数 127
平面の交点 128
平面の式 128
ベクトル 111
ベクトル型 215
ベクトルと行列の演算 115
ベクトルに垂直なベクトル 117
ベクトルに一般的な演算関数 116
ベクトルの関数 228
ベクトルの長さ 117
ベクトルの長さの 2 乗 117
ベクトルの長さの逆数 117
ヘッダ・ファイルのインクルード 58
ヘルパー・ライブラリ 49
変換行列 121
変数宣言の構文 218
変数の宣言 213
方向 (法線) ベクトル 110
補間挿入修飾子 238

《ま行》

マクロ 129
マクロの定義 58
マルチ・サンプリング 187
マルチ・サンプルの設定 65
マルチサンプリング 195
マルチスレッド・レンダリング 36
右手座標系 118
ミップマップ 45
ミップマップ・レベル 45
ミップマップ間 277
ミラー・テクスチャ・アドレッシング・モード 275

ミラーワンス・テクスチャ・アドレッシング・モード 276
面の向き 118
モデル空間 119
モデル座標系 119
戻り値のセマンティック 221

《や行》

ユーザーによって提供される値 41
予約語 213

《ら行》

ライブラリ・パス 54
ライブラリの追加 56
ラジアン 129
ラジアン角 116
ラジアンと度の変換関数 129
ラスタライザ 42,137,184
ラスタライザ・ステート・オブジェクト 134,185
ラップ・テクスチャ・アドレッシング・モード 274
リスト 41,142
リソース 37,41,43,44
リソースのコピー 342
リソースの使用法 48,263
リファレンス・デバイス 71
リファレンス・ラスタライザ 37,70
リファレンス切り替えレイヤー 49,70
リフレッシュ・レート 64
隣接付き 41,142
隣接付き三角形ストリップ 141
隣接付き三角形リスト 141
隣接付き線ストリップ 141
隣接付き線リスト 141
レイヤー 68
レイヤー構成 48
レジスタ 219
列優先配置 158,161,204
ローカル変数 214

《わ行》

ワールド空間 119
ワールド座標系 119
ワールド変換 119
ワールド変換行列 119
ワールド変換行列を作る関数 122
ワイヤフレーム 186

数字・記号

#pragma ディレクティブ 56
$Globals 156
.props ファイル 54
/**/ 212
// 212
[branch] 223,225
[call] 225
[flatten] 223,225
[forcecase] 225
[loop] 224
[maxvertexcount(n)] 236
[numthreads(X, Y, Z)] 334
[unroll(x)] 224
_countof マクロ 180
° 129
π 128
π /2 129
π /4 129
1/π 129
10 進数 213
16 ビット浮動小数点数 125
16 進数 213
1D テクスチャ 260
2/π 129
2×π 129
2D テクスチャ 72,260
2 つの線の交点 117
3D テクスチャ 261
3D モデリング・ツール 284
4 次元ベクトル 110
60 分法 129
8 進数 213

執　筆
■大川善邦
■大澤文孝
■成田拓郎

《質問に関して》

本書の内容に関するご質問は、
① 返信用の切手を同封した手紙
② 往復はがき
③ FAX (03) 5269-6031
　（返信先のFAX番号を明記してください）
④ E-MAIL　editors@kohgakusha.co.jp

のいずれかで、工学社編集部あてにお願いします。
なお、電話によるお問い合わせはご遠慮ください。

サポートページは下記にあります。

【工学社サイト】http://www.kohgakusha.co.jp/

I/O BOOKS
DirectX11 3Dプログラミング [改訂版]

2015年5月15日	第1版第1刷発行 　ⓒ 2015	編　集	I/O編集部
2017年3月1日	第1版第2刷発行	発行人	星　正明
2018年3月20日	第1版第3刷発行	発行所	株式会社 工学社
			〒160-0004　東京都新宿区四谷 4-28-20 2F
		電　話	(03) 5269-2041 (代) [営業]
			(03) 5269-6041 (代) [編集]
※定価はカバーに表示してあります。		振替口座	00150-6-22510

[印刷]　シナノ印刷(株)

ISBN978-4-7775-1894-4